Media, science and technology, communication
Science communication in mass media

媒介·科技·传播
大众传媒科技传播现状研究

武丹 钟琦◎著

科学出版社

北京

图书在版编目(CIP)数据

媒介·科技·传播：大众传媒科技传播现状研究／武丹，钟琦著.
—北京：科学出版社，2017.6
ISBN 978-7-03-053240-4

Ⅰ.①媒⋯　Ⅱ.①武⋯②钟⋯　Ⅲ.①科学技术-大众传播-研究
Ⅳ.①G206.2

中国版本图书馆 CIP 数据核字（2017）第128420号

责任编辑：张　莉　刘巧巧／责任校对：王　瑞
责任印制：吴兆东／封面设计：有道文化

联系电话：010-64035853
E-mail: houjunlin@mail.sciencep.com

科学出版社 出版
北京东黄城根北街 16 号
邮政编码：100717
http://www.sciencep.com

涿州市般润文化传播有限公司印刷
科学出版社发行　各地新华书店经销
*

2017年6月第 一 版　开本：720×1000　1/16
2025年2月第三次印刷　印张：23
字数：360 000
定价：98.00元
（如有印装质量问题，我社负责调换）

前　言

　　大众传媒在科技传播中发挥着至关重要的作用，尤其是互联网时代来临之后，科技传播的变革随着全球化和信息化进程不断推进。图书、报刊、电视、广播等传统媒体，见证着互联网从电子邮件、门户网站、BBS、QQ群、博客、微博，到微信、APP、移动直播，包括正崭露头角的虚拟现实（VR）、增强现实（AR）播放器等新媒体形式的产生和发展，并不断实践着各类媒体的融合发展。

　　而新媒体的发展也一次次刷新着传播方式的迭代。互联网的出现和发展，是自纸媒和电视、广播以后科技传播形式最大的改变，就是传播不再是单向的"我给你说，我说你听"；而是双方开始共享媒介平台，并能够在同一时空既单向传播，又双向和多向互动。在传播中，媒体形式逐渐发展成为媒介平台。

　　在这样的时代背景下，中国科学技术协会提出并实施了科普信息化工程，推动我国科学普及事业紧跟互联网发展，适应数字化、网络化、智能化的不同发展阶段，充分发挥各类媒介平台在科技传播和普及中的重要作用，创新科技传播模式和科普产品形式，为提高公民科学素质服务。本研究是在科普信息化工程设计酝酿时期提出的，正值中国科普研究所获批成立媒体科技传播研究室，时任所长任福君教授对新的研究室提出了"摸清现状、服务未来"的要求，媒体科技传播研究室组成课题组针对大众传媒在科技传播中的现状、问题及发展进行研究。随着科普信息化工程的实施，课题不断加入了新的内容，媒体科技传播研究室也更名为科学媒介研究室，主要研究各类媒介在科技传播和科学普及中发挥作用的特征和机制，并开展科普数据分析以及科普信息化相关研究等。在现任所长王康友的关心支持下，终能完成此书的撰写。

　　本书绪论部分对研究的目的与意义进行了阐述，介绍了研究对象的选取原则，并对国内外大众传媒科技传播现状进行了综述。第一章是大众传媒科技传播现状概述，总结梳理了针对电视、网络、报纸、期刊四类媒体科技传播状况研究的主要结论。第二章至第五章为本研究的重点，依次是电视、网络、报纸、期刊的科技传播现状，每个章节都介绍了研究内容、研究对象和研究方法，各类媒体的研究不仅有总体状况和细分类别的，还有具体的案例分析；不仅有传播内容分析，还有传播能力研究，内容丰富、数据翔实、结论精准、问题客观，并附有各类研究的数据表格。第六章为提升大众传媒科技传播能力的对策与建议。

　　本书的出版只是一个阶段性的研究成果，新媒体层出不穷，科技传播中媒介的研究不能停歇。经历过以微博、微信为代表的众媒时代后，下一个三五年，将是一个怎样的时代？人工智能（AI）？大数据或云计算？这些新技术与社交媒体和自媒体有关的媒介联姻，会形成什么样的新的社交媒介平台？特别是人工智能发展对传播方式和媒介形式的影响，几乎会导致一种被重置和格式化的传播场景出现，是一种可以消化和装载人类目前所有想象力的传播媒介。这样媒介不再仅仅是人的身体向外的延伸，而开始向内延伸，植入人体内，最终同人的身体，甚至同人的思维融为一体。那么，媒介和媒体，媒介和内容，媒介和人身，媒介和万物，万物为媒，媒即万物。一种崭新的传播时代正在来临。

　　因此，对于科技传播中的媒介，无论是现状研究还是发展研究，我们都将进行下去。研究中的不足之处欢迎大家批评指正，在这里对在本书出版中做出贡献的各位老师表示衷心的感谢！

钟　琦
2017 年 3 月

目　录

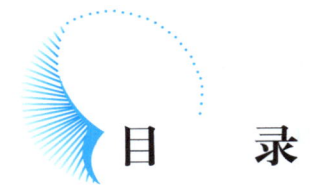

前　言

绪　论 / 001
　　一、研究目的和意义 / 002
　　二、研究对象 / 003
　　三、文献综述 / 003

第一章　大众传媒科技传播现状概述 / 017
　　一、政策先行，措施跟进 / 018
　　二、总态势平稳发展，新媒体将成中坚 / 024

第二章　电视科技传播 / 033
　　一、基本发展情况 / 034
　　二、传播力·公信力·影响力 / 041
　　三、电视科技传播中的主要问题 / 072
　　四、《走近科学》与《养生堂》 / 073

第三章　网络科技传播 / 077
　　一、基本发展情况 / 078
　　二、定量与定性分析 / 081
　　三、网络科技传播之主要症结 / 119
　　四、典型科普网站解析 / 120

第四章　报纸科技传播 / 127
　　一、基本发展情况 / 128
　　二、科技传播数量、内容、效果分析 / 129

　　　　三、报纸科技传播的自身问题　/ 237
　　　　四、四类报纸代表案例详解　/ 241

第五章　期刊科技传播　/ 279
　　　　一、基本发展情况　/ 280
　　　　二、传播内容、渠道及效果　/ 289
　　　　三、期刊科技传播存在的问题　/ 316
　　　　四、《中国国家地理》和《知识就是力量》　/ 317

第六章　提升大众传媒科技传播能力的对策与建议　/ 323
　　　　一、电视　/ 324
　　　　二、网络　/ 326
　　　　三、报纸　/ 328
　　　　四、期刊　/ 330

附　录　我国科普期刊名录（共455种）　/ 333

参考文献　/ 357

后　记　/ 359

绪　论

一、研究目的和意义　/ 002
二、研究对象　/ 003
三、文献综述　/ 003

一、研究目的和意义

（一）研究目的

21世纪，大众传媒的发展日新月异，不仅传统媒体的传播能力大幅提高，新媒体的出现更使人们的生活方式发生了根本性的变化。大众传媒对社会生活的影响已经无处不在，个体在不同程度上接受"媒介启蒙"已然成为不争的事实。在这样的背景下，大众传媒对于科技传播和普及的作用就越发凸显出来。培根就曾说过："知识的力量不仅取决于其本身的价值大小，更取决于它是否被传播以及被传播的深度和广度。"充分利用大众媒介，提高其科技传播的能力，加大科技传播的深度和广度，对提升我国公民科学素质具有十分重要的意义。

为更好地发挥大众传媒在科技传播和普及中的作用，首先要对我国目前大众传媒的科技传播情况有全面的了解和客观的分析，发现其存在的问题，并找出解决问题的策略，这即为本研究的目的所在。

（二）研究意义

作为普及科学知识、倡导科学方法、传播科学思想、弘扬科学精神的主要载体，大众传媒是科技传播和普及链条中的重要一环。而今媒介的高度发达，使得公众获取科技知识的途径越来越多地依赖于媒介，但相应的研究并没有跟上媒介发展的步伐。从理论研究角度来看，以往虽然众多学者从不同层面、不同角度对大众传媒进行了大量的研究，并取得了一定的理论成果，但对于大众传媒科技传播的研究却较为少见，散见文章较多，理论化、系统化的成果严重缺乏。作为一个基于本体的基础性研究，本书聚焦于媒体科技传播的现状研究，为未来在这一研究领域的可持续性展开打下坚实的基础。

而从现实发展角度来看，自2006年《全民科学素质行动计划纲要（2006—2010—2020年）》及其后《大众传媒科技传播能力建设工程实施方案》颁布后，虽然大众传媒在科技传播方面的能力得到了一定的提升，但还是存在一些明显的问题和不足。本书旨在通过对当前大众传媒科技传播发展现状的全面梳理与分析，为解决现实问题提供更为客观的参考依据和有力的理论支撑，为决策层提供有实际价值的对策建议，为提高公民科学素质做好智力支撑。因此，本书不仅具有一定的理论价值，也具有重要的现实意义。

二、研究对象

第九次中国公民科学素养调查数据显示，按照公民获取科技信息渠道的利用比例，由高到低依次排列为电视（93.4%），互联网（53.4%），报纸（38.5%），亲友同事（34.9%），广播（25.0%），期刊（13.3%），图书（11.4%）。尽管在21世纪新媒体一直高速发展，但电视却是所有传媒中覆盖率最高并始终稳居获取科技信息渠道首位的媒体，是在传统媒体中最具代表性的传播媒介。而作为新媒体的代表，互联网的发展势头最为迅猛，与第八次中国公民科学素养调查结果相比，公民利用互联网渠道获取科技信息的比例提高了1倍多，由26.61%上升到53.4%，增幅十分显著，已经超越了报纸，位居第二。在具备科学素质的公民中，更有高达91.2%的公民通过互联网获取科技信息，互联网已成为具备科学素质公民获取科技信息的第一渠道。报纸作为历史悠久的传统媒体，在备受冲击的境况下，仍然在科技传播中占有一席之地。而广播、期刊、图书在公民获取科技信息的渠道中所占比例与之前相比仍变化不大。因此，根据目前媒介发展状况及公民获取科技信息的情况，本书确定的主要研究对象为电视、网络、报纸。同时，为了更为全面地描述大众传媒的发展状况，也在公众获取传播渠道比例相对较低的媒体中选择期刊作为研究对象之一。

三、文献综述

科技传播的现代形态和基本体系在20世纪上半叶就已经建立起来，媒介作为传播的重要手段，在科技传播中发挥了巨大的作用。以下将分别对国内外大众传媒科技传播的情况进行简单的梳理和分析。

（一）国外大众传媒科技传播综述

大众传媒可以说是公众获取科技信息最显著的来源。早在 19 世纪，就已经出现了一些专门进行科技传播的期刊和报纸专栏。至 20 世纪中后期，随着科普活动越来越多的开展，报纸、电视、期刊也越来越多地被用来进行科技传播。当互联网技术开始成熟时，网络也成了科技传播的重要阵地。美国、英国、德国、日本等国家都有其代表性的媒介。

1. 报纸

20 世纪 70 年代末到 80 年代初，美国科普出现小高潮，许多报纸开设了科学版面。从 1978 年《纽约时报》(*The New York Times*) 开辟每周一次的科学版面开始，连续几年的时间里，很多报纸纷纷效仿《纽约时报》，到 1989 年已经有 95 家报纸开设了科学版面。但在 1992 年，随着美国经济下滑和网络兴起，报业开始萎缩，形式发生了变化，开设独立科学版面的报纸只剩下 47 家，而且版面空间大为缩小。

英国的报纸种类繁多。由于公众长期养成的阅读习惯，尽管受到互联网的冲击，但报业发展依然坚挺。在科技传播方面，所有的大报都至少有一名专职的科学记者，除了刊登常规的科学新闻以外，大多数都开设有专门的科学栏目或每周一次的科学专刊，如《泰晤士报》(*The Times*)、《卫报》(*The Guardian*)、《金融时报*》(*The Financial Times*)、《每日电讯报》(*The Daily Telegraph*) 及《独立报》(*The Independent*) 等。

除英国外，其他一些欧洲国家的报纸也积极进行科技传播。例如，德国所有全国发行的大报都开辟有科学专栏，大多数的地区性报纸至少每周登出一版科学内容，有的地方报纸甚至聘有专门的科学编辑。奥地利的《标准报》(*Der Standard*)、《新闻报》(*Die Presse*) 及《维也纳日报》(*Wiener Zeitung*) 等都会定期刊登科学内容。荷兰报纸的科技信息也较为丰富，几乎所有的日报都设有科技周刊专栏，其内容质量较高。西班牙、瑞典的报纸科技传播情况也基本与上述国家相似。

绪　论

2. 电视

电视是重要的科技传播渠道，发达国家及许多发展中国家都非常重视电视科技传播，甚至由国家财政投入，开办非商业化的公共电视台和电视科普节目。美国为贯彻《公共广播法》，于 1969 年组建了非商业化的公共电视台（Public Broadcasting Service，PBS），由国会和总统亲自任命公司董事会，由国家财政和地方税收拨款。40 多年来，PBS 对普及科学文化的职责始终不渝。美国国家航空航天局（NASA）于 1980 年起开办电视台，如今拥有 4 个频道，每天 24 小时播出。

英国广播公司（British Broadcasting Corporation，BBC）是科技电视的鼻祖，BBC ONE、BBC TWO 和 BBC FOUR 都会播出一些科学节目，其中 BBC FOUR 的科学节目最为丰富。BBC 在制作大型科学系列片方面闻名遐迩，如《密码破译者》《潘多拉的盒子》等。始于 1964 年的《地平线》系列科普专题片达数千部之多，产生了很大的影响。

欧洲国家、加拿大、澳大利亚、日本一直是科技电视节目的丰产区，如德国电视台的科学节目历来高居收视率榜首，荷兰电视台有关原创性科学信息的播放时间占整个播放时间的 3%，与科学相关的各类节目，如自然风光电影、智力竞赛等，播出时间达到总播出时间的 5%。韩国教育科学技术部和韩联社新闻台（YTN）于 2007 年开办了覆盖全国的科技电视台，每天 24 小时播出。发展中国家也不甘落后，巴西于 1997 年开办第一个全天候播出的科教频道"未来"。印度早在 1961 年便在德里地区创办电视科技教育节目，1975 年对 6 个邦、2333 个村庄播放科教电视，2000 年开通全国电视科教频道并很快实现 24 小时播出，其中 23 小时的节目为本土自制。

3. 期刊

早在 100 多年前，美国就有了科普类的杂志，如创刊于 1845 年的《科学美国人》(Scientific American)，虽然在历史上经历过一些变化，但一直延续下来，成为享誉世界的权威性科普品牌。如今，美国的科普杂志基本上保持了原有的形态，有发行量较小的专题刊物，也有发行量较大的综合刊物。此外，有些知名刊物或新闻性杂志也经常报道科学方面的内容，如《史密森尼》（*Smithsonian*）、《读者文摘》（*Reader's Digest*）、《时代周刊》（*Time*）、《新闻周刊》（*Newsweek*）等。目前，美国较有影响力的科普期刊有《科学》（*Science*）周刊、《科学美国人》月刊、《美国科学家》（*American Scientist*）双月刊、《发现》（*Discover*）月刊和《国家地理》（*National Geographic*）月刊，《科学美国人》和《国家地理》等在法国、西班牙、德国、波兰、以色列、日本和中国等国家还有本地语言版。

通过对美国专业期刊《科学传播杂志》（*Journal of Science Communication*）进行统计分析可以看出，美国大众传媒科技传播研究的主要特征有三方面：①主要探讨科技传播本身如何在社会公众中得到广泛的认可和关注；②研究具有国际视野，注重长效观察与研究；③对医学、健康、教育、新媒体等方面科技传播报道的研究给予了足够的空间。

除美国之外，其他国家也拥有自己具有代表性的科技期刊。在英国，最著名的期刊有《自然》（*Nature*）和《新科学家》（*New Scientist*）。《自然》创刊于 1869 年，是世界上最早的国际性科技期刊，也是世界上最权威的科学杂志之一，以报道科学世界中的重大发现、重要突破为使命。而创办于 1956 年的《新科学家》周刊是与《科学美国人》齐名的大众化高水平学术期刊，专门刊登科学消息与专题报道，读者对象主要是受教育程度较高并有一定科技知识基础的人。在德国，能够定期提供可靠的科技信息的刊物为数不多，创刊于 1897 年的《科技展望》（*Technologie Outlook*）是较著名的、历史悠久的科学杂志。除此之外，还有一些关于科学、环境保护、博物学和医学方面的杂志。西班牙有 10 多家有关科学内容的杂志，其中最著名的是《趣味》（*Muy Interesante*）月刊。

日本的科普期刊发展较有代表性。大体说来可以分为综合性科普期刊与专业性科普期刊两大类；也可以按读者对象划分为面向一般读者、少年儿童等类别的科普期刊；此外还有译自国外的科普期刊。著名的有创刊于 1941 年的《科学朝日》（かがくぬさひ，综合性科普期刊，后于 1996 年停刊）、《牛顿》（*Newton*，介绍科学进展的科普杂志）。还有很多由科研机构主办的英文期刊，如 *DNA Research*。

4. 网络

20世纪末，科技传播进入了新的发展阶段，尤其是网络的快速发展使得科技传播由单向转变为双向，传播手段也更加现代化、专业化、多样化，并受到公众越来越多的关注和支持。其中，网站已成为科技传播的重要渠道。

门户网站是各国公众获取综合类信息的主要平台，但科技内容占总信息量的比重较低。例如，美国的雅虎网站（www.yahoo.com）共设有57项服务，其中与食品、健康、技术、教育等科技相关的栏目仅有4个，占总信息量的比重不到5%；另一主流门户网站AOL（www.aol.com）的科技内容更少，只在其新闻板块中设置了一个技术新闻主题。澳大利亚排名靠前的几大综合类门户网站（如au.yahoo.com、smh.com.au、news.com.au）内容以生活娱乐为主，科技内容较少。①

新闻媒体网站的科学新闻是重要的内容板块。国外新闻机构比较重视科学新闻报道，充分利用网站开展网络科学传播。例如，美国有线电视新闻网（Cable News Network，CNN）网站共有15个板块，专门设置了技术（Tech）版和健康（Health）版，科技相关内容占到了整体板块内容的15%左右。BBC主页上共有15个板块，其中有专门的科学板块，发布BBC采访的科学新闻，主要涉及科学技术、健康、农业、地理、太空等众多领域，同时在食品和自然板块中也有与科学相关的信息和内容。澳大利亚广播公司（Australian Broadcasting Corporation，ABC）官方网站共设有20个板块，专门设有科学、在线教育（Splash Education）、环境、健康、技术等板块，科技相关内容占整体板块的25%。②

学术机构网站的科普内容结构不同。英国等欧洲国家在科学研究中有开展科学传播的学术传统，因而在其研究机构的网站上，科学传播的内容较为丰富，但有结构性差异。国外知名高校网站以服务学校教工、学生、潜在学生和研究者为主，同时也提供在线的公共服务，理工类院校网站提供科学与技术方面的资源信息。科学共同体网站以向大众传递科学传播活

①② 罗晖，钟琦，胡俊平，等. 国外网络科普现状及其借鉴. 科协论坛，2014（11）：18.

动的信息为主，兼具提供教育资源包功能。政府部门网站为获得公众对科学研究更深层次的支持，十分重视科学传播功能展现，如美国国家科学基金会（NSF）、美国国家航空航天局等。[①]

目前，国外对科普网站的研究大致可分为以下三个方向。

（1）网络科普资源的评估标准研究

关于网站的定性评估指标，Betsy Richmond 在 1991 年提出的"10C"原则开创了网络信息资源评价研究的先河。"10C"，即内容（content）、可信度（credibility）、批判性思考（critical thinking）、版权（copyright）、引文（citation）、连贯性（continuity）、审查制度（censorship）、可连接性（connectivity）、可比性（comparativity）和范围（context）。Harris Robert 在 1999 年提出了"CARS 检验体系"的网络信息资源评价体系，即可信度（credibility）、准确性（accuracy）、合理性（reasonableness）和支持度（support）。而《北卡罗莱纳州立大学：网络科普资源评估标准》（2005）从以下方面研究了网络科普资源的评估标准：①科学内容，包括内容的准确度、制作者的权威性、学生的参与度、应用 Web 站点功能的程度、内容的客观度、站点的更新度与实效性、查询的准确性、版面申请的明确性；②网站导航，包括链接的有效性、浏览网页的方便性；③站点设计，包括外观设计的独特性、主题内容的新颖性；④多媒体应用，主要包括储存器的容量度、多媒体文件辅助工具的实用性、多媒体文件对学习的促进性。

（2）信息化对科技传播的影响研究

Leah A. Lievrouw 和 Kathleen Carley 在《在"telescience"时代科学知识传播模式的变化》（1991）中研究了科学家如何利用"telescience"这种新的方式来使用计算机、电话、传真机及其他电信设备进行工作。他们还指出，在互联网背景下，人们利用数字电子技术的互动交流比重不断提升，传统的刊物文章或有组织的科学会议的数量比例下降。Walsh 和 Baymat 在《虚拟大学：电脑网络信息传播（CMC）和科学研究工作》（1996）、《电脑网络和科研工作》（1996）中研究了通过互联网信息传播可能给科学研究工作带来的影响和变化，他们分别运用理论研究与实证分析的方法，访

[①] 罗晖，钟琦，胡俊平，等. 国外网络科普现状及其借鉴. 科协论坛，2014（11）：19.

问了四个领域的科学家，指出网络传播合作机制对科学工作影响巨大，已经成为当前科学研究工作不可或缺的一部分。Stephanie Teasley 和 Steven Wolinsky 在《传播：远距离的科学合作》（2001）中对网络是如何通过内容与形式来支持远距离的科学合作进行了描述。Michael Nentwich 在《网络科学：信息传播技术改变学术交流模式》（2005）一文中，解析了信息通信技术（ICT）给科学研究带来的变化，提出这样一个因果模式，即信息传播学术交流模式与科学研究模式会产生交互影响，认为网络科学（cyber science）由 ICT 这个独立的变量和其他一些相关变量共同构成。

（3）对科学网站进行个案研究

Jonathan P. Bowen 在《科学博物馆网站的发展：案例研究》（2005）中阐释了传统科学博物馆利用网络技术展示资源的现状，同时对一些具有开拓性的科学博物馆网站进行了个案研究，分析了它们的历史、发展和特点。

Joy E. Stewart 在《基于标准的生物科学网站的内容分析》（2010）中对 100 个生物科学网站进行了内容分析，侧重阐明了生物学内容的适当性、教学策略的合理性，并选定了网站的评估工具，提出了改革措施，以提高学生的科学素养。

综上所述可以得出，国外对于科普网站的研究多从实证调查入手，侧重于网络科学传播模式的构建、评估标准的制定等深层次理论性探究，也有微观层面上的个案挖掘，对国内研究具有借鉴意义。

（二）国内大众传媒科技传播综述

本书有专门章节描述和分析我国大众传媒科技传播的现状，因此此处只对我国大众传媒科技传播的研究情况加以梳理和分析。

从传播介质上看，国内对于大众传媒科技传播的研究基本涵盖了各种媒体，既包括报纸、电视、期刊等传统媒体，也包括发展迅猛、影响力日益增大的新媒体。虽然研究范围较大，视角也有所不同，但研究成果相对分散，多以文章为主，缺乏理论性、系统性和全面性。

1. 报纸

通过对新世纪以来文献的检索整理发现，截至 2015 年年底，共有 40

篇关于报纸科技传播研究方面的文章。

其中，最早的研究来自2000年祝永华、申振钰发表在《中国科技月报》上的《报纸科技含量知多少》一文。该文通过问卷调查的方法得出结论，当时我国有九成以上的报纸设有科技栏目，传播内容以身边科学为主，编辑、作者中科技人员所占比例不高，科技信息反馈在二成以下，传播力度不足。之后分别发表于2001年、2005年、2006年的6篇文章均为梳理报纸科技传播史中的个案研究。

2007年关于报纸科技传播研究的论文有3篇，其中两篇为湖南大学贺春禄所写。一篇是《报纸科技新闻文本研究》，另一篇是《报纸科技新闻文本的受众解读》，前者以文本分析的基本流程，即辨析语言→结构布局→文本间联系→文本意义解读为基础，对报纸科技新闻文本语言、结构及意义解读进行了较全面的分析。而后者把焦点集中在了受众对科技文本的意义解读上。一个是宏观总体的叙述，另一个是微观局部的阐述。《〈关中学报〉及其对西方科学技术的传播》一文，属于报纸科技传播史中的个案研究。

2008年共有5篇关于报纸科技传播研究的文章。《"城市周报"科技传播研究》《大众传媒与科技传播问题探究——以〈绵阳日报〉宣传绵阳科技城建设为例》两篇文章，一篇以特定的报纸类型作为研究对象，另一篇以党报作为研究对象，对此进行定性与定量相结合的研究，以此探析报纸科技传播的起源、现状、问题和解决措施等。《〈科学画报〉与中国近代科学技术的传播和普及》《"九·一八"事变以前的〈申报〉与中国早期的科技知识传播》是对报纸科技传播史中的个案进行研究。《我国报纸科学传播能力调研报告》则是从入选"2007年世界日报发行量排名前100位排行榜"的中国报纸名单中，抽选出党报类报纸8种、都市报晚报类报纸4种、行业专业类报纸4种，对它们2007年一年间的科技文章和版面进行内容分析。

2009年有5篇关于报纸科技传播研究的文章。《都市类报纸与科技传播大众化——以〈半岛晨报〉为例》一文沿袭了传统的研究方法，通过对《半岛晨报》科技新闻的内容分析，得出报纸科技传播的问题所在，并提出解决方法。《报纸科技新闻深度报道研究》一文创造性地将目光集中在了科技新闻中的"深度报道"这一范畴，对科技新闻深度报道的概念、分类、特点和价值进行了详细的阐述。《提升科技传播质量是网络时代报纸发展的要件》一文将科技传播放到了网络这个大背景下,但是它只是分析了报纸科技传播的内容质量不过关,并没有讨论报纸科技传播与网络的融合问题。《〈知新报〉与其西方科技传播研究》一文通过文献分析法对它的传播内容进行梳理,对它的传播意义进行总结。《科技传播能力为何呈弱化趋势——华东地区主要晚报科技新闻、科普宣传状况的调查》一文通过问卷调查的方式,研究华东地区主要报纸的科技新闻传播状况。

2010年有3篇关于报纸科技传播研究的文章。《〈人民日报〉与〈纽约时报〉科技新闻比较研究》选择了中美两国最具权威性的报纸作为研究对象,通过对两报科技新闻的发展过程、内容、体裁及结构、风格进行比较,反映目前中美报纸科技新闻的现状,并对此现状进行了归因分析。《提升报纸科技传播质量 为科学发展加油助力——基于2008年S·WHB科技类问题文章及点评》则是对2008年上海《文汇报》科技类文章中出现的错误进行分析和总结,并提出"不断提高报人科学素养,提升报纸科技传播水平"。《〈格致益闻汇报〉与其科技传播特色研究》,对创办在光绪年间的《格致益闻汇报》进行了研究。

2011年有1篇研究文章《网络时代报纸科技传播的优势与缺陷》,分析了网络科技传播虽然有科技信息海量性、科技传播即时性等优点,但是也因信息量过大、群体极化及信息质量良莠不齐等原因,不利于科技传播效果的彰显。相形之下,在网络时代,尽管报纸在科技传播方面有一定的局限性,但由于报纸权威性强、可供反复阅读和思考、报道翔实深入、携带方便等,所以在科技传播中发挥着不可替代的作用。

2012年共有5篇相关研究文章,分别为《都市类报纸科技新闻报道现状、问题与对策研究》《我国报纸深度科技报道中专家意见误用现象研究》《涉农报纸如何在农业科技传播中发挥作用》《五四时期报刊科技传播的特色与影响》《风险社会视域下的都市报科技传播大众化》。其中,《涉农报纸如何在农业科技传播中发挥作用》一文将关注的焦点集中到了"涉农报纸"这一类型上,其他4篇研究文章则是对之前研究领域的再丰富。

2013年发表的3篇相关研究文章都是对科技传播历史个案的研究。2014年有6篇相关研究文章,研究内容均为具体案例。2015年有2篇相关研究文章,一篇为《中国报纸科技传播能力的评估与分析》,对报纸科技传播能力进行了评估与分析；另一篇为《科技报运用新媒体开展科普宣传的探索》，是新形势下对报纸开展科普宣传模式的探索。

纵观 21 世纪以来有关报纸科技传播的研究文章，可以看出，研究的数量不是很多，使用的主要研究方法有问卷调查、内容分析、个案研究等。但从研究内容来看，尽管视角不同，但多为案例研究，也有个别研究涉及科技传播能力评估及比较研究。

2. 电视

自 2000 年以来，约有 80 篇关于电视科技传播的研究文章发表。在这些研究中，有的学者从宏观角度出发，研究我国电视媒体科技传播的历史和现状，分析其功能和传播效果，对在电视科技传播中存在的精英文化和大众文化进行解读；有的学者从微观视角出发，研究具体频道中的科技传播，如张艳艳的《商业运作——Discovery 频道实施科技传播的成功之道》、赵列萍的《CCTV 科技传播的叙事分析》；有的学者研究具体节目中的科技传播，如贺巍的《湖南卫视〈百科全说〉栏目研究》、张玲玲的《从科技传播角度解读央视的北京奥运会报道》；有的学者对整个科技类电视节目进行研究，如刘忠波的《从科技传播看科技类电视节目的发展途径》；有的学者把研究焦点集中在更为细致的领域，如吕孟涛研究地方电视媒体在农业科技传播中的作为，宋伟龙研究电视广告的科技传播功能。除此之外，还有学者从比较的视角对中外电视科技传播进行分析。

在这些研究文章中，研究者对中国电视科普的特点及存在的不足提出了各自的观点。

对于电视科普的特点，刘宇博认为，目前我国的电视科技、科普类栏目主要有三种类型，第一种是电视新闻类栏目，第二种是电视专题类栏目，第三种是电视教学类栏目。此外还有中央电视台科教频道（CCTV10）的一些科技和科普类栏目。也可以根据电视栏目的不同播放形态进行一系列的分类，可以分为综合类、竞技益智类、访谈类三种，纪录片也可以在其中有所体现。许建华在文章中指出，半个多世纪以来，我国电视科教节目传播理念主要经历了两个阶段的发展变化：一方面，在选题内容上紧扣"普及科学知识、倡导科学方法、传播科学思想、弘扬科学精神"；另一方面，在节

绪 论

目形式上强调形式要为内容服务。黄雯认为，中国科普类电视节目出现新格局，即传统的电视科普节目故事化、科普电视纪录片寓教于乐、带科普性质的综合类电视节目趣味性与知识性并存、科普与科幻电视剧成为科普电视节目的新方向。陈磊则在《科学离我们遥远吗？——浅析我国电视科普节目的现状与发展》一文中提出电视科普节目有两大功能：①提高全民的科学水平；②促进科技的全面发展。而我国的电视科普现状是：面向青少年的电视科普节目很少，电视科普节目处于不重视、无市场、无人看的状况。

而对于中国电视科普的不足，研究者也纷纷进行了总结。赵越认为，我国的电视科普节目在数量和规模上都有所提高和发展，但是其较高的投入却没有带来相应的回报，收视率不高，没有实现普及的目标。颜燕、陈玲认为，我国科教频道作为电视科普的主阵地，多数频道科普栏目设置量少，播放时间比例低，制作能力有限，收视率低。乐琦、鞠超则认为，我国电视科普节目形态较为单一，呈现方式主要表现为"讲故事""科学讲座"的叙述手法，节奏较为平缓，选题较为单一；节目科技含量不高，突出了故事性、生动性，但其内容主要局限于生活上的解疑释惑，关于新兴科技、高端科技鲜有突破性的传播；节目资金投入不够，电视科普节目多从小题材入手，缺乏大制作的鸿篇巨制；节目的科学性关照不够，忽视了科普节目传播科学知识的真谛；等等。

媒介融合大趋势下的电视科普发展也得到了研究者的关注。赵致真在《三网融合与中国科普电视的新生》一文中认为，中国科普电视目前正跌落到改革开放以来的最低谷，处于存亡绝续的危急关头。刘峰在《大数据时代电视科普节目的传播策略探析》一文中提出了大数据时代电视科普节目传播的创新路径：一是电视科普节目传播者要充分利用不同的新媒体平台，拓宽传播渠道；二是积极参与全媒体形态的传播竞争与合作，借助产业链的发展扩大影响力；三是抓住媒体技术更新换代的契机，努力实现跨越式的发展，使电视媒体自身具备数据收集与分析的能力，为电视科普节目的精准化传播创造条件。

3. 期刊

自新中国成立起，我国科普期刊至今已有半个多世纪的历史，前后经历了两起两落。在不同的历史阶段，科普期刊的发展也呈现出不同的特点。改革开放后，由于国家对科学技术的正确认识和对科技工作的重视，社会上形成了重视科学的良好氛围，极大地促进了我国科普事业的发展，科普期刊在这一阶段得以复苏和发展。20世纪70～80年代，科普期刊如雨后春笋般快速增长，一些复刊后的老牌刊物，如《知识就是力量》《科学画报》《无线电》等的发行量都在数十万份，甚至一度达到百万份以上，为人民群众提供了精神食粮，满足了他们对科学知识的渴求。20世纪90年代，随着时代的进步和新兴学科的不断发展，医药保健与计算机通信类科普期刊成为热点，如《家庭医生》的期发行量在100万册以上。2003年以后，文化体制改革的相关政策明确了引导科普期刊市场化发展的管理规划，这对于肩负着公益使命的科普期刊来说影响巨大，专家和学者对于科普期刊出版体制改革的探索也从未中断。

由于科普期刊有较长的发展历史，因此针对其的研究也较多。从2000年至今，共有相关研究论文800多篇。研究内容主要包括科普期刊的内容、形式、传播、发展状况，以及营销、发行等。其中，又以形式和传播策略研究为多。

4. 网络

进入21世纪后，随着网络发展的逐渐成熟，网络科技传播的研究也迅速进入研究者的视野。近几年，共有近百篇相关研究论文发表。这些研究集中在发展现状、平台建设及案例研究方向上，也有少量内容研究、受众研究、传播效果研究等。主要研究对象包括网站及一些新兴网络形式，如微信、微博、手机报等。

通过对文献的梳理发现，目前国内对网络科技传播的研究大致可分为以下五类。

（1）网络信息资源评价研究

国内的定性指标研究始于1997年。董小英首次总结了9项网络信息资源评价标准，即信息准确性、信息发布者的权威性、提供信息的广度和深度、主页中的链接是否可靠和有效、版面设计质量、信息的有效性、读者对象、信息的独特性、主页的可操作性。

绪 论

　　董晓晴、吴晨生等对我国科普网站的栏目和表现形式进行了定量分析，认为除少量的科普门户网站外，个性化、市场细分将是未来科普网站的发展方向。吴琼、张鲁冀等运用定性和定量结合的方法对科普网站评估模型的三级指标分别进行了验证，并根据该模型对一个网站进行了评分。孙爱民对科普网站的评估方法进行了梳理，并对国内外主要的两个科普网站评估体系，即北卡罗来纳州立大学的《网络科普资源评价标准》和中国互联网协会的《科普网站评价指标体系》做了介绍。李青认为，影响科普网站推广与传播的因素有四个方面，即网站内容、知觉价值、口碑传播、口碑反馈，并通过定量分析进行验证，从这四个角度对科普网站的推广和传播提出了建议。

　　（2）科普网站个案研究

　　个案研究是网站研究的一个主要部分。众多研究者从不同角度对科普网站进行了相应的分析。袁玮、刘宗兴等以"天津科普网"为个案，研究分析了科普工作子系统、科普工作支撑子系统和科普知识传播子系统三个子系统；赵以霞、黎文等从"中国科普博览"网站的专业团队、丰富的资源储备、先进的数字化技术和与用户沟通的良性机制方面进行了介绍；李媛对新浪网科普频道进行深入研究，全面介绍了该频道的形式、内容及存在的问题；吴娟结合科学松鼠会的文本分析，探寻了科学松鼠会的传播主体、传播方式、受众等要素的特点，并构建了科学松鼠会的传播模式；董阳以"互动百科"为例，阐释了维基网络科普新模式。

　　这类研究丰富了科普网站的研究领域和研究方式，但对当前科普网站来说代表性不足，个案研究的广度和深度还有所欠缺。

　　（3）科普网站发展状况的宏观研究

　　针对科普网站发展状况的研究也较多。张振克、田海涛、魏桂红把我国科普网站分成六类，即大型综合性科普网站、一般综合性科普网站、地方性科普网站、专业科普网站、相关科普网站、科普频道，指出我国科普网站在未来的发展中必须重视科学精神、科学方法及科学思想的传播。田原则分析了我国科普网站的整体状况，认为我国科普网站目前虽然发展较快，但是总体上依然存在着数量、规模偏小，发展不均衡，网站内容简单、表达形式欠佳及互动性差的问题。杨洋等利用多元线性回归分析法，对我国 30 个省（自治区、直辖市）的科普网站分布进行了研究，发现影响我国各区域之间科普网站分布差异的因素主要有主办单位数量、技术指标、经济指标、教育指标、人口指标等。金喜成通过问卷调查及实际调研考察了辽宁省省内科普网站的发展状况，并从认识程度、网站设计、人才及管理等几个层面剖析了存在的问题，进而提出了发展建议。

这类研究大都从宏观层面上对我国科普网站的现状、特点、分布等情况进行了探究，旨在从总体上明确我国科普网站建设存在的问题和解决方案，但是缺乏从传播学视角开展的相关研究。

（4）网络媒体对科技传播的影响研究

黄牡丽对网络与科普的结合、网络科普的特性及网络时代科普方式的转变等方面进行了研究。黄可心结合互联网所特有的超级容量、超链接技术及多媒体化等特征，阐述了其如何使科学传播变得更加人性化、富有针对性。曾敏论证了网络的交互性特征对网络科技传播的影响，总结了科普网站的交互性现状与特点，并提出了今后科普网站交互性的发展思路与方向。曲彬赫、冷盈盈重点阐述了网络媒体在传播信息方面的优势，并提出了以科学技术协会网站为媒体，创新科普信息传播工作等若干建议。于海燕针对新媒体对科技传播的影响作了分析，认为新媒体开辟了科技传播的新途径，为科技传播带来了积极的社会功能，加快了科学技术在社会中的发展，提高了公众的科学素养，促进了科技教育的发展。但是新媒体自身的不足，如缺乏信誉度和严格的监管、假科技新闻泛滥、容易对受众形成误导等又使我国科学传播面临困难。

第一章
大众传媒科技传播现状概述

一、政策先行，措施跟进 / 018
二、总态势平稳发展，新媒体将成中坚 / 024

一、政策先行，措施跟进

（一）政策支持，促进大众传媒科技传播稳步发展

大众传媒科技传播的发展，离不开国家政策的有力支持。从20世纪末开始，国家制定、发布了许多大众传媒开展科技传播的法律、法规、规章、条例及政策性文件。

早在20世纪90年代中期，《中共中央、国务院关于加强科学技术普及工作的若干意见》中就提出"要充分利用大众传播媒介开展多种形式的科普宣传"。1996年，中共中央宣传部、国家科学技术委员会和中国科学技术协会《关于加强科普宣传工作的通知》中也指出，"必须充分利用各种大众传播媒介，传播普及科学知识、科学方法和科学思想，在全社会形成学科学、爱科学、讲科学、用科学的社会风尚"。《2000—2005年科学技术普及工作纲要》中明确指出："开展科普宣传是大众媒体义不容辞的责任。各级电台、电视台要充分利用先进的传播手段，办好科普节目和科普栏目，宣传介绍科技知识、工农业实用技术以及与移风易俗、文明生活密切相关的科普知识；尚未开设科普栏目的要创造条件尽快开设。""在各类报纸、期刊等大众传媒开设丰富多彩、生动活泼的科普栏目，加强科普宣传。在互联网络办好几个有影响的科普精品网络。"

2002年，《中华人民共和国科学技术普及法》的颁布，对科普工作的开展起到了加强和保障的作用。其中第十六条是对大众传媒的相关规定："新闻出版、广播影视、文化等机构和团体应当发挥各自优势做好科普宣传工作。综合类报纸、期刊应当开设科普专栏、专版；广播电台、电视台应当开设科普栏目或者转播科普节目；影视生产、发行和放映机构应当加强科普影视作品的制作、发行和放映；书刊出版、发行机构应当扶持科普书刊的出版、发行；综合性互联网站应当开设科普网页；科技馆（站）、图书馆、博物馆、文化馆等文化场所应当发挥科普教育的作用。"

2003年，由中共中央宣传部、中央精神文明建设指导委员会办公室、

第一章 大众传媒科技传播现状概述

科学技术部、文化部、国家广播电影电视总局、新闻出版总署、中国科学技术协会联合发布的《关于进一步加强科普宣传工作的通知》中要求，"充分发挥大众传媒和文化艺术的重要作用，营造科普宣传的浓厚氛围。通讯社、报刊、广播、电视、互联网等各级各类大众传媒，要充分发挥各自优势，切实担负起科普宣传的责任"，并指出了各种媒介具体的工作任务。

2006 年，国务院制定并实施《全民科学素质行动计划纲要（2006—2010—2020 年）》，大众传媒科技传播能力建设工程为其基础工程之一，主要任务为："加大各类媒体的科技传播力度。电视台、广播电台科技节目的播出时间，各类科普出版物的品种和发行量，综合性报纸科技专栏的数目和版面，科普网站和门户网站的科技专栏等大幅度增加。""打造科技传播媒体品牌。提高科技频道、专栏制作传播质量，培育一批读者量大、知名度高的综合性报纸科技专栏、专版和科普图书、报刊、音像制品、电子出版物，形成一批在业内有一定规模和影响力的科普出版机构。""发挥互联网等新型媒体的科技传播功能，培育、扶持若干对网民有较强吸引力的品牌科普网站和虚拟博物馆、科技馆。"

同年，为贯彻落实《全民科学素质行动计划纲要（2006—2010—2020 年）》，中共中央宣传部会同有关部门共同研究制定了《大众传媒科技传播能力建设工程实施方案》，该方案对目标任务、实施措施、责任分工及工作要求都作了明确的说明。这一方案的出台对全面推进大众传媒科技传播的发展具有重要的意义。

2007 年，科学技术部、中共中央宣传部、国家发展和改革委员会、教育部、国防科学技术工业委员会、财政部、中国科学技术协会和中国科学院联合发布《关于加强国家科普能力建设的若干意见》。该意见提出了"十一五"期间加强国家科普能力建设的主要任务，加大大众传媒的科技传播力度也是其中的一部分内容。

2011 年，《全民科学素质行动计划纲要实施方案（2011—2015 年）》根据大众传媒科技传播的发展状况，提出了加大报刊、广播、电视等传统媒体的科技传播力度，发挥互联网等新兴媒体在科技传播中的积极作用，提升大众传媒的科技传播质量的任务，并相应地制定了一系列措施：制定鼓励大众传媒开展科技传播的政策措施；提升大众传媒从业者的科学素质与科技传播能力；打造科技传播媒体品牌；发挥互联网、移动通信、移动电视等新兴媒体在科技传播中的积极作用。

2012年，科学技术部颁布的《国家科学技术普及"十二五"专项规划》中，将增强大众传媒科技传播能力列为重点任务之一。

2016年2月，《全民科学素质行动计划纲要实施方案（2016—2020年）》出台，其中实施科普信息化工程任务之一为"提升科技传播能力，推动传统媒体与新兴媒体深度融合，实现多渠道全媒体传播，大幅提升大众传媒的科技传播水平"。

上述从20世纪末至今的主要政策文件和法律法规对大众传媒科技传播的发展起着至关重要的作用。目前，大众传媒实现了力度增强、水平提高、品牌建设卓有成效、新媒体影响扩大的目标，公民所能获取的科技信息的数量增加，质量提升，大众传媒科技传播能力明显提高。

（二）全面落实各项措施，提升科技传播能力

为提升大众传媒科技传播能力，各部委和各省份都采取了相应的措施。

首先，各部委纷纷采取措施，加大媒体科技传播力度。

中共中央宣传部、国家新闻出版广电总局加大各类媒体科技宣传力度，大幅度增加电视台科技节目的播出时间，培育了一批读者量大、知名度高的综合性报纸科技专栏、专版和科普图书、报刊、音像制品、电子出版物。

从2010年起，环境保护部与新华社联合开办电视新闻栏目《环境》，播放节目60余期；与中央电视台合作制作《探索中国环保新道路》公益广告片；出台《"十二五"环保科普图书开放工作方案》，积极组织开发图书、影视作品等科普产品；针对公众关注的热点问题，组织拍摄《大气环境与健康》科普宣传片，为公众理智对待环境污染问题提供了帮助。除了传统媒体，环境保护部也充分利用新媒体开展科普工作，开通了"环保科普365"微信公众号，推动环保科普资源共建共享，集中播放以"向污染宣战"为主题的公益宣传片，播出总时长约为230万小时，累计点击5000万人次。

中国气象局积极出版气象科普图书、挂图、折页，在充分利用传统媒体开展传播工作的同时，积极探索尝试新媒体传播途径，创建了微博、微信、微视"三微"一体的新媒体宣传平台，结合天气形势和社会热点组织

策划微访谈、微调查、微投票等系列活动，与读者形成了良性互动，让气象预报预警信息和气象科普知识更加贴人心、接地气。

"十二五"期间，国家卫生和计划生育委员会开展健康素养促进行动项目，积极推进12320卫生热线平台建设，"全国卫生12320"新浪微博和腾讯微博的影响力与日俱增，12320卫生热线覆盖人群9.6亿。

中国科学技术协会为提高大众传媒科技传播能力、逐步实现科普信息化做了大量的工作，并进行了多种尝试。为扩大科普作品的社会影响和传播范围，中国科学技术协会向社会推介了一批科学、健康、品味高雅的优秀科普图书、影视作品和期刊，组织开展"公众喜爱的科普作品"推介活动；实施西部电视台科普影视资源资助项目，依托中国科教电影电视协会和北京科学教育电影制片厂联合建设中国科普影视资源共建共享平台，免费向西部12个省份50个地县级电视台提供52期（每期20分钟）优质科普影视节目；推动网络科普游戏开发，推动以《十万个为什么》为代表的经典科普作品的游戏化创作和传统科普教育活动的游戏化改造；筹建中国网络科普游戏协会，组织和动员游戏企业积极参与网络科普游戏的设计、制作和传播。党的十八大以来，中国科学技术协会积极实施"互联网＋科普"行动和科普信息化建设专项，以"科普中国"品牌为统领，加强与有关部门的协作，探索与互联网企业，如百度、腾讯网、新华网等合作的新模式，开辟网络科普主战场。"科普中国"导航站于2015年9月14日正式上线运行，截至2015年11月14日，专项支持新建设的科普频道（栏目）、移动端科普应用累计浏览量达到12多亿人次，其中移动端浏览量占80%。"科普中国"微平台已拥有百万粉丝，阅读、转发和互动人次达到6亿。除此而外，中国科学技术协会还进一步加强中国数字科技馆建设。通过打造精品原创栏目、强化线上到线下（online to offline, O2O）的虚实互动、探索全新网络运营模式等方式全方位推进中国数字科技馆建设。截至2015年11月14日，中国数字科技馆注册用户106万，比2014年增长70%；微博粉丝114万，微博"科学史上的今天"话题阅读数超过3.2亿; Alexa国内网站排名从2014年的2000多名上升到200名左右。

其次，各省结合本地实际，实施提升媒体科技传播能力措施。

《全民科学素质行动计划纲要实施方案（2011—2015年）》颁布后，各省（自治区、直辖市）包括诸多市县比照方案，并结合本地实际情况，制定相应的实施方案，其中对大众传媒科技传播能力建设工程的目标、任务及措施都作出规定，许多地方都提出了提高大众传媒科技传播能力的相应举措。

北京市于2014年成立科普信息化联盟。该联盟的成立旨在为成员单位提供科普信息化建设的供求资讯发布平台，同时也为相关单位提供传播和交流的深入服务，致力于通过联盟的合力，打造一批北京市科普信息化精品。北京科普信息化联盟由近30家单位组成，覆盖了内容设计、产品研发、渠道建设等各个方面；集合了一批信息化科普产品的顶层设计及前瞻研究单位，包括中国传媒大学、北京电影学院、北京邮电大学等知名高校；联合了多家在网络科普传播建设方面卓有成效的知名网站，包括新华网、人民网、新浪网、搜狐网、千龙网、北青网、果壳网、乐视网等；同时吸引了大量在科普创意研发和传播内容生产上具有实力的知名企业，其中包括华风气象影视信息（集团）有限责任公司、北京盛世骄阳文化传播有限公司、伟景行科技股份有限公司、国术科技（北京）有限公司、北京环球悦时空文化科技有限公司等。

贵州省利用报刊、广播、电视等传统传媒的传播优势，开展群众喜闻乐见的人文社会科学栏目、节目。开办《大教育》《与健康同行》《健康我之道》《探索》《玩转地球》等电视科普节目。引导各级各类行政、教育部门在报刊、广播、宣传橱窗开辟科技专栏，开展科普知识宣传教育，加大科技传播宣传力度，推动科技知识在校园广泛传播。实施广播电视村村通工程，不断提高农村广播电视服务水平。充分利用中国互联网协会网络科普联盟的作用，促进省内主要网站之间开展科技传播的交流与合作。重点打造好门户网站，充分利用贵州科普网、贵州科协网、黔工网、贵州妇女网、贵州社科网、贵州共青团网、贵州青少年网、春晖行动网、爱心网、贵州志愿服务网等网络资源，精心设计专栏，研究探索网络科普的新形式，宣传科学实用技术和生理保健常识，报道具有科技背景的社会热点话题及自然灾害、突发公共卫生事件。进一步抓好《少年时代报》《家长手机报》《青年时代手机报》等新媒体建设，积极打造精品科普栏目。以"贵州数字图书馆"为平台，以领导干部及公务员、青少年学生、农民、城镇劳动者、社区居民为重点对象，引导广大公众树立"理性用网、健康上网"的观念，促进浓厚的网络学习氛围的形成，推动创新型社会的建设。

山西省在 2012 年 9 月组建了山西科技新闻出版传媒集团，集团下设三报、八刊、四个中心和若干公司，总计 500 余人，编辑管理四个内刊、十多个网站、四大类 40 多种科技手机报，拥有 CNSCI 户外传媒、农科 110 和健康 365 两大服务平台、"中科云媒"全媒体跨平台科普服务媒介、手机客户端、科普网络电视、农科 110 广播、流动媒体，成为集报刊、网络、影视、手机、户外多种科技传媒手段于一体的全媒体科技传播机构。该集团致力于打造全媒体科技传播平台、投融资资本运作平台和大科普公益服务平台，取得了一定的成效。

新疆维吾尔自治区全新创办"新疆科技在线"科普网站。"新疆科技在线"网站是新疆维吾尔自治区首个以视频科普为主，集文字、图片、视频等科普资源为一体的综合性科普网站，网站设立"新闻周报""科技漫步""自然探观""生活科学""科学声音""农牧科学""科普长廊""科普剧场""视听科协""电子悦读"10 个板块，内容包括每周 16 分钟的科技新闻周报、重要科技发明发现报道、自然科学知识、健康生活知识、农业科学知识、科普剧及新疆维吾尔自治区科学技术协会重要业务工作等，展现手段采用文字、图片、视频、电子书等多种形式，同时开设微博、微信互动窗口。网站不断关注、追踪国内外和新疆维吾尔自治区最新科技成果、科学事件、科学人物、科学话题，及时推出具有现实意义和科学价值的高端科普作品，为广大公众提供内容最新、形式多样的科普信息。

山东省大力推动数字科普工程建设。到"十二五"时期末，在全省城镇和乡村社区开放式服务场所、公众文化活动场所，以及交通医疗、购物旅游等人群集聚场所，安装数字播放终端 10 000 台，建成省暨市级控制平台，数字科普节目资源时长达到 20 万分钟，建成基于互联网技术的新型数字科普传播体系，定时定向播放科普节目，实现科学传播的常态化。山东省数字科普工程项目完成后，每年将有 5000 万人次通过收看各类科普节目接受科普教育。

福建省办好《走近科学》《农家新事》等广播电视科技栏目；扶持一批有一定影响力的科普出版机构；培育、扶持若干有较强吸引力的品牌科普网站和虚拟博物馆、科技馆，办好福建数字科技馆、海峡科学网、福建科技网等网站。

北京、江苏、浙江等省级科学技术协会纷纷联合本地互联网和媒体机构，打造了蝌蚪五线谱、江苏e科普、"科学+"等知名互联网科学传播品牌。江苏省引用公共私营合作制（PPP）合作模式，与江苏凤凰出版传媒集团有限公司各投资2000万元，启动江苏科普云等系列项目和工程。上海市科学技术协会搭建全国首家STEM教育平台——上海STEM云中心。黑龙江省科学技术协会针对不同人群特点和需求，搭建打造独具特色的黑龙江科普"一网三平台"。重庆市科学技术协会官方微信、微博和重庆Q博士科普微博关注粉丝超过10万人。

二、总态势平稳发展，新媒体将成中坚

（一）传统媒体科技传播发展平稳

1. 电视传播优势进一步发挥

根据《中国科普统计》的数据，2011年，我国电视台播出科普（技）类节目时长为187 571小时；2012年，播出科普（技）类节目时长为184 446小时；2013年，播出科普（技）类节目时长为223 610小时；2014年，播出科普（技）类节目时长为201 658小时；2015年，播出科普（技）类节目时长为197 280小时（图1-1）。[1]除此之外，还有音像制品和光盘的发行。2011～2015年，音像制品发行出版种数分别为5324种、12 845种、5903种、4473种、5048种（图1-2）；光盘张数分别为1488.77万张、1472.72万张、1441.67万张、619.38万张、988.55万张（图1-3）。[2]

"十二五"期间，我国电视科教频道、栏目通过改版、推陈出新等手段不断提升自己的科技传播质量，电视科技传播优势得到进一步发挥。

---

[1] 中华人民共和国科学技术部. 中国科普统计（2016年版）. 北京：科学技术文献出版社，2016：85.

[2] 中华人民共和国科学技术部. 中国科普统计（2015年版）. 北京：科学技术文献出版社，2015：91.

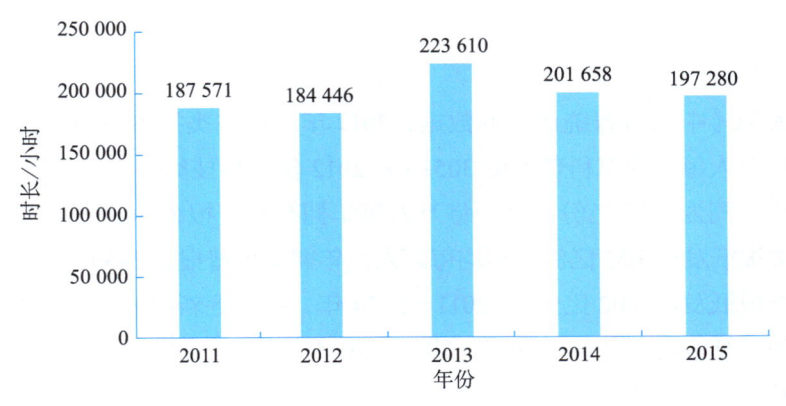

第一章 大众传媒科技传播现状概述

图 1-1 2011～2015 年电视台播出科普（技）类节目时长
数据来源：《中国科普统计》（2011～2016 年）

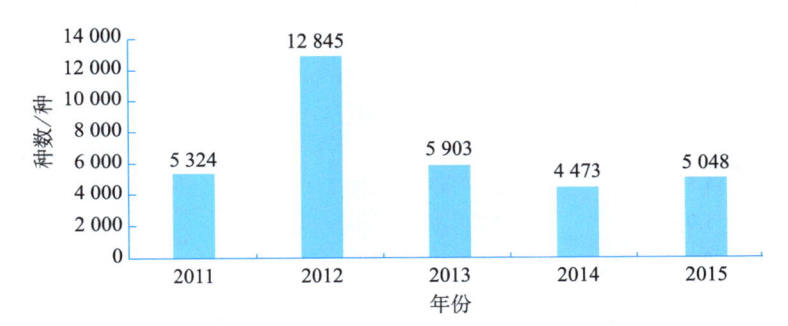

图 1-2 2011～2015 年科普（技）类音像制品出版种数
数据来源：《中国科普统计》（2011～2016 年）

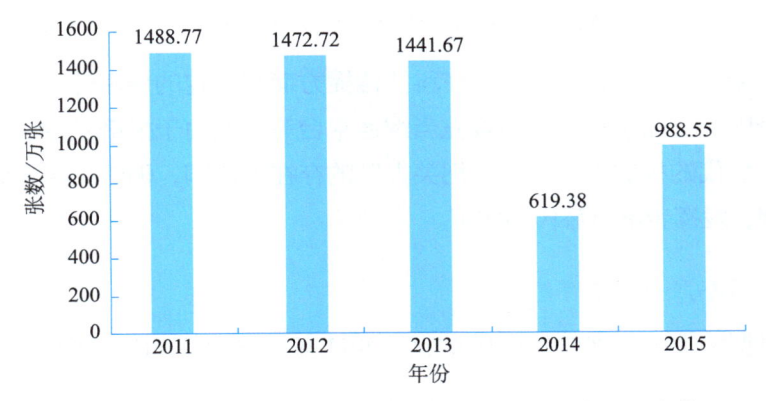

图 1-3 2011～2015 年科普（技）类音像制品光盘发行张数
数据来源：《中国科普统计》（2011～2016 年）

2. 科技类报纸受到一定冲击

根据《中国科普统计》的数据，2011年，科技类报纸发行4.11亿份，平均每万人每年拥有科普报纸3051份；2012年，科技类报纸发行量与上一年持平，同为4.11亿份，平均每万人每年拥有科普报纸3035份；2013年，科技类报纸发行3.85亿份，平均每万人每年拥有科普报纸2839份；2014年，科技类报纸发行3.02亿份。[①]2011～2014年，在受到新媒体冲击的情况下，科技类报纸的发行数量呈现降低趋势。2015年，发行量有所回升，总计发行3.92亿份（图1-4）。[②]

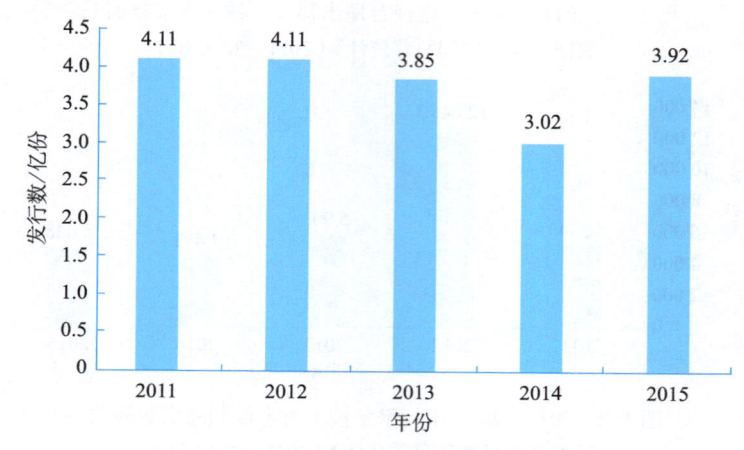

图1-4　2011～2015年科技类报纸发行量
数据来源：《中国科普统计》（2011～2016年）

在新媒体时代，尽管报纸在科技传播方面有一定的局限性，如公众参与度受限、交互性较差、很难充当沟通平台等，但由于报纸长期以来形成的不可替代的权威性，以及"把关人"的存在等原因，仍然有相当大的发展空间，发挥着不可替代的作用。

3. 科普期刊稳步发展

根据《中国科普统计》的数据，2011年，科普期刊出版数为892种，

[①] 中华人民共和国科学技术部. 中国科普统计（2015年版）. 北京：科学技术文献出版社,2015.
[②] 中华人民共和国科学技术部. 中国科普统计（2016年版）. 北京：科学技术文献出版社,2016.

发行15 722.4万册；2012年，科普期刊出版数为1007种，发行13 908.54万册；2013年，科普期刊出版数为1036种，发行16 969.56万册；2014年，科普期刊出版数为984种，发行10 825.89万册[1]；2015年，科普期刊出版数为1249种，发行17 850.17万册[2]（图1-5、图1-6）。

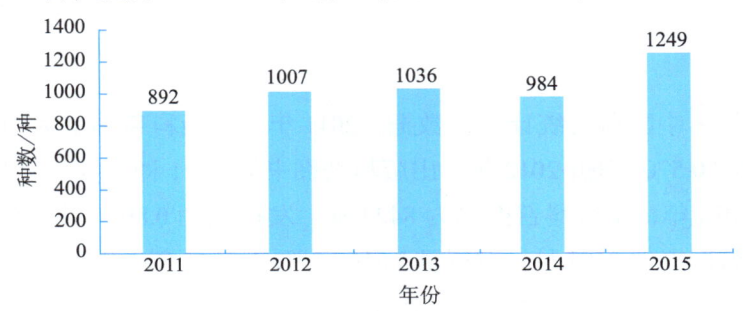

图1-5　2011～2015年全国科普期刊出版种数
数据来源:《中国科普统计》(2011～2016年)

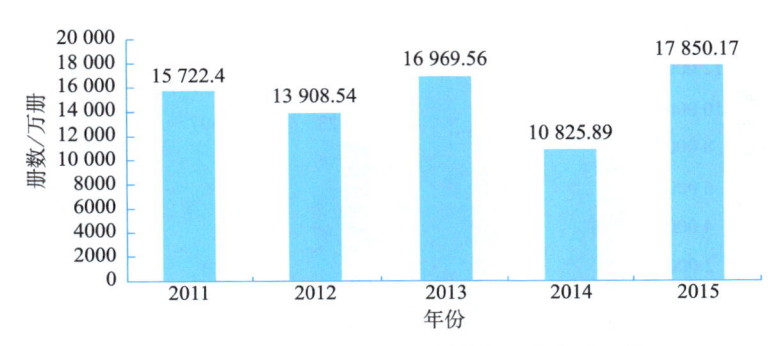

图1-6　2011～2015年全国科普期刊出版总册数
数据来源:《中国科普统计》(2011～2016年)

"十二五"期间，随着互联网和新媒体技术的迅速发展，传统的纸质科普期刊借助计算机、手机、手持电子阅读器等，开拓了电子期刊、微博、微信、APP应用、移动互联刊等多种传播手段。这些新的传播手段使科普期刊的概念出现了拓展和延伸。一些期刊根据纸质版期刊的内容，结合纸媒之外

---

[1] 中华人民共和国科学技术部. 中国科普统计（2015年版）. 北京：科学技术文献出版社，2015：87.

[2] 中华人民共和国科学技术部. 中国科普统计（2016年版）. 北京：科学技术文献出版社，2016：83.

的热点知识，重新进行编排，以适合手机用户和平板电脑用户的阅读习惯，定期出版，以免费或低于纸质期刊的价格提供给读者。总体来说，几年来，科普期刊的出版种数除 2014 年外一直呈增长态势，出版数量虽有起伏，但在办刊队伍建设、品牌推广、多种经营及新媒体建设等方面都在稳步发展。

4. 国家科学技术进步奖评选扩大科普图书影响力

根据《中国科普统计》的数据，2011 年，出版科普图书为 7695 种，发行量约 0.570 亿册；2012 年，出版科普图书为 7521 种，发行量约 0.657 亿册；2013 年，出版科普图书为 8423 种，发行量为 0.890 亿册；2014 年，出版科普图书为 8507 种，发行量 0.616 亿册[①] 2015 年，出版科普图书为 16 600 种，发行量 1.336 亿册[②]（图 1-7、图 1-8）。

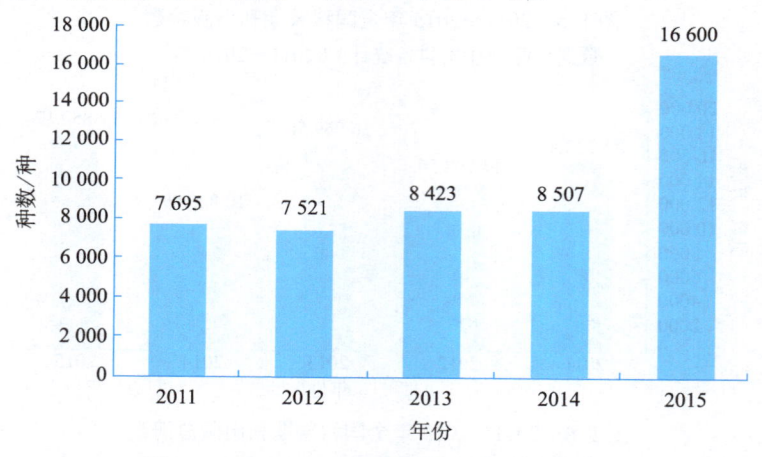

图 1-7　2011～2015 年全国科普图书出版种数
数据来源：《中国科普统计》（2011～2016 年）

2011～2015 年，科普图书在国家科学技术进步奖的评选中一直有所斩获：2011 年度国家科学技术进步奖二等奖有 4 项，分别为"农作物重要病虫鉴别与治理原创科普系列"彩版图书、《讲给孩子的中国大自然》、《回

---

① 中华人民共和国科学技术部. 中国科普统计（2015 年版）. 北京：科学技术文献出版社，2015:80.

② 中华人民共和国科学技术部. 中国科普统计（2016 年版）. 北京：科学技术文献出版社，2016:75-76.

第一章 大众传媒科技传播现状概述

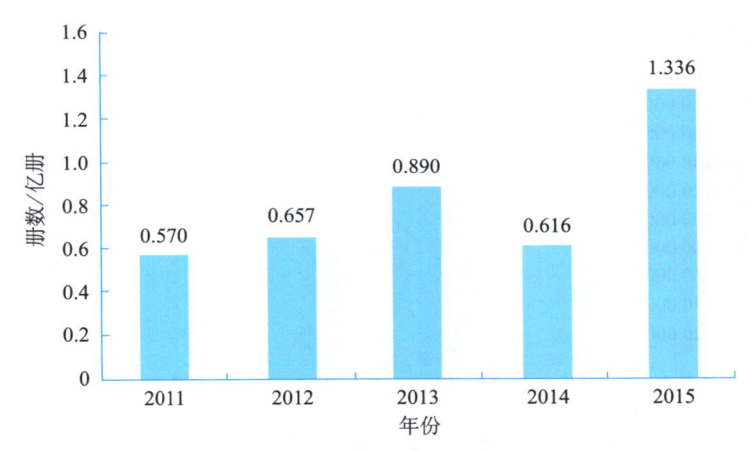

图 1-8 2011~2015 年全国科普图书出版总册数
数据来源：《中国科普统计》（2011~2016 年）

望人类发明之路》、《防雷避险手册》及《防雷避险常识》挂图；2012 年度国家科学技术进步奖二等奖图书为《"天"生与"人"生：生殖与克隆》；2013 年度国家科学技术进步奖二等奖作品 2 项，分别为《保护性耕作技术》和《基因的故事——解读生命的密码》；2014 年度国家科学技术进步奖二等奖作品 3 项，分别为《远古的悸动：生命起源与进化》《听伯伯讲银杏的故事》和《专家解答腰椎间盘突出症》；2015 年度，"玉米田间种植系列"手册与挂图、《前列腺疾病 100 问》、《中国载人航天科普丛书》3 项作品获国家科学技术进步奖二等奖。国家科学技术进步奖将科普图书纳入评选范围，很好地扩大了科普图书的影响力。同时，科学技术部每年进行的科普图书优秀作品评选也推动了科普图书的发展。

5. 电台节目播出时长缩短

根据《中国科普统计》的数据，2011 年，电台科普（技）类节目播出时长为 163 658 小时；2012 年，播出时长为 162 945 小时；2013 年，播出时长为 181 133 小时；2014 年，播出时长为 151 334 小时[①]；2015 年，播出时

---
① 中华人民共和国科学技术部. 中国科普统计（2015 年版）. 北京：科学技术文献出版社，2015：88.

长为 145 053 小时[①]（图 1-9）。

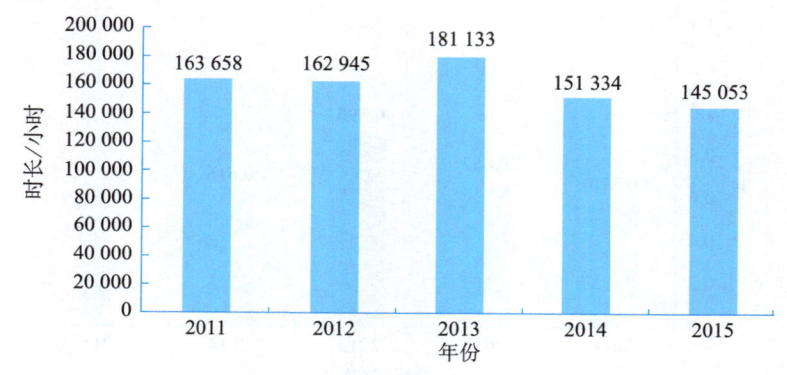

图 1-9　2011～2015 年电台播出科普（技）类节目时长
数据来源：《中国科普统计》（2011～2016 年）

（二）新媒体科技传播能力不断提升

1. 科普网站数量大幅增长

根据《中国科普统计》的数据，2011 年我国科普网站总量为 2137 个；2012 年科普网站达到 2443 个；2013 年科普网站数为 2430 个[②]，与 2012 年基本持平；2014 年，科普网站数量为 2652 个；2015 年科普网站数量则已达到 3062 个，呈现明显的上涨趋势（图 1-10）。

图 1-10　2011～2015 年科普网站数量
数据来源：《中国科普统计》（2011～2016 年）

[①] 中华人民共和国科学技术部. 中国科普统计（2016 年版）. 北京：科学技术文献出版社，2016：84.

[②] 中华人民共和国科学技术部. 中国科普统计（2014 年版）. 北京：科学技术文献出版社，2015：92.

2. 新媒体日益成为科技传播的中坚力量

"十二五"期间，我国新媒体发展迅猛，具备实时、动态、交互等特点的网络新途径、新形式不断涌现，已成为科技传播的主要手段，其中最具代表性的即微信和微博。它们的出现可以说是一场信息传播方式的革命，在丰富科技传播形式的同时，也使得传播效果更为有效和生动。

科普微博是网络科普时代的产物，它构建了一个从科普权威到科普草根均可参与的"科普微时代"，微博具有内容碎片化、使用便捷、传播迅速、互动性强等特点。目前有许多受到公众广泛认同的科普网站都开设了微博，如较为著名的果壳网微博，就备受网民喜爱。而随着移动互联网的发展，微信一经诞生便迅速成长，内容的个性化精准推送和高到达率、口碑式传播等优势明显。二者为科技传播提供了良好的方式和渠道。

除了微信、微博外，手机报也一度成为科技传播的重要方式。各种APP应用也纷至沓来。新媒体科普动漫也是科学传播的一种有效工具。

第二章
电视科技传播

一、基本发展情况　/ 034
二、传播力·公信力·影响力　/ 041
三、电视科技传播中的主要问题　/ 072
四、《走近科学》与《养生堂》　/ 073

在我国，电视作为一个具有悠久历史的传统媒介，即使在互联网迅猛发展的今天，仍然是大众传媒中覆盖率最高并始终稳居获取科技信息渠道首位的媒体，其在科技传播中一直发挥着极为重要的作用。本章对于电视科技传播现状的考查主要以表 2-1 中的指标为基础。

表 2-1 电视科技传播评价指标

维度	一级指标	二级指标
设置和内容	频道设置	频道开设与否、开设时间、频道属性
	频道含金量	频道中科普栏目的数量占全频道栏目数量的比重
	栏目内容来源	内容属于哪类：国外引进、国内转播、自主品牌
传播效果	传播力	获得科普知识的相对渠道选择，部分频道和栏目的收视情况
	影响力	自身影响力，二次传播行为
	公信力	相对公信力

一、基本发展情况

（一）我国电视科教频道及相关频道、栏目基本情况

1. 我国电视科教频道及相关频道开设情况

根据统计，截至 2016 年，我国各地开设专门的科教频道共 21 个，其中国家级 1 个、省级 10 个、市级 10 个。全国（不包括香港特别行政区、澳门特别行政区、台湾省）电视科教频道及相关频道（教育频道、农业频道等）分布情况如表 2-2 所示。

表 2-2 我国科教频道及相关频道分布情况（单位：个）

序号	省（自治区、直辖市）	科教频道 省级	科教频道 市级	教育频道 省级	教育频道 市级	农业频道 省级	农业频道 市级	科普相关	科普相关频道名称	合计
1	北京	1	0	0	0	0	0	1	纪实高清	2
2	天津	1	0	0	0	0	0	0	—	1

续表

序号	省（自治区、直辖市）	科教频道 省级	科教频道 市级	教育频道 省级	教育频道 市级	农业频道 省级	农业频道 市级	科普相关	科普相关频道名称	合计
3	上海	0	0	1	0	0	0	1	纪实高清	2
4	重庆	1	0	0	0	1	0	0	—	2
5	河北	1	0	0	0	1	0	0	—	2
6	山西	1	1	0	0	0	0	0	—	2
7	内蒙古	0	0	0	0	0	0	0	—	0
8	辽宁	0	0	1	0	0	0	0	—	1
9	吉林	0	2	0	0	0	0	0	—	2
10	黑龙江	0	1	0	0	0	0	0	—	1
11	江苏	0	1	1	1	0	0	0	—	3
12	浙江	1	1	0	1	0	1	0	—	4
13	安徽	1	1	0	5	0	1	0	—	8
14	福建	0	0	1	0	0	0	0	—	1
15	江西	0	0	0	0	0	0	0	—	0
16	山东	0	0	0	1	0	1	0	—	2
17	河南	0	1	0	0	1	0	0	—	2
18	湖北	0	0	1	1	0	0	0	—	2
19	湖南	0	1	1	1	0	1	1	金鹰纪实	5
20	广东	0	1	1	2	0	0	0	—	4
21	广西	1	0	0	0	0	0	0	—	1
22	海南	0	0	0	0	0	0	0	—	0
23	四川	0	0	0	1	0	1	0	—	2
24	贵州	1	0	0	0	0	0	0	—	1
25	云南	0	0	0	1	0	0	0	—	1
26	西藏	0	0	0	0	0	0	0	—	0
27	陕西	1	0	0	0	0	0	0	—	1
28	甘肃	0	0	0	0	0	0	0	—	0
29	青海	0	0	0	0	0	0	0	—	0
30	宁夏	0	0	0	0	0	0	0	—	0
31	新疆	0	0	1	0	0	0	0	—	1
	合计	10	10	9	13	4	4	3	—	53

注："—"指未开设科普相关频道。

除了国家级的中央电视台科教频道外，全国各省（自治区、直辖市）中，北京、天津、重庆、山西、浙江、安徽、广西、四川、贵州、陕西共有 10 家电视台设立了科教频道。其他没有设立科教频道的省（自治区、直辖市），大部分均通过市级科教台、教育台、纪实台、农村台、少儿科技台弥补了科普节目播出的不足。目前仅有内蒙古、宁夏、西藏、海南、甘肃、青海、江西 7 个省（自治区）没有设立任何与科普相关的频道。

2. 我国科教频道及相关频道的内容设置

（1）国家级科教频道科普含金量高，原创品牌栏目多

截至 2016 年年底，我国开设的科教频道在频道设置、栏目选择上具有以下特点。

中央电视台科教频道作为唯一的国家级科教频道，在整个科教频道的发展中起到了引领和标杆的作用。目前中央电视台科教频道拥有 15 个常设栏目，其中有介绍身边科学的《我爱发明》《走近科学》《原来如此》，介绍健康养生知识的《健康之路》，介绍前沿专业科学知识的《科技之光》，以及以播放引进节目为主的科普栏目《自然传奇》，除《自然传奇》外，其他 5 个栏目均为原创。在每天的栏目设置编排方面，中央电视台科教频道主要以人文知识和科普知识栏目为主，没有非知识类节目。目前，每日平均播出的科普栏目次数占全天栏目播出次数的 44.6%，可见人文栏目和科普栏目基本平分秋色（表 2-3）。

表 2-3 中央电视台科教频道、纪录频道科普栏目情况

频道名称	常设科普栏目数 /个	常设本台自制科普栏目数 /个	每日播出科普栏目占比 /%[*]
中央电视台科教频道	6	5	44.6
中央电视台纪录频道	3	0	51.7

[*] 每日播出科普栏目占比：每日播出的所有栏目（包含重播的）中，科普栏目播出次数占所有栏目播出次数的比例。本数据为统计 2017 年 2 月 13～19 日一周的数据之后得出的平均数。（表 2-4～表 2-6 中的"每日播出科普栏目占比"说明同上）

（2）直辖市的科教频道科普含金量一般，原创品牌较少

在直辖市中，北京电视台、天津电视台及重庆电视台下设了专门的科教频道，上海台则开设了纪实高清频道，在其中设置了科普栏目。北京电视台除科教频道外也开设了纪实频道。这几家电视台的科普栏目特点较为一致：科普栏目多为引进节目，且每天重播次数较多；科普栏目在全天播放栏目次数中占比较少；非科普类的社会人文栏目编排次数较多（表2-4）。

表 2-4　直辖市科教频道、纪实频道科普栏目情况

频道名称	常设科普栏目数/个	常设本台自制科普栏目数/个	每日播出科普栏目占比/%
北京电视台科教频道	1	1	7.14
北京电视台纪实频道	2	1	18.76
上海电视台纪实频道	3	0	34.27
重庆电视台科教频道	6	2	25.32
天津电视台科教频道	6	4	42.75

（3）省级科教频道科普栏目占比低，电视剧占比较高

与国家级、直辖市级科教频道相比，省级科教频道具有如下特点：①科普栏目多为引进节目，仅有的原创节目也是养生类或身边的科学类；②会播放和科教无关的电视剧，且电视剧时间占比较大（表2-5）。

表 2-5　省级科教频道、纪实频道科普栏目情况

频道名称	常设科普栏目数/个	常设本台自制科普栏目数/个	每日播出科普栏目占比/%
山西电视台科技频道	0	0	0
浙江电视台教育科技频道	0	0	0
安徽电视台科教频道	4	1	29.05
广西电视台科教频道	3	1	—
四川电视台科技教育频道	3	2	6.11
贵州电视台科教健康频道	5	1	44.27

（4）市级科教频道播放时段少，基本没有科普内容，电视剧和广告较多

由于获取市级科教频道每日节目安排的渠道较少，数据缺失情况较多，部分市级科教频道只有备案记录，无法查到更多情况，目前只能就已知数

据得出以下结论：每日安排的节目较少；基本没有科普内容；多数时间是转播新闻、电视剧；部分电视台将电视购物开设在科教频道。

总体来看，可以得出以下结论：国家级电视科教频道中央电视台科教频道、中央电视台纪录频道仍然是科普含金量最高的频道；省级、市级电视科教频道均倾向于将非科教类内容放在科教频道播出；大部分科教频道中，人文社会类栏目比科普类栏目比重高。

（5）农业相关频道科普栏目设置情况

我国各地的农业频道水平参差不齐，山东、陕西办得较好，开设了自制栏目，如山东电视台的《农科直播间》、陕西电视台的《科技大篷车》等，为农民进行知识普及和问题解答；有些频道则将农村频道办成了农村娱乐频道，在频道中只设置了电视剧、综艺节目和新闻。此外，农业相关频道一般播放的都是国内自制节目（表2-6）。

表2-6 农业相关频道科普栏目设置情况

频道名称	常设科普栏目数/个	常设本台自制科普栏目数/个	每日播出科普栏目占比/%
中央电视台军事与农业频道	5	3	27.19
山东电视台农村科普频道	3	3	9.83
山东临沂电视台农村科普频道	0	0	0
河南电视台新农村频道	0	0	0
河南许昌电视台农业科技教育频道	—	—	—
浙江电视台公共·新农村频道	2	1	6.80
陕西电视台农林科技频道	0	0	0
河北电视台农民频道	1	1	19.62
安徽亳州电视台农村频道	0	0	0
湖北随州电视台农村频道	0	0	0
重庆电视台公共·农村频道	0	0	0

3. 我国知名电视科普栏目内容

我国主要的知名电视科普栏目如表2-7所示，可以看出，在节目来源方面，自制节目和引进节目都有一定比例。

表 2-7 我国主要的知名电视科普栏目

栏目名称	首播台	开播年份	类型	片源	代表作
探索	北京电视台科教频道	1997	纪录片	整栏目引进	—
走近科学	中央电视台科教频道	1998	访谈	自制	—
人与自然	中央电视台一套	1994	纪录片	引进	《狂野非洲》《黄石公园》
寰宇地理 National Geography	授权中国各大省市电视台自行安排	2000	纪录片	整栏目引进	《子宫日记》《南极大远征》
奇趣大自然	全国各电视台同步播出	1998	纪录片	引进	—
动物世界	中央电视台综合频道	1981	纪录片	引进	—
自然传奇	中央电视台科教频道	2001	纪录片	引进	—
我爱发明	中央电视台科教频道	2009	访谈	自制	—
健康之路	中央电视台科教频道	1996	座谈	自制	—
魅力纪录	中央电视台综合频道	2012	纪录片	自制+引进	《舌尖上的中国》
探索·发现	中央电视台科教频道	2001	纪录片	自制	《寻找滇金丝猴》
华夏	上海纪实频道	2014	纪录片	自制	《美丽中国》
养生堂	北京卫视	2009	座谈	自制	—
科技苑	中央电视台军事·农业频道	1996	访谈	自制	—

（1）专业型科技知识栏目多播放引进节目，且多为纪录片

以介绍专业科技知识为主的栏目，大部分播出的是国外引进节目，如介绍航天前沿科学、生命科学、动植物学、军事科学的节目。据不完全统计，转播台数最多的引进栏目为《探索》《寰宇地理》，即引进版的 Discovery 和 National Geography。此外，BBC 的部分纪录片也在各大国家级和省级电视科教频道中频繁出现，但是没有被整栏目引进。这些引进节目的特点为：投资巨大、拍摄难度高、科技含量高、拍摄周期长。

（2）国内原创科普栏目多走亲民路线，介绍身边的科学知识

国内的原创科普栏目以介绍身边的实用科学为主，走亲民路线，如家庭实用科学、健康养生医学常识等，另外还有少量辟谣节目。转播最多的国内原创栏目为《养生堂》和《健康之路》；地方台更倾向于播放健康养生类节目，介绍专门科学知识的栏目及原创节目都较少。这些自制节目的

特点是：投资较小、拍摄难度较低、科技含量高低不均、观众参与度高、拍摄周期短、通常拍摄周期会和播出周期一致。

（二）电视科技传播质量有所提升

1. 中央电视台科教频道

2010年12月12日起，中央电视台科教频道改版，以全新面貌亮相荧屏。此次改版重点加大了对科学发现、科学知识普及、生产生活中的技术推广和科学生活方式的宣传力度，推出了四档原创科普栏目，即《地理·中国》《创新无限》《自然传奇》《原来如此》。《百科探秘》《科学世界》《科技博览》三档科普栏目被撤销。原有栏目《百家讲坛》《探索·发现》《走近科学》《讲述》《人物》定位准确、个性突出、制作精良，已经成长为科教频道的品牌栏目。改版后，科教频道进一步突出上述五档原有品牌栏目的核心地位，继续安排在晚间黄金时段播出，并对该时段前后进行延伸，分别增加《自然传奇》和《地理中国》栏目，集中打造品牌栏目集群，放大品牌效益，夯实频道品牌基础。频道知名栏目《健康之路》《我爱发明》《科技之光》等以改版为契机，深入挖掘自身在题材领域和表现形态方面的独特价值，加强选题策划、质量管理和品牌推广的力度，为频道品牌的可持续发展积蓄力量。

2. 地方科教频道

2011年10月下旬，国家广电总局正式下发《关于进一步加强电视上星综合频道节目管理的意见》，即俗称的"限娱令"，提出从2012年1月1日起，34个电视上星综合频道要提高新闻类节目播出量，要扩大新闻、经济、文化、科教、少儿、纪录片等多种类型节目播出比例。同时对部分类型节目播出实施调控，以防止过度娱乐化和低俗倾向，满足广大观众多样化、多层次、高品位的收视需求。

"限娱令"的出台，使很多地方卫视开始对栏目做出调整，这为科教栏目带来了发展机遇。深圳卫视、浙江卫视等就增加了文化类、养生类和纪录片类节目。2012年，深圳卫视推出全国首家科学实验类栏目《科学相对论》，该栏目主要内容是狂扫科学盲区，粉碎各种形形色色、匪夷所思、千奇百怪的传言，是典型的科普栏目。浙江卫视则加大了人文纪录片的打造力度，除《西湖》《浙江人文地理》之外，还于2012年新推出了《北纬四十度》等纪录片。

而安徽电视台科教频道、贵州电视台科教健康频道在2011年改版，天津电视台科教频道在2012年改版，北京电视台科教频道、重庆电视台科教频道在2013年改版。各电视台通过改版，调整栏目结构，优化栏目编排，提高频道的传播效果。

（1）北京卫视打造"首善媒体大美品质"

2012年是中国电视媒体面临文化产业改革的重要之年。北京电视台作为最具影响力的主流媒体之一，在2012年的频道改版、新增精品栏目及全新的节目考评体系等方面具有众多内容。科教频道在2012年开辟了晚间科教栏目带，加强寓教于乐的科学带、教育带节目，以法治时段、科学时段、人文时段为主导，打造与众不同的"科教"气质。

（2）天津电视台科教频道定位于服务百姓生活

2012年9月，天津电视台科教频道改版，节目进行重新定位，健康、人文、生活、法制四大类节目全面服务百姓生活。全面升级自制节目，《百医百顺》栏目有中国顶级专家为百姓守护健康；《健康大厨房》更名改版为《食全食美》，在食品安全备受关注、食品种类日益繁多、饮食方式多样融合的形势下，全新改版的《食全食美》将以"吃什么"为内容主线，带领观众吃出绿色、吃出创意、吃出享受；《健康来了》《市井传奇》《科教新气象》三档全新栏目开播，为频道带来了新的活力。除此之外，还引进《探索》《传奇》等国外品牌栏目，为天津科教频道增加吸引力。

二、传播力·公信力·影响力

为了更清晰地展现我国电视科技传播的情况，以下从三个方面对电视科技传播能力进行分析，包括电视科普传播力、公信力及影响力。

研究主要采取问卷调查的方法，以抽样调查方式获取电视科技传播能力状况。而抽样调查采用配额抽样方式，通过网络平台共获得有效样本1480份，样本获取时间为2014年8月。调查结果使用利克特量表赋值进行分析，最高分 5 分，最低分 1 分。具体样本描述如图 2-1～图 2-3 所示。

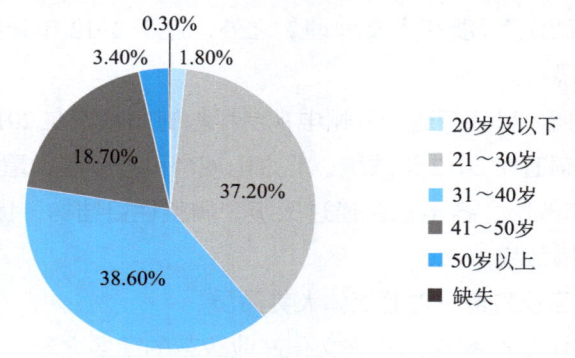

图 2-1 样本年龄占比

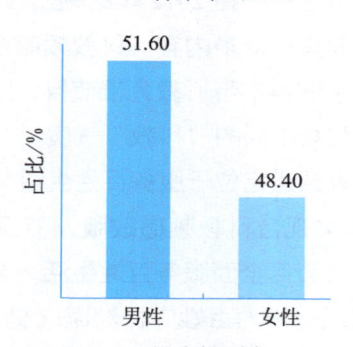

图 2-2 样本性别占比

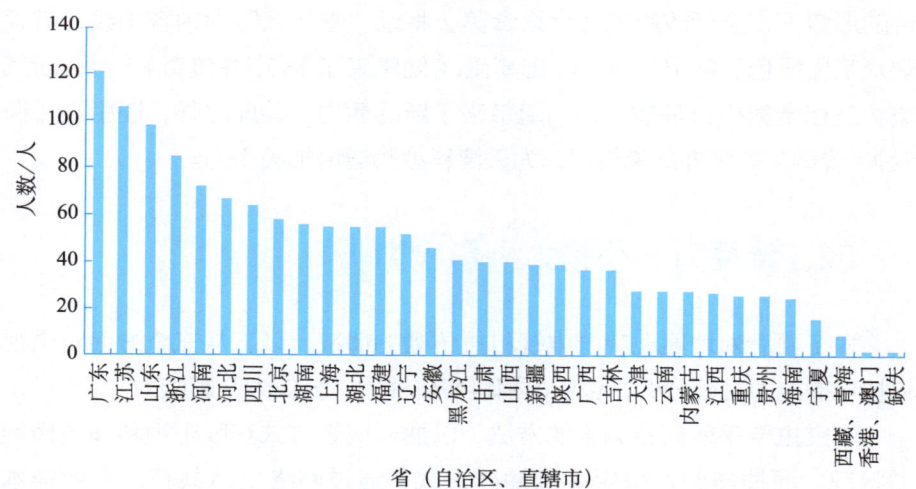

图 2-3 样本区域分布占比

（一）我国电视科普传播力

传播力的概念解释非常多，目前泛指媒介"传播的有效能力"，即传播的硬件条件所能达到的范围及媒介信息接收程度。本书采取"媒体的传播能力"这一解释，即媒体的普及程度和覆盖程度，具体体现为全国各地受众自主选择并接受该电视科普的情况。

下面将从三个层面分别考察电视科普传播力。第一层面是从传播体系层面考察电视科普传播力，将电视、计算机网络、手机、移动网络、广播、杂志六大传播终端进行比较；第二层面是考察电视科教频道及相关频道的传播力；第三层面是进一步考察有代表性的科教栏目的传播力。

1. 传播体系中的电视科普传播力

（1）在六种传播渠道中，电视的科普传播力居第三位

由于样本量有限并完全来源于网络，因此，在本调查的六种传播渠道中，电视的科普传播力居于第三位。赋值分析结果显示，"计算机网络"得分最高，为3.78分，即人们通过计算机网络获取知识的情况最为普遍，其次为使用"移动网络"获取，使用广播获取排在最末位（表2-8）。

表2-8 公众通过各个媒体了解科普知识的情况

媒介	完全没有过/%	非常少/%	有一些/%	较多/%	非常多/%	合计/%	综合得分
电视	3.3	11.2	37.7	37.2	10.5	100	3.40
计算机网络	3.0	4.9	26.3	43.0	22.8	100	3.78
移动网络	6.1	10.3	30.7	34.6	18.2	100	3.49
报纸	9.5	29.3	43.4	14.0	3.7	100	2.73
杂志	9.7	30.9	43.6	13.2	2.6	100	2.68
广播	19.7	35.0	31.8	10.7	2.8	100	2.42

（2）50岁以上人群更多地通过电视获取知识，本科学历以下的人群较少通过电视获取知识

针对不同性别人群赋值分析结果显示，男性通过电视获取知识情况的得分为3.41分，略高于女性（3.40分）。

针对不同年龄人群赋值分析结果显示，50岁以上人群通过电视获取知识情况的得分最高，为3.74分，其后依次为20岁及以下、41～50岁年龄段人群，得分分别为3.44分、3.43分，21～30岁和31～40岁年龄段人群通过电视获取知识情况的得分最低。

针对不同学历人群赋值分析结果显示，本科学历人群通过电视获取知识情况的得分最高，为3.48分，其后依次为大专、硕士及以上学历人群，得分分别为3.41分、3.38分，高中、初中及以下学历人群通过电视获取知识的情况较差。

针对不同职业人群赋值分析结果显示，企业管理层通过电视获取知识情况的得分最高，为3.60分，其后依次为事业单位人员、工人，得分分别为3.44分、3.38分，离退休和无业者通过电视获取知识的情况较差。

针对不同月收入人群赋值分析结果显示，月收入为6001～9000元的人群通过电视获取知识情况的得分最高，为3.53分，其后是月收入3001～6000元、9001～12 000元的人群，得分分别为3.45分、3.40分，月收入3000元及以下、12 001元以上的人群通过电视获取知识的情况较差（表2-9）。

表2-9 针对不同人群的电视科普传播力情况

项目	分类	通过电视获取知识情况得分
性别	男	3.41
	女	3.40
年龄段	20岁及以下	3.44
	21～30岁	3.41
	31～40岁	3.35
	41～50岁	3.43
	50岁以上	3.74
学历	初中及以下	2.75
	高中	3.22
	大专	3.41
	本科	3.48
	硕士及以上	3.38

续表

项目	分类	通过电视获取知识情况得分
职业	离退休和无业者	3.18
	工人	3.38
	学生	3.36
	商业服务人员	3.35
	企业管理层	3.60
	事业单位人员	3.48
	其他	3.41
月收入	3 000元及以下	3.27
	3 001～6 000元	3.45
	6 001～9 000元	3.53
	9 001～12 000元	3.40
	12 001元以上	3.32

（3）宁夏回族自治区受众更多地通过电视获取知识

将不同省（自治区、直辖市）人群通过电视获取知识情况得分均值进行分析，其中将西藏自治区和青海省样本合并，香港、澳门地区样本太少不计入统计（台湾地区数据暂缺）。赋值分析结果（得分越高，关注程度越高）显示，宁夏居民通过电视获取知识情况得分最高（3.81分），其后依次是四川、内蒙古、河北、吉林和西藏、青海地区，而湖南、陕西和广西地区的人群通过电视获取知识情况较差（图2-4）。

2. 科教频道及相关频道传播力分析

（1）中央电视台科教频道、中央电视台纪录频道的关注度最高

就公众对我国所有国家级、省级科教频道和科普相关频道的观看程度来看，赋值分析结果显示，中央电视台科教频道的观看程度得分是最高的，为3.35分，其次为中央电视台纪录频道，为3.33分。得分高于3分的只有这2个频道，得分在2.0～2.9分的电视台/频道为中国教育电视台、北京电视台纪实频道和科教频道、上海电视台纪实频道、湖南电视台金鹰纪实

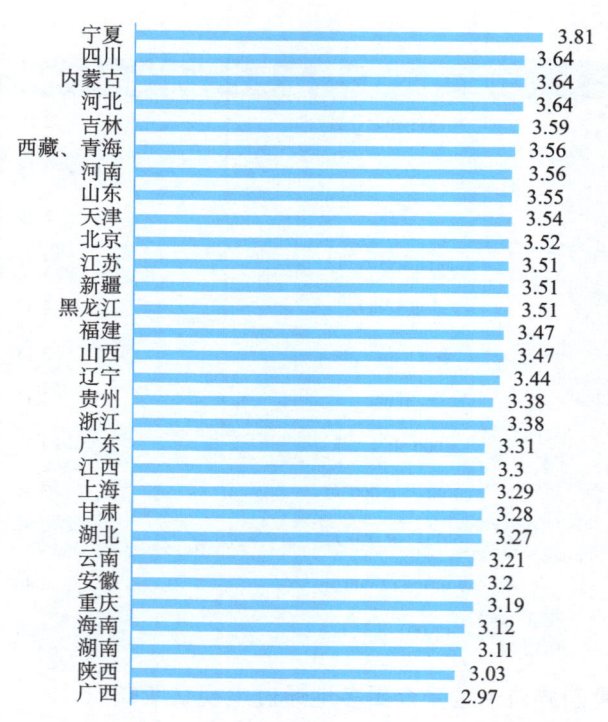

省份	得分
宁夏	3.81
四川	3.64
内蒙古	3.64
河北	3.64
吉林	3.59
西藏、青海	3.56
河南	3.56
山东	3.55
天津	3.54
北京	3.52
江苏	3.51
新疆	3.51
黑龙江	3.51
福建	3.47
山西	3.47
辽宁	3.44
贵州	3.38
浙江	3.38
广东	3.31
江西	3.3
上海	3.29
甘肃	3.28
湖北	3.27
云南	3.21
安徽	3.2
重庆	3.19
海南	3.12
湖南	3.11
陕西	3.03
广西	2.97

图 2-4　不同省（自治区、直辖市）人群通过电视获取知识情况

频道、天津电视台科教频道、浙江电视台教育科技频道。此外的 15 个频道得分都在 2 分以下，即处于"极少观看"的情况（表 2-10）。

表 2-10　公众对以下科教频道及相关频道的观看频率

序号	频道	从来不看/%	很少看/%	看一些/%	经常看/%	总是看/%	合计/%	平均得分
1	中央电视台科教频道	3.30	11.8	41.1	34.4	9.3	100	3.35
2	中央电视台纪录频道	4.1	10.7	42.5	33.6	9.1	100	3.33
3	中国教育电视台	12.1	30.1	39.3	15.4	3.2	100	2.68
4	北京电视台纪实频道	31.1	32.7	24.5	9.0	2.7	100	2.19
5	北京电视台科教频道	30.5	33.4	25.1	8.2	2.8	100	2.19
6	上海电视台纪实频道	38.6	26.2	23.9	9.3	2.0	100	2.10
7	湖南电视台金鹰纪实频道	39.1	27.3	23.3	7.7	2.6	100	2.07
8	天津电视台科教频道	36.4	36.1	20.1	5.9	1.6	100	2.00
9	浙江电视台教育科技频道	42.3	27.6	20.0	8.0	2.2	100	2.00

续表

序号	频道	从来不看/%	很少看/%	看一些/%	经常看/%	总是看/%	合计/%	平均得分
10	江苏电视台教育频道	42.2	28.2	19.7	8.2	1.7	100	1.99
11	河北电视台少儿科教频道	39.7	35.3	18.2	5.5	1.3	100	1.93
12	广东电视台经济科教频道	46.4	28.6	17.0	5.5	2.4	100	1.89
13	山西电视台科技频道	42.8	33.6	17.6	4.1	1.9	100	1.89
14	安徽电视台科教频道	46.9	28.2	17.8	5.8	1.4	100	1.87
15	山东电视台农村科普频道	47.1	28.2	17.8	5.3	1.7	100	1.86
16	四川电视台科技教育频道	48.5	28.0	16.7	5.1	1.6	100	1.83
17	湖北电视台教育频道	49.0	27.5	17.4	4.3	1.9	100	1.83
18	辽宁电视台教育青少频道	47.6	30.1	16.4	4.5	1.5	100	1.82
19	重庆电视台科教频道	49.5	28.0	16.6	4.1	1.9	100	1.81
20	河南电视台新农村频道	49.6	27.7	16.4	5.1	1.2	100	1.81
21	广西电视台科教频道	50.8	27.7	14.9	4.8	1.8	100	1.79
22	贵州电视台科教健康频道	51.5	27.4	15.1	4.6	1.5	100	1.77
23	陕西电视台农林科技频道	51.2	27.8	15.2	4.1	1.6	100	1.77
24	黑龙江电视台考试频道	49.4	31.2	14.3	3.9	1.1	100	1.76

（2）9个频道的传播力在男女性别上有显著差异，对男性的传播效果均好于女性

F检验显著性分析结果显示，有9个频道在不同性别人群中的传播力有显著差异，分别是中央电视台纪录频道、中央电视台科教频道、山东电视台农村科普频道、河南电视台新农村频道、广东电视台经济科教频道、广西电视台科教频道、重庆电视台科教频道、四川电视台科技教育频道、陕西电视台农林科技频道，男性的传播效果得分均高于女性（图2-11）。

表2-11　科教频道及相关频道在不同性别人群中的传播力

频道	男性得分均值	女性得分均值	F检验	
^	^	^	F值	显著性
中央电视台纪录频道	3.39	3.27	6.088	0.014
中央电视台科教频道	3.41	3.28	6.786	0.009
山东电视台农村科普频道	1.93	1.79	7.298	0.007

续表

频道	男性得分均值	女性得分均值	F检验 F值	F检验 显著性
河南电视台新农村频道	1.87	1.74	6.246	0.013
广东电视台经济科教频道	1.94	1.83	4.505	0.034
广西电视台科教频道	1.85	1.73	5.533	0.019
重庆电视台科教频道	1.87	1.74	6.930	0.009
四川电视台科技教育频道	1.89	1.78	4.748	0.029
陕西电视台农林科技频道	1.84	1.70	7.587	0.006
中国教育电视台	2.67	2.68	0	0.999
北京电视台科教频道	2.22	2.16	1.256	0.263
北京电视台纪实频道	2.22	2.17	0.785	0.376
天津电视台科教频道	2.04	1.96	2.751	0.097
河北电视台少儿科教频道	1.95	1.92	0.466	0.495
山西电视台科技频道	1.92	1.85	1.998	0.158
辽宁电视台教育青少频道	1.84	1.80	0.811	0.368
黑龙江电视台考试频道	1.78	1.74	0.673	0.412
上海电视台纪实频道	2.14	2.06	2.180	0.140
江苏电视台教育频道	1.99	1.98	0.034	0.853
浙江电视台教育科技频道	2.03	1.97	1.046	0.307
安徽电视台科教频道	1.91	1.82	3.491	0.062
湖北电视台教育频道	1.84	1.81	0.336	0.562
湖南电视台金鹰纪实频道	2.06	2.09	0.266	0.606
贵州电视台科教健康频道	1.82	1.73	3.116	0.078

（3）国家级频道的传播效果随人群年龄增大而提高

F检验显著性分析结果显示，有16个频道在不同年龄段中的传播力有明显差异，分别是中央电视台纪录频道、中央电视台科教频道、中国教育电视台、河北电视台少儿科教频道、辽宁电视台教育青少频道、江苏电视台教育频道、安徽电视台科教频道、山东电视台农村科普频道、河南电视台新农村频道、湖南电视台金鹰纪实频道、广东电视台经济科教频道、广西电视台科教频道、重庆电视台科教频道、四川电视台科技教育频道、贵州电视台科教健康频道、陕西电视台农林科技频道。比较这16个频道不同年龄段得分均值发现，中央电视台纪录频道、中央电视台科教频道、中国教育电视台等国家级频道的传播效果得分随人群年龄增大而提高，而河北电视台少儿科教频道、辽宁电视台教育青少频道、江苏电视台教育频道等地方频道均以21～30岁年龄段人群分数最高，其次是31～40岁年龄段人群，其他年龄段人群分数较低（表2-12）。

表2-12 科教频道及相关频道在不同年龄人群中的传播力

频道	20岁及以下	21～30岁	31～40岁	41～50岁	50岁以上	F 值	显著性
中央电视台纪录频道	2.74	3.25	3.33	3.50	3.58	7.271	0.000
中央电视台科教频道	2.89	3.25	3.34	3.53	3.72	8.375	0.000
中国教育电视台	2.37	2.63	2.64	2.81	2.96	3.551	0.007
河北电视台少儿科教频道	1.78	1.99	1.96	1.81	1.70	2.916	0.020
辽宁电视台教育青少频道	1.63	1.91	1.82	1.67	1.80	3.132	0.014
江苏电视台教育频道	1.81	2.11	1.94	1.90	1.84	3.103	0.015
安徽电视台科教频道	1.63	1.95	1.86	1.73	1.82	2.754	0.027
山东电视台农村科普频道	1.56	1.96	1.84	1.80	1.62	3.163	0.013
河南电视台新农村频道	1.56	1.89	1.83	1.65	1.68	3.702	0.005
湖南电视台金鹰纪实频道	2.19	2.19	2.06	1.89	1.90	3.983	0.003
广东电视台经济科教频道	1.93	2.02	1.83	1.74	1.90	4.211	0.002
广西电视台科教频道	1.67	1.89	1.80	1.60	1.64	4.743	0.001
重庆电视台科教频道	1.67	1.93	1.78	1.65	1.70	4.504	0.001
四川电视台科技教育频道	1.67	1.95	1.80	1.69	1.80	3.814	0.004
贵州电视台科教健康频道	1.56	1.85	1.75	1.67	1.90	2.402	0.048
陕西电视台农林科技频道	1.81	1.85	1.77	1.59	1.80	3.497	0.008
北京电视台科教频道	1.93	2.28	2.15	2.12	2.24	2.048	0.085
北京电视台纪实频道	1.78	2.25	2.17	2.16	2.24	1.600	0.172
天津电视台科教频道	1.74	2.07	2.01	1.91	1.90	1.963	0.098

续表

频道	20岁及以下	21~30岁	31~40岁	41~50岁	50岁以上	F值	显著性
山西电视台科技频道	1.81	1.95	1.90	1.77	1.70	2.289	0.058
黑龙江电视台考试频道	1.67	1.83	1.77	1.64	1.70	1.984	0.095
上海电视台纪实频道	2.00	2.14	2.08	2.06	2.12	0.410	0.802
浙江电视台教育科技频道	1.96	2.10	1.97	1.91	1.86	1.981	0.095
湖北电视台教育频道	1.70	1.90	1.82	1.71	1.76	1.745	0.137

（4）大多数科教频道及相关频道对不同职业人群传播效果有差异

F检验显著性分析结果显示，中国教育电视台、河南电视台新农村频道、陕西电视台农林科技频道三个频道在不同职业人群中的传播力没有差异。有21个频道有差异，分别是中央电视台纪录频道、中央电视台科教频道、北京电视台科教频道、北京电视台纪实频道、天津电视台科教频道、河北电视台少儿科教频道、山西电视台科技频道、辽宁电视台教育青少频道、黑龙江电视台考试频道、上海电视台纪实频道、江苏电视台教育频道、浙江电视台教育科技频道、安徽电视台科教频道、山东电视台农村科普频道、湖北电视台教育频道、湖南电视台金鹰纪实频道、广东电视台经济科教频道、广西电视台科教频道、重庆电视台科教频道、四川电视台科技教育频道、贵州电视台科教健康频道，这些频道检验的p值均小于0.05，即该科教频道在不同职业人群中的传播效果得分上有显著的差异。分析这21个频道不同职业人群得分均值发现，企业管理层、事业单位人员、工人的得分较高，离退休和无业者、学生、商业服务人员的得分较低（表2-13）。

表2-13 科教频道及相关频道在不同职业人群中的传播力

频道	离退休和无业者	工人	学生	商业服务人员	企业管理层	事业单位人员	其他	F值	显著性
中央电视台纪录频道	3.04	3.37	3.07	3.20	3.53	3.53	3.36	6.258	0.000
中央电视台科教频道	3.09	3.35	3.14	3.22	3.59	3.49	3.39	5.504	0.000
北京电视台科教频道	1.92	2.19	1.99	2.14	2.43	2.21	2.23	2.906	0.008
北京电视台纪实频道	1.95	2.19	1.96	2.15	2.43	2.16	2.25	2.921	0.008

续表

频道	离退休和无业者	工人	学生	商业服务人员	企业管理层	事业单位人员	其他	F值	显著性
天津电视台科教频道	1.77	2.03	1.71	1.93	2.23	1.98	2.06	3.962	0.001
河北电视台少儿科教频道	1.76	2.00	1.74	1.88	2.08	1.85	1.99	2.429	0.024
山西电视台科技频道	1.67	1.95	1.77	1.80	2.06	1.86	1.93	2.463	0.023
辽宁电视台教育青少频道	1.65	1.97	1.50	1.78	1.95	1.85	1.80	3.323	0.003
黑龙江电视台考试频道	1.53	1.91	1.51	1.70	1.94	1.78	1.75	3.963	0.001
上海电视台纪实频道	1.73	2.12	1.89	2.10	2.44	2.02	2.10	4.867	0.000
江苏电视台教育频道	1.63	2.08	1.91	1.98	2.22	1.90	1.98	3.427	0.002
浙江电视台教育科技频道	1.67	2.13	1.89	1.96	2.24	1.90	2.00	3.668	0.001
安徽电视台科教频道	1.63	1.96	1.61	1.83	2.03	1.79	1.90	2.907	0.008
山东电视台农村科普频道	1.60	1.98	1.61	1.77	2.09	1.87	1.88	4.188	0.000
湖北电视台教育频道	1.64	1.97	1.64	1.78	1.97	1.85	1.78	2.626	0.015
湖南电视台金鹰纪实频道	1.76	2.20	2.11	2.04	2.23	2.08	2.01	2.567	0.018
广东电视台经济科教频道	1.65	1.95	1.70	1.85	2.13	1.86	1.89	2.829	0.010
广西电视台科教频道	1.55	1.89	1.59	1.75	2.03	1.72	1.79	3.606	0.001
重庆电视台科教频道	1.60	1.87	1.60	1.77	1.98	1.78	1.83	2.225	0.038
四川电视台科技教育频道	1.63	1.92	1.60	1.80	1.97	1.87	1.82	2.188	0.042
贵州电视台科教健康频道	1.65	1.85	1.47	1.71	1.94	1.79	1.79	2.681	0.014
河南电视台新农村频道	1.63	1.90	1.59	1.76	1.92	1.82	1.82	1.934	0.072
陕西电视台农林科技频道	1.71	1.86	1.64	1.69	1.81	1.78	1.81	1.229	0.288
中国教育电视台	2.56	2.69	2.50	2.59	2.84	2.70	2.72	1.874	0.082

（5）科教频道及相关频道在高收入人群中的传播力较强

F检验显著性分析结果显示，所考察的24个频道在不同收入人群中的传播力均有差异，进一步分析均值发现，月收入为9001～12 000元的人群得分较高，月收入为3000元及以下和12 001元以上的人群得分较低（表2-14）。

表 2-14 科教频道及相关频道在不同收入人群中的传播力

频道	3000元及以下	3001~6000元	6001~9000元	9001~12000元	12001元以上	F值	显著性
中央电视台纪录频道	3.03	3.40	3.56	3.71	3.43	20.319	0.000
中央电视台科教频道	3.11	3.41	3.54	3.64	3.23	13.114	0.000
中国教育电视台	2.51	2.68	2.88	3.09	2.60	8.764	0.000
北京电视台科教频道	1.97	2.18	2.50	2.62	2.32	13.687	0.000
北京电视台纪实频道	2.00	2.18	2.47	2.60	2.32	10.985	0.000
天津电视台科教频道	1.83	1.97	2.31	2.36	1.98	12.810	0.000
河北电视台少儿科教频道	1.83	1.89	2.18	2.24	1.87	7.852	0.000
山西电视台科技频道	1.78	1.82	2.15	2.28	1.85	9.788	0.000
辽宁电视台教育青少频道	1.70	1.80	2.05	2.05	1.70	6.632	0.000
黑龙江电视台考试频道	1.64	1.73	2.01	2.02	1.68	8.584	0.000
上海电视台纪实频道	1.83	2.09	2.45	2.55	2.32	18.179	0.000
江苏电视台教育频道	1.83	1.97	2.25	2.38	1.96	8.895	0.000
浙江电视台教育科技频道	1.84	1.96	2.29	2.50	1.94	11.425	0.000
安徽电视台科教频道	1.73	1.84	2.10	2.21	1.83	7.987	0.000
山东电视台农村科普频道	1.73	1.84	2.09	2.19	1.74	7.360	0.000
河南电视台新农村频道	1.74	1.75	2.01	2.16	1.66	6.114	0.000
湖北电视台教育频道	1.72	1.78	2.06	2.12	1.81	6.673	0.000
湖南电视台金鹰纪实频道	1.97	2.05	2.30	2.38	1.81	5.985	0.000
广东电视台经济科教频道	1.73	1.85	2.16	2.41	1.79	11.806	0.000
广西电视台科教频道	1.69	1.74	2.02	2.22	1.70	8.389	0.000
重庆电视台科教频道	1.69	1.76	2.08	2.12	1.72	8.803	0.000
四川电视台科技教育频道	1.69	1.79	2.14	2.14	1.77	10.547	0.000
贵州电视台科教健康频道	1.67	1.71	2.04	2.09	1.70	8.764	0.000
陕西电视台农林科技频道	1.69	1.71	2.01	2.10	1.64	7.677	0.000

3. 电视科普栏目的传播力分析

（1）《人与自然》《探索·发现》等知名科教栏目传播力最高

就公众对我国 23 个热门科普栏目的观看程度赋值得分来看，中央电视台综合频道《人与自然》的观看程度最高，为 3.42 分，其次为中央电视台科教频道的《探索·发现》，为3.40分，《走近科学》为3.39分，中央电视台综合频道的老牌栏目《动物世界》为3.33分，引进栏目《探索》为3.08分，引进栏目《探索·人文发现》为3.01分（表2-15）。

表2-15 公众对以下科教栏目的观看频率

科教栏目名称	从来不看/%	很少看/%	看一些/%	经常看/%	总是看/%	合计/%	综合得分
《人与自然》	3.40	10.90	37.20	37.20	11.30	100	3.42
《探索·发现》	3.80	10.50	38.60	36.20	10.90	100	3.40
《走近科学》	3.30	11.40	38.60	36.40	10.30	100	3.39
《动物世界》	3.10	13.50	40.30	33.40	9.60	100	3.33
《探索》	8.80	15.70	41.10	27.00	7.30	100	3.08
《探索·人文发现》	8.70	18.00	43.20	23.80	6.20	100	3.01
《自然传奇》	11.10	19.10	37.30	25.60	7.00	100	2.98
《健康之路》	11.80	24.70	34.30	22.20	7.00	100	2.88
《我爱发明》	14.30	24.60	34.30	21.00	5.80	100	2.79
《寰宇地理》	14.90	24.90	32.50	22.20	5.50	100	2.79
《地理中国》	15.50	24.30	36.40	19.20	4.60	100	2.73
《奇趣大自然》	16.90	24.40	38.70	16.10	3.90	100	2.66
《养生堂》	20.90	28.00	31.10	15.40	4.50	100	2.55
《科技苑》	23.30	27.60	30.30	15.10	3.60	100	2.48
《传奇（SAGA）》	24.70	26.80	32.40	12.20	4.00	100	2.44
《每日农经》	30.90	31.50	24.90	10.30	2.30	100	2.22
《华夏》	32.30	31.60	26.50	7.80	1.80	100	2.15
《魅力纪录》	34.40	29.80	24.90	8.50	2.40	100	2.15
《农广天地》	34.40	30.70	24.70	8.20	2.00	100	2.13

（2）科普栏目对男性的传播力高于女性

F 检验显著性分析结果显示，《探索》《探索·发现》《走近科学》《寰宇地理》《奇趣大自然》《自然传奇》《我爱发明》《魅力纪录》《华夏》《养生堂》《地理中国》《科技苑》《每日农经》《农广天地》共14个栏目 p 值全都小于0.05，即该科教栏目在男女不同人群中的传播效果得分上有显著的差异。分析这14个栏目不同性别人群得分均值发现，男性的传播效果得分均高于女性（表 2-16）。

表 2-16　科普栏目在不同性别人群中的传播力

科教栏目名称	男	女	F 值	显著性
《探索》	3.14	3.02	4.620	0.032
《探索·发现》	3.48	3.32	10.350	0.001
《走近科学》	3.45	3.32	6.763	0.009
《寰宇地理》	2.88	2.69	11.188	0.001
《奇趣大自然》	2.71	2.60	3.858	0.050
《自然传奇》	3.07	2.89	9.804	0.002
《我爱发明》	2.91	2.67	17.863	0.000
《魅力纪录》	2.25	2.04	14.804	0.000
《华夏》	2.21	2.09	5.763	0.016
《养生堂》	2.46	2.64	9.805	0.002
《地理中国》	2.86	2.59	22.430	0.000
《科技苑》	2.58	2.37	13.202	0.000
《每日农经》	2.32	2.10	15.638	0.000
《农广天地》	2.20	2.12	8.633	0.003
《传奇》	2.48	2.40	2.181	0.140
《人与自然》	3.45	3.38	2.023	0.155
《探索·人文发现》	3.04	2.97	2.138	0.144
《动物世界》	3.36	3.29	2.257	0.133
《健康之路》	2.84	2.91	1.537	0.215

（3）科教栏目的传播效果随人群年龄增大而提高

F 检验显著性分析结果显示，《探索·发现》《走近科学》《人与自然》《奇趣大自然》《自然传奇》《探索·人文发现》《动物世界》《我爱发明》《健康之路》《养生堂》《科技苑》《每日农经》《农广天地》共 13 个栏目 p 值全都小于 0.05，即该科教栏目在不同年龄人群中的传播效果得分上有显著的差异。分析这 13 个栏目不同性别人群得分均值发现，科教栏目的传播效果得分随人群年龄增大而提高（表 2-17）。

表 2-17 科普栏目在不同年龄人群中的传播力

科教栏目名称	20岁及以下	21~30岁	31~40岁	41~50岁	50岁以上	F值	显著性
《探索·发现》	3.04	3.36	3.37	3.54	3.56	3.245	0.012
《走近科学》	3.15	3.35	3.35	3.53	3.64	3.507	0.007
《人与自然》	3.07	3.37	3.37	3.60	3.72	5.381	0.000
《奇趣大自然》	2.11	2.57	2.64	2.82	3.14	6.979	0.000
《探索·人文发现》	2.70	2.95	2.97	3.16	3.34	4.065	0.003
《动物世界》	2.89	3.27	3.29	3.51	3.56	5.721	0.000
《自然传奇》	2.67	2.93	2.93	3.18	3.28	4.716	0.001
《我爱发明》	2.67	2.71	2.77	2.95	3.16	3.798	0.004
《健康之路》	2.22	2.72	2.86	3.17	3.56	15.797	0.000
《养生堂》	1.96	2.44	2.51	2.77	3.16	10.092	0.000
《科技苑》	2.22	2.42	2.47	2.61	2.76	2.573	0.036
《每日农经》	1.44	2.26	2.22	2.21	2.16	3.829	0.004
《农广天地》	1.48	2.17	2.12	2.10	2.16	2.931	0.020
《传奇》	2.04	2.47	2.40	2.51	2.46	1.420	0.225
《寰宇地理》	2.74	2.83	2.71	2.84	2.88	1.229	0.297
《探索》	2.67	3.11	3.05	3.12	3.16	1.514	0.196
《魅力纪录》	1.96	2.17	2.11	2.18	2.28	0.678	0.607
《华夏》	1.85	2.19	2.12	2.17	2.24	0.999	0.407
《地理中国》	2.74	2.68	2.69	2.86	2.94	1.912	0.106

（4）科普栏目在企业管理层、事业单位人员、工人中的传播力较强

F检验显著性分析结果显示，《传奇》《探索》《探索·发现》《走近科学》《人与自然》《寰宇地理》《自然传奇》《我爱发明》《健康之路》《魅力纪录》《华夏》《养生堂》《地理中国》《科技苑》《每日农经》《农广天地》共 16 个栏目 p 值全都小于 0.05，即该科教栏目在不同职业人群中的传播效果得分上有显著的差异。分析这 16 个栏目不同职业人群得分均值发现，企业管理层、事业单位人员、工人的得分较高，离退休和无业者、学生、商业服务人员的得分较低（表 2-18）。

表 2-18　科普栏目在不同职业人群中的传播力

科教栏目名称	离退休和无业者	工人	学生	商业服务人员	企业管理层	事业单位人员	其他	F 值	显著性
《传奇》	2.06	2.47	2.34	2.34	2.81	2.56	2.42	5.554	0.000
《探索》	2.67	3.12	3.04	3.03	3.35	3.13	3.08	4.165	0.000
《探索·发现》	2.97	3.49	3.36	3.33	3.53	3.51	3.40	4.262	0.000
《走近科学》	3.06	3.42	3.31	3.25	3.63	3.51	3.43	5.466	0.000
《人与自然》	3.06	3.41	3.29	3.32	3.65	3.52	3.48	4.952	0.000
《寰宇地理》	2.41	2.74	2.66	2.68	3.12	2.85	2.85	5.031	0.000
《自然传奇》	2.76	3.08	2.83	2.86	3.25	3.01	3.00	3.595	0.002
《我爱发明》	2.60	2.87	2.74	2.61	3.05	2.86	2.84	3.943	0.001
《健康之路》	2.85	3.04	2.37	2.68	3.11	2.98	2.92	7.046	0.000
《魅力纪录》	2.01	2.25	2.01	2.04	2.32	2.36	2.09	3.401	0.002
《华夏》	2.00	2.25	2.09	2.06	2.33	2.26	2.11	2.416	0.025
《养生堂》	2.55	2.68	2.09	2.39	2.69	2.67	2.58	4.689	0.000
《地理中国》	2.50	2.75	2.54	2.61	3.09	2.88	2.70	5.350	0.000
《科技苑》	2.44	2.50	2.23	2.35	2.70	2.58	2.52	2.897	0.008
《每日农经》	2.13	2.38	1.76	2.18	2.38	2.22	2.19	3.904	0.001
《农广天地》	2.15	2.24	1.79	2.05	2.28	2.20	2.09	2.856	0.009
《奇趣大自然》	2.64	2.70	2.44	2.55	2.85	2.68	2.68	2.058	0.055
《探索·人文发现》	2.83	3.08	3.06	2.90	3.18	3.04	3.00	2.042	0.057
《动物世界》	3.15	3.38	3.30	3.27	3.49	3.38	3.31	1.770	0.102

（5）科普栏目在高收入人群中的传播力较强

F 检验显著性分析结果显示，《传奇》《探索》《探索·发现》《走近科学》《人与自然》《寰宇地理》《奇趣大自然》《探索·人文发现》《动物世界》《自然传奇》《我爱发明》《健康之路》《魅力纪录》《华夏》《养生堂》《地理中国》《科技苑》《每日农经》《农广天地》共 19 个栏目 p 值全都小于 0.05，即全部栏目在不同收入人群中的传播效果得分上有显著的差异。分析这 19 个栏目不同收入人群得分均值发现，月收入为 9001~12 000 元的人群得分较高，月收入为 3000 元及以下和 12 001 元以上的人群得分较低（表 2-19）。

表 2-19　科普栏目在不同收入人群中的传播力

科教栏目名称	3000元及以下	3001~6000元	6001~9000元	9001~12 000元	12 001元以上	F值	显著性
《传奇》	2.26	2.44	2.63	2.95	2.51	8.432	0.000
《探索》	2.82	3.14	3.32	3.38	3.17	13.168	0.000
《探索·发现》	3.20	3.45	3.55	3.69	3.34	8.771	0.000
《走近科学》	3.21	3.43	3.57	3.69	3.23	8.952	0.000
《人与自然》	3.21	3.48	3.62	3.59	3.28	10.108	0.000
《寰宇地理》	2.50	2.79	3.10	3.33	3.02	17.300	0.000
《奇趣大自然》	2.47	2.67	2.95	2.90	2.47	10.085	0.000
《探索·人文发现》	2.83	3.04	3.24	3.14	2.94	7.578	0.000
《动物世界》	3.17	3.38	3.49	3.48	3.09	7.324	0.000
《自然传奇》	2.79	3.00	3.22	3.21	3.04	7.726	0.000
《我爱发明》	2.66	2.81	2.97	2.86	2.77	3.499	0.007
《健康之路》	2.78	2.87	3.09	2.88	2.70	3.684	0.005
《魅力纪录》	1.95	2.16	2.39	2.40	2.17	8.558	0.000
《华夏》	1.98	2.15	2.45	2.34	2.00	9.817	0.000
《养生堂》	2.39	2.57	2.75	2.71	2.32	5.554	0.000
《地理中国》	2.47	2.74	3.07	3.03	2.77	14.594	0.000
《科技苑》	2.35	2.48	2.67	2.72	2.43	4.374	0.002
《每日农经》	2.09	2.20	2.43	2.45	2.17	5.067	0.000
《农广天地》	2.02	2.09	2.33	2.50	2.06	5.873	0.000

（二）我国电视科普公信力

大众传媒公信力就是公众对大众媒介渠道、媒介内容、媒介机构等的信任问题，是大众媒介赢得公众信任的能力[1]。电视作为传统的大众媒体，在数字时代、全球化时代、民众参与政治等思想浪潮的冲击下，其公信力高低的变化与否也是衡量媒介属性的一个重要课题。

具体到电视科普上来说，电视上的科普节目比起新闻、电视剧和综艺

---

[1] 张洪忠. 转型期的中国传媒公信力. 南京：南京师范大学出版社，2013：4.

节目，长期以来处于满意度高、收视率低的情况[①]，且由于大部分科普节目均以从国外引进为主，所以鲜有人对其内容发出质疑。然而随着我国科技的发展和民众素质的提高，一些官方发布的科普信息也开始具有争议性，如 H1N1、三聚氰胺牛奶、$PM_{2.5}$ 中美双重标准、肯德基冰块事件、雾霾成因等。

下面将从两个层面来考察电视科普传播力。第一层面是传播终端系统的电视科普公信力，第二层面是将电视与社交媒体的科普公信力进行比较。

1. 传播终端系统的电视科普公信力

（1）在六种传播终端体系中，电视科普的公信力最高

针对问题"对于来自以下媒体的科技资讯，您的信任程度如何？"，赋值分析结果显示，公众对电视科技资讯的信任度最高，得分为 3.63 分，即公众对于电视上的科技资讯是最信任的，其次为移动网络得分，为 3.49 分（表 2-20）。

表 2-20 公众对以下六种传播终端的信任程度

媒体	完全不信/%	不太相信/%	有一些相信/%	比较相信/%	完全相信/%	合计/%	综合得分
电视	2.0	6.2	30.8	48.6	12.4	100	3.63
移动网络	6.1	10.3	30.7	34.6	18.2	100	3.49
报纸	3.2	11.0	41.4	39.6	4.9	100	3.32
计算机网络	1.6	9.9	48.9	35.2	4.5	100	3.31
广播	5.5	14.3	44.2	31.2	4.8	100	3.16
杂志	3.6	15.9	46.8	30.4	3.3	100	3.14

（2）女性对电视科技资讯的信任度更高

针对不同性别人群对问题"对于来自以下媒体的科技资讯，您的信任程度如何？"，赋值分析结果显示，女性对电视科技资讯的信任度更高，得分为 3.64 分，而男性对计算机网络、移动网络科技资讯的信任度更高，男性与女性对报纸科技资讯的信任度相等（表 2-21）。

[①] 刘宇博. 最近十年我国科普电视节目的发展现状与趋势. 中国传媒科技，2013,(8)：70-71.

表 2-21　不同性别人群对六种传播终端的公信力比较

		报纸	杂志	广播	电视	计算机网络	移动网络
性别	男	3.32	3.16	3.12	3.62	3.35	3.55
	女	3.32	3.12	3.19	3.64	3.27	3.41
方差检验	F 值	0.030	0.664	2.101	0.243	3.405	6.262
	显著性	0.862	0.415	0.147	0.622	0.065	0.012

（3）电视对 50 岁以上年龄人群的公信力最高

针对不同年龄人群对于问题"对于来自以下媒体的科技资讯，您的信任程度如何？"，赋值分析结果显示，50 岁以上年龄人群对报纸、杂志、广播、电视等传统媒体科技资讯的信任度最高，而 20 岁及以下年龄人群对计算机网络信任度更高，21~30 岁人群对手机、平板电脑等移动网络的信任度最高（表 2-22）。

表 2-22　不同年龄人群对六种传播终端的公信力比较

	项目	报纸	杂志	广播	电视	计算机网络	移动网络
年龄段	20 岁及以下	3.44	3.04	2.81	3.30	3.370	3.410
	21~30 岁	3.29	3.13	3.13	3.61	3.310	3.590
	31~40 岁	3.27	3.11	3.14	3.64	3.290	3.440
	41~50 岁	3.45	3.20	3.22	3.67	3.340	3.410
	50 岁以上	3.46	3.24	3.44	3.74	3.340	3.220
方差检验	F 值	1.294	1.434	1.322	1.461	1.225	1.214
	显著性	0.084	0.027	0.067	0.021	0.137	0.148

（4）电视在事业单位人群中的公信力最高

针对不同职业人群对于问题"对于来自以下媒体的科技资讯，您的信任程度如何？"，赋值分析结果显示，事业单位人员对报纸、杂志、电视的科技资讯信任度最高，企业管理层人员对电视和移动网络的科技资讯信任度最高，学生对手机、平板电脑等移动网络信任度最高（表 2-23）。

表 2-23　不同职业人群对六种传播终端公信力比较

		报纸	杂志	广播	电视	计算机网络	移动网络
职业	离退休和无业者	2.96	2.76	3.03	3.41	3.03	2.86
	工人	3.27	3.07	3.13	3.62	3.32	3.66
	学生	3.53	3.24	3.06	3.51	3.23	3.73
	商业服务人员	3.27	3.08	3.11	3.60	3.27	3.40
	企业管理层	3.37	3.24	3.30	3.80	3.42	3.68
	事业单位人员	3.55	3.33	3.19	3.81	3.38	3.44
	其他	3.31	3.17	3.18	3.60	3.35	3.49
方差检验	F 值	3.776	3.969	2.209	2.469	2.274	3.892
	显著性	0.000	0.000	0.005	0.001	0.004	0.000

（5）电视在高收入人群中的公信力最高

针对不同收入人群对于问题"对于来自以下媒体的科技资讯，您的信任程度如何？"，赋值分析结果显示，对杂志、广播、电视、计算机网络和移动网络的科技资讯信任度都是月收入为 9001～12 000 元的人群最高，对报纸的科技资讯信任度是月收入为 3001～6000 元的人群最高（表 2-24）。

表 2-24　不同职业人群对六种传播终端公信力比较

		报纸	杂志	广播	电视	计算机网络	移动网络
月收入	3000 元及以下	3.18	2.93	3.04	3.52	3.20	3.32
	3001～6000 元	3.41	3.23	3.20	3.69	3.37	3.55
	6001～9000 元	3.37	3.27	3.21	3.68	3.34	3.59
	9001～12 000 元	3.38	3.31	3.29	3.76	3.48	3.66
	12 001 元以上	3.19	3.00	3.17	3.53	3.21	3.45
方差检验	F 值	5.452	11.415	2.818	3.348	4.622	4.041
	显著性	0.000	0.000	0.024	0.010	0.001	0.003

（6）电视在本科学历人群中的公信力最高

针对不同学历人群对于问题"对于来自以下媒体的科技资讯，您的信任程度如何？"，赋值分析结果显示，对报纸、杂志、广播、电视和计算机网络的科技资讯信任度都是本科学历的人群最高，对手机、平板电脑等移动网络的科技资讯信任度是硕士及以上学历的人群最高（表 2-25）。

表 2-25　不同学历人群对六种传播终端公信力比较

		报纸	杂志	广播	电视	计算机网络	移动网络
学历	初中及以下	2.53	2.38	2.66	3.06	2.81	2.78
	高中	3.31	2.97	3.13	3.61	3.31	3.39
	大专	3.28	3.08	3.17	3.64	3.27	3.45
	本科	3.38	3.24	3.18	3.66	3.35	3.54
	硕士及以上	3.23	3.18	3.10	3.61	3.33	3.67
方差检验	F 值	8.517	11.807	2.713	3.915	4.157	4.999
	显著性	0.000	0.000	0.029	0.004	0.002	0.001

（7）电视在宁夏回族自治区的公信力最高

针对不同省（自治区、直辖市）人群对于问题"对于来自以下媒体的科技资讯，您的信任程度如何？"，其中将西藏自治区和青海省样本合并，香港、澳门地区样本太少不计入统计，台湾地区数据暂无，赋值分析结果显示，对杂志、广播和电视的科技资讯信任度都是宁夏地区的人群最高，对计算机网络和移动网络的科技资讯信任度最高的地区分别是山西和山东（表 2-26）。

表 2-26　不同性别人群对六种传播终端公信力比较

	报纸	杂志	广播	电视	计算机网络	移动网络
北京	3.33	3.31	3.36	3.67	3.41	3.50
天津	3.46	3.18	3.18	3.39	3.25	3.68
上海	3.31	3.00	3.11	3.47	3.09	3.36
重庆	3.42	3.31	3.12	3.58	3.46	3.23
河北	3.24	2.99	3.42	3.73	3.27	3.52
河南	3.14	2.97	3.13	3.72	3.31	3.58
云南	3.07	3.07	2.82	3.68	3.29	3.57
辽宁	3.27	3.06	3.33	3.75	3.33	3.63
黑龙江	3.10	3.24	3.00	3.83	3.32	3.22
湖南	3.20	2.95	2.91	3.75	3.20	3.32
安徽	3.13	2.91	2.96	3.39	3.22	3.43
山东	3.40	3.23	3.27	3.84	3.46	3.69
新疆	3.44	3.31	3.13	3.49	3.21	3.15

续表

	报纸	杂志	广播	电视	计算机网络	移动网络
江苏	3.34	3.18	3.24	3.60	3.28	3.49
浙江	3.36	3.21	3.21	3.52	3.35	3.64
江西	3.30	2.93	2.85	3.48	3.19	3.26
湖北	3.42	3.11	3.15	3.71	3.36	3.65
广西	3.41	3.24	2.97	3.49	3.19	3.22
甘肃	3.38	3.15	3.00	3.63	3.18	3.58
山西	3.25	3.18	3.33	3.48	3.50	3.65
内蒙古	3.39	3.11	3.43	3.79	3.36	3.36
陕西	2.92	2.85	3.05	3.54	3.26	3.18
吉林	3.11	3.05	3.05	3.68	3.38	3.51
福建	3.60	3.31	3.20	3.76	3.40	3.51
贵州	3.38	3.08	3.38	3.73	3.27	3.42
广东	3.45	3.23	2.96	3.50	3.34	3.58
青海、西藏	3.22	3.22	3.56	3.44	3.56	3.56
四川	3.44	3.25	3.23	3.78	3.33	3.59
宁夏	3.38	3.38	3.63	3.94	3.38	3.38
海南	3.60	3.16	3.20	3.60	3.36	3.12
方差检验 F 值	6.000	6.657	1.611	3.204	3.023	0.867
方差检验 显著度	0.000	0.000	0.154	0.007	0.010	0.502

2. 与社交媒体比较，电视的科普公信力遥遥领先

社交媒体是近几年来发展最快速的一种媒介，微博、微信相继成为有巨大社会影响的媒介形式，给传统媒体带来了强烈冲击。对此，我们专门考察社交媒体对电视公信力的影响，与社交媒体相比，电视的相对公信力仍是最高的。

采用相对公信力指标进行测量，向受访者提问"针对某个科学常识问题，来自各个媒介的答案不同的话，你最相信以下哪个媒体？"，从而考察电视与社交媒体微信、微博、QQ、人人网之间的信任度高低。数据结果显示，电视的相对公信力遥遥领先于社交媒体。社交媒体中，微信朋友圈的

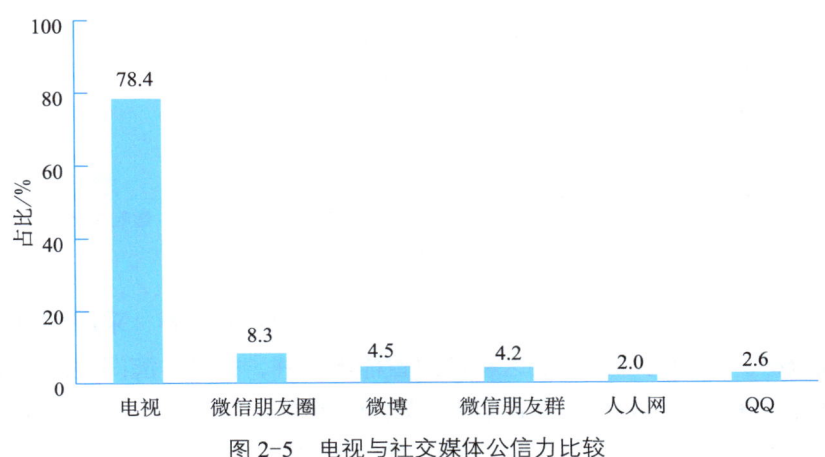

公信力最高，微博的公信力其次（图2-5）。

图 2-5　电视与社交媒体公信力比较

媒体	占比/%
电视	78.4
微信朋友圈	8.3
微博	4.5
微信朋友群	4.2
人人网	2.0
QQ	2.6

（三）我国电视科普影响力分析

影响力即大众传媒作用于受众后受众自身产生的变化，这种变化可能是认知、态度、行为上的变化。具体到电视科普中，受众可能会因为电视科普而对某一事物更加了解，情感产生变化，并且将这两种变化付诸行动，例如，在生活中有意识地主动获取或远离这种事物。此外，还有可能主动将该科普信息转述给他人，形成二次传播。

本书将主要调查受众的自身变化，以及受众进行的二次传播行为。从三个层面来考察电视科普影响力：第一层面是受众认为自己受到电视科普影响的程度；第二层面是从科学思维、生活常识、世界观、人生道路四个方面考察电视科普的具体影响；第三是从受众观看后的二次传播行为来分析电视科普的影响程度。

1. 电视科普有较大影响力

对于问题"您认为来自电视的科学知识对您的影响是？"有五个选项，分别是影响非常大、影响较大、有一些影响、影响不大和完全没影响。人们认为电视科普对自己有一些影响的比例最高，占43.1%，即人们认为电视科普对自己是有一定影响力的（图2-6）。

| 媒介·科技·传播　大众传媒科技传播现状研究

图 2-6　电视科普影响力

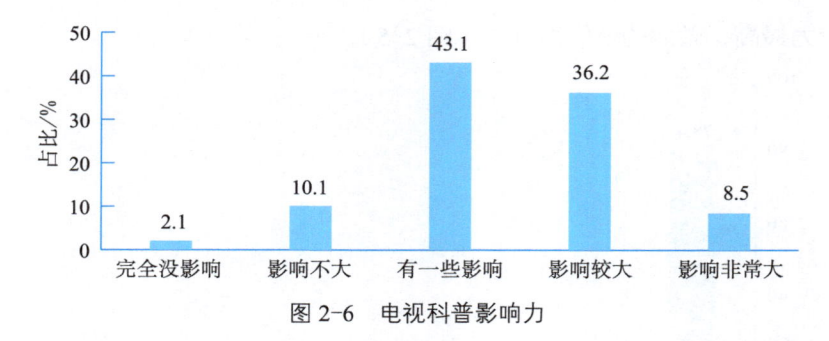

类别	占比/%
完全没影响	2.1
影响不大	10.1
有一些影响	43.1
影响较大	36.2
影响非常大	8.5

进一步考察各个省（自治区、直辖市）影响力的差异，采用赋值平均分来分析。其中将西藏自治区和青海省样本合并，香港、澳门地区样本太少不计入统计，台湾地区数据暂无。赋值分析结果显示，宁夏居民认为电视科普对自己的影响力最大（4.13），其后依次是河南、海南、新疆、湖南和四川，而江西、西藏、青海和重庆地区的人群认为电视科普对自己的影响力较差（图 2-7）。

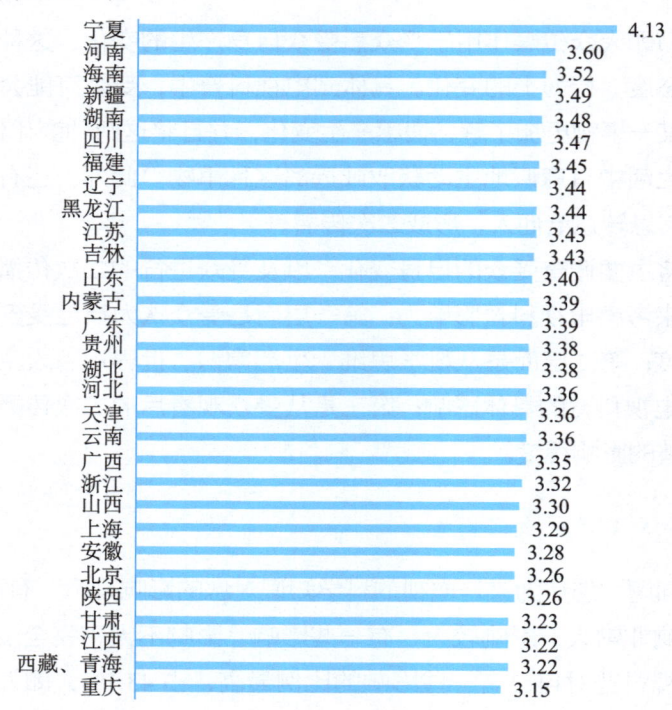

省份	分值
宁夏	4.13
河南	3.60
海南	3.52
新疆	3.49
湖南	3.48
四川	3.47
福建	3.45
辽宁	3.44
黑龙江	3.44
江苏	3.43
吉林	3.43
山东	3.40
内蒙古	3.39
广东	3.39
贵州	3.38
湖北	3.38
河北	3.36
天津	3.36
云南	3.36
广西	3.35
浙江	3.32
山西	3.30
上海	3.29
安徽	3.28
北京	3.26
陕西	3.26
甘肃	3.23
江西	3.22
西藏、青海	3.22
重庆	3.15

图 2-7　各省（自治区、直辖市）电视科普影响力比较

2. 电视科普影响力的表现

从科学思维、生活常识、世界观、人生道路四个方面考察电视科普的具体影响,采用利克特量表进行分析。

(1)人们认为"生活常识方面"的知识对自己的影响最大

对于"电视科普对您的具体影响程度如何"这一问题,受访者的答案汇总是生活常识方面得分最高,为 3.88 分,即人们普遍认为电视科技资讯对自己的生活常识方面影响最大(图 2-8)。

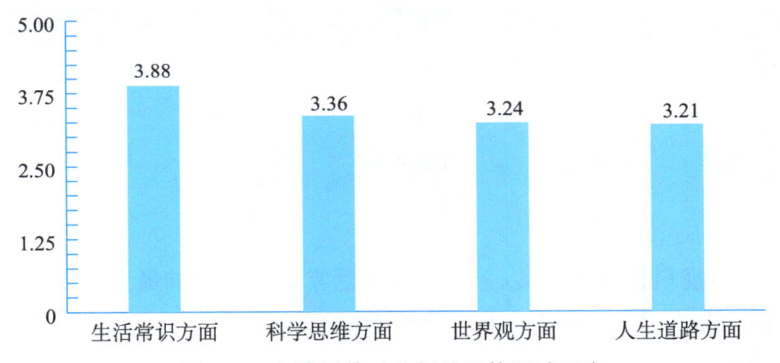

图 2-8　电视科普对人们的具体影响程度

配对 t 检验结果显示,电视科普对人们的具体影响程度在生活常识方面、科学思维方面和世界观方面之间有显著差异,而在世界观和人生道路方面之间差异不明显(表 2-27)。

表 2-27　显著性差异比较

项目	成对差分					t 值	df	p 值(双侧)
	均值	标准差	均值的标准误差	差分的95% 置信区间				
				下限	上限			
生活常识方面-科学思维方面	0.526	0.893	0.023	0.480	0.571	22.650	1479	0.000
科学思维方面-世界观方面	0.121	0.998	0.026	0.070	0.172	4.662	1479	0.000
世界观方面-人生道路方面	0.032	0.757	0.020	-0.007	0.070	1.614	1479	0.107

（2）男性在科学思维、世界观和人生道路方面受影响程度高于女性，女性在生活常识方面受到更多影响

对于问题"您认为通过电视科普类栏目的观看，对您的哪些方面产生了具体的影响？"，针对科学思维方面、生活常识方面、世界观方面和人生道路方面，将完全没影响、影响较小、不清楚、比较有影响和影响很大五个答案赋值分析结果显示：男性在科学思维方面、世界观方面和人生道路方面受影响高于女性，女性在生活常识方面受到更多影响（表2-28）。

表2-28 电视科普对不同性别人群的影响程度

性别		科学思维方面	生活常识方面	世界观方面	人生道路方面
男		3.42	3.86	3.27	3.25
女		3.29	3.91	3.20	3.16
方差检验	F值	6.642	0.810	1.704	2.272
	显著性	0.010	0.368	0.192	0.132

（3）电视科普对50岁以上人群在生活常识方面影响最大

对于问题"您认为通过电视科普类栏目的观看，对您的哪些方面产生了具体的影响？"，针对科学思维方面、生活常识方面、世界观方面和人生道路方面，将完全没影响、影响较小、不清楚、比较有影响和影响很大五个答案赋值分析结果显示：受电视科普的影响程度，41~50岁人群在科学思维方面受到更多影响（3.45），在生活常识方面影响最大的是50岁以上人群（4.08），观看电视科普类栏目对21~30岁人群在世界观方面和人生道路方面影响很大（表2-29）。

表2-29 电视科普对不同年龄人群的影响程度

年龄段	科学思维方面	生活常识方面	世界观方面	人生道路方面
20岁及以下	2.96	3.56	2.78	2.78
21~30岁	3.30	3.84	3.27	3.23
31~40岁	3.38	3.87	3.22	3.20
41~50岁	3.45	4.00	3.24	3.18
50岁以上	3.42	4.08	3.26	3.22
总计	3.36	3.88	3.24	3.20

续表

	年龄段	科学思维方面	生活常识方面	世界观方面	人生道路方面
方差检验	F 值	1.023	1.636	1.153	1.075
	显著性	0.430	0.004	0.219	0.336

（4）企业管理层人群在科学思维方面受到更多影响

对于问题"您认为通过电视科普类栏目的观看，对您的哪些方面产生了具体的影响？"，针对科学思维方面、生活常识方面、世界观方面和人生道路方面，将完全没影响、影响较小、不清楚、比较有影响和影响很大五个答案赋值分析结果显示：企业管理层人群在科学思维方面受到更多影响（3.54），在世界观方面、人生道路方面和生活常识方面影响最大的都是事业单位人员（表2-30）。

表2-30 电视科普对不同职业人群的影响程度

	职业	科学思维方面	生活常识方面	世界观方面	人生道路方面
	离退休和无业者	3.10	3.56	2.92	2.88
	工人	3.29	3.73	3.24	3.19
	学生	3.24	3.80	3.10	2.99
	商业服务人员	3.25	3.84	3.18	3.12
	企业管理层	3.54	3.97	3.31	3.28
	事业单位人员	3.50	4.18	3.36	3.34
	其他	3.44	3.93	3.29	3.31
	总计	3.36	3.88	3.24	3.21
方差检验	F 值	2.930	4.399	2.275	2.535
	显著性	0.000	0.000	0.004	0.001

（5）高收入人群受电视科普影响更大

对于问题"您认为通过电视科普类栏目的观看，对您的哪些方面产生了具体的影响？"，针对科学思维方面、生活常识方面、世界观方面和人生道路方面，将完全没影响、影响较小、不清楚、比较有影响和影响很大五个答案赋值分析结果显示：月收入为6001~9000元的人群在人生道路方面受到更多影响（3.33），而电视科普类栏目的观看对月收入为9001~12 000元的人群在科学思维方面、世界观方面和生活常识方面影响很大（表 2-31）。

表 2-31　电视科普对不同收入人群的影响程度

收入		科学思维方面	生活常识方面	世界观方面	人生道路方面
3000 元及以下		3.17	3.70	3.09	3.06
3001~6000 元		3.44	4.00	3.30	3.26
6001~9000 元		3.41	3.91	3.33	3.33
9001~12 000 元		3.76	4.05	3.41	3.31
12 001 元以上		3.26	3.77	3.02	3.09
总计		3.36	3.88	3.24	3.21
方差检验	F 值	7.511	8.769	4.389	3.708
	显著性	0.000	0.000	0.002	0.005

（6）电视科普在科学思维方面影响最大的是硕士及以上学历人群

对于问题"您认为通过电视科普类栏目的观看，对您的哪些方面产生了具体的影响？"，针对科学思维方面、生活常识方面、世界观方面和人生道路方面，将完全没影响、影响较小、不清楚、比较有影响和影响很大五个答案赋值分析结果显示：学历为大专的人群通过电视科普在人生道路方面受到更多影响（3.25），而电视科普类栏目的观看对学历是本科的人群在世界观方面和生活常识方面影响很大，科学思维方面影响最大的是硕士及以上学历人群（表 2-32）。

表 2-32　电视科普对不同学历人群的影响程度

学历		科学思维方面	生活常识方面	世界观方面	人生道路方面
初中及以下		2.63	3.06	2.59	2.84
高中		3.16	3.70	3.03	3.05
大专		3.30	3.86	3.28	3.25
本科		3.45	3.97	3.29	3.23
硕士及以上		3.46	3.96	3.25	3.22
总计		3.36	3.88	3.24	3.21
方差检验	F 值	8.254	11.321	5.744	2.418
	显著性	0.000	0.000	0.000	0.047

（7）电视科普对贵州地区人群在生活常识方面影响很大

对于问题"您认为通过电视科普类栏目的观看，对您的哪些方面产生了具体的影响？"，针对科学思维方面、生活常识方面、世界观方面和人生道路方面，将完全没影响、影响较小、不清楚、比较有影响和影响很大五个答案赋值分析结果显示：青海地区人群通过电视科普在人生道路方面受到更多影响，而电视科普类栏目的观看对贵州地区人群在生活常识方面影响很大，科学思维方面影响最大的是宁夏地区人群，在世界观方面影响最高的地区是黑龙江（表2-33）。

表2-33　电视科普对不同省（自治区、直辖市）人群的影响程度[①]

地区	科学思维方面	生活常识方面	世界观方面	人生道路方面
北京	3.26	3.84	3.28	3.21
天津	3.25	3.86	3.36	3.29
上海	3.35	3.58	3.18	3.15
重庆	3.58	3.85	3.27	3.31
河北	3.28	3.99	3.28	3.36
河南	3.42	3.93	3.31	3.40
云南	3.29	3.75	3.21	3.32
辽宁	3.25	3.83	3.19	3.25
黑龙江	3.59	4.10	3.54	3.44
湖南	3.29	3.77	3.21	3.14
安徽	3.35	3.67	3.00	2.89
山东	3.34	4.04	3.27	3.39
新疆	3.38	3.92	3.05	3.10
江苏	3.37	3.84	3.27	3.20
浙江	3.41	3.91	3.20	3.24
江西	3.11	3.89	2.96	3.04
湖北	3.44	3.75	3.18	3.13
广西	3.24	3.73	3.00	3.08
甘肃	3.25	3.93	3.25	3.05
山西	3.25	3.83	3.28	3.22

① 台湾地区数据暂缺。

续表

地区	科学思维方面	生活常识方面	世界观方面	人生道路方面
内蒙古	3.39	3.86	3.04	3.14
陕西	3.23	3.67	3.00	3.21
吉林	3.43	3.89	3.51	3.22
福建	3.45	4.02	3.45	3.24
贵州	3.50	4.15	3.27	3.23
广东	3.27	3.86	3.19	3.11
青海	3.17	4.00	3.50	3.50
西藏	2.33	4.33	3.00	3.00
四川	3.66	4.20	3.39	3.14
宁夏	3.75	4.13	3.56	3.44
海南	3.40	3.80	3.12	2.92
香港	2.00	2.00	2.00	2.00
澳门	2.00	3.00	3.00	3.00
总计	3.36	3.88	3.24	3.21
方差检验 F 值	0.802	1.385	0.831	0.735
方差检验 显著性	0.772	0.078	0.731	0.855

3. 电视科普的二次传播影响力

（1）公众观看电视科普节目后最普遍的二次传播行为是"曾经和家人、亲友、同事谈及过"

在观看电视科普后的各种二次传播行为中，"曾经和家人、亲友、同事谈及过"的得分最高，为 3.16 分，即人们通过人际传播口头将电视科普进行二次传播的行为最为普遍。而其他几种行为都没有达到中位数 3 分，即其他传播行为均不显著（图 2-9）。

曾经和家人、亲友、同事谈及过	3.16
曾经在微信提及过	2.51
曾经在微博提及过	2.41
曾经在论坛、贴吧、百度知道或其他讨论社区提及过	2.38
曾经在人人网、豆瓣或其他SNS社区提及过	2.23

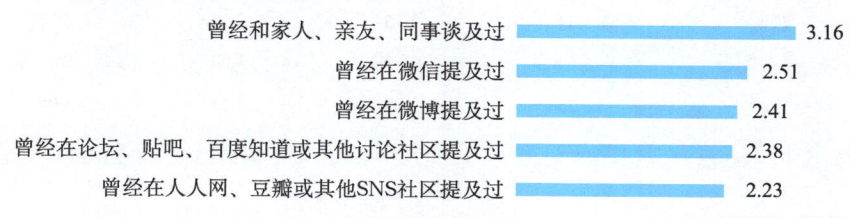

图 2-9 观众的二次传播行为

（2）通过网络进行二次传播最多的地区是北京和上海

进一步考察各个省（自治区、直辖市）影响力的差异，采用赋值平均分来分析。其中将西藏和青海两个地区样本合并，香港、澳门地区样本太少不计入统计，台湾地区数据暂无。赋值分析结果显示，"曾经和家人、亲友、同事谈及过"电视科普最多的地区是宁夏，"曾经在微信中提及过"电视科普最多的地区是上海，"曾经在微博中提及过"电视科普最多的地区是北京，曾经在论坛、贴吧、百度知道或其他讨论社区，以及人人网、豆瓣或其他SNS社区提及过电视科普最多的地区是北京（表2-34）。

表2-34　不同省（自治区、直辖市）的二次传播情况

地区	曾经和家人、亲友、同事谈及过	曾经在微信提及过	曾经在微博提及过	曾经在论坛、贴吧、百度知道或其他讨论社区提及过	曾经在人人网、豆瓣或其他SNS社区提及过
北京	3.14	2.71	2.74	2.76	2.59
天津	3.25	2.46	2.29	2.32	2.29
上海	3.20	2.76	2.55	2.40	2.40
重庆	3.23	2.54	2.69	2.58	2.35
河北	3.16	2.51	2.42	2.52	2.19
河南	3.18	2.54	2.50	2.40	2.14
云南	2.96	2.46	2.46	2.29	2.21
辽宁	3.15	2.50	2.31	2.33	2.21
黑龙江	3.37	2.54	2.39	2.46	2.37
湖南	3.11	2.23	2.11	2.14	1.95
安徽	2.98	2.22	2.24	2.24	2.09
山东	3.30	2.52	2.39	2.44	2.34
新疆	3.13	2.36	2.15	2.00	1.85
江苏	3.10	2.58	2.51	2.50	2.46
浙江	3.09	2.54	2.46	2.51	2.33
江西	3.04	2.37	2.11	2.00	1.96
湖北	3.15	2.51	2.42	2.45	2.25
广西	3.11	2.57	2.32	2.38	2.16
甘肃	3.25	2.20	2.00	2.08	1.98
山西	2.98	2.40	2.40	2.45	2.13
内蒙古	3.07	2.64	2.25	2.11	2.00

续表

地区	曾经和家人、亲友、同事谈及过	曾经在微信提及过	曾经在微博提及过	曾经在论坛、贴吧、百度知道或其他讨论社区提及过	曾经在人人网、豆瓣或其他 SNS 社区提及过
陕西	2.87	2.38	2.28	2.18	1.90
吉林	3.38	2.54	2.43	2.46	2.24
福建	3.35	2.69	2.49	2.45	2.16
贵州	3.19	2.62	2.42	2.38	2.27
广东	3.13	2.64	2.57	2.44	2.36
青海、西藏	3.00	2.00	2.22	1.89	2.00
四川	3.20	2.52	2.47	2.41	2.31
宁夏	3.50	2.69	2.31	2.25	2.19
海南	3.12	2.36	2.32	2.00	1.68

三、电视科技传播中的主要问题

从前面的分析不难看出，我国电视科普的现状还是较为乐观的，无论是频道、栏目发展都较为稳定，电视科普的传播力、公信力、影响力在各个媒体中都处于领先的地位，但同时也存在着诸多问题。

（一）科教节目总体制作水平有待提高

虽然《全民科学素质行动计划纲要（2006—2010—2020 年）》中规定大众科技传媒能力建设工程的任务之一就是打造科技传播媒体品牌，但像中央电视台科教频道这样能力较强的制作单位数量还很稀少，且内容枯燥、模式雷同、制作粗糙是大多数科教节目的通病。许多节目不是过于注重娱乐性就是只有科学性，能将二者很好地融合的节目相对较少，这也成为制约科普影视发展的一个重要因素。因此，提高制作水平是摆在我们面前的一个重要问题。

（二）从总体来讲，科教节目数量仍然较少

与以前相比，虽然科教节目的数量已经有所提高，但相对于总的电视

节目数量来讲，其所占比例仍然较小，播出量在 10% 以下，这与美国等发达国家相比差距还较为明显。因此，在提高节目质量的同时，也必须增加节目的数量和播出时间。

（三）科技传播行为失范，急功近利现象较为明显

伴随着市场经济应运而生的是不可避免的趋利现象，收视率几乎成了电视媒体追逐的唯一目标，为了博取观众眼球，很多节目不惜猎奇炒作、哗众取宠，从而造成了传播行为的失范。目前，很多科教节目粗制滥造，甚至宣扬伪科学，不仅没有起到宣传科学知识、弘扬科学精神的作用，甚至起到反作用。

（四）科普创作人才严重匮乏

目前影视文化产业人才紧缺是科普影视面临的困境之一。一个好的科普影视作品需要一个优秀的创作团队，科普影视创作不仅需要创作者具有影视创作的能力，还要掌握相关科学知识并能够将其较好地融入创作之中，这样的人才无疑更为稀缺。

四、《走近科学》与《养生堂》

（一）《走近科学》

《走近科学》是中央电视台首个大型科普栏目，于 1998 年 6 月 1 日作为主打栏目进入中央电视台科教频道，在晚间黄金时段播出。作为我国原创电视科普栏目，其定位于讲述新闻热点背后的科学问题，社会生活中的推理故事，焦点、疑点、难点及新现象的科学解释。栏目的宗旨在于对科学事件的真实记录，引发观众对科学的兴趣，引导观众走近科学，提倡用科学方法解决生活中、工作中出现的问题，传播科学知识，从而提高全民的科学水平。《走近科学》以其独特的风格和发展模式在科教频道众多的节目中得以存活和发展。

1. 2015 年，收视率在几个知名科普栏目中处于中游

2015 年，几个主要知名栏目的全年收视率如图 2-10 所示。

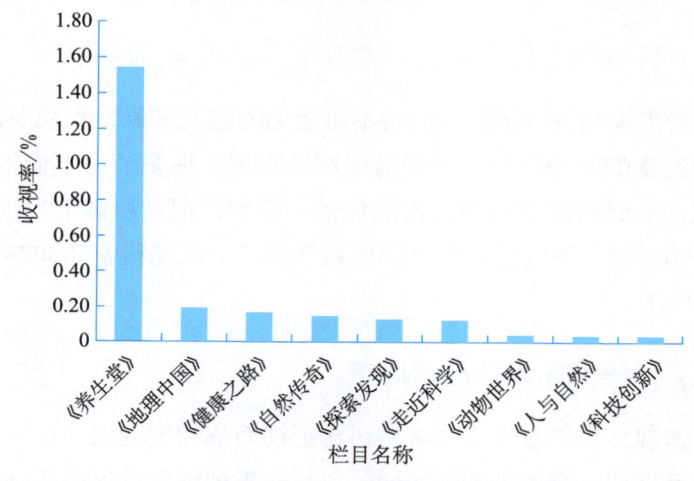

图 2-10　2015 年知名科普栏目收视情况

从图 2-11 中可以看出，《走近科学》在中央电视台科教栏目中的收视率处于中游水平，与《地理中国》《健康之路》《自然传奇》及《探索发现》的收视率相差不多。

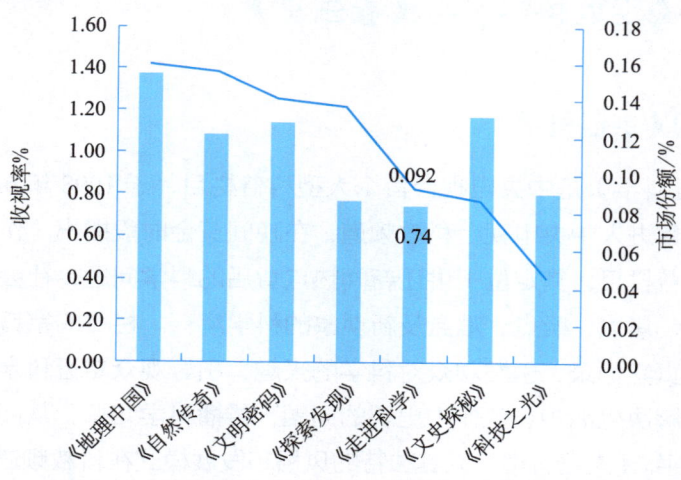

图 2-11　2016 年《走近科学》收视率及所占市场份额

2. 故事化创作策略和悬念的设置是《走近科学》创作的最大特色

《走近科学》作为中国成立时间最早、影响力最大的科教电视节目，其最大的特点就是故事化的创作策略。2003年以前的《走近科学》强调科技大事不漏，经常报道国内外发生的突发科学事件或是有科学背景的社会事件。这一时期由于内容过分专业，题材偏重于高科技，许多选题脱离现实生活，所以虽然在黄金时段播出但收视率并不高。改版之后的《走近科学》从叙事主题上来看，改变了以往为普及某一方面的科学知识点为出发点的想法，从最初的"生活、关注、人物"板块化栏目，走到现在成了以故事搭载科学信息，涉及各种类型各个行业的热点、焦点、新闻话题的栏目。此外，《走近科学》的选题往往都具有未解之谜或神话的原型特征，能够深深地吸引观众的注意力。

在叙事方式上，悬念的设置成为《走近科学》的主要讲述方式。首先，通过标题和细节设置悬念。其次，通过设谜来引出一个悬念。最后，通过延宕和闪回设置悬念。

3. 单一视点、单一结构及悬疑过度使用是《走近科学》存在的主要问题

以《走近科学》为代表的中国科教节目在视点选取上通常比较单一，只有极少数节目使用了多个视点进行叙述；在叙述手法上倾向于铺成悬念，制造惊悚的声音和画面，虽然悬念和惊悚手法已经用到了极致，能勾起人们观看的欲望，但近年来的滥用导致了节目越来越像惊悚片，为了悬念而惊悚，为了惊悚而悬念，缺乏科学性。由于长期单一的叙述视点、单一的线性结构，以及讲求故事化的悬念手法与惊悚画面在节目中的大肆使用，使得节目内容受到质疑，收视率也有所下降。

（二）《养生堂》

《养生堂》是一档地方卫视自制科普栏目，于2009年开播。节目采用演播室访谈结合专题片的方式，以"传播养生之道、传授养生之术"为宗旨，秉承传统医学理论，根据中国传统养生学"天人合一"的指导思想，

系统介绍中国传统养生文化，同时有针对性地介绍实用养生方法。节目本着"服务市民，以人为本"的宗旨，在内容的广度、深度、关联度上下功夫，充分体现"贴近实际、贴近生活、贴近群众"的原则和本土化的特色，成为城市市民的"信息超市"。

1. 收视一枝独秀

由图 2-10 和图 2-12 可见，《养生堂》栏目在知名的科普栏目中收视可谓一枝独秀。2016 年，收视稳定，并占据着较高的市场份额。

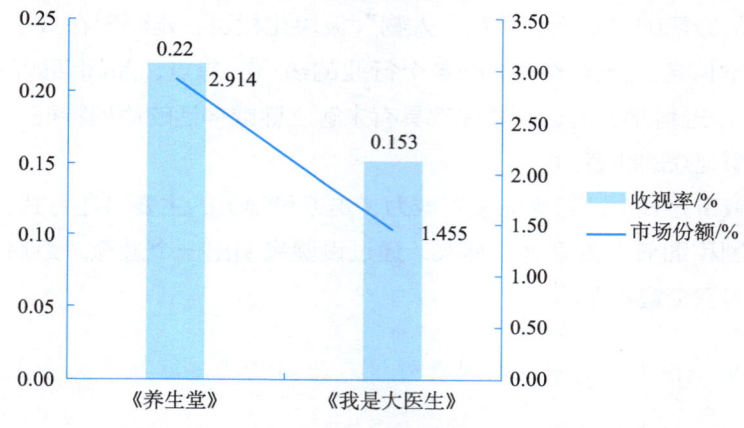

图 2-12　2016 年《养生堂》收视率及所占市场份额

2. 满足公众对健康的需求是节目创作的根本

《养生堂》节目之所以收视率高，最重要的因素在于满足了公众对健康的需求。第三届综艺年度节目奖的颁奖词"《养生堂》紧紧抓住中老年观众的收视需求，它的简单和实用促使电视对娱乐潮的反思，让电视的性格缺陷在某种程度上得以弥补"正是对其很好的概括。节目邀请的嘉宾都有深厚的学术背景和丰富的临床经验，保证了节目的科学性和权威性。而节目的通俗性又是其制胜的一个关键。《养生堂》丰富多彩的节目形式，在内容上深入浅出的呈现，使得节目较好地传播了养生知识。作为访谈类节目，在传播形式上，采用开放的话语形式，避免了单一的讲解，互动与反馈模式都是其成功的不可或缺的要素。

第三章
网络科技传播

一、基本发展情况 / 078
二、定量与定性分析 / 081
三、网络科技传播之主要症结 / 119
四、典型科普网站解析 / 120

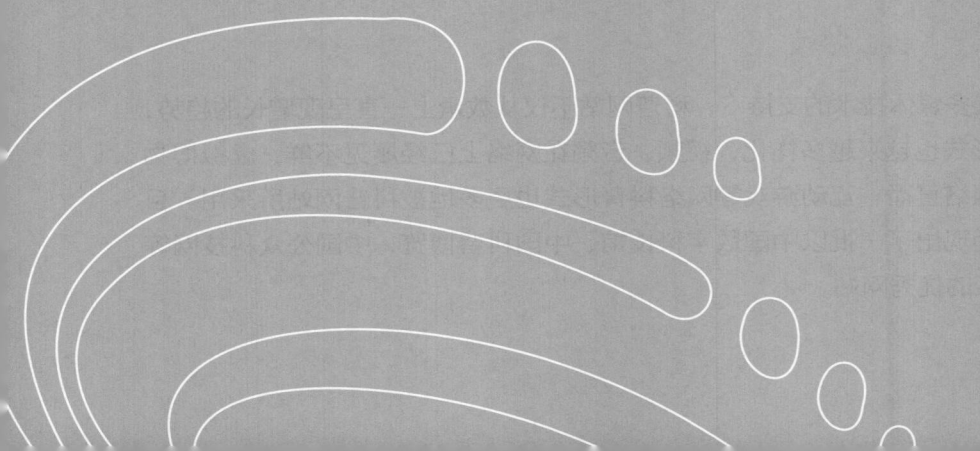

一、基本发展情况

近年来，互联网的持续高速发展和相关技术的不断进步使得整个社会网络化程度日益提高。中国互联网络信息中心（CNNIC）第39次《中国互联网络发展状况统计报告》最新发布的数据显示，截至2016年年底，我国网民规模达到7.31亿，互联网普及率为53.2%；手机网民规模达到6.95亿，网民中使用手机上网的人群占比由2015年年底的90.1%提升至2016年年底的95.1%，网民上网设备进一步向移动端集中。第九次中国公民科学素养调查数据显示，互联网已成为公民获取科技信息的主渠道之一。公民利用互联网及移动互联网获取科技信息的比例达到53.4%，比2010年的26.6%提高了1倍多，已经超过了报纸（38.5%），仅次于电视（93.4%），位居第二。

"十二五"期间，国家非常重视新兴媒体建设，在《国民经济和社会发展第十二个五年规划纲要》中指出："加强重要新闻媒体建设，重视互联网等新兴媒体建设、运用、管理，把握正确舆论导向，提高传播能力。"在《全民科学素质行动计划纲要实施方案（2011—2015年）》中也提出如下建议："发挥互联网、移动通信、移动电视等新兴媒体在科技传播中的积极作用。研究开发网络科普的新技术和新形式。开辟具有实时、动态、交互等特点的网络科普新途径，开发一批内容健康、形式活泼的科普教育、游戏软件。发挥网络科普联盟的作用，促进网站之间开展科技传播的交流与合作。"因此，为适应新的形势发展，我国新媒体科技传播已全面展开。

（一）科普网站

在多媒体技术的支持下，科普网站不仅从数量上一直呈现增长的趋势，表现形式也越来越多样化，视频、音频在网络上已经屡见不鲜，虚拟博物馆、网络直播、互动游戏等网络科普形式也更多地被科普网站所采用。目前，涌现出了一批以中国数字科技馆、中国科普博览、中国公众科技网等为代表的优秀网站。

总体来说，近几年网站的科技传播能力有所增强，主要表现在以下四个方面。

1. 各类型网站涉及科普的页面数量均有大幅提升

以"科普"作为关键词，通过百度搜索，2006年共搜索到1080万个中文页面；而到2016年12月，通过百度能搜索到的中文页面共有约1亿个。

2. 国内许多门户网站都重视对科普内容的建设

目前，国内许多门户网站对科普内容都有不同程度的建设，有的是以栏目形式呈现的，有的是以专题形式呈现的。四大门户网站——新浪网、网易、腾讯网、搜狐网都在二级页面设置有科技频道。人民网也设有专门的科技频道，致力于科学知识的传播与普及，设有《人类发明史大讲堂》《数字科技馆》等趣味性和互动性强的栏目，它是网络科普联盟的重要成员，网页内有专门的科普搜索引擎，可供访客深度搜索800家专业科普网站与栏目的信息。

3. 涌现出一批优秀的专业科普网站

对于科技传播而言，专业的科普网站必不可少。近年来，一批优秀的、有特色的专业科普网站陆续建成并迅速成长起来，其中有政府建设的，如中国数字科技馆等；也有民间自办的，如果壳网等。中国公众科技网、中国科普博览、互动百科、蝌蚪五线谱等网站都具有相当的影响力，在我国的科普网站发展中起到了示范作用，很好地促进了科技传播和科学普及。

4. 新技术应用使得科普网站的表现形式丰富多样

作为网络科普的载体，科普网站具有立体化的结构。随着技术的日新月异，科普网站的表现形式也日益丰富、灵活和多样。科普网站不仅包含文字、图片等传统形式，很多新的表现形式的使用率也越来越高，如音频、视频、游戏、动漫、虚拟科技馆等。这些新形式的应用，增强了科普网站的传播效果，有力地促进了网络科技传播的发展。

（二）微博

作为"微"传播时代的先行者，微博的发展对科学传播和普及也有重要的意义。微博，即微博客（microblog）的简称，是一个基于社交关系进行信息传播的媒体平台，用户可以通过 WEB、WAP 及各种客户端组建个人社区，开始以文字更新信息，并实现即时分享。2015 年 1 月，开放微博 140 字发布限制，少于 2000 字即可。中国互联网络信息中心发布的第 39 次《中国互联网络发展状况统计报告》显示，截至 2016 年 12 月，微博用户规模为 2.71 亿，使用率为 37.1%，与 2015 年年底相比持续上涨。微博已经成为中国网民使用的主流应用。

利用微博进行科技传播已经成为必不可少的传播方式之一。目前得到公众广泛认同的果壳网，自开设科普微博以来，较为成功地建立了微博机制，培养了一支术业有专攻的微博创作队伍，以保证微博内容的质量和实效性。几年来，果壳网科普微博充实了网络科普的内容，填补了其他网络科普模式应用的弊端，激发了公众对于科普的参与热情和积极兴趣，成为人气最高、粉丝最多的民间科普微博。除了果壳网外，很多科普网站都设有官方微博，如科普中国、中国科普网、浙江科普微博方阵等；还有一批知名度较高的科普大 V，如"博物杂志"、范志红等。科普微博已然在科学传播中扮演了一个较为重要的角色。

（三）微信

微信于 2011 年横空出世，以势不可挡的姿态迅速成为炙手可热的社交网络工具之一。它实现了跨运营商、跨系统平台的语音、文字、图片等信息的传递功能，并支持单人、多人语音对讲，超越了以往手机只能打电话、发短信、彩信的单一传统模式，使手机成为一部时尚的对讲机。随着网络覆盖率的提升、智能手机的普及、信息资费的下调等一系列客观条件的成熟，微信的推广速度呈现加速上升趋势，使用人数以几何倍数增长，超过以往任何一款手机网络通信工具。腾讯网发布的业绩报告显示，截至 2016 年年底，微信每月活跃用户已达到 8.89 亿，用户覆盖 200 多个国家，使用语言超过 20 种。此外，截至 2016 年第一季度，各品牌的微信公众账号总数就已经超过 800 万个，移动应用对接数量超过 85 000 个[①]。而对于科技传播来说，微信也成了一种主要的传播方式。各单位、各部门都积极打造和使用微信平台进行科技传播。

（四）手机报

手机报（mobile newspaper）是依托手机媒介，由报纸、移动通信商和网络运营商联手搭建的信息传播平台，用户可通过手机浏览到当天发生的新闻。手机报在经历过一段迅猛发展期后，由于各类媒介的融合和发展，通过其他媒介获取信息的渠道越来越多，使其在 2011 年以后迅速进入发展瓶颈期。造成瓶颈的主要原因包括几个方面：①手机报运营模式主要以类似于传统纸媒的彩信发送模式，通过定时推送实现，被动的模式具有先天的缺陷；②手机报主要通过用户付费获得盈利，随着网络资费的下调，手机上网用户大幅增长，获取个人需求信息更为便捷和快速，尤其微信等社交媒体的火爆，导致手机报用户大量流失。

除了上述几种网络科普形式外，随着移动互联技术的日益成熟，手机 APP 也成为科普的一种流行方式。开发手机科普 APP 应用，可以通过手机更为方便、快捷地实现科技传播和普及。

二、定量与定性分析

在网络科技传播中，网站是占据重要地位的一种传播方式。

（一）监测对象的选取

目前，我国科普网站数量众多，根据主办单位和网站类型，本书的研究重点锁定在七类科普网站中，分别为全国性综合科普网站、综合门户网站的科普频道、地方性科普网站、科普场馆网站、单一学科科技网站、学会网站、新锐科普网站。

[①] http://www.didown.com/news/29040.html。

1. 全国性综合科普网站

主要有中国科普博览（中国科学院主办）、中国科普网（中国科学技术信息研究所主办）和大科普网（个人主办）等。这些以科普信息为主要内容，专门为传播科学知识、普及科学思想而开设的网站，图文并茂、形象生动，不仅有丰富的多媒体资料库（图片、视频），而且有虚拟科技博物馆和科学游戏，集知识性、趣味性和娱乐性于一体，达到了寓教于乐的效果。同时，这些网站还充分利用微博和微信等社交媒体平台定期发布科技资讯和科普知识，具有很强的互动性。因此，从传播效果的角度来讲，这类科普网站具有较强的传播能力。但这类网站也有更新度慢等缺点，如中国科普博览、中国科普网和大科普网在监测期间的更新速度几乎都为零（监测结束后，中国科普网进行了改版，更新速度也有很大的改善）。

此外，全国性综合科普网站还包括科学网（中国科学报社主办）、中国科技网（科技日报社主办）和中国科技 110 网（河南科技报社主办）等。这些网站大多由专业的科技类报刊主办，具有丰富的信息资源、较大的信息量和较快的更新速度。在这些网站中，中国科技网充分利用图片、视频和动漫等表现形式，具有较高的趣味性和吸引力，并充分利用微博和微信等平台扩大自己的影响。

2. 综合门户网站的科普频道

主要有光明网科技频道、新华网科技频道、南方网科技频道等网站的子频道，以及网易科技 – 科学频道、腾讯网探索频道、新浪网科学探索频道、中国网科技频道、搜狐网科学探索频道、中华网科普频道等。这些网站的设计大多图文并茂、形象生动，表现形式多样化，具有较强的趣味性和吸引力。但这类网站大多与当下新闻热点的结合不够紧密，缺少原创性，部分网站更新速度较慢，且缺少互动渠道。

3. 地方性科普网站

主要有辽宁科技信息网（辽宁省科学技术厅主办）、大连科技信息网（大连市科学技术局主办）、即墨科技网（即墨市科学技术局主办）、邢台农业信息网（邢台农业局主办）、首都科技网（北京市科学技术协会主办）、江苏公众科技网（江苏省科学技术协会主办）、张家港科普网（张家港市科学技术协会主办）、中国公众科普网（平阳县科学技术协会主办）等网站。作为地方事业单位和科学技术协会的官方网站，这些网站大多将关注的焦点放在了地方科技产业动态、地方科技产业政策、地方科技厅局会议和领导人活动、地方基层科协会议活动等内容上，较少关注科技知识传播，图片和视频利用率不高，内容大多较为枯燥，缺少可读性、趣味性和吸引力，更新速度也不快，且缺少互动平台和渠道。

4. 科普场馆网站

主要有中国数字科技馆（中国科学技术馆主办）、索尼探梦［索尼（中国）有限公司主办］、上海科技馆（上海科技馆主办）、中国科学技术馆（中国科学技术馆主办）、北京自然博物馆（北京自然博物馆主办）、奇美博物馆（奇美文化基金会主办）、兴隆热带植物园（中国热带农业科学院香料饮料研究所主办）等，这些网站大多网页设计精湛，伴随有动漫、实验室等表现形式，因为大多有具体的实体场馆，所以有些还有网上售票渠道及场馆介绍，是商业和科技集合的较好尝试。

5. 单一学科科技网站

主要有天气在线（天气在线亚洲有限公司主办）、电源网（天津网博互动科技有限公司主办）、中国国家地理中文网（北京全景国家地理新媒体科技有限公司主办）、中国信息产业网（北京通九洲信息科技有限公司主办）、中国照明网（广东河东计算机网络系统有限公司主办）、中国气象局网（中国气象局主办）、中国纺织经济信息网（中纺网络信息技术有限责任公司主办）等。这些网站会发布近期行业内的会议、新闻，有些会有专门的讨论区供网友讨论行业问题，还有的会提供行业内招聘服务。

6. 学会网站

主要有中国建筑学会网、中国电机工程学会网、中国计算机学会信息网、中华医学会网、中国稀土学会网、中国造船工程学会网、中国土木工程学会网等，这些网站由同名学会主办，主要内容都是关于某个行业的政策法规、新闻动态，更新速度较慢。

7. 新锐科普网站

包括果壳网（北京果壳互动科技传媒有限公司主办）、互动百科［互动在线（北京）科技有限公司主办］、蝌蚪五线谱（北京市科学技术协会信息中心主办）。这类网站都是目前拥有大量忠实用户、非常受用户欢迎的科技类网站。无论是栏目类型还是表现形式、实用性、美观性等，都超过了以上六类科技网站，尤其在互动性方面做出了突破性的创新。

通过对网站流量的监测，70% 的网站因流量过小，对科学传播贡献不大。因此，在监测对象的选取上，将每类网站流量排名前 10% 的共 63 家网站定为研究目标，这部分网站的影响力对网络媒体科技传播能力起到决定性作用。监测网站分类及网站名称如表 3-1 所示。

表 3-1　监测的科普网站分类及网站

网站类别	网站名称
全国性综合科普网站	中国科普博览、科学网、全国青少年科技创新活动服务平台、中国科技网、首都科技网、中国科技 110 网、中国科普网、中国公众科普网、大科普网、保护母亲河行动
综合门户网站的科普频道	光明网科技频道、搜狐网科学探索频道、腾讯网探索频道、网易科技–科学频道、新华网科技频道、新浪科学探索频道、中少网科技频道、中国网科技频道、中华网科普频道、南方网科技频道
地方性科普网站	每日甘肃网科教频道、上海市青少年科技教育网、即墨科技网、辽宁科技信息网、邢台农业信息网、江苏公众科技网、北京卫生信息网–健康服务、福建科技网、张家港科普网、大连科技信息网
科普场馆网站	中国数字科技馆、索尼探梦、上海科技馆、中国科学技术馆、北京自然博物馆、奇美博物馆、兴隆热带植物园、北京天文馆、大连圣亚海洋世界、天津自然博物馆
单一学科科技网站	天气在线、电源网、中国国家地理中文网、中国信息产业网、中国照明网、中国气象局网、中国纺织经济信息网、中国兴农网、化石网、中国新能源网
学会网站	中国建筑学会、中国电机工程学会、中国计算机学会信息网、中华医学会、中国稀土学会、中国造船工程学会、中国土木工程学会、中国航空学会、中国机械工程学会、中国金属学会
新锐科普网站	果壳网、互动百科、蝌蚪五线谱

（二）互联网科技传播能力评价指标的确立

为了全面反映网络科技传播的状况，对一个科普网站科技传播能力的评价主要包括定量和定性两方面指标。

1. 定量指标

定量指标包括以下几方面（表 3-2）。

（1）一级指标：流量、搜索引擎优化（SEO）、谷歌收录数、百度收录数、社交网站（SNS）提及率。

（2）二级指标：① PV（page view），即页面浏览量，是评价网站流量最常用的指标之一。② UV（unique visitor），指访问某个站点或点击某条新闻的不同 IP 地址的人数。在同一天内，UV 只记录第一次进入网站的具有独立 IP 的访问者，在同一天内再次访问该网站则不计数。③反链数：指从其他网站导入某网站的链接数量。④站外链：一个网站很难做到面面俱到，所以需要链接其他网站，这使得网站和其他资源相互补充自然成为一种需求。⑤站内链：网站域名下的页面之间的互相链接，自己网站的内容链接到自己网站的内部页面，也称为站内链接。

表 3-2　科普网站科技传播能力评价定量指标

一级指标	二级指标
流量	PV
	UV
	人均页面
搜索引擎优化	反链数
	站外链
	站内链
谷歌收录数	—
百度收录数	—
社交网站提及率	—

2. 定性指标

定性指标从内容、形式、用户体验、互动、信息传播和信息影响六个方面综合考量科技传播类网络媒体的影响力（表3-3）。

内容主要涉及科学性、新闻性、通俗性、趣味性、实用性、可信性、原创性、更新速度八个方面。

形式主要从栏目类型和表现形式两方面考量，每个方面都同时考虑其多样性和质量。栏目类型包括：网友交流、前沿信息、新闻、服务信息、专题、科技人物、学术研究、游戏、资料、图片、科普电影或视频、专家观点、科普场馆、知识竞赛、资料下载、游戏或试验、资料检索、网上购物、在线调查等。表现形式包括：文字、图片、动漫、站内搜索、虚拟博物馆、音频、视频、新闻、数据、服务信息、专题、科普推荐、科普资源下载、网上购物、游戏/试验、即时通信、网上直播。

用户体验涉及的方面有：首页设计、页面风格统一、视听效果、站内链接可用、站内搜索效果、栏目导航清晰。

互动包括互动渠道多样性和用户活跃度两个方面。其中，互动渠道包括：评论区、博客、QQ、官方微博、官方微信、电子邮箱、论坛/社区、手机客户端、新闻推送、用户上传、在线调查。

信息传播主要强调信息的传播速度和传播范围。信息传播的二级指标包括用户访问频率、用户转发到社交网站、参与网站讨论、口头传播。

信息影响主要强调科普网站对用户认知、心理和行为的影响。信息影响的二级指标包括：增长科学知识、纠正错误认知、增加对科普网站的关注和兴趣、增强对迷信和伪科学的甄别意识、促使其他人对科普网站感兴趣。

表3-3 科普网站科技传播能力评价定性指标

一级指标	二级指标
内容	科学性
	新闻性（与当下新闻热点相关）
	通俗性
	趣味性
	实用性

续表

一级指标	二级指标
内容	可信性
	原创性
	更新速度
形式	栏目类型（网友交流、前沿信息、新闻、服务信息、专题、科技人物、学术研究、游戏等）
	表现形式（文字、图片、动漫、站内搜索、音频、视频、新闻、数据等）
用户体验	首页设计
	页面风格统一
	视听效果
	站内链接可用
	站内搜索效果
	栏目导航清晰
互动	互动渠道多样性
	用户活跃度
信息传播	用户访问频率
	用户转发到社交网站
	参与网站讨论
	口头传播
信息影响	增长科学知识
	纠正错误认知
	增加对科普网站的关注和兴趣
	增强对迷信和伪科学的甄别意识
	促使其他人对科普网站感兴趣

（三）研究方法

1. 监测

（1）网站流量监测。对63家网站的 PV、UV、反链数、站外链、百度收录数、谷歌收录数、新浪微博和腾讯微博收录数、百度贴吧收录数等量化数据进行监测。

（2）网站内容监测。对63家网站进行内容监测，主要监测指标为栏目类型、表现形式、互动渠道和更新速度。

2. 问卷投放

投放对象为科技类网站用户，非市场调研、科技媒体相关从业者，调查前三个月内没有参加过类似调查的人员。本研究的监测时间为 2014 年 4 月 9 日至 5 月 8 日，共回收有效问卷 4487 份。参与问卷调查的样本人口统计特征具体分布情况如下。在被调查人群中，男性所占比例为 61.4%，女性所占比例为 38.6%，男女比例约为 1.59∶1（图 3-1）。

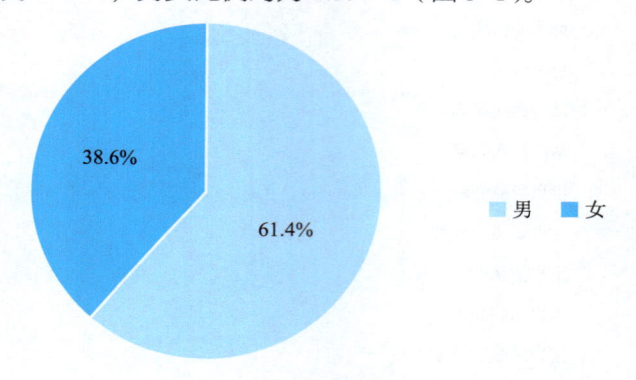

图 3-1 被调查人群性别构成

在被调查人群中，年龄在 20 岁以下、20～29 岁、30～39 岁、40～49 岁、50～59 岁、60 岁及以上的人群所占比例分别为 0.7%、30.1%、48.8%、15.9%、3.6%、0.9%（图 3-2）。

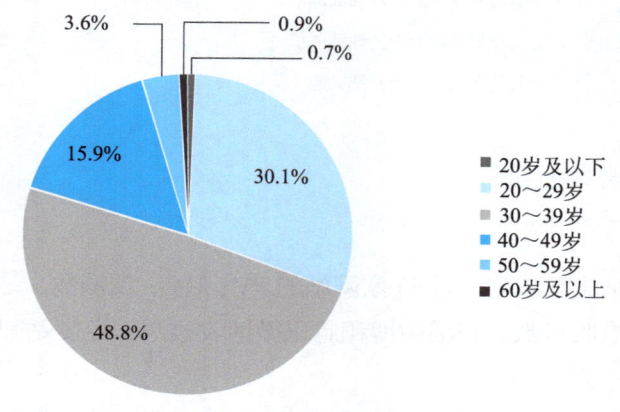

图 3-2 被调查人群年龄段构成

教育程度为初中及以下、高中/中专/职高、大专、本科、硕士及以上的人群所占比例分别为 0.3%、7.1%、15.6%、68.7%、8.3%（图 3-3）。

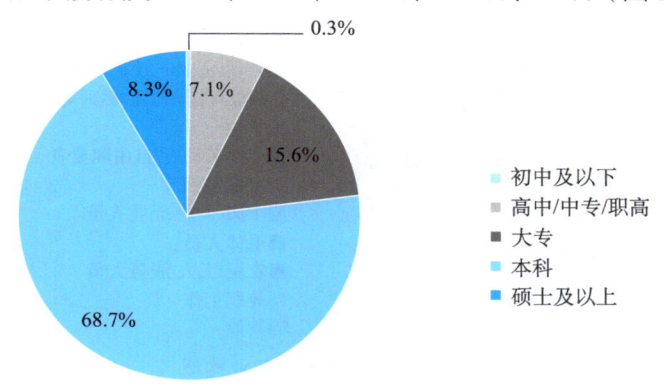

图 3-3　被调查人群教育程度构成

月收入在 1500 元及以下、1500～3000 元、3000～6000 元、6000～8000 元、8000～10 000 元、10 000 元及以上的人群比例分别为 5.0%、14.7%、31.1%、20.9%、17.0%、11.2%（图 3-4）。

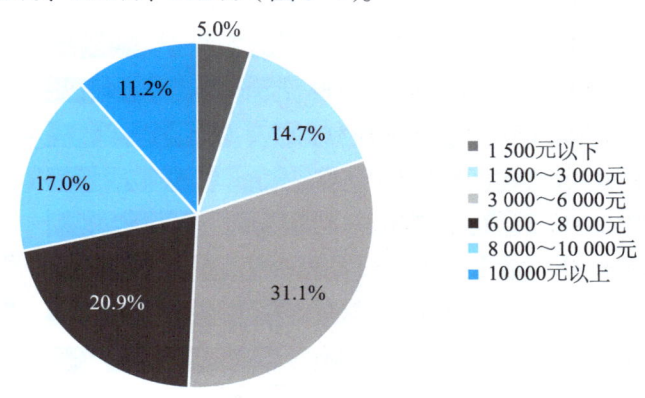

图 3-4　被调查人群月收入构成

职业为公司/企业一般职员/职工的人群所占比例最高，为 34.9%，其他依次是公司/企业领导/管理人员（33.6%）、教学/科研/医生/律师等专业技术人员（13.3%）、机关/事业单位干部/公务员（6.9%）、学生（4.7%）、个体劳动者/自由职业者（1.9%）、退休人员（1.7%）、下岗/失业/无业人员（0.9%）、农民/工人/服务人员（0.7%）、兼职工作（0.7%）、家庭主妇（0.3%）、其他（0.3%）（图 3-5）。

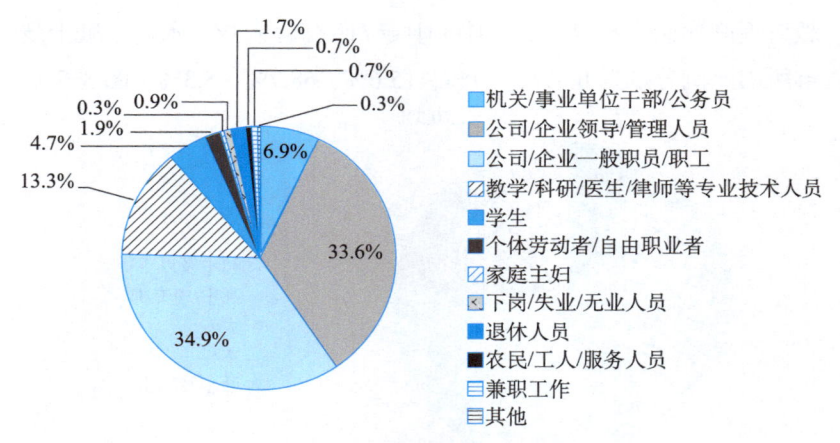

媒介·科技·传播 大众传媒科技传播现状研究

图 3-5 被调查人群职业构成

饼图数据：
- 机关/事业单位干部/公务员：6.9%
- 公司/企业领导/管理人员：33.6%
- 公司/企业一般职员/职工：34.9%
- 教学/科研/医生/律师等专业技术人员：13.3%
- 学生：4.7%
- 个体劳动者/自由职业者：1.9%
- 家庭主妇：0.9%
- 下岗/失业/无业人员：0.3%
- 退休人员：1.7%
- 农民/工人/服务人员：0.7%
- 兼职工作：0.7%
- 其他：0.3%

（四）传播能力分析

对 63 家网站的内容、用户体验、信息传播、信息影响 4 个因素进行打分，满分为 10 分。其他指标如形式、互动的得分来自网站监测，同样是 10 分制，通过监测和问卷反馈得出的结果如图 3-6 所示。

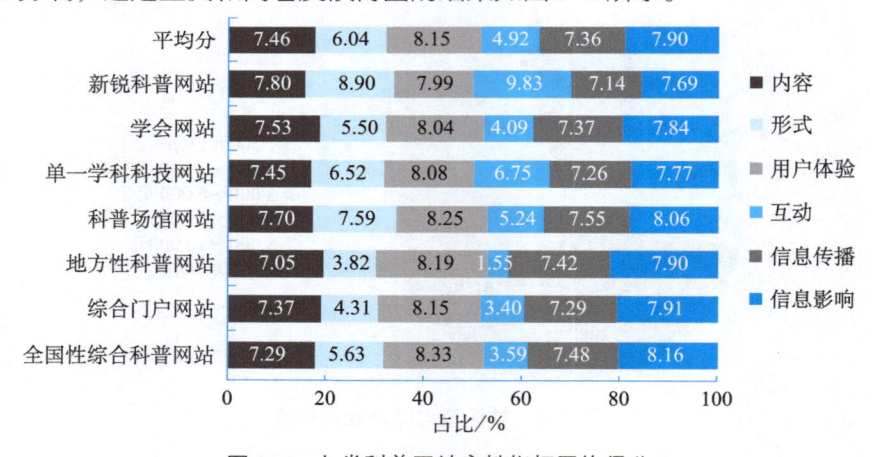

图 3-6 七类科普网站定性指标平均得分

网站类型	内容	形式	用户体验	互动	信息传播	信息影响
平均分	7.46	6.04	8.15	4.92	7.36	7.90
新锐科普网站	7.80	8.90	7.99	9.83	7.14	7.69
学会网站	7.53	5.50	8.04	4.09	7.37	7.84
单一学科科技网站	7.45	6.52	8.08	6.75	7.26	7.77
科普场馆网站	7.70	7.59	8.25	5.24	7.55	8.06
地方性科普网站	7.05	3.82	8.19	1.55	7.42	7.90
综合门户网站	7.37	4.31	8.15	3.40	7.29	7.91
全国性综合科普网站	7.29	5.63	8.33	3.59	7.48	8.16

根据图 3-6 可知，从所有监测的网站总体来看，用户体验因素得分最高，平均分 8.15 分，其次是信息影响（7.90 分）、内容（7.46 分）、信息传播（7.36 分）、形式（6.04 分）。得分最低的是互动因素，仅有 4.92 分。

内容方面，各类网站相差不大，基本为 7～8 分，新锐科普网站略高于其他类别网站。

形式方面，各类网站相差较大，新锐科普网站得分最高（8.9分），其次是科普场馆网站（7.59分），最低的是地方性科普网站（3.82分）和综合门户网站（4.31分）。

用户体验方面，各类网站得分相差不大，最高的是全国性综合科普网站（8.33分），最低的是新锐科普网站（7.99分）。

互动是各类网站相差最大的一项指标，最高分的新锐科普网站高达9.83分，明显高出其他类别网站，最低分的地方性科普网站仅有1.55分，综合门户网站也仅有3.4分。

信息传播方面，各类网站相差不大，最高的是科普场馆网站（7.55分），其次是全国性综合科普网站（7.48分）。

信息影响方面，各类网站相差不大，全国性综合科普网站得分最高（8.16分），其次是科普场馆网站（8.06分）。

1. 全国性综合科普网站科技传播能力分析

（1）内容方面，中国科技网、科学网的得分明显高于全国性综合科普网站的类别平均得分，首都科技网的得分略高于平均值，中国科普博览与平均值基本持平，其他网站的内容方面得分均低于平均值（图3-7）。

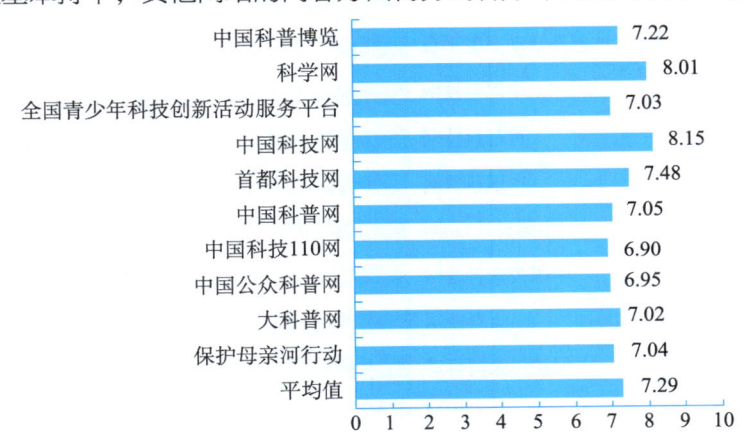

网站	得分
中国科普博览	7.22
科学网	8.01
全国青少年科技创新活动服务平台	7.03
中国科技网	8.15
首都科技网	7.48
中国科普网	7.05
中国科技110网	6.90
中国公众科普网	6.95
大科普网	7.02
保护母亲河行动	7.04
平均值	7.29

图3-7 全国性综合科普网站内容得分

（2）形式方面，全国性综合科普网站得分差距明显，中国科普博览、科学网、中国科普网、全国青少年科技创新活动服务平台、中国科技110网的得分高于平均值，其他网站的形式得分均低于类别平均值（图3-8）。

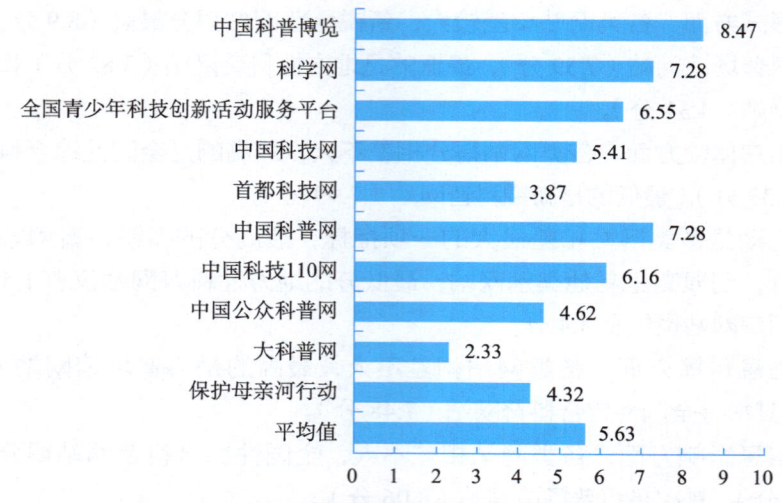

网站	得分
中国科普博览	8.47
科学网	7.28
全国青少年科技创新活动服务平台	6.55
中国科技网	5.41
首都科技网	3.87
中国科普网	7.28
中国科技110网	6.16
中国公众科普网	4.62
大科普网	2.33
保护母亲河行动	4.32
平均值	5.63

图 3-8　全国性综合科普网站形式得分

（3）用户体验方面，全国性综合科普网站之间的差距不明显，首都科技网、中国科普博览、科学网相对较好（图 3-9）。

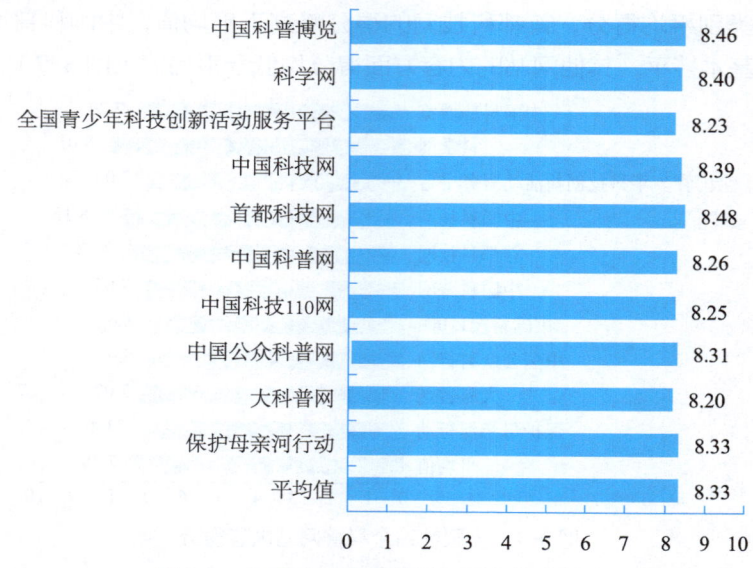

网站	得分
中国科普博览	8.46
科学网	8.40
全国青少年科技创新活动服务平台	8.23
中国科技网	8.39
首都科技网	8.48
中国科普网	8.26
中国科技110网	8.25
中国公众科普网	8.31
大科普网	8.20
保护母亲河行动	8.33
平均值	8.33

图 3-9　全国性综合科普网站用户体验得分

（4）互动方面，各网站得分相距明显，且普遍得分不高，科学网明显高于其他网站（图 3-10）。

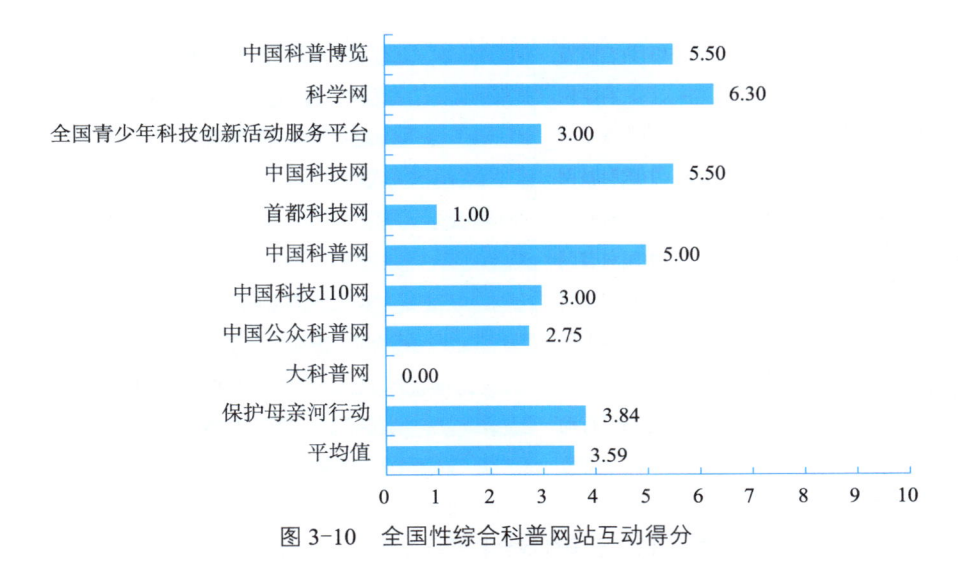

第三章　网络科技传播

网站	得分
中国科普博览	5.50
科学网	6.30
全国青少年科技创新活动服务平台	3.00
中国科技网	5.50
首都科技网	1.00
中国科普网	5.00
中国科技110网	3.00
中国公众科普网	2.75
大科普网	0.00
保护母亲河行动	3.84
平均值	3.59

图 3-10　全国性综合科普网站互动得分

（5）信息传播方面，各网站相差不大，保护母亲河行动、中国科技110网、全国青少年科技创新活动服务平台、首都科技网略高于其他网站（图 3-11）。

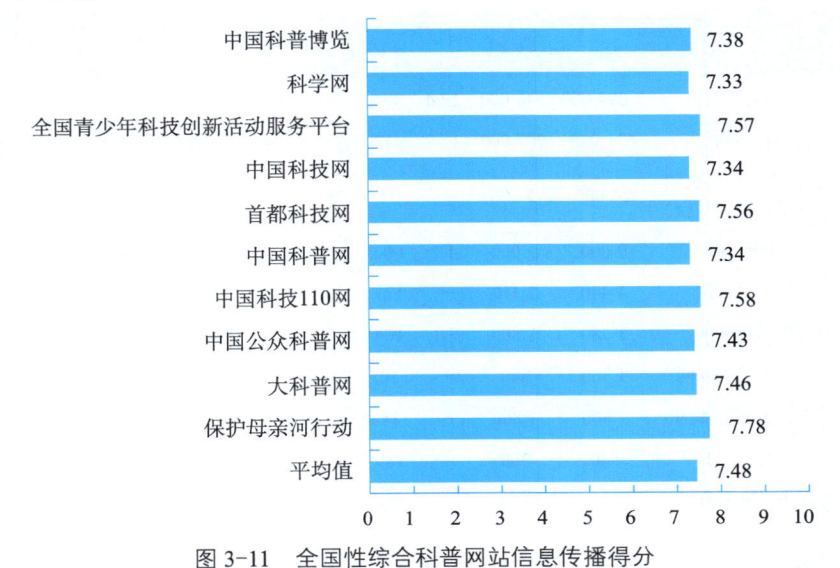

网站	得分
中国科普博览	7.38
科学网	7.33
全国青少年科技创新活动服务平台	7.57
中国科技网	7.34
首都科技网	7.56
中国科普网	7.34
中国科技110网	7.58
中国公众科普网	7.43
大科普网	7.46
保护母亲河行动	7.78
平均值	7.48

图 3-11　全国性综合科普网站信息传播得分

（6）信息影响方面，各网站相差不大，中国科普博览、首都科技网得分高于平均值（图 3-12）。

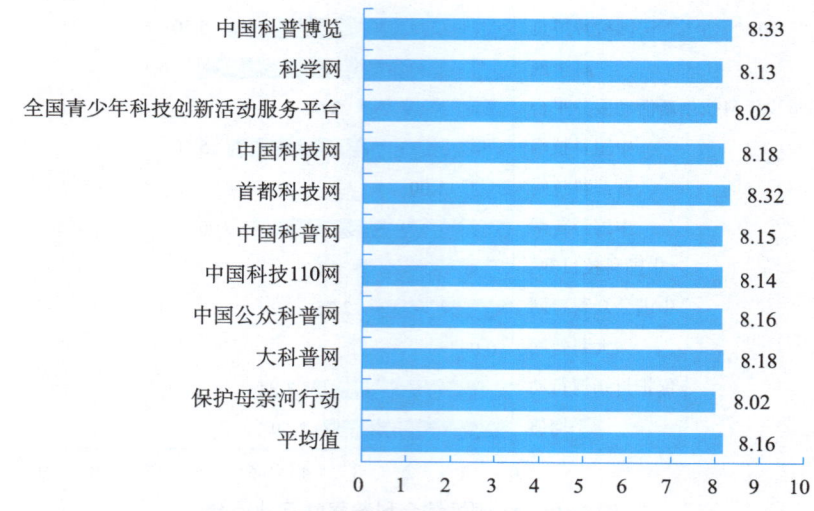

图 3-12 全国性综合科普网站信息影响得分

网站名称	得分
中国科普博览	8.33
科学网	8.13
全国青少年科技创新活动服务平台	8.02
中国科技网	8.18
首都科技网	8.32
中国科普网	8.15
中国科技110网	8.14
中国公众科普网	8.16
大科普网	8.18
保护母亲河行动	8.02
平均值	8.16

（7）定量分析方面，中国科普博览、科学网和中国科技网在全国性综合科普网站中排名较高（表3-4）。

表 3-4 全国性综合科普网站定量指标数据

序号	网站名称	PV	UV	人均页面	反链数	站外链	站内链	百度收录数	谷歌收录数	社交网站提及率
1	中国科普博览	7 098 000	546 000	12.4	374	74	207	122 000	52 700	446
2	科学网	621 000	207 000	1.18	412	15	284	161 000	119 000	45 726
3	全国青少年科技创新活动服务平台	24 000	3 000	—	51	26	244	8 490	17 100	55
4	中国科技网	9 000	9 000	1.2	660	394	12	31 300	61 600	19 264
5	首都科技网	4 440	1 110	—	127	80	336	12 400	53 600	351
6	中国科普网	3 780	1 800	—	104	60	269	7 430	4 840	1 517
7	中国科技110网	3 360	840	—	10	246	494	13 500	6 350	85
8	中国公众科普网	1 800	1 800	—	14	18	62	1 610	67 900	171
9	大科普网	540	360	—	189	4	128	2 130	3 630	134
10	保护母亲河行动	180	180	—	46	57	183	1 340	5 280	234

（8）上网目的方面，公众浏览中国科普博览主要是为了增长知识，而大科普网、保护母亲河行动更偏向兴趣爱好，首都科技网的搜集信息功能更强（图3-13）。

第三章 网络科技传播

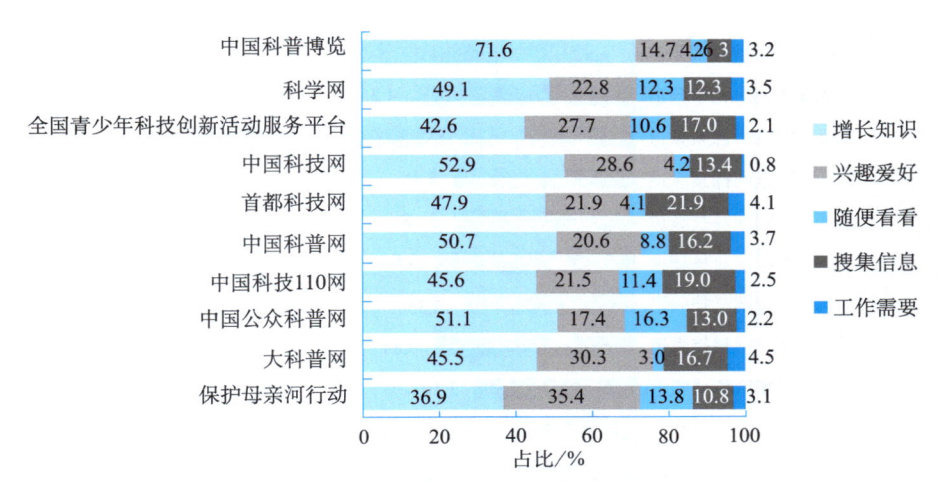

图 3-13 全国性综合科普网站上网目的分析

网站	增长知识	兴趣爱好	随便看看	搜集信息	工作需要
中国科普博览	71.6	14.7	4.2	6.3	3.2
科学网	49.1	22.8	12.3	12.3	3.5
全国青少年科技创新活动服务平台	42.6	27.7	10.6	17.0	2.1
中国科技网	52.9	28.6	4.2	13.4	0.8
首都科技网	47.9	21.9	4.1	21.9	4.1
中国科普网	50.7	20.6	8.8	16.2	3.7
中国科技110网	45.6	21.5	11.4	19.0	2.5
中国公众科普网	51.1	17.4	16.3	13.0	2.2
大科普网	45.5	30.3	3.0	16.7	4.5
保护母亲河行动	36.9	35.4	13.8	10.8	3.1

2. 综合门户网站的科普频道科技传播能力分析

（1）内容方面，光明网科技频道和新华网新华科技优于其他同类网站（图 3-14）。

图 3-14 综合门户网站内容得分

频道	得分
搜狐网科学探索频道	6.79
网易科技-科学频道	7.64
新浪网科学探索频道	7.36
腾讯网探索频道	7.37
光明网科技频道	8.19
中国网科技频道	7.08
新华网科技频道	7.81
南方网科技频道	7.46
中华网科普频道	6.96
中少网科技频道	7.00
平均值	7.37

（2）形式方面，新浪网科学探索频道一枝独秀，搜狐网科学探索频道紧随其后，其他网站大都表现平平（图 3-15）。

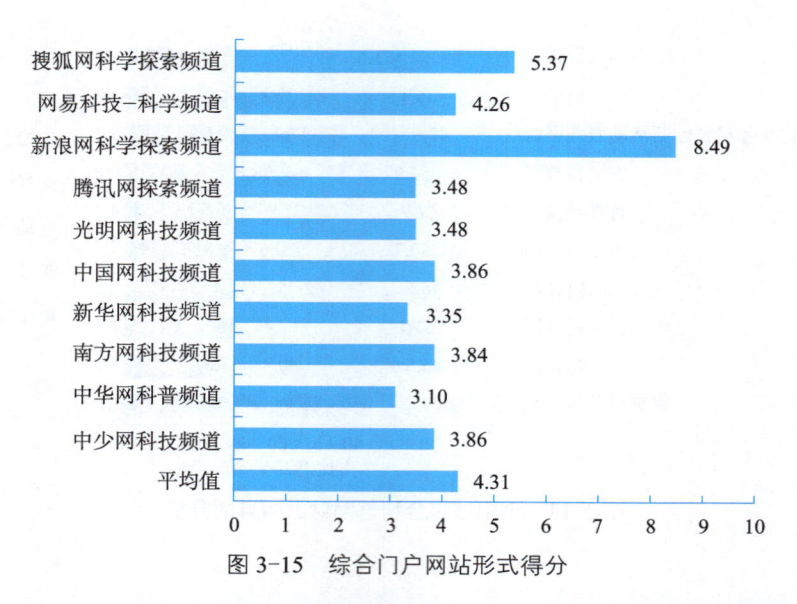

网站	形式得分
搜狐网科学探索频道	5.37
网易科技-科学频道	4.26
新浪网科学探索频道	8.49
腾讯网探索频道	3.48
光明网科技频道	3.48
中国网科技频道	3.86
新华网科技频道	3.35
南方网科技频道	3.84
中华网科普频道	3.10
中少网科技频道	3.86
平均值	4.31

图 3-15 综合门户网站形式得分

（3）用户体验方面，各个网站差距非常小，光明网科技频道略有优势（图 3-16）。

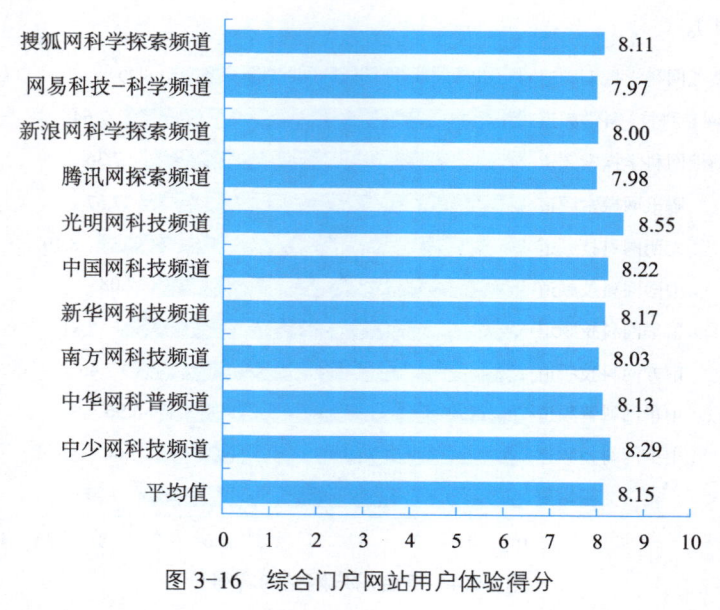

网站	用户体验得分
搜狐网科学探索频道	8.11
网易科技-科学频道	7.97
新浪网科学探索频道	8.00
腾讯网探索频道	7.98
光明网科技频道	8.55
中国网科技频道	8.22
新华网科技频道	8.17
南方网科技频道	8.03
中华网科普频道	8.13
中少网科技频道	8.29
平均值	8.15

图 3-16 综合门户网站用户体验得分

（4）互动方面，各个网站间差距较大，网易科技-科学频道与新浪网科学探索频道得分高于其他网站（图 3-17）。

第三章 网络科技传播

图 3-17 综合门户网站互动得分

网站	得分
搜狐网科学探索频道	3.00
网易科技-科学频道	5.75
新浪网科学探索频道	5.00
腾讯网探索频道	4.50
光明网科技频道	4.50
中国网科技频道	0.00
新华网科技频道	3.75
南方网科技频道	3.00
中华网科普频道	4.50
中少网科技频道	0.00
平均值	3.40

（5）信息传播方面，各个网站得分差距不大，光明网科技频道得分略高于其他网站（图 3-18）。

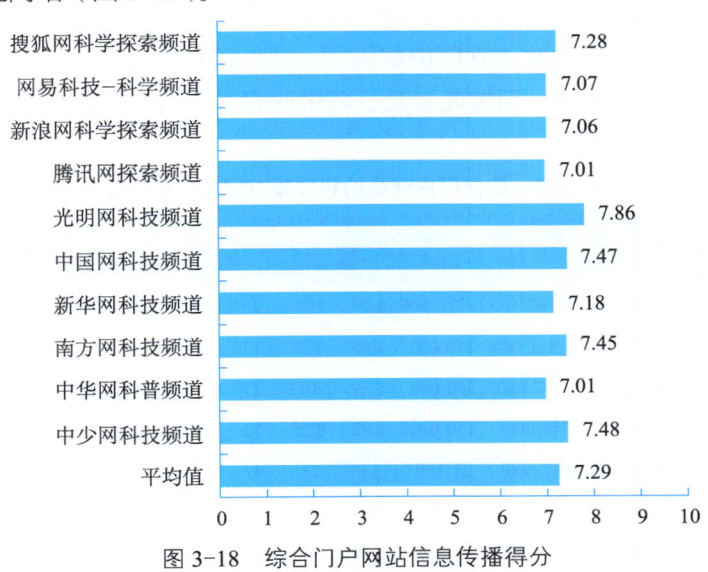

图 3-18 综合门户网站信息传播得分

网站	得分
搜狐网科学探索频道	7.28
网易科技-科学频道	7.07
新浪网科学探索频道	7.06
腾讯网探索频道	7.01
光明网科技频道	7.86
中国网科技频道	7.47
新华网科技频道	7.18
南方网科技频道	7.45
中华网科普频道	7.01
中少网科技频道	7.48
平均值	7.29

（6）信息影响方面，得分相差不大，光明网科技频道、中华网科普频道、中少网科技频道等高于平均值（图 3-19）。

图3-19 综合门户网站信息影响得分

网站	得分
搜狐网科学探索频道	7.91
网易科技-科学频道	7.69
新浪网科学探索频道	7.79
腾讯网探索频道	7.73
光明网科技频道	8.23
中国网科技频道	7.85
新华网科技频道	7.94
南方网科技频道	7.83
中华网科普频道	8.05
中少网科技频道	8.04
平均值	7.91

（7）定量分析方面，搜狐网和网易的PV值显著。众多定量指标中，搜狐网科学探索频道和网易科技-科学频道的PV非常高；搜狐网科学探索频道和新浪网科学探索频道的UV远高于平均值；新华网科技频道和光明网科技频道的人均页面最多；新浪网科学探索频道、中国网科技频道和新华网科技频道的反链数达到四位数级别；站外链总体差别不大，新浪网科学探索频道的站内链、百度收录数、谷歌收录数和社交网站提及率远高于其他网站（表3-5）。

表3-5 综合门户网站的科普频道定量指标数据

序号	网站名称	PV	UV	人均页面	反链数	站外链	站内链	百度收录数	谷歌收录数	社交网站提及率
1	搜狐网科学探索频道	20 167 100	6 722 300	1.67	391	25	235	445 000	225 000	83
2	网易科技-科学频道	11 871 000	170 000	1.65	472	17	451	392 000	258 000	6 188
3	新浪网科学探索频道	2 897 000	482 000	1.59	1 011	23	1 041	1 030 000	749 000	9 539
4	腾讯网探索频道	248 000	120 000	1.93	322	12	394	588 000	201 000	5 954
5	光明网科技频道	147 500	21 100	3.8	17	21	276	48 200	50 900	92
6	中国网科技频道	115 600	28 900	1.07	1 444	13	117	983 000	340 000	539
7	新华网科技频道	68 580	11 430	5.18	1 755	21	422	175 000	17 200	4 784
8	南方网科技频道	25 500	8 500	1.2	7	7	38	6 720	5 830	32
9	中华网科普频道	930	50	3.3	66	2	17	62 700	26 000	5
10	中少网科技频道	120	60	2	25	6	13	6 340	16 600	2

（8）上网目的方面，中国网科技频道和中华网科普频道更适合增长知识，腾讯网探索频道更适合兴趣爱好，光明网科技频道更偏向工作需要（图3-20）。

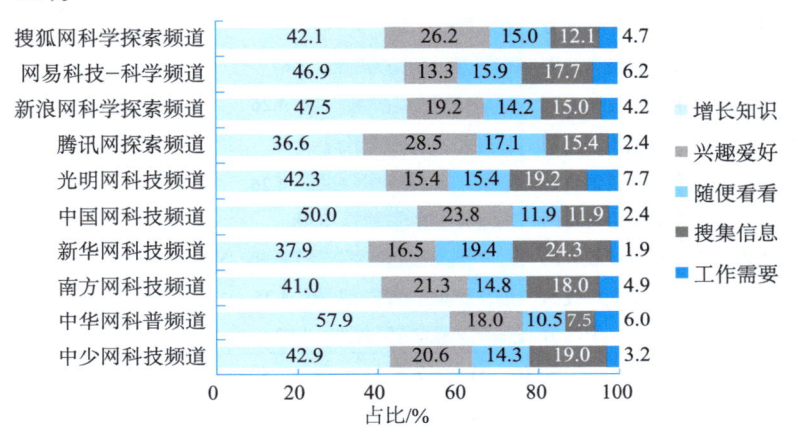

网站	增长知识	兴趣爱好	随便看看	搜集信息	工作需要
搜狐网科学探索频道	42.1	26.2	15.0	12.1	4.7
网易科技-科学频道	46.9	13.3	15.9	17.7	6.2
新浪网科学探索频道	47.5	19.2	14.2	15.0	4.2
腾讯网探索频道	36.6	28.5	17.1	15.4	2.4
光明网科技频道	42.3	15.4	15.4	19.2	7.7
中国网科技频道	50.0	23.8	11.9	11.9	2.4
新华网科技频道	37.9	16.5	19.4	24.3	1.9
南方网科技频道	41.0	21.3	14.8	18.0	4.9
中华网科普频道	57.9	18.0	10.5	7.5	6.0
中少网科技频道	42.9	20.6	14.3	19.0	3.2

图3-20　综合门户网站上网目的分析

3. 地方性科普网站科技传播能力分析

（1）内容方面，大连科技信息网和江苏公众科技网得分高于其他网站（图3-21）。

网站	得分
每日甘肃网科教频道	6.97
即墨科技网	6.45
北京卫生信息网-健康服务	7.05
辽宁科技信息网	6.96
邢台农业信息网	6.84
福建科技网	7.08
大连科技信息网	7.47
张家港科普网	7.26
上海市青少年科技教育网	7.05
江苏公众科技网	7.34
平均值	7.05

图3-21　地方性科普网站内容得分

（2）形式方面，上海市青少年科技教育网得分明显高于其他网站（图

3-22）。

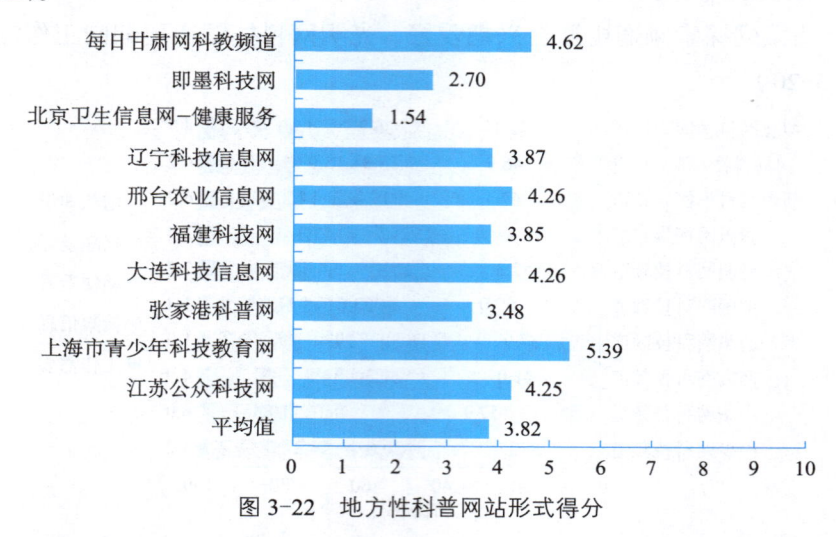

网站	得分
每日甘肃网科教频道	4.62
即墨科技网	2.70
北京卫生信息网-健康服务	1.54
辽宁科技信息网	3.87
邢台农业信息网	4.26
福建科技网	3.85
大连科技信息网	4.26
张家港科普网	3.48
上海市青少年科技教育网	5.39
江苏公众科技网	4.25
平均值	3.82

图 3-22 地方性科普网站形式得分

（3）用户体验方面，总体差别不大，北京卫生信息网-健康服务得分最高（图 3-23）。

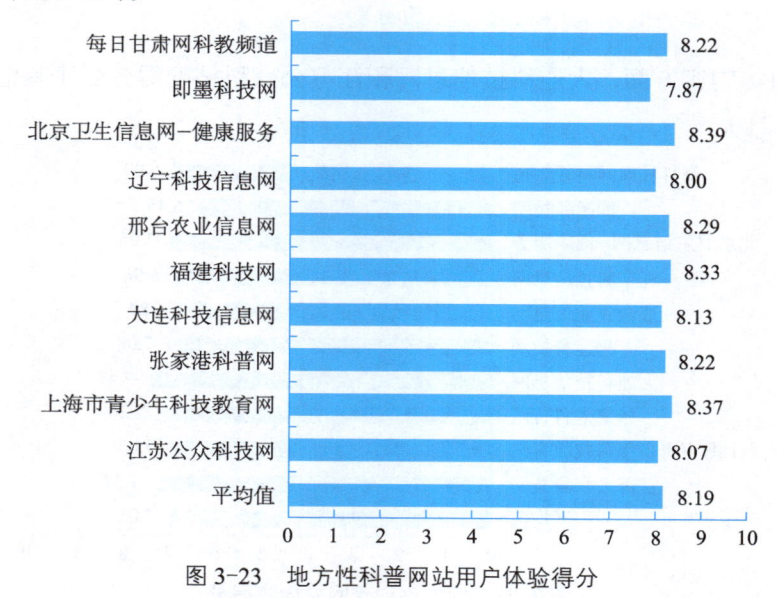

网站	得分
每日甘肃网科教频道	8.22
即墨科技网	7.87
北京卫生信息网-健康服务	8.39
辽宁科技信息网	8.00
邢台农业信息网	8.29
福建科技网	8.33
大连科技信息网	8.13
张家港科普网	8.22
上海市青少年科技教育网	8.37
江苏公众科技网	8.07
平均值	8.19

图 3-23 地方性科普网站用户体验得分

（4）互动方面，大多数网站做得不太理想，没有得分，每日甘肃网科教频道得分最高（图 3-24）。

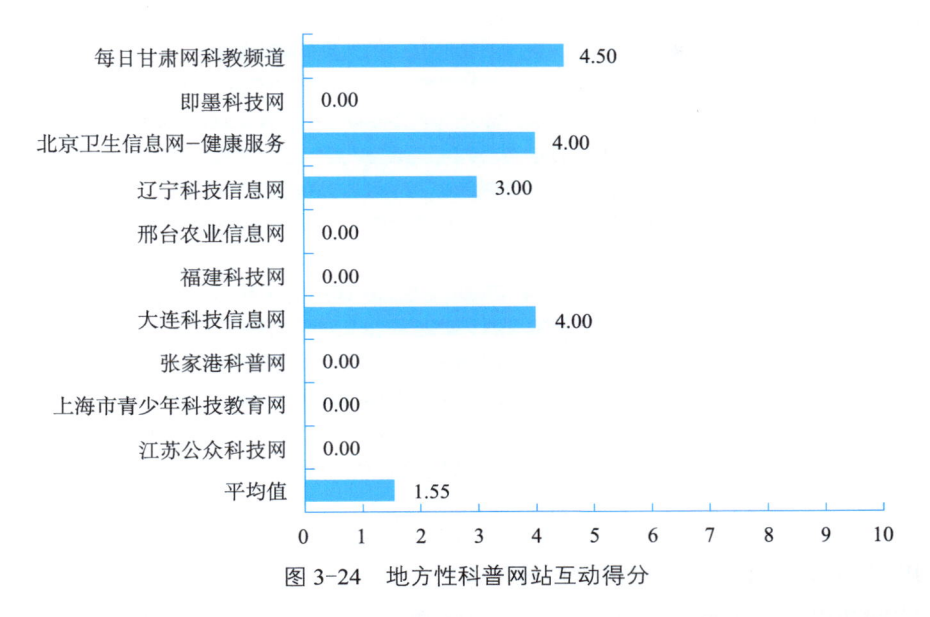

图 3-24 地方性科普网站互动得分

网站	得分
每日甘肃网科教频道	4.50
即墨科技网	0.00
北京卫生信息网-健康服务	4.00
辽宁科技信息网	3.00
邢台农业信息网	0.00
福建科技网	0.00
大连科技信息网	4.00
张家港科普网	0.00
上海市青少年科技教育网	0.00
江苏公众科技网	0.00
平均值	1.55

（5）信息传播方面，各个网站差距不大，北京卫生信息网－健康服务和福建科技网高于其他网站（图3-25）。

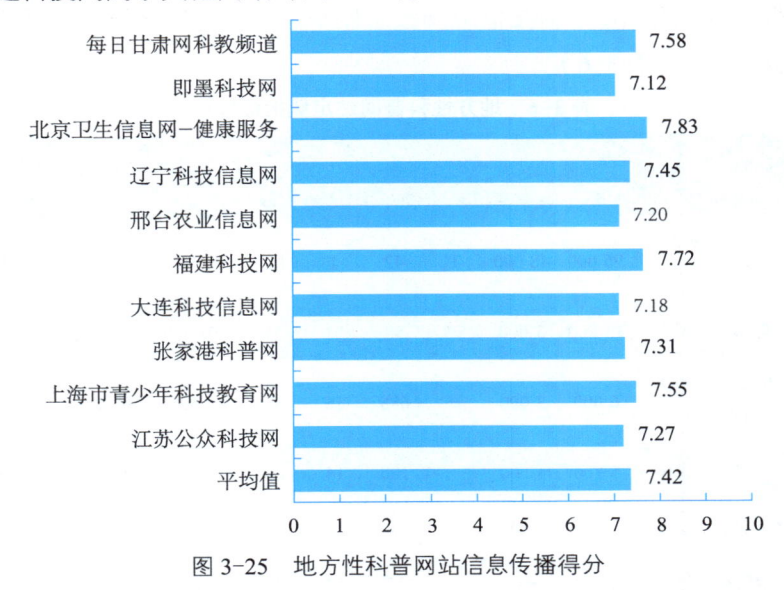

网站	得分
每日甘肃网科教频道	7.58
即墨科技网	7.12
北京卫生信息网-健康服务	7.83
辽宁科技信息网	7.45
邢台农业信息网	7.20
福建科技网	7.72
大连科技信息网	7.18
张家港科普网	7.31
上海市青少年科技教育网	7.55
江苏公众科技网	7.27
平均值	7.42

图 3-25 地方性科普网站信息传播得分

（6）信息影响方面，得分普遍很高，北京卫生信息网－健康服务得分最高（图3-26）。

媒介·科技·传播 大众传媒科技传播现状研究

网站	得分
每日甘肃网科教频道	7.77
即墨科技网	7.36
北京卫生信息网-健康服务	8.26
辽宁科技信息网	7.80
邢台农业信息网	7.85
福建科技网	8.21
大连科技信息网	8.00
张家港科普网	7.86
上海市青少年科技教育网	8.09
江苏公众科技网	7.83
平均值	7.90

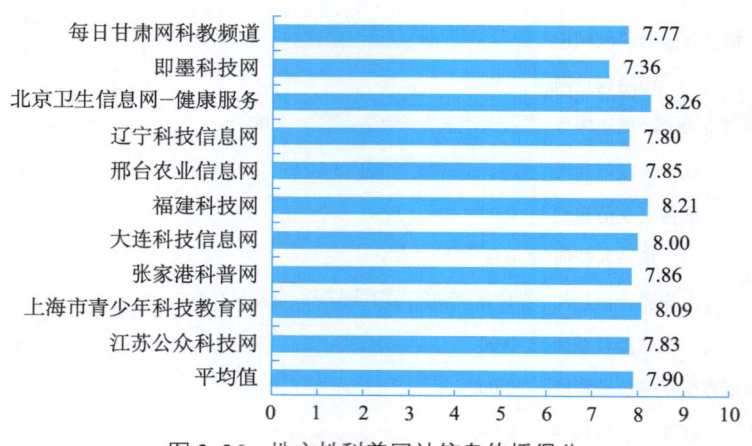

图 3-26 地方性科普网站信息传播得分

（7）定量分析方面，即墨科技网在百度和谷歌收录数上遥遥领先，在PV和UV方面，每日甘肃网科教频道得分最高。人均页面方面，许多网站数据缺失，即墨科技网数值最高。反链数方面，北京卫生信息网-健康服务最多。江苏公众科技网有最多的站外链和站内链。百度和谷歌收录数方面，即墨科技网和辽宁科技信息网数量最多。社交网站提及率则是即墨科技网遥遥领先（表3-6）。

表 3-6 地方性科普网站定量指标数据

序号	网站名称	PV	UV	人均页面	反链数	站外链	站内链	百度收录数	谷歌收录数	社交网站提及率
1	每日甘肃网科教频道	96 000	48 000	1	42	1	165	38 100	64 200	83
2	即墨科技网	15 000	3 000	5.7	58	31	35	150 000	360 000	483
3	北京卫生信息网-健康服务	6 000	3 000	—	688	16	50	19 000	36 300	—
4	辽宁科技信息网	5 700	1 500	—	186	14	112	155 000	111 000	95
5	邢台农业信息网	5 250	2 100	—	5	16	185	445	1 740	8
6	福建科技网	2 730	390	—	55	22	49	690	2 180	173
7	大连科技信息网	2 688	960	—	32	21	98	21 700	23 100	38

续表

序号	网站名称	PV	UV	人均页面	反链数	站外链	站内链	百度收录数	谷歌收录数	社交网站提及率
8	张家港科普网	2 016	960	—	1	33	160	3 770	—	45
9	上海市青少年科技教育网	1 800	600	—	13	24	161	18	—	21
10	江苏公众科技网	900	900	—	94	66	242	23 900	53 500	153

（8）上网目的方面，各地网站上网偏好有所不同。北京卫生信息网-健康服务和上海市青少年科技教育网的知识性更强，可搜集的信息也更丰富。邢台农业信息网更偏向于兴趣爱好。对于江苏公众科技网和即墨科技网，人们大多是随便看看。每日甘肃网科教频道及福建科技网则包含更多人们工作需要的信息（图3-27）。

图3-27 地方性科普网站上网目的分析

4. 科普场馆网站科技传播能力分析

（1）内容方面，得分都为7~8分，北京天文馆和天津自然博物馆得分最高（图3-28）。

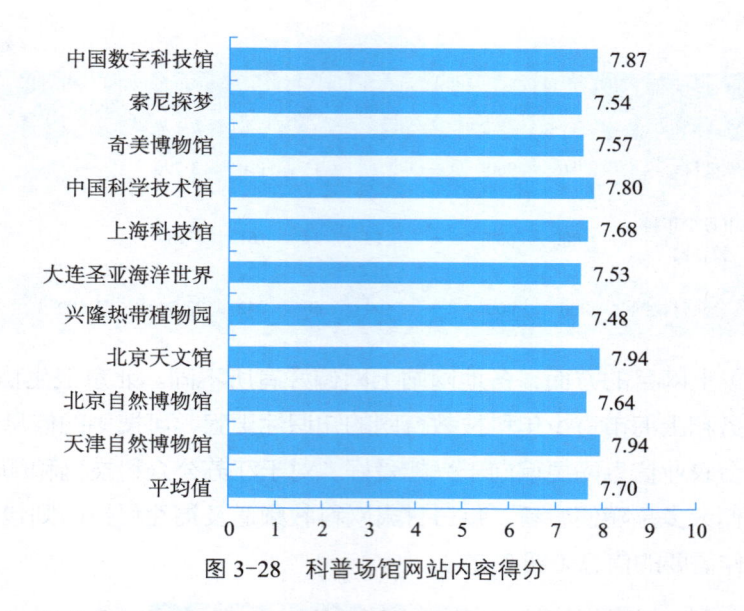

科普场馆	内容得分
中国数字科技馆	7.87
索尼探梦	7.54
奇美博物馆	7.57
中国科学技术馆	7.80
上海科技馆	7.68
大连圣亚海洋世界	7.53
兴隆热带植物园	7.48
北京天文馆	7.94
北京自然博物馆	7.64
天津自然博物馆	7.94
平均值	7.70

图 3-28 科普场馆网站内容得分

（2）形式方面，中国数字科技馆和索尼探梦得分超过其他网站并且接近满分（图 3-29）。

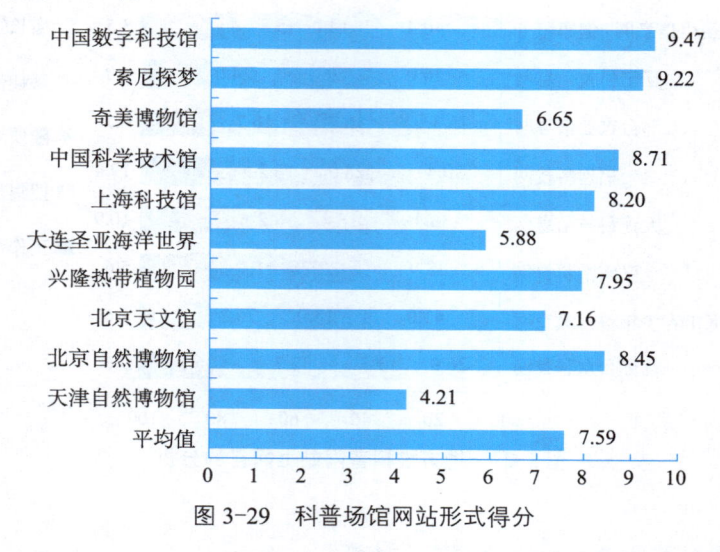

科普场馆	形式得分
中国数字科技馆	9.47
索尼探梦	9.22
奇美博物馆	6.65
中国科学技术馆	8.71
上海科技馆	8.20
大连圣亚海洋世界	5.88
兴隆热带植物园	7.95
北京天文馆	7.16
北京自然博物馆	8.45
天津自然博物馆	4.21
平均值	7.59

图 3-29 科普场馆网站形式得分

（3）用户体验方面，10 家网站得分都很高，北京天文馆和天津自然博物馆得分最高（图 3-30）。

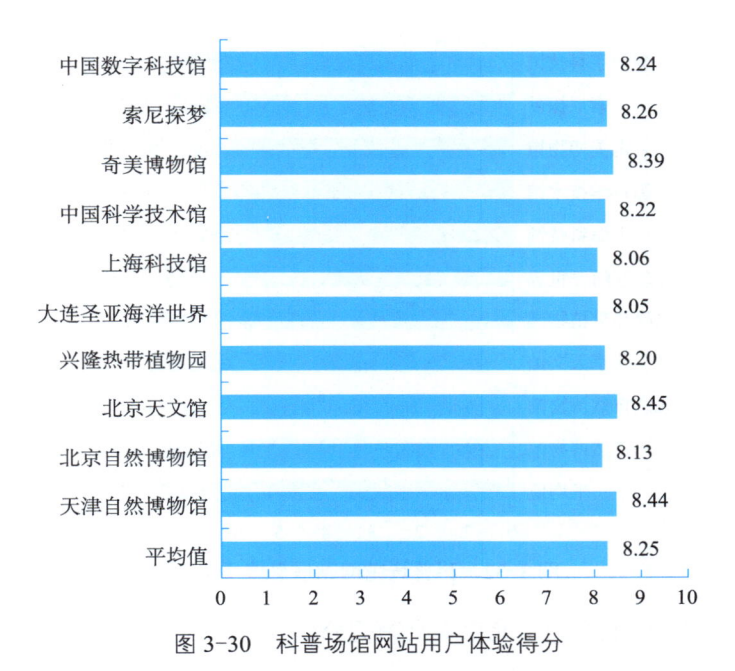

第三章 网络科技传播

科普场馆	得分
中国数字科技馆	8.24
索尼探梦	8.26
奇美博物馆	8.39
中国科学技术馆	8.22
上海科技馆	8.06
大连圣亚海洋世界	8.05
兴隆热带植物园	8.20
北京天文馆	8.45
北京自然博物馆	8.13
天津自然博物馆	8.44
平均值	8.25

图 3-30 科普场馆网站用户体验得分

（4）互动方面，中国数字科技馆得分遥遥领先（图 3-31）。

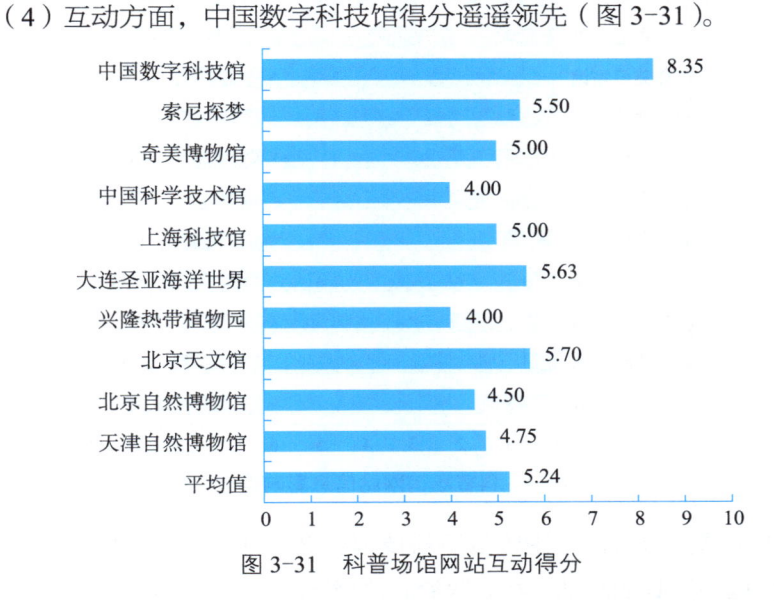

科普场馆	得分
中国数字科技馆	8.35
索尼探梦	5.50
奇美博物馆	5.00
中国科学技术馆	4.00
上海科技馆	5.00
大连圣亚海洋世界	5.63
兴隆热带植物园	4.00
北京天文馆	5.70
北京自然博物馆	4.50
天津自然博物馆	4.75
平均值	5.24

图 3-31 科普场馆网站互动得分

（5）信息传播方面，奇美博物馆得分最高，其次为兴隆热带植物园（图 3-32）。

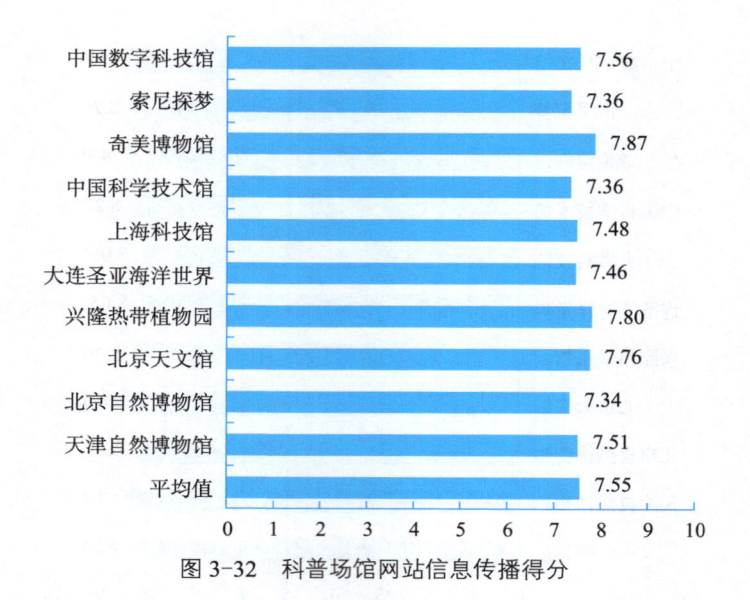

图 3-32 科普场馆网站信息传播得分

场馆	得分
中国数字科技馆	7.56
索尼探梦	7.36
奇美博物馆	7.87
中国科学技术馆	7.36
上海科技馆	7.48
大连圣亚海洋世界	7.46
兴隆热带植物园	7.80
北京天文馆	7.76
北京自然博物馆	7.34
天津自然博物馆	7.51
平均值	7.55

（6）信息影响方面，北京天文馆得分最高（图3-33）。

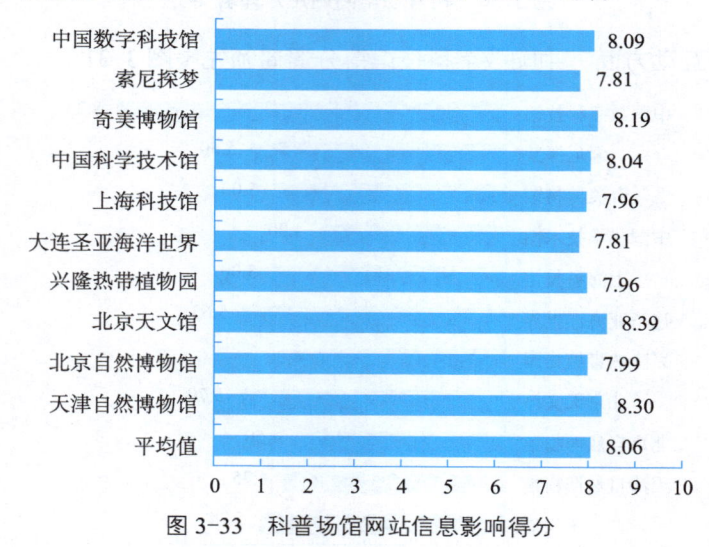

图 3-33 科普场馆网站信息影响得分

场馆	得分
中国数字科技馆	8.09
索尼探梦	7.81
奇美博物馆	8.19
中国科学技术馆	8.04
上海科技馆	7.96
大连圣亚海洋世界	7.81
兴隆热带植物园	7.96
北京天文馆	8.39
北京自然博物馆	7.99
天津自然博物馆	8.30
平均值	8.06

（7）定量分析方面，中国数字科技馆的PV、UV、百度收录数、谷歌收录数都远高于其他网站；索尼探梦的社交网站提及率最高，达到了40多万（表3-7）。

表 3-7　科普场馆网站定量指标数据

序号	网站名称	PV	UV	人均页面	反链数	站外链	站内链	百度收录数	谷歌收录数	社交网站提及率
1	中国数字科技馆	5 400 000	450 000	12.4	210	3	348	227 000	399 000	342
2	索尼探梦	204 000	51 000	3.6	753	2	13	18 300	12 400	409 268
3	奇美博物馆	8 640	2 700	2.7	210	3	348	107	1 900	296
4	中国科学技术馆	8 100	2 700	3	93	—	—	127	117	1 392
5	上海科技馆	6 300	2 100	2.8	35	—	—	4 380	16 400	17 754
6	大连圣亚海洋世界	5 460	780	7	18	2	13	177	168	25 352
7	兴隆热带植物园	4 500	90	50	8	—	—	410	1 100	2 493
8	北京天文馆	3 863	1 380	2.9	71	11	50	726	3 680	84 631
9	北京自然博物馆	3 150	2 100	1.3	58	11	93	4 820	2 150	16 306
10	天津自然博物馆	960	480	2	0	2	1	1	—	12 298

（8）上网目的方面，10家网站都更偏向增长知识和兴趣爱好，天津自然博物馆的知识性和可搜集信息量最大（图3-34）。

网站	增长知识	兴趣爱好	随便看看	搜集信息	工作需要
中国数字科技馆	46.0	15.9	15.9	19.0	3.2
索尼探梦	48.8	23.3	9.3	11.6	7.0
奇美博物馆	41.3	21.7	19.6	15.2	2.2
中国科学技术馆	45.5	20.2	8.1	19.2	7.1
上海科技馆	41.3	20.0	12.0	20.0	6.7
大连圣亚海洋世界	30.0	25.0	22.5	17.5	5.0
兴隆热带植物园	35.7	23.8	21.4	16.7	2.4
北京天文馆	47.2	27.8	11.1	12.5	1.4
北京自然博物馆	40.0	23.5	12.9	20.0	3.5
天津自然博物馆	56.9	5.9	9.8	25.5	2.0

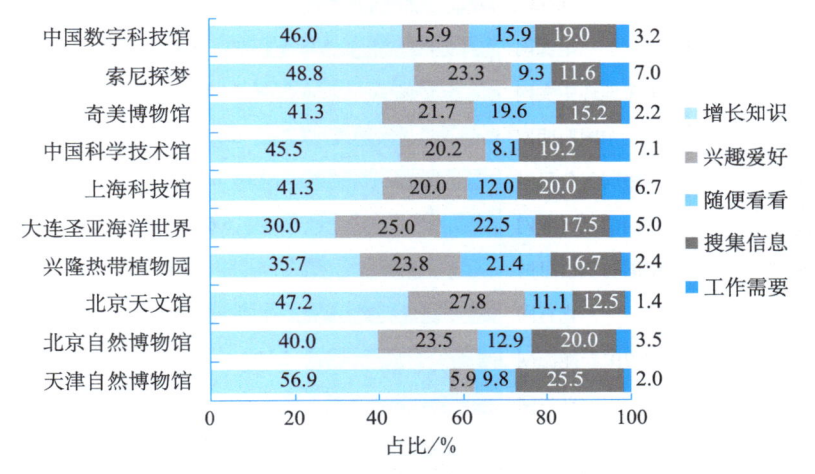

图 3-34　科普场馆网站上网目的分析

5. 单一学科科技网站科技传播能力分析

（1）内容方面，中国照明网得分最高，其次为中国国家地理中文网（图3-35）。

网站	内容得分
天气在线	6.97
电源网	7.67
中国国家地理中文网	7.71
中国照明网	7.82
中国气象局网	7.48
中国信息产业网	7.57
中国纺织信息网	7.46
化石网	7.43
中国新能源网	6.82
中国兴农网	7.60
平均值	7.45

图 3-35　单一学科科技网站内容得分

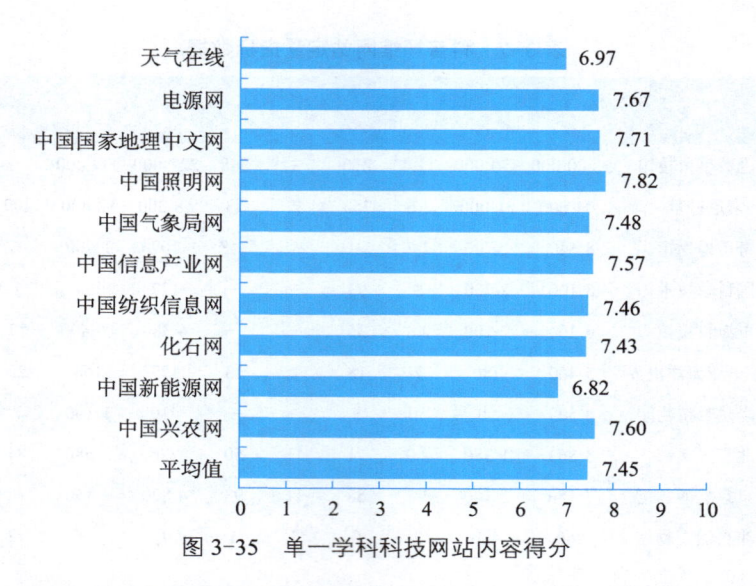

（2）形式方面，化石网得分最高，超过平均值很多（图 3-36）。

网站	形式得分
天气在线	5.13
电源网	7.42
中国国家地理中文网	6.38
中国照明网	6.38
中国气象局网	6.91
中国信息产业网	6.65
中国纺织信息网	7.41
化石网	7.68
中国新能源网	5.11
中国兴农网	6.15
平均值	6.52

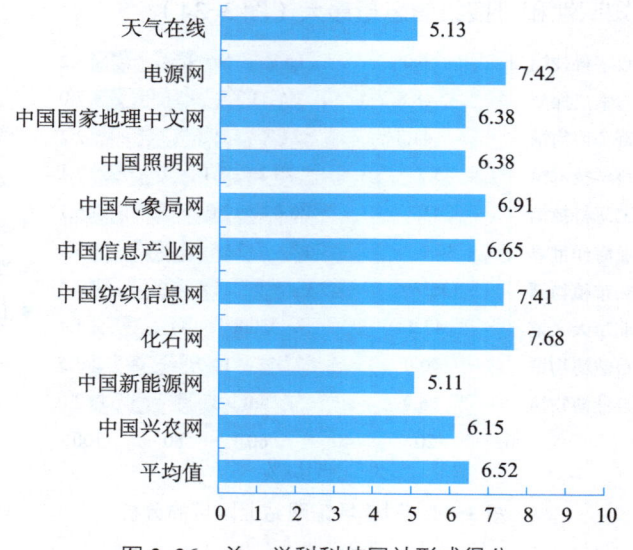

图 3-36　单一学科科技网站形式得分

（3）用户体验方面，10 家网站得分普遍很高，电源网和中国国家地理中文网得分最高（图 3-37）。

网站	用户体验得分
天气在线	8.02
电源网	8.29
中国国家地理中文网	8.24
中国照明网	8.19
中国气象局网	7.85
中国信息产业网	8.07
中国纺织信息网	8.05
化石网	7.96
中国新能源网	8.06
中国兴农网	8.09
平均值	8.08

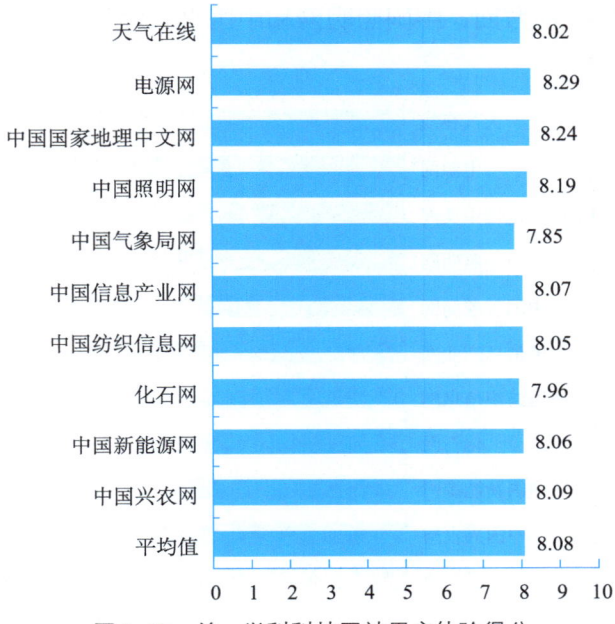

图 3-37 单一学科科技网站用户体验得分

（4）互动方面，电源网得分明显超过其他同类网站（图3-38）。

网站	互动得分
天气在线	5.50
电源网	8.50
中国国家地理中文网	8.00
中国照明网	8.00
中国气象局网	6.00
中国信息产业网	8.00
中国纺织信息网	7.00
化石网	5.50
中国新能源网	4.50
中国兴农网	6.50
平均值	6.75

图 3-38 单一学科科技网站互动得分

（5）信息传播方面，中国照明网和中国兴农网得分领先于其他网站（图3-39）。

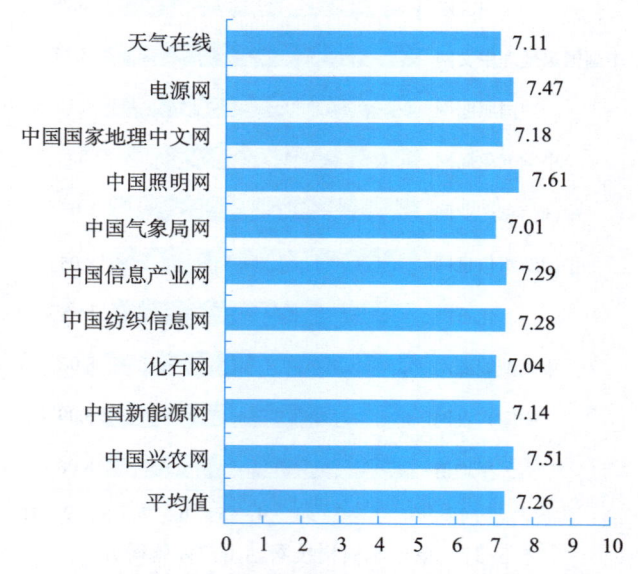

网站	得分
天气在线	7.11
电源网	7.47
中国国家地理中文网	7.18
中国照明网	7.61
中国气象局网	7.01
中国信息产业网	7.29
中国纺织信息网	7.28
化石网	7.04
中国新能源网	7.14
中国兴农网	7.51
平均值	7.26

图 3-39　单一学科科技网站信息传播得分

（6）信息影响方面，只有电源网得分超过 8 分（图 3-40）。

网站	得分
天气在线	7.50
电源网	8.12
中国国家地理中文网	7.97
中国照明网	7.97
中国气象局网	7.33
中国信息产业网	7.69
中国纺织信息网	7.57
化石网	7.80
中国新能源网	7.88
中国兴农网	7.90
平均值	7.77

图 3-40　单一学科科技网站信息影响得分

（7）定量分析方面，PV 和 UV 方面，天气在线最高；中国信息产业网的社交网站提及率超过其余网站很多（表 3-8）。

表 3-8 单一学科科技网站定量指标数据

序号	网站名称	PV	UV	人均页面	反链数	站外链	站内链	百度收录数	谷歌收录数	社交网站提及率
1	天气在线	210 000	105 000	2.1	1 628	2	169	71 000	507 000	188
2	电源网	378 000	21 000	35	817	159	434	96 600	282 000	337
3	中国国家地理中文网	144 000	48 000	3	859	47	195	174	10	205
4	中国照明网	108 000	36 000	3	533	90	554	207 000	291 000	544
5	中国气象局网	54 000	27 000	2	2 384	22	389	495 000	82 700	323
6	中国信息产业网	39 000	30 000	1.3	749	7	429	410 000	394 000	1 130
7	中国纺织信息网	27 000	9 000	3	334	14	589	1	1	91
8	化石网	15 000	3 000	5	42	10	151	6 680	99 400	161
9	中国新能源网	15 000	3 000	10	308	15	303	80 500	333 000	528
10	中国兴农网	12 000	6 000	2	304	8	248	12 000	7 380	58

（8）上网目的方面，中国国家地理中文网最能够增长知识，中国纺织信息网则包含更多工作需要的信息（图 3-41）。

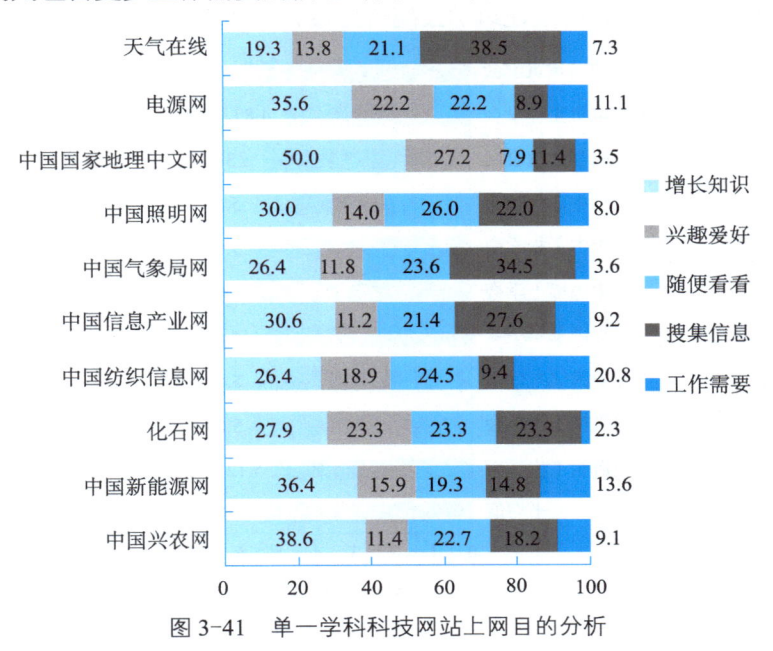

网站	增长知识	兴趣爱好	随便看看	搜集信息	工作需要
天气在线	19.3	13.8	21.1	38.5	7.3
电源网	35.6	22.2	22.2	8.9	11.1
中国国家地理中文网	50.0	27.2	7.9	11.4	3.5
中国照明网	30.0	14.0	26.0	22.0	8.0
中国气象局网	26.4	11.8	23.6	34.5	3.6
中国信息产业网	30.6	11.2	21.4	27.6	9.2
中国纺织信息网	26.4	18.9	24.5	9.4	20.8
化石网	27.9	23.3	23.3	23.3	2.3
中国新能源网	36.4	15.9	19.3	14.8	13.6
中国兴农网	38.6	11.4	22.7	18.2	9.1

图 3-41 单一学科科技网站上网目的分析

6. 学会网站科技传播能力分析

（1）内容方面，中国电机工程学会网得分最高，接近8分（图3-42）。

学会	得分
中国建筑学会	7.31
中国电机工程学会	7.84
中国计算机学会信息网	7.62
中华医学会	7.59
中国土木工程学会	7.37
中国稀土学会	7.68
中国金属学会	7.61
中国航空学会	7.61
中国机械工程学会	7.57
中国造船工程学会	7.10
平均值	7.53

图3-42　学会网站内容得分

（2）形式方面，中国建筑学会网得分最高（图3-43）。

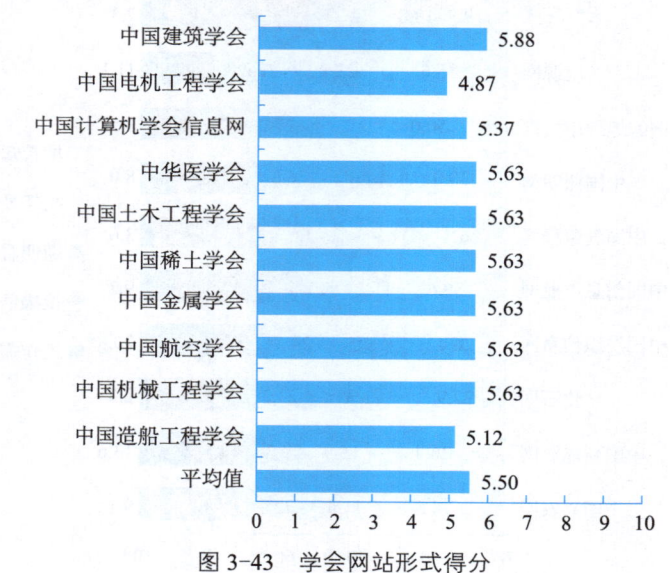

学会	得分
中国建筑学会	5.88
中国电机工程学会	4.87
中国计算机学会信息网	5.37
中华医学会	5.63
中国土木工程学会	5.63
中国稀土学会	5.63
中国金属学会	5.63
中国航空学会	5.63
中国机械工程学会	5.63
中国造船工程学会	5.12
平均值	5.50

图3-43　学会网站形式得分

（3）用户体验方面，10家网站总体差距不大，其中中国电机工程学会网得分最高（图3-44）。

学会	得分
中国建筑学会	7.77
中国电机工程学会	8.28
中国计算机学会信息网	8.07
中华医学会	8.03
中国土木工程学会	7.87
中国稀土学会	8.16
中国金属学会	8.14
中国航空学会	8.19
中国机械工程学会	7.88
中国造船工程学会	8.03
平均值	8.04

图 3-44　学会网站用户体验得分

（4）互动方面，中国建筑学会网、中国电机工程学会网和中国计算机学会信息网超过平均值（图3-45）。

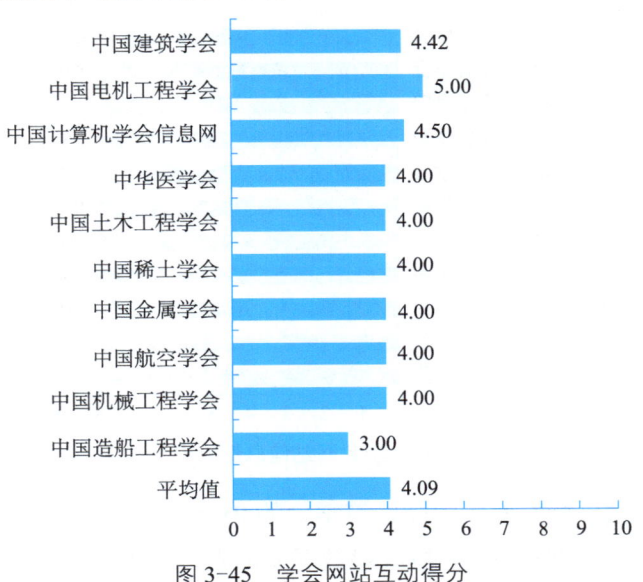

学会	得分
中国建筑学会	4.42
中国电机工程学会	5.00
中国计算机学会信息网	4.50
中华医学会	4.00
中国土木工程学会	4.00
中国稀土学会	4.00
中国金属学会	4.00
中国航空学会	4.00
中国机械工程学会	4.00
中国造船工程学会	3.00
平均值	4.09

图 3-45　学会网站互动得分

（5）信息传播方面，10家网站得分都为7~8分，中国稀土学会网得分最高（图3-46）。

学会	得分
中国建筑学会	7.05
中国电机工程学会	7.68
中国计算机学会信息网	7.42
中华医学会	7.02
中国土木工程学会	7.19
中国稀土学会	7.77
中国金属学会	7.37
中国航空学会	7.42
中国机械工程学会	7.13
中国造船工程学会	7.64
平均值	7.37

图3-46　学会网站信息传播得分

（6）信息影响方面，中国稀土学会、中国电机工程学会、中国航空学会、中华医学会得分超过类别均值（图3-47）。

学会	得分
中国建筑学会	7.38
中国电机工程学会	8.00
中国计算机学会信息网	7.78
中华医学会	7.94
中国土木工程学会	7.72
中国稀土学会	8.05
中国金属学会	7.86
中国航空学会	7.95
中国机械工程学会	7.85
中国造船工程学会	7.91
平均值	7.84

图3-47　学会网站信息影响得分

（7）定量分析方面，中国建筑学会的PV和UV最高，中国计算机学会信息网的百度收录数、谷歌收录数遥遥领先，中华医学会的社交网站提及率超过其他网站的总和（表3-9）。

表 3-9 学会网站定量指标数据

序号	网站名称	PV	UV	人均页面	反链数	站外链	站内链	百度收录数	谷歌收录数	社交网站提及率
1	中国建筑学会	135 000	27 000	3.5	218	34	308	15 200	28 500	608
2	中国电机工程学会	48 000	24 000	2.4	65	66	129	6 490	14 900	121
3	中国计算机学会信息网	30 000	6 000	1.8	76	11	272	8 800	139 000	191
4	中华医学会	18 000	6 000	1.6	1 658	37	159	4 440	4 930	72 955
5	中国土木工程学会	9 240	1 320	4.3	163	27	149	3 530	5 500	370
6	中国稀土学会	9 000	9 000	1	19	8	66	133	3 600	66
7	中国金属学会	6 000	6 000	1.1	140	2	145	18 500	12 500	26
8	中国航空学会	6 000	6 000	1.1	47	—	1	6 700	46 000	271
9	中国机械工程学会	6 000	6 000	1	156	15	223	5 000	7 390	124
10	中国造船工程学会	3 000	3 000	1	26	7	102	2 450	1 740	27

（8）上网目的方面，中华医学会和中国土木工程学会网的知识性更强，中国机械工程学会网包含更多与工作有关的信息（图3-48）。

图 3-48 学会网站上网目的分析

7. 新锐科普网站科技传播能力分析

（1）内容方面，果壳网和互动百科得分高于蝌蚪五线谱（图3-49）。

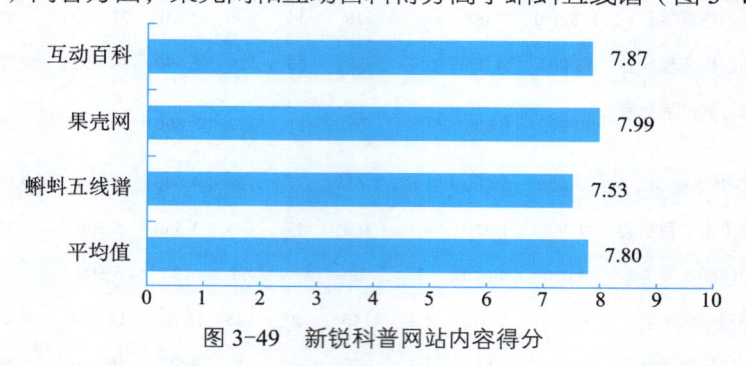

网站	得分
互动百科	7.87
果壳网	7.99
蝌蚪五线谱	7.53
平均值	7.80

图3-49 新锐科普网站内容得分

（2）形式方面，互动百科分数超过9分，遥遥领先（图3-50）。

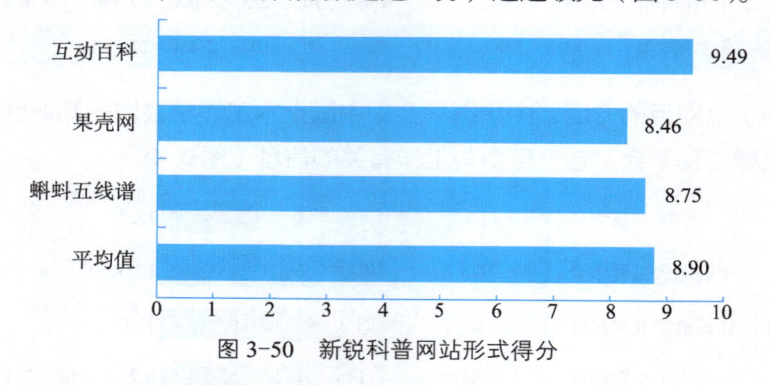

网站	得分
互动百科	9.49
果壳网	8.46
蝌蚪五线谱	8.75
平均值	8.90

图3-50 新锐科普网站形式得分

（3）用户体验方面，蝌蚪五线谱得分最高（图3-51）。

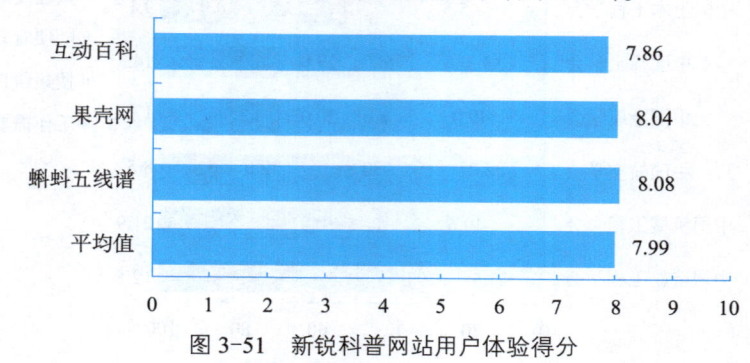

网站	得分
互动百科	7.86
果壳网	8.04
蝌蚪五线谱	8.08
平均值	7.99

图3-51 新锐科普网站用户体验得分

第三章　网络科技传播

（4）互动方面，互动百科和果壳网得到了接近满分的9.8分（图3-52）。

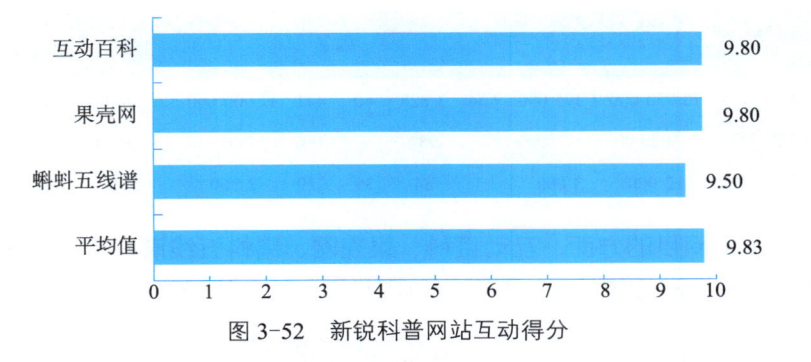

网站	得分
互动百科	9.80
果壳网	9.80
蝌蚪五线谱	9.50
平均值	9.83

图3-52　新锐科普网站互动得分

（5）信息传播方面，三个网站相差不大，蝌蚪五线谱得分最高（图3-53）。

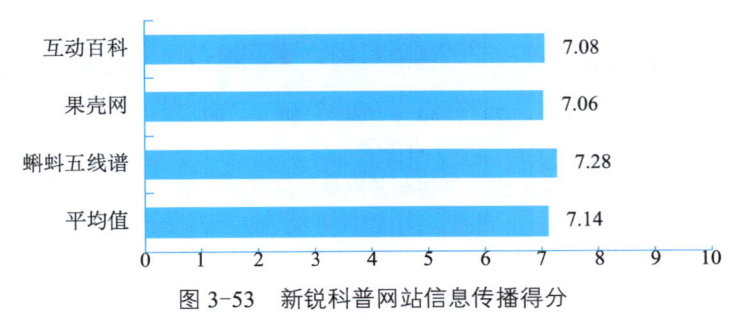

网站	得分
互动百科	7.08
果壳网	7.06
蝌蚪五线谱	7.28
平均值	7.14

图3-53　新锐科普网站信息传播得分

（6）信息影响方面，三家网站得分非常接近（图3-54）。

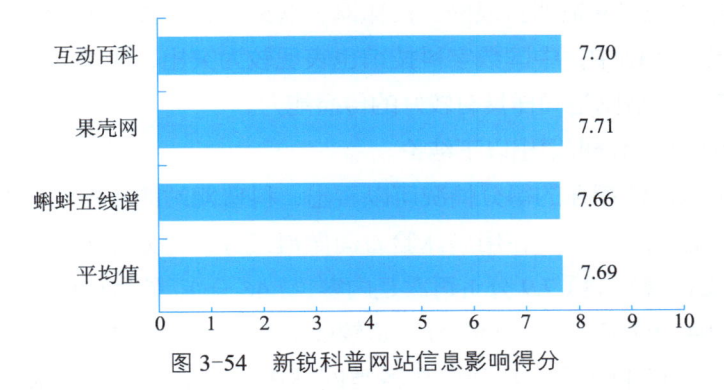

网站	得分
互动百科	7.70
果壳网	7.71
蝌蚪五线谱	7.66
平均值	7.69

图3-54　新锐科普网站信息影响得分

（7）定量分析方面，互动百科的PV、UV及百度收录数、谷歌收录数最多；果壳网的社交网站提及率最高（表3-10）。

表 3-10　新锐科普网站定量指标数据

序号	网站名称	PV	UV	人均页面	反链数	站外链	站内链	百度收录数	谷歌收录数	社交网站提及率
1	互动百科	73 950 000	7 395 000	7.54	3 828	40	441	37 900 000	12 300 000	683 777
2	果壳网	4 302 000	717 000	6	952	0	166	10 700 000	3 950 000	874 259
3	蝌蚪五线谱	12 000	3 000	1.1	84	39	219	2 360	4 560	24 871

（8）上网目的方面，互动百科、果壳网、蝌蚪五线谱三个网站都更偏向于兴趣爱好和搜集信息，互动百科增长知识的功能最强（图 3-55）。

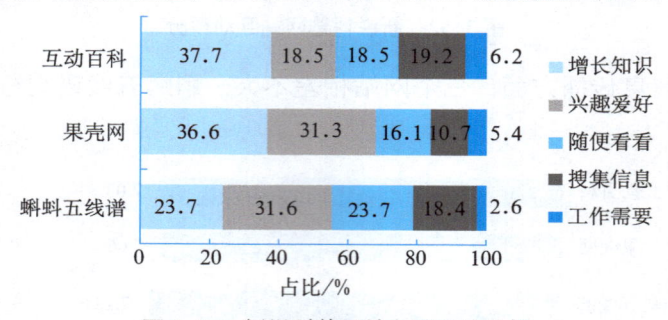

图 3-55　新锐科普网站上网目的分析

（五）结论

综合所有量化指标结果来看，新锐科普网站互动百科和果壳网，及几个大型综合门户网站如新浪网、搜狐网、网易等的科技传播能力较强。而在科普场馆网站中，中国数字科技馆也表现较为突出，中国科普博览作为全国性综合科普网站同样具有较好的传播能力。

从定性指标分析得出以下结论。

（1）从定性指标的得分情况可以看出，科普网站的传播能力总体上来说处于中等以上水平。在用户体验方面做得最好，得分最高，平均分 8.15 分；其次是信息影响（7.9 分）；再次是内容（7.46 分）、信息传播（7.36 分）；形式（6.04 分）和互动（4.92 分）是较弱的两方面。尤其是互动指标的分数很低，只有 4.92 分。互动也是各类网站相差最大的指标，最高分是新锐科普网站（9.83 分），最低分是科普场馆网站（1.55 分），说明网站在这方面的差异巨大。形式方面，各类别相差也较大，新锐科普网站得分最高

（8.9分），其次是科普场馆网站（7.59分），最低的是地方性科普网站（3.82分）和综合门户网站（4.31分）。其他指标，各类网站相差不大，总体得分也较高。

（2）综合对比各类型科普网站，表现较好的有三类网站。新锐科普网站在内容、形式、互动方面均领先于其他类型网站，全国性综合科普网站在用户体验和信息影响方面得分最高，在信息传播方面仅次于科普场馆网站。科普场馆网站在信息传播方面优于其他类型网站，在内容、形式、用户体验、信息影响方面均位列第二。

（3）对比定量和定性指标数据，可以发现综合门户网站虽然在定量指标上名列前茅，但定性指标分数表现并不好，除了用户体验和信息影响基本与平均分持平外，其他指标均低于平均值。定量指标高主要是依靠门户网站自身的综合传播能力的优势带动了科技频道的传播。

总而言之，通过对我国在科技传播方面具有代表性和决定性作用的科普网站的研究，可以看到在中国互联网发展如此迅速的情况下，互联网科技传播能力还有待提高。从数量上看，科普网站的数量在总的网站数中所占的比例约为0.02%，比例极低；从网站自身建设来看，无论是在内容、形式方面，还是在互动方面都需要加强；而从传播效果来看，科普网站的点击率大都较低，与期望能够达到的科技传播效果还存在一定的差距。

三、网络科技传播之主要症结

互联网发展虽然极其迅猛，但利用互联网进行科技传播还存在许多较为明显的问题。

（一）网络科普原创作品较少

在我国，互联网上的科普信息原创少，从而导致内容雷同，缺乏特色。大多数的科普网站或网站上的科普栏目多以科技活动新闻、活动通知为主，而涉及行业动态、学术交流等有关学科领域的知识性内容较少。学科、行业、地域特色鲜明的网站数量非常有限，受众很难从这些网站系统地获取相关的科普知识。

（二）信息更新慢

我们在对科普网站进行监测的过程中，发现有些网站可能一年前甚至几个月前的 PV、UV 还比较高，但是突然网站不再更新维护，变成了"僵尸"网站，如健康世界、北京科技报网络版、中青网大百科、宜兴科普之窗等，它们分别在各自所属类别中排名靠前，但是截至我们对网站进行监测时，或者已经用作他途，或者早已不再更新。

即便是一些流量很高的科普网站仍然存在更新速度较慢的缺点，我们监测的网站更新频率从几天到几个月不等。除了新闻板块外，其他常规板块很少更新，即便是新闻板块，能几天更新一次已属不易。这完全不符合互联网的传播特点。互联网可以在最短的时间内将最新的科研成果和科技信息传播到更加广泛的范围，让公众可以更好地传播科技、分享科技。在网民习惯了每天看到最新消息的网络时代，很难想象一个总是一成不变的网站，即使有着优质的内容与形式，也无法引起用户的兴趣，拥有自己的固定用户。

（三）科普网站的知名度较低，社会影响力较小

在几百个科普网站中，能够产生一定影响力的网站凤毛麟角。很多公众不知道科普网站的名称和网址。加强内容建设、提高社会知名度已经成为网络科普发展所面临的主要问题。

（四）科普网站在形式上亟待创新

目前，大部分科普网站版面设计简单，形式相似，色彩单一，无法吸引网民的眼球。在数字技术高度发达的今天，形式上的创新对于增强网站的吸引力有着重要的作用。我国的科普网站在形式创新上还有较大的发展空间。

四、典型科普网站解析

（一）中国科普网

中国科普网是由中国科学技术信息研究所主办的专业性科普网站，在

监测期间更新几乎处于停滞状态，但 2014 年 5 月 10 日重新改版以后，该网站的更新速度有了明显的改善。网站的信息内容具有较强的科学性、新闻性、通俗性和趣味性，网站的表现形式图文并茂、形象生动，不仅有即时的科技动态资讯和丰富的图片视频资料，而且有虚拟场馆、科学玩具、创意动漫、科普知识竞赛和科学游戏等栏目，真正达到了寓教于乐的效果。同时，该网站还充分利用博客、微博和微信等互动平台定期发布科技资讯和科学知识，并通过在线调查和在线投稿等，提高网友的参与度，真正达到了互动交流的效果。中国科普网具有如下特点。

1. 页面风格统一，栏目导航清晰

一个色彩独特的网站会给人留下很深刻的印象，因为人的视觉对色彩要比布局更敏感，更容易在大脑中形成记忆符号。从网站外观设计的角度来看，改版后的中国科普网以淡蓝色为主色调，同时配以淡绿和纯黑等视觉元素，淡雅清新的页面风格确实给人以耳目一新的感觉。

中国科普网在改版时也将网站标识形象做了较大改动，将直线字体变为圆弧形字体，将原来相对单一的色彩改为蓝、绿、黄三种色彩混合使用。这种改变不仅和整个网站的布局风格做到了完美的结合，而且字体与色彩的变换也给人带来一种动感的变化，具有较强的视觉冲击力。

此外，中国科普网在网站的结构布局、文字排版、图像处理、栏目导航等方面也做到了视觉元素的一致性。网站的图片不是越多越好，相应地，没有用处的图片不要在网页上占用空间，既无用又浪费设计时间，此外也降低了网页加载速度。根据网页内容的不同，中国科普网配以相应的图像或动画，从而给浏览者带来一种流畅感。栏目导航是连接各个页面的最主要部分，一个导航统一的网站，是风格一致的基础部分，好的导航条可以带给人深刻的印象。中国科普网不仅在页面顶部设置了清晰的栏目导航，还在栏目导航之下设置了"每周十点"，将每周各个栏目的精华内容呈现在这个导航栏中，起到了内容推荐的效果。

2. 紧跟社会热点，网站更新及时

改版后的中国科普网不仅设有"科普新闻"和"前沿点评"专栏，而

且设有"热词图解"和"热点解读"专栏，紧跟社会热点和焦点，有针对性地结合科技焦点，实时传播科技知识。

科学知识和科技信息既是抽象的，又是具体的，网络媒体可以充分利用其他媒体所不具备的优势，如信息量大、传播速度快、传播形式多样化（图文、视频等）等，在对社会上出现的焦点、热点问题进行传播的同时，深度挖掘其中的科技因素，将抽象的理论知识渗透到鲜活的现实生活中，使它们可感可触，给受众留下深刻印象。例如，结合当下人们最关心的治理雾霾的热点问题，网站结合西安市区投入使用的"雾炮"，解释了雾霾产生的原理，并对"雾炮"对治理雾霾起到的作用做出了解答，让公众及时了解了相关知识，在普及科学知识的同时也提高了人们的科学素养。

3. 互动渠道多样，强化参与式科普模式

近年来，以博客、微博、微信、社区论坛等为代表的新型 Web2.0 网络应用引领我们进入了参与式文化的时代，即网络由"读"走向"读与写"，由单向传播走向了双向互动。科普工作者在开展科普工作时发现，越来越多的社会大众已不再满足于被动地接受科普知识，而是变成了更为主动的科普知识的分享者与传播者。而这一系列变化也为科普事业的发展指明了一些新的方向，在宏观意义上促成了一种全新的科普样式——参与式科普的诞生。

参与式科普是指以 Web2.0 网络为平台，以全体网民为主体，通过某种身份认同，以积极主动地创作科普内容、传播科普内容、加强网络交往为主要形式所创造出来的一种自由、平等、公开、包容、共享的新型科普样式。借助 Web2.0 技术，参与式互动已经成为当前科普传播活动的基本特点之一。现代科普强调参与性与互动性，倡导以人为本，注重科普对象的实际需要，调动公众的参与积极性。

中国科普网充分利用微博、微信、社区论坛、问答、投稿、博文推荐、知识竞赛和豆瓣小组科普圈子等交流互动平台，与网友展开广泛深入的互动，全面提升网友参与科普传播的兴趣与热情，实现了科普传播主体的多元化，从而使公众在参与的过程中，强化了自身的基本科学素养。

4. 线上线下互动，提升网站用户忠诚度

从网络科普服务提供方角度看，提供线下活动可以成为提升网站用户忠诚度的手段之一；适当组织线下科普活动，如科普场馆参观、科普性质的旅游项目、科普夏令营等，或为相关企业提供相应的推广渠道，也可以成为网络科普营收的手段之一。为了进一步提升网站用户的忠诚度和参与科普活动的积极性，中国科普网也组织了一些相应的线下活动，如 2014 全国科技活动周活动。

（二）中国科普博览网

中国科普博览网是由中国科学院计算机网络信息中心主办的专业性科普网站，网站设计图文并茂、形象生动，不仅有丰富的多媒体资料库（图片、视频），而且有虚拟科技博物馆和科学游戏，集知识性、趣味性和娱乐性于一体，达到了寓教于乐的效果。同时，该网站还充分利用博客、微博、微信等互动平台定期发布科技资讯和科普知识，具有很强的互动性，其缺点是网站更新不及时（在监测期间，网站更新速度几乎为零）。中国科普博览网具有如下特点。

1. 虚拟科技体验，激发科普兴趣

真正有效的科普活动，应该是最大限度地激发公众对于科学技术的兴趣与愉悦感，提升公众参与科学技术的意愿和热情。网上科普展馆具有很强的互动性和受众适应性，这种形式不受科普内容的限制，任何主题都可以进行网络竞赛和设立网上展馆，对相关受众群体也有很强的吸引力，能够达到很好的宣传和科学普及效果。中国科普博览网最大的特色就是形象生动的虚拟科技博物馆、虚拟科学体验，能够让公众在轻松愉悦的氛围中学习科学知识，真正达到了寓教于乐的效果。

从展馆类别划分，虚拟博物馆分为新能源馆、基因馆、数字馆、地理博物馆、材料博物馆、心理健康博物馆；从展馆内容划分，虚拟博物馆主要关注的主题有：生命奥秘、地球故事、星宇迷尘、科技之光、万物之理、文明星火。所有展馆充分利用图像、动态 Flash 等视觉元素，生动形象地展

示了复杂深奥的科学知识,让公众在比较轻松愉悦的氛围中学习科学知识,提高科学素养。

虚拟科学体验专题主要包括科学观察、科学实验、科学考察和科技应用等专题,利用图像、动漫和科学游戏等方式,让公众在亲身体验的过程中掌握复杂的科学知识。

2. 充分利用多媒体资源库和科普游戏,增强科普传播趣味性

中国科普博览网另一个最大的特色就是拥有一个非常丰富的多媒体资源库,充分利用图片、视频、动画和游戏等方式,增强科普传播的趣味性,提升公众参与科普活动的兴趣。

对于青少年网民来说,寓教于乐是传播知识最好的方式之一。目前许多游戏出于增强游戏趣味性的考虑,加入了一定的科学知识内容,所以玩家在玩游戏的过程中也学到了科学知识。虽然中国科普博览网的科学游戏大多较为简单,但这种利用游戏传播科学知识的方法确实是一个有益的尝试。这些集知识性、趣味性、娱乐性、引导性和启发性于一体的科普形式,也将会是今后科普传播的重要方式。

(三)果壳网

果壳网由北京果壳互动科技传媒有限公司主办,创立于2010年,与其之前创办的非营利组织科学松鼠会在运营上完全独立,是主要面向都市科技青年的社交网站,并提供有智趣、负责任的泛科技主题内容,由专业科技团队负责编辑。

果壳网的内容表现形式丰富多样,覆盖影音、动漫、数据库等多种形式,提供在线实验和讨论小组。论坛、社区、博客、小组、微博、微信均有日常更新,互动流量极大,专业内人士博客运营热情度高。在这里,还可以关注感兴趣的人,阅读他们的推荐,也可将有意思的内容分享给关注的人;可依兴趣关注不同的主题站,精准阅读喜欢的内容,并与网友交流;在"果壳问答"里提出感到困惑的科技问题,或提供靠谱的答案。

果壳网具有如下几方面特点。

1. MOOC 学院，网民参与热情度高

果壳网栏目类型齐全，分类清晰，内容丰富，更新快速，搜索方便，MOOC 学院更是吸引了一批忠实粉丝。MOOC 是 massive online open course 的简称，中文意思是"大规模在线开放课程"。MOOC 是世界名校开设的网络课程，由教师专门为网络学生录制，有固定的开课时间，有作业，有考试，考试通过后会授予证书。

2. 科普网站导航功能

除了目前公众较为关注的 MOOC 学院外，果壳网对于友情链接的处理也较为细腻，对相关科普网站进行了分类，为用户提供了更为专业的内容渠道，变相承担了一个科普网站导航的作用。

第四章
报纸科技传播

一、基本发展情况 / 128
二、科技传播数量、内容、效果分析 / 129
三、报纸科技传播的自身问题 / 237
四、四类报纸代表案例详解 / 241

一、基本发展情况

报纸是人类社会最早的媒介之一，作为重要的传播载体曾经为人类文明的发展做出过不可磨灭的贡献。21世纪以前，报纸在公众中具有较强的公信力和影响力，是公众获取信息的主要渠道。但是在新媒介形式的不断冲击下，报纸的生存发展似乎受到了巨大的威胁而日渐式微。第九次中国公民科学素养调查显示，报纸已经被网络媒体大幅超越，在公众获取科技信息的方式中下降到了第三位。与电视、网络的发展相比，报纸正处在生存的艰难期。在这样的情况下，科技类报纸的发展情况也是不言而喻的。

（一）传统纸质报纸科技传播现状不容乐观

据统计，2016年，我国（港、澳、台除外）共有报纸2007种，分属1200家报社和报业集团，比20年前增长近10倍。[①]虽然种类繁多，但占有传播媒介的市场份额却越来越少。原因主要有以下几点。

首先，传播资源总量呈现衰减的趋势。科技报纸的发行量一直趋于下降，报纸的科技版面、栏目、报道数量等都存在不足。市场化程度较高的报纸，科普版面资源普遍不足，报纸版面资源日益向有市场卖点的社会新闻、法制新闻、文娱体育新闻领域集中。科技报道总量不断下降、科技新闻比例严重偏低已经成为一种普遍现象。

其次，科技类报纸的品牌影响力较弱。科技类报纸大多出版周期长，发行量又严重偏低，发行量大于10万份的科技报纸极少，所以影响力十分微弱。由于科技类报纸的集中度不够，没有形成有影响力的品牌，所以读者也较为分散。

最后，报纸对科技传播的导向性不足。虽然许多报纸都开辟了科技专栏或专版，但绝大多数报纸在医学健康与生活方面的科普报道占据绝对优势地位，有关其他科普方面的专栏或专刊非常少，甚至没有。

---

① 人民日报社长谈报业现状与发展趋势. https://wenku.baidu.com/view/4101486e30b765ce050876 3231126edb6f1a7676.html. 2017-01-12.

（二）数字报纸发展迅速

网络信息时代的到来，迫使传统纸质报纸要跟随时代的脚步，实现报纸的数字化。在如今的报纸行业，数字报纸已经是其不可或缺的一部分，数字报纸的互动性、多媒体性、及时性等特点都使其发展成为一种必然。

例如，山西科技新闻出版传媒集团已经实现了旗下所有纸质报刊的数字化，同时先后建立了山西科普网、农科 110 网、科普惠农网、健康 365 网、今日农业网等 13 个专业网站。2008 年 3 月，该集团与山西移动公司合作，开通了《山西科技手机报》《环球博览手机报》《今日农业手机报》《农民手机报》《村官手机报》《农资手机报》《养殖手机报》《果农手机报》《菜农手机报》等多种手机报和农村百事通短信服务平台，包括综合类、农信通、新农宝、新视点 4 大类共 42 种手机报，在线人数稳定在 100 万左右。

《河南科技报》也制作数字报纸，实现了网上阅读。报社开通了《河南农业手机报》，手机报在及时传递国内、省内惠农政策信息的同时，为农民读者提供了省内外主流的优良品种、农业技术、市场信息、致富项目、经营理念等，取得了良好的效果。

数字报纸虽然优越性明显，但也存在一定的问题，如现在的数字报纸大多数在操作上增加了部分传统报刊行业缺少的功能，但内容大多是对传统纸质报纸的内容原搬照抄，缺乏自己的思考与创新，较为单一和呆板。另外，受网络载体信息海量特点的影响，数字报纸的内容可能被网络庞大的各种信息所湮没。

二、科技传播数量、内容、效果分析

对于报纸科技传播能力的分析，本书选取了 169 家报纸进行分类研究，时间为 2011～2013 年。

（一）样本选择

为了能够较为准确地代表我国报纸科技传播的整体现状与问题，本书从媒体定位（中央媒体、省级媒体、市级媒体）、媒体发行区域范围（全国性媒体、地方性媒体）、科技传播的重点人群（未成年人、农民、城镇劳动人口、领导干部和公务员）入手，确定了169家报纸作为调查样本。样本的选取遵循的原则是力求做到三个覆盖：覆盖全国各级别报纸、覆盖全国各地区报纸、覆盖科技传播各类重点人群。

样本选择通过以下两个标准确定了169家报纸。

首先，从受众角度出发，根据《全民科学素质行动计划纲要（2006—2010—2020年）》的四类科技传播的重点人群确定了四类报纸类别，分别是党报（针对领导干部和公务员受众）、都市报（针对城镇劳动人口受众）、涉农报（针对农民受众），以及未成年人报（针对未成年人受众）。

其次，每类报纸中再按照不同的标准选定细化的名单，根据媒体定位与发行范围将党报分为中央级党报、省级党报和省会城市级党报；根据国家统计局为科学反映我国不同区域的社会经济发展状况而发布的《东西中部和东北地区划分方法》[1]，将都市报分为东部地区都市报（北京、天津、河北、上海、江苏、浙江、福建、山东、广东和海南），中部地区都市报（山西、安徽、江西、河南、湖北和湖南），西部地区都市报（内蒙古、广西、重庆、四川、贵州、云南、西藏、陕西、甘肃、青海、宁夏和新疆）和东北部地区都市报（辽宁、吉林和黑龙江）[2]；通过在国家新闻出版广电总局官网进行关键字检索并核查2011~2013年《中国新闻年鉴》中的"报纸"目录，确定了涉农报[3]和未成年人报[4]名单。

目前从整体上看，党报的三类报纸（中央级、省级、省会城市级）覆盖了除港、澳、台以外的31个省（自治区、直辖市）；都市报覆盖了全国

---

[1] 中华人民共和国国家统计局.东西中部和东北地区划分方法.http://www.stats.gov.cn/ztjc/zthd/sjtjr/dejtjkfr/tjkp/201106/t20110613_71947.htm. 2017-01-12.

[2] 不包括港、澳、台地区。

[3] 在国家新闻出版广电总局官网（http://www.gapp.gov.cn/）通过"新闻出版机构查询"查找涉农报时，由于检索字段必须为2个汉字及以上，故检索的涉农报关键字为"农村""农业""农民"，之后再根据《中国新闻年鉴》（2011~2013年）中的"报纸"目录进行核查，去重补缺。

[4] 在国家新闻出版广电总局官网（http://www.gapp.gov.cn/）通过"新闻出版机构查询"查找未成年人报时，由于检索字段必须为2个汉字及以上，故检索的涉农报关键字为"青年""少年""儿童""孩子""教育"，之后再根据《中国新闻年鉴》（2011~2013年）中的"报纸"目录进行核查，去重补缺。

31个直辖市和省会城市；涉农报和未成年人报不涉及覆盖地区问题。

值得注意的是，《农民日报》和《中国青年报》也属于党报，但考虑到这两家报纸在定位与内容上与受众群更加贴近，并结合《全民科学素质行动计划纲要（2006—2010—2020年）》中确定的四类重点人群，故将这两家报纸分别放入相对应的受众群中，即将《农民日报》归入涉农报，将《中国青年报》归入未成年人报（表4-1）。

表4-1　169家报纸的具体名称

类别		报纸名称
	中央级	《人民日报·海外版》《光明日报》《人民日报》《经济日报》
党报	省级	《南方日报》《湖北日报》《湖南日报》《解放日报》《辽宁日报》《河北日报》《河南日报》《广西日报》《福建日报》《兵团日报》《海南日报》《甘肃日报》《江西日报》《黑龙江日报》《安徽日报》《大众日报》《贵州日报》《新疆日报》《内蒙古日报》《宁夏日报》《青海日报》《山西日报》《陕西日报》《四川日报》《天津日报》《西藏日报》《云南日报》《浙江日报》《新华日报》《重庆日报》
	省会城市级	《杭州日报》《昆明日报》《西安日报》《南京日报》《太原日报》《西宁晚报》《广州日报》《合肥日报》《济南日报》《石家庄日报》《贵阳日报》《郑州日报》《海口晚报》《福州日报》《南宁日报》《哈尔滨日报》《南昌日报》《长沙晚报》《长江日报》《长春日报》《沈阳日报》《乌鲁木齐晚报》《兰州日报》
都市报	东部地区	《新京报》《京华时报》《法制晚报》《北京娱乐信报》《北京晨报》《北京晚报》《每日新报》《今晚报》《渤海早报》《燕赵都市报》《燕赵晚报》《新民晚报》《新闻晨报》《新闻晚报》《扬子晚报》《现代快报》《南京晨报》《钱江晚报》《现代金报》《海峡都市报》《东南快报》《齐鲁晚报》《半岛都市报》《城市信报》《南方都市报》《新快报》《羊城晚报》《海南特区报》
	中部地区	《山西晚报》《三晋都市报》《安徽商报》《合肥晚报》《江南都市报》《信息日报》《经济晚报》《大河报》《东方今报》《楚天都市报》《楚天金报》《潇湘晨报》《三湘都市报》《当代商报》
	西部地区	《内蒙古晨报》《北方新报》《内蒙古商报》《南国早报》《当代生活报》《华声晨报》《重庆时报》《重庆商报》《重庆晨报》《华西都市报》《天府早报》《贵州都市报》《贵州商报》《生活新报》《都市时报》《春城晚报》《西藏商报》《拉萨晚报》《华商报》《三秦都市报》《西部商报》《兰州晚报》《西海都市报》《西宁晚报》《银川晚报》《新疆都市报》《生活晚报》

续表

类别		报纸名称
都市报	东北部地区	《辽沈晚报》《华商晨报》《时代商报》《新文化报》《城市晚报》《生活报》《黑龙江晨报》《新都市报》
未成年人报		《中国青年报》《青年参考》《北京青年报》《山西青年报》《青年时报》《重庆青年报》《河北青年报》《河南青年报》《安徽青年报》《中国少年报》《北京少年报》《深圳青少年报》《中国教育报》《天津教育报》《教育时报》《教育导报》《中学时事报》《江苏教育报》《南方教育时报》《东方教育时报》《浙江教育报》《小龙人学习报》
涉农报		《农业科技报》《农民日报》《农村金融时报》《海南农垦报》《安徽日报·农村版》《河南日报·农村版》《南方农村报》《农村大众》《农村信息报》《陕西农村报》《四川农村报》《新农村商报》《农村新报》

（二）研究方法

本书以文献研究、内容分析法为基础，选取典型报纸为案例，收集多方面资料，针对报纸开展科技传播的现况及其影响因素进行定性定量研究。研究采用随机抽样的方法，分别抽取 2011 年度、2012 年度和 2013 年度 1~11 月单月份共计 552 天（自然天）的科技报道 46 238 篇（其中党报 19 100 篇、都市报 17 215 篇、未成年人报 4835 篇、涉农报 5088 篇）进行数量和内容的分析。

（三）报纸科技传播评价指标

报纸科技传播的评价指标可以从传播数量、传播内容、传播形式及传播效果四方面来衡量。传播数量指标包括种类、发行总量、报道总量、版面数量、栏目数量及发行率；传播内容指标包括议题分布，内容的科学性、权威性、新闻性、通俗性、原创性等；传播形式指标包括报道位置、表现形式等；传播效果指标包括渗透率、万人拥有报纸率、评奖提及率等。本书选择上述评价指标中的部分主要指标进行分析，具体如表 4-2 所示。

表 4-2　报纸科技传播评价指标

一级指标	二级指标
传播数量	报道总量
	版面数量
	栏目数量
传播内容	议题分布
传播形式	报道位置
	表现形式

（四）报纸科技传播内容表现

1. 报纸科技报道整体分析

研究显示，在169家报纸样本中，党报和都市报的科技报道总体而言数量较多，未成年人报的科技报道数量最少。2011~2013年，总体报道数量保持稳定，起伏不大（图4-1、图4-2）。

	2011年	2012年	2013年
党报	0.46	0.44	0.35
都市报	0.19	0.14	0.16
未成年人报	0.52	0.44	0.51
涉农报	1.21	1.98	1.98

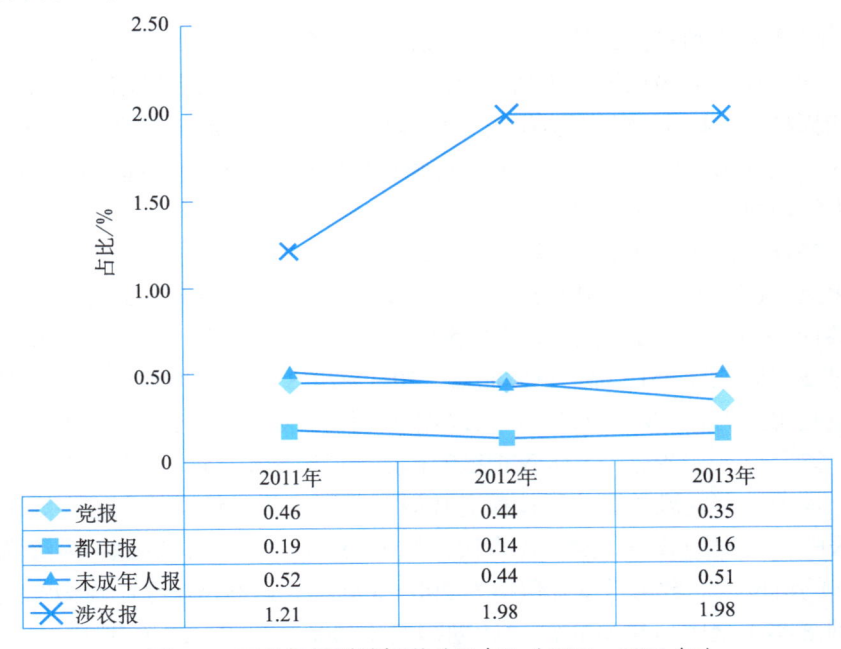

图 4-1　四类报纸科技报道总量占比（2011~2013年）

	2011年	2012年	2013年
党报	0.48	0.46	0.51
都市报	0.18	0.13	0.16
未成年人报	0.52	0.44	0.51
涉农报	1.21	1.98	2.19

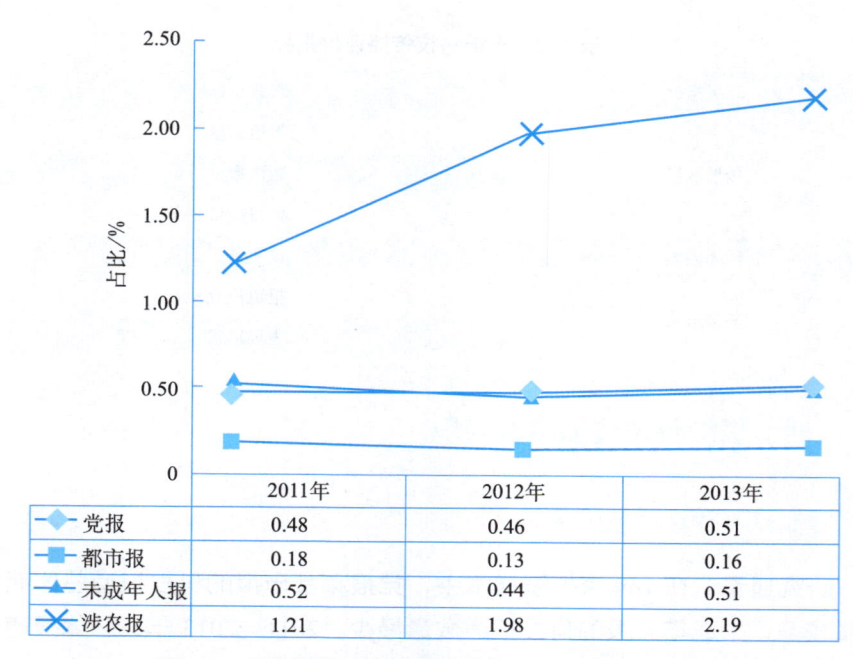

图 4-2 四类报纸月均报道总量占比（2011~2013 年）

（1）党报科技报道整体数量变化呈"V"形趋势

本书在中央级报纸、各省（自治区、直辖市）及省会城市级党报中分层选择样本，以考察各级党报对于科技报道的重视程度，以及在各省（自治区、直辖市）相继出台地方大众传媒科技传播能力建设工程实施方案后，各级党报科技传播能力的建设。

2011~2013 年样本党报科技报道数量统计数据显示，党报科技报道数量变化呈"V"形趋势，2012 年的科技报道数量最少，2011 年样本党报科技报道共计 3871 篇，2012 年样本党报科技报道总计 3787 篇，2013 年样本党报的科技报道总计 4516 篇。具体而言，2011~2013 年，中央级党报科技报道数量变化呈明显"V"形趋势，省级党报的科技报道数量没有统一的变化趋势，省会城市级党报中有 18 家报纸的科技报道数量也呈现"V"形变化。

其中，中央级党报的科技报道数量要明显多于省级党报和省会城市级党报的科技报道数量，除了《人民日报·海外版》之外，其他中央级党报每年的科技报道数量基本都保持为 200~300 篇。这显示出了中央级党报在贯彻落实《全民科学素质行动计划纲要（2006—2010—2020 年）》中作出的努力。

省级党报中，2011 年的《解放日报》，2012 年、2013 年的《宁夏日报》科技报道数量最多，《宁夏日报》在 2012 年推出了科技版"科教·网眼"，使得该报的科技报道数量大增（图 4-3～图 4-8）。

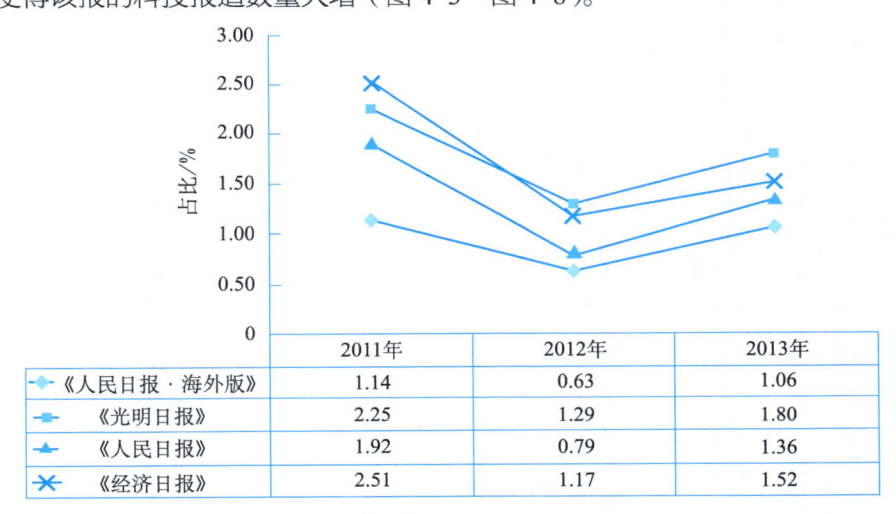

	2011年	2012年	2013年
《人民日报·海外版》	1.14	0.63	1.06
《光明日报》	2.25	1.29	1.80
《人民日报》	1.92	0.79	1.36
《经济日报》	2.51	1.17	1.52

图 4-3　中央级党报科技报道总量占比（2011～2013 年）

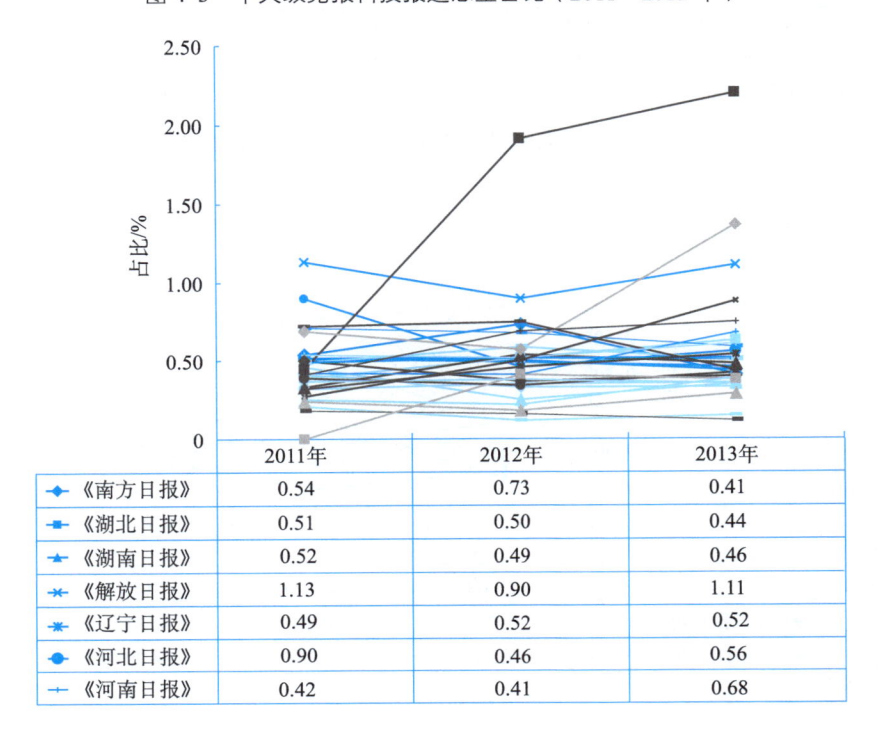

	2011年	2012年	2013年
《南方日报》	0.54	0.73	0.41
《湖北日报》	0.51	0.50	0.44
《湖南日报》	0.52	0.49	0.46
《解放日报》	1.13	0.90	1.11
《辽宁日报》	0.49	0.52	0.52
《河北日报》	0.90	0.46	0.56
《河南日报》	0.42	0.41	0.68

报刊			
《广西日报》	0.71	0.68	0.59
《福建日报》	0.52	0.52	0.51
《兵团日报》	0.41	0.33	0.33
《海南日报》	0.39	0.52	0.63
《甘肃日报》	0.46	0.25	0.35
《江西日报》	0.25	0.22	0.39
《黑龙江日报》	0.37	0.38	0.35
《安徽日报》	0.32	0.35	0.36
《大众日报》	0.54	0.52	0.61
《贵州日报》	0.49	0.59	0.51
《新疆日报》	0.21	0.12	0.15
《内蒙古日报》	0.50	0.37	0.40
《宁夏日报》	0.45	1.91	2.20
《青海日报》	0.33	0.54	0.48
《山西日报》	0.27	0.50	0.88
《陕西日报》	0.32	0.46	0.54
《四川日报》	0.39	0.34	0.42
《天津日报》	0.41	0.69	0.75
《西藏日报》	0.18	0.16	0.12
《云南日报》	0.72	0.75	0.44
《浙江日报》	0.69	0.57	1.37
《新华日报》	0	0.41	0.38
《重庆日报》	0.24	0.18	0.29

图 4-4　省级党报科技报道总量占比（2011～2013 年）

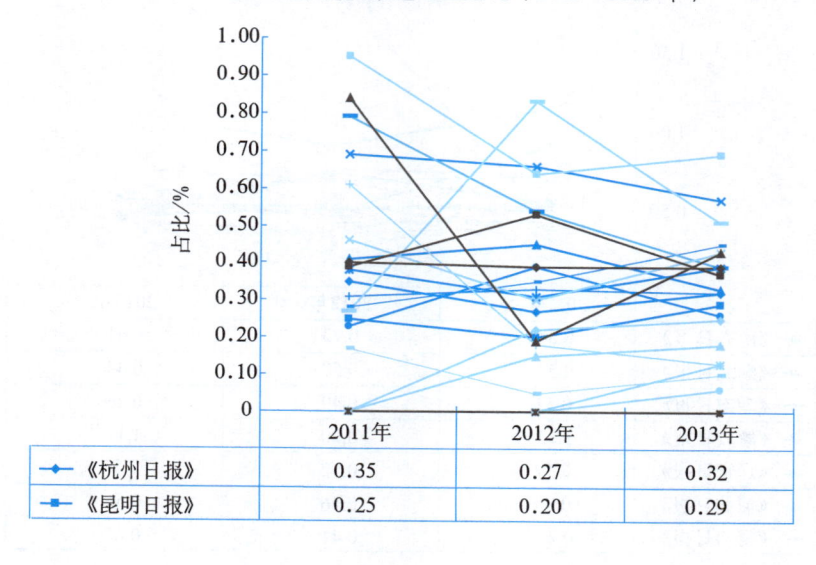

	2011年	2012年	2013年
《杭州日报》	0.35	0.27	0.32
《昆明日报》	0.25	0.20	0.29

《西安日报》	0.41	0.45	0.33
《南京日报》	0.69	0.66	0.57
《太原日报》	0.38	0.31	0.39
《西宁晚报》	0.23	0.39	0.26
《广州日报》	0.31	0.33	0.32
《合肥日报》	0.28	0.35	0.45
《济南日报》	0.79	0.54	0.39
《石家庄日报》	0	0.22	0.25
《贵阳日报》	0.95	0.64	0.69
《郑州日报》	0	0.15	0.18
《海口晚报》	0.46	0.30	0.43
《福州日报》	0	0	0.13
《南宁日报》	0	0	0.06
《哈尔滨日报》	0.61	0.18	0.13
《南昌日报》	0.17	0.05	0.10
《长沙晚报》	0.27	0.83	0.51
《长江日报》	0.40	0.39	0.39
《长春日报》	0.39	0.53	0.37
《沈阳日报》	0.84	0.19	0.43
《乌鲁木齐晚报》	0	0	0
《兰州日报》	0	0	0

图 4-5　省会城市级党报科技报道总量占比（2011～2013 年）

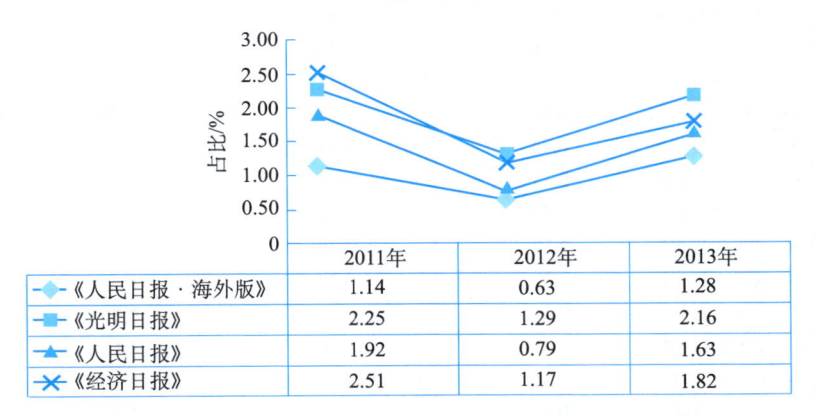

	2011年	2012年	2013年
《人民日报·海外版》	1.14	0.63	1.28
《光明日报》	2.25	1.29	2.16
《人民日报》	1.92	0.79	1.63
《经济日报》	2.51	1.17	1.82

图 4-6　中央级党报月均报道总量占比（2011～2013 年）

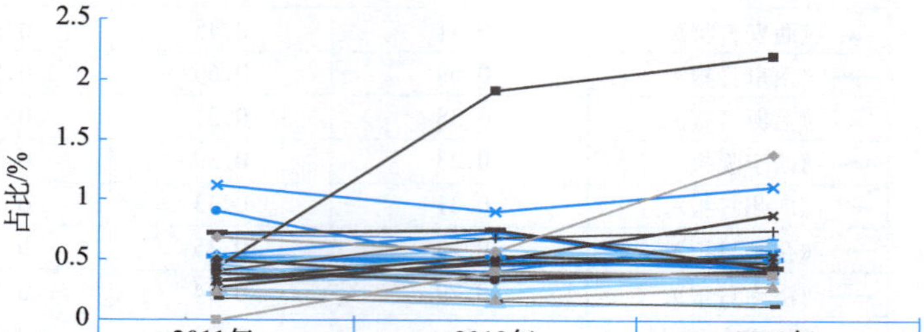

报纸	2011年	2012年	2013年
《南方日报》	0.54	0.73	0.41
《湖北日报》	0.51	0.50	0.44
《湖南日报》	0.52	0.49	0.46
《解放日报》	1.12	0.90	1.11
《辽宁日报》	0.48	0.52	0.52
《河北日报》	0.90	0.46	0.56
《河南日报》	0.42	0.41	0.68
《广西日报》	0.71	0.68	0.59
《福建日报》	0.52	0.52	0.51
《兵团日报》	0.41	0.32	0.33
《海南日报》	0.39	0.52	0.63
《甘肃日报》	0.46	0.25	0.35
《江西日报》	0.25	0.22	0.39
《黑龙江日报》	0.37	0.38	0.35
《安徽日报》	0.32	0.35	0.36
《大众日报》	0.54	0.52	0.61
《贵州日报》	0.48	0.59	0.51
《新疆日报》	0.21	0.12	0.15
《内蒙古日报》	0.50	0.37	0.40
《宁夏日报》	0.44	1.91	2.20
《青海日报》	0.33	0.54	0.48
《山西日报》	0.27	0.50	0.88
《陕西日报》	0.32	0.47	0.54
《四川日报》	0.39	0.34	0.42
《天津日报》	0.41	0.69	0.75
《西藏日报》	0.18	0.16	0.12
《云南日报》	0.72	0.75	0.44
《浙江日报》	0.69	0.57	1.38
《新华日报》	0	0.41	0.38
《重庆日报》	0.24	0.18	0.29

图 4-7　省级党报月均报道总量占比（2011～2013 年）

	2011年	2012年	2013年
《杭州日报》	0.34	0.27	0.32
《昆明日报》	0.24	0.20	0.29
《西安日报》	0	0.45	0.33
《南京日报》	0.69	0.66	0.57
《太原日报》	0.38	0.31	0.38
《西宁晚报》	0.22	0.38	0.26
《广州日报》	0.31	0.32	0.32
《合肥日报》	0.28	0.35	0.45
《济南日报》	0.79	0.54	0.39
《石家庄日报》	0	0.22	0.25
《贵阳日报》	0.96	0.64	0.69
《郑州日报》	0	0.15	0.18
《海口晚报》	0.46	0.30	0.43
《福州日报》	0	0	0.13
《南宁日报》	0	0	0.06
《哈尔滨日报》	0.61	0.19	0.14
《南昌日报》	0.18	0.05	0.10
《长沙晚报》	0.27	0.83	0.51
《长江日报》	0.40	0.39	0.39
《长春日报》	0.39	0.54	0.37
《沈阳日报》	0.84	0.19	0.43
《乌鲁木齐晚报》	0	0	0
《兰州日报》	0	0	0

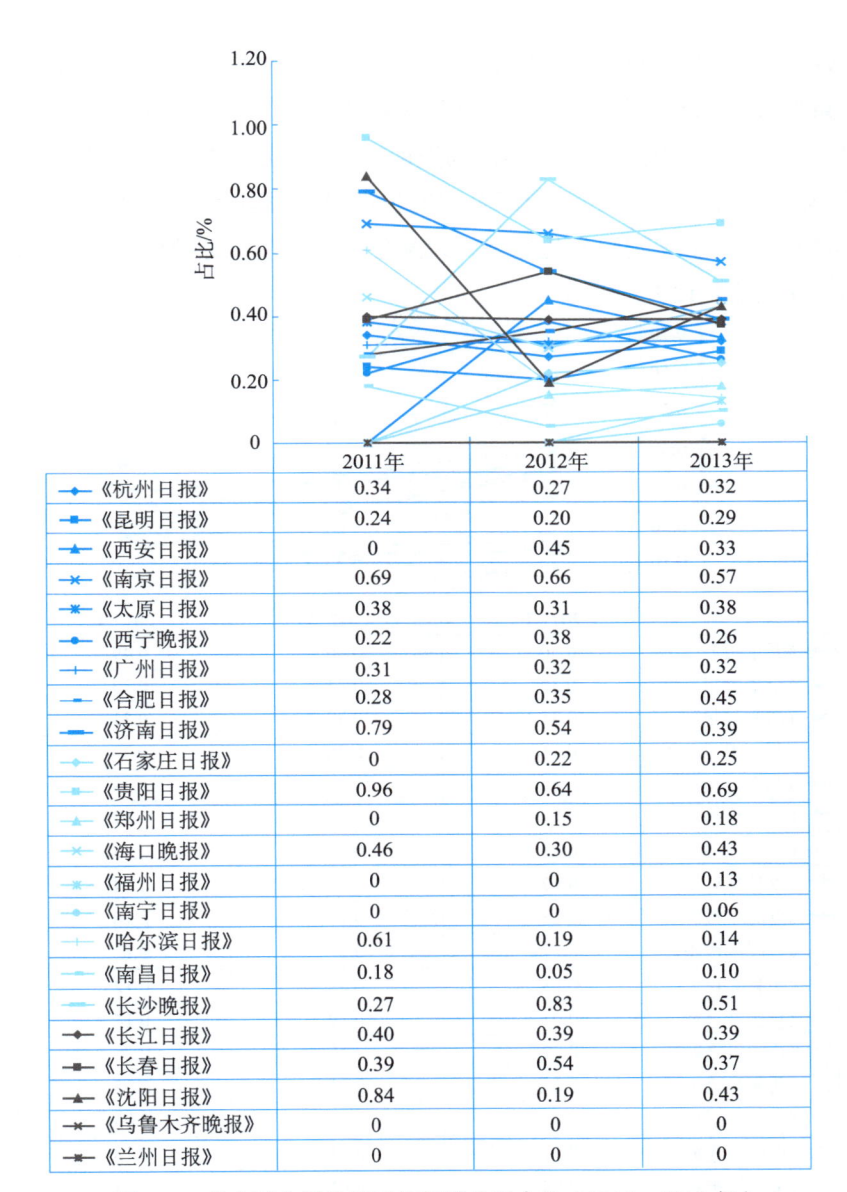

图 4-8　省会城市级党报月均报道总量占比（2011～2013 年）

（2）都市报的科技报道数量较为平稳，北京的都市报对科技报道最为重视

2011～2013 年都市报科技报道数量统计数据显示，东部地区科技报

道数量较多的报纸有《新京报》《京华时报》《法制晚报》《北京娱乐信报》《北京晨报》《新闻晨报》《东南快报》《齐鲁晚报》《半岛都市报》《羊城晚报》。北京的都市报对科技报道最为重视。报道数量较少的是江苏省的《南京晨报》、浙江省的《钱江晚报》和山东省的《城市信报》。东部地区3年内科技报道总量无明显变化趋势，大部分报纸科技报道数量有微升的趋势（图4-9～图4-12）。

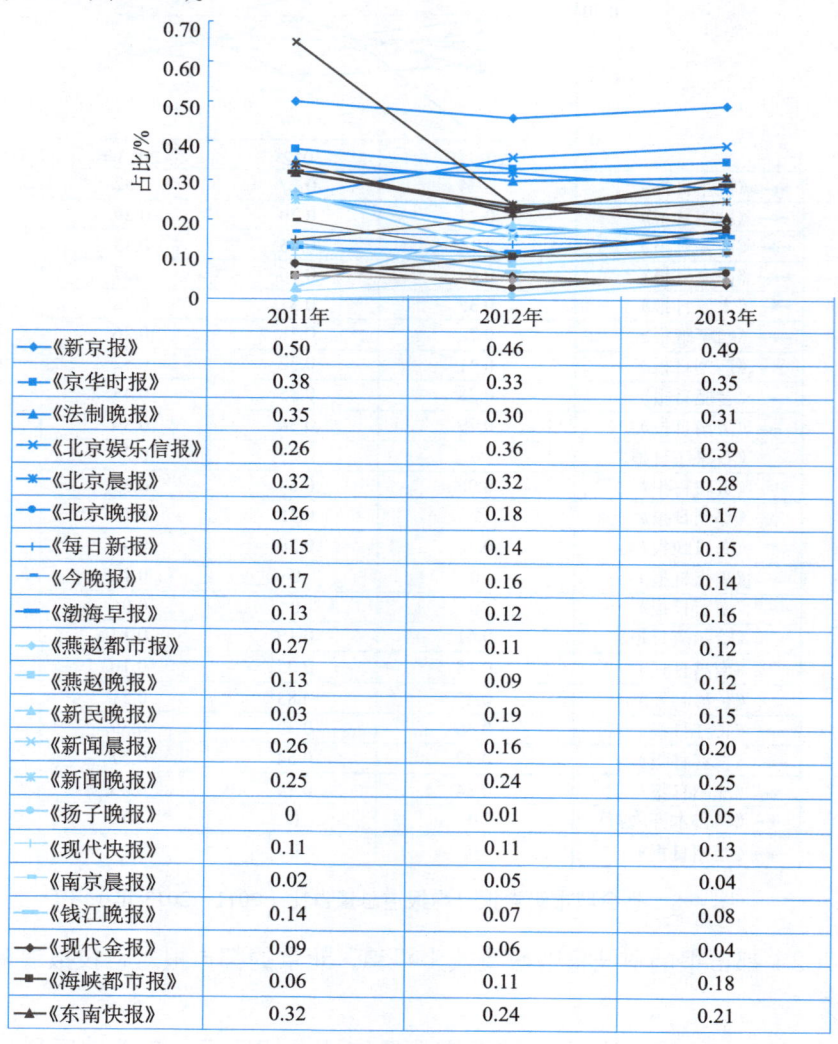

	2011年	2012年	2013年
《新京报》	0.50	0.46	0.49
《京华时报》	0.38	0.33	0.35
《法制晚报》	0.35	0.30	0.31
《北京娱乐信报》	0.26	0.36	0.39
《北京晨报》	0.32	0.32	0.28
《北京晚报》	0.26	0.18	0.17
《每日新报》	0.15	0.14	0.15
《今晚报》	0.17	0.16	0.14
《渤海早报》	0.13	0.12	0.16
《燕赵都市报》	0.27	0.11	0.12
《燕赵晚报》	0.13	0.09	0.12
《新民晚报》	0.03	0.19	0.15
《新闻晨报》	0.26	0.16	0.20
《新闻晚报》	0.25	0.24	0.25
《扬子晚报》	0	0.01	0.05
《现代快报》	0.11	0.11	0.13
《南京晨报》	0.02	0.05	0.04
《钱江晚报》	0.14	0.07	0.08
《现代金报》	0.09	0.06	0.04
《海峡都市报》	0.06	0.11	0.18
《东南快报》	0.32	0.24	0.21

第四章 报纸科技传播

✕《齐鲁晚报》	0.65	0.24	0.19
《半岛都市报》	0.34	0.22	0.31
《城市信报》	0.09	0.03	0.07
《南方都市报》	0.15	0.21	0.25
《新快报》	0.20	0.11	0.12
《羊城晚报》	0.32	0.23	0.29
《海南特区报》	0.06	0.05	0.05

图 4-9 东部地区都市报科技报道总量占比（2011～2013 年）

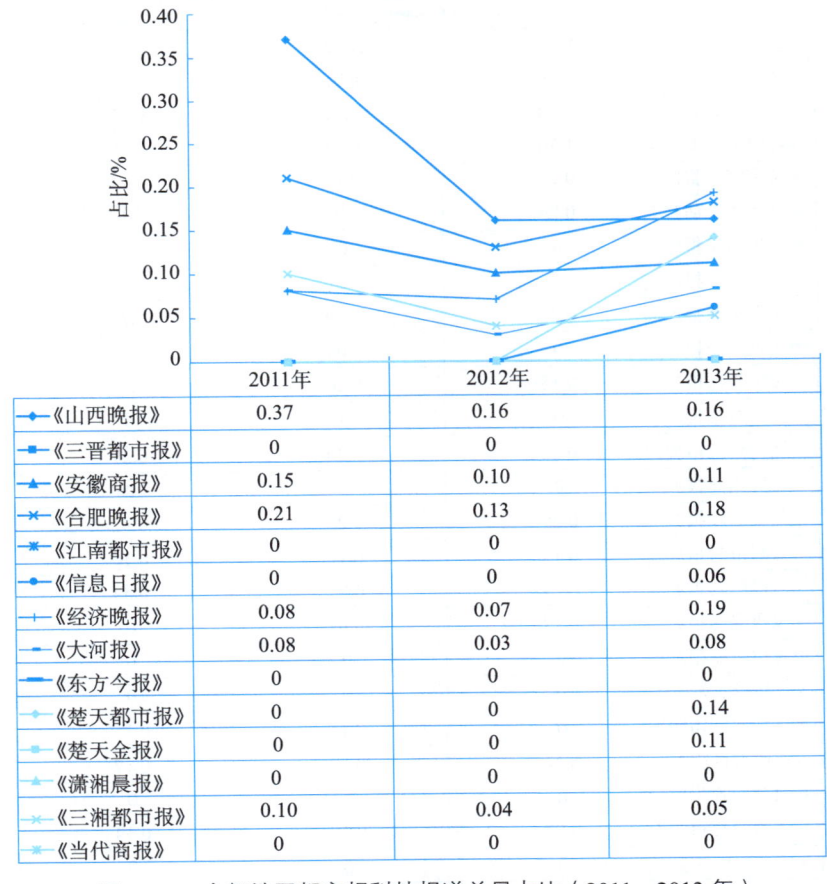

	2011年	2012年	2013年
《山西晚报》	0.37	0.16	0.16
《三晋都市报》	0	0	0
《安徽商报》	0.15	0.10	0.11
《合肥晚报》	0.21	0.13	0.18
《江南都市报》	0	0	0
《信息日报》	0	0	0.06
《经济晚报》	0.08	0.07	0.19
《大河报》	0.08	0.03	0.08
《东方今报》	0	0	0
《楚天都市报》	0	0	0.14
《楚天金报》	0	0	0.11
《潇湘晨报》	0	0	0
《三湘都市报》	0.10	0.04	0.05
《当代商报》	0	0	0

图 4-10 中部地区都市报科技报道总量占比（2011～2013 年）

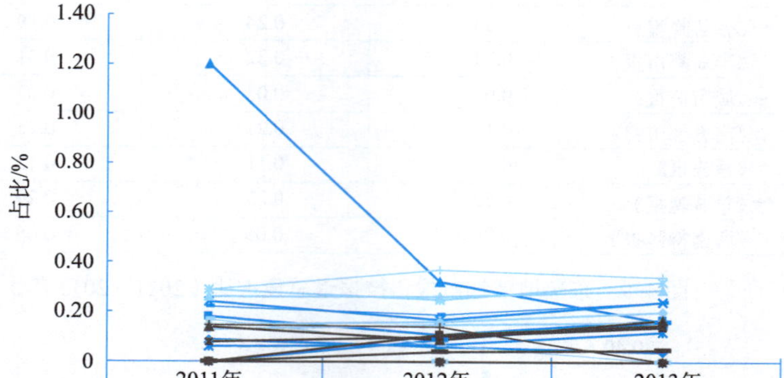

	2011年	2012年	2013年
《内蒙古晨报》	0.09	0.06	0.04
《北方新报》	0.18	0.11	0.17
《内蒙古商报》	1.20	0.32	0.16
《南国早报》	0.24	0.17	0.24
《当代生活报》	0.06	0.07	0.12
《华声晨报》	0	0	0
《重庆时报》	0	0	0
《重庆商报》	0.22	0.19	0.24
《重庆晨报》	0	0.09	0.16
《华西都市报》	0.15	0.16	0.20
《天府早报》	0	0	0
《贵州都市报》	0.26	0.26	0.29
《贵州商报》	0	0	0
《生活新报》	0.29	0.25	0.32
《都市时报》	0.13	0.15	0.16
《春城晚报》	0.29	0.37	0.34
《西藏商报》	0.17	0.07	0
《拉萨晚报》	0	0	0
《华商报》	0	0	0
《三秦都市报》	0	0.11	0.15
《西部商报》	0.14	0.09	0.17
《兰州晚报》	0	0	0
《西海都市报》	0.08	0.10	0.14
《西宁晚报》	0	0	0
《银川晚报》	0.15	0.14	0
《新疆都市报》	0	0	0
《生活晚报》	0	0.04	0.05

图 4-11　西部地区都市报科技报道总量占比（2011～2013 年）

第四章　报纸科技传播

	2011年	2012年	2013年
《辽沈晚报》	0.10	0.07	0.14
《华商晨报》	0	0	0
《时代商报》	0.14	0.12	0.15
《新文化报》	0.20	0.18	0.16
《城市晚报》	0.24	0.22	0.30
《生活报》	0.19	0.09	0.11
《黑龙江晨报》	0.16	0.02	0.04
《新都市报》	0	0	0.08

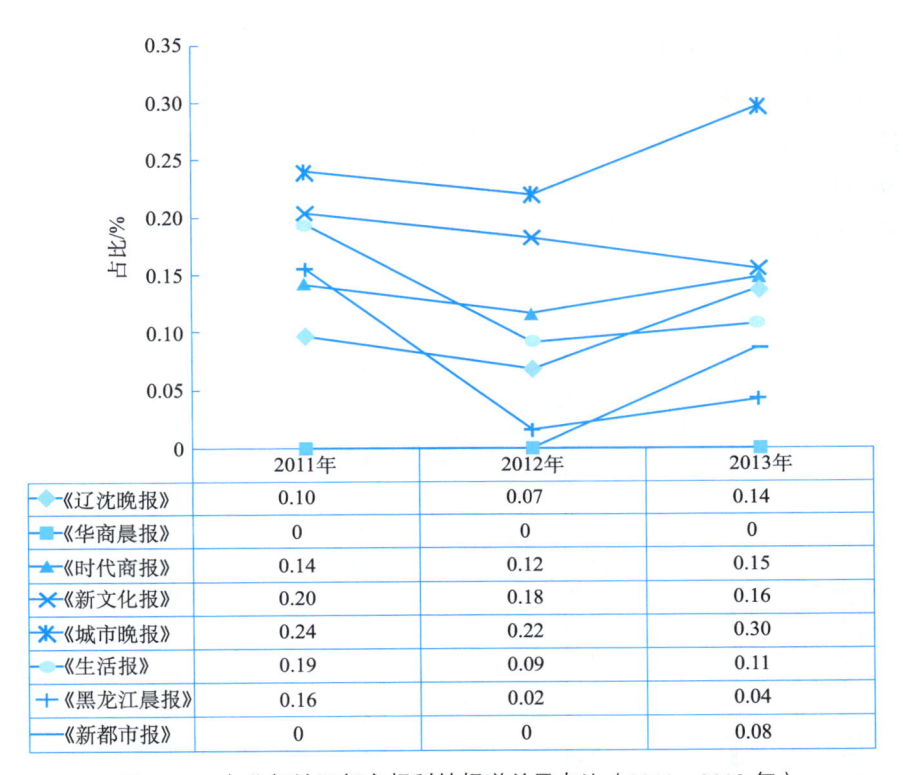

图 4-12　东北部地区都市报科技报道总量占比（2011～2013 年）

在中部地区，除《江南都市报》（隶属江西省）的科技报道数量总量异常少以外，其他报纸的科技报道数量与东部地区都市报的科技报道数量相比没有太大差异。从 3 年来科技报道数量的变化看，中部地区都市报的科技报道数量也没有表现出明显增多或减少的趋势。

西部地区都市报的非科技版面、科技栏目的科技报道数量呈现逐年增多态势，但也有特例，如《贵州都市报》在 2011 年的非科技版面、科技栏目的科技报道数量有 63 篇，2012 年有 143 篇，但是 2013 年却大幅缩水至 98 篇，这与《贵州都市报》科技版面数量的增减有关。

东北部地区都市报中，《生活报》（黑龙江省）《新文化报》和《城市晚报》（吉林省）科技报道的报道数量较多。同属黑龙江省的《黑龙江晨报》科技报道数量较少。总体而言，2011～2013 年，东北部地区都市报科技报道总量较为平稳，增减无明显趋势。

从每月报道量看，1月、3月、9月、11月的科技报道数量较多，1月和3月是各地"两会"和全国"两会"召开的日子，大部分的报道内容与科技政策、科技人物有关；9月是新生入学的日子，都市报中关于科技知识的内容比较多；11月是我国近几年来的航空大月，在这一个月里有关航空航天的报道会占据都市报科技报道的大部分（图4-13～图4-16）。

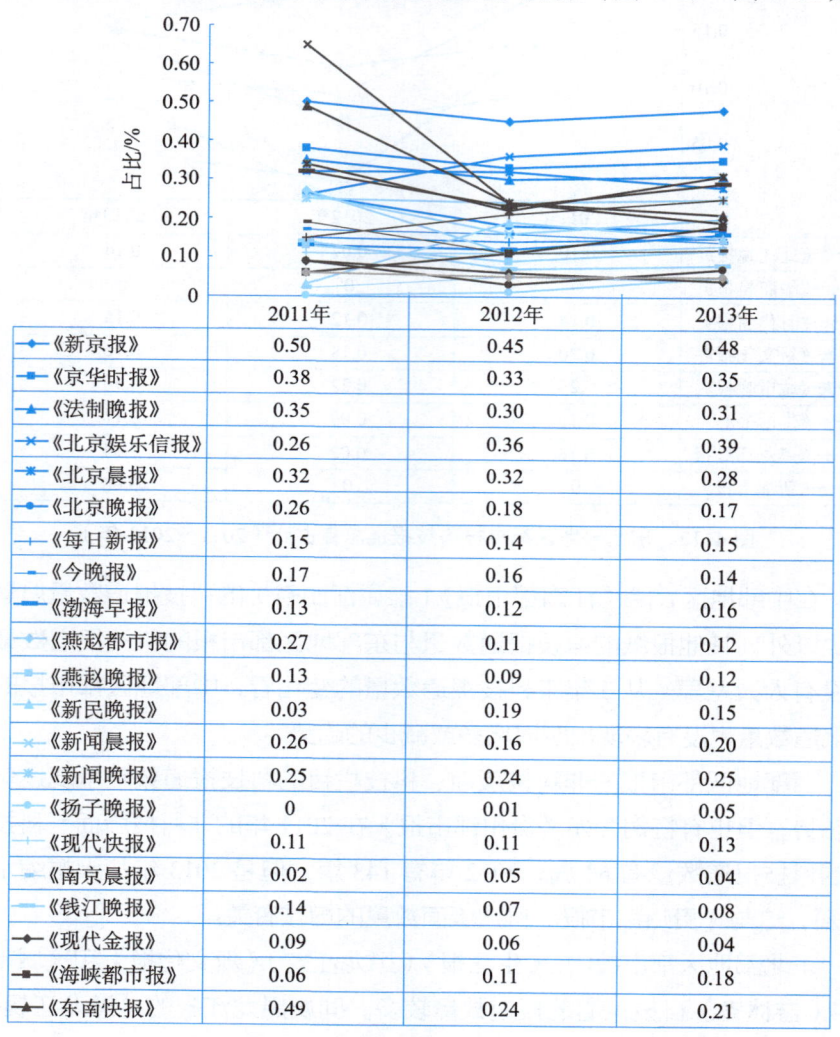

	2011年	2012年	2013年
《新京报》	0.50	0.45	0.48
《京华时报》	0.38	0.33	0.35
《法制晚报》	0.35	0.30	0.31
《北京娱乐信报》	0.26	0.36	0.39
《北京晨报》	0.32	0.32	0.28
《北京晚报》	0.26	0.18	0.17
《每日新报》	0.15	0.14	0.15
《今晚报》	0.17	0.16	0.14
《渤海早报》	0.13	0.12	0.16
《燕赵都市报》	0.27	0.11	0.12
《燕赵晚报》	0.13	0.09	0.12
《新民晚报》	0.03	0.19	0.15
《新闻晨报》	0.26	0.16	0.20
《新闻晚报》	0.25	0.24	0.25
《扬子晚报》	0	0.01	0.05
《现代快报》	0.11	0.11	0.13
《南京晨报》	0.02	0.05	0.04
《钱江晚报》	0.14	0.07	0.08
《现代金报》	0.09	0.06	0.04
《海峡都市报》	0.06	0.11	0.18
《东南快报》	0.49	0.24	0.21

第四章 报纸科技传播

《齐鲁晚报》	0.65	0.24	0.19
《半岛都市报》	0.34	0.22	0.31
《城市信报》	0.09	0.03	0.07
《南方都市报》	0.15	0.21	0.25
《新快报》	0.19	0.11	0.12
《羊城晚报》	0.32	0.23	0.29
《海南特区报》	0.06	0.05	0.05

图 4-13　东部地区都市报月均报道总量占比（2011～2013 年）

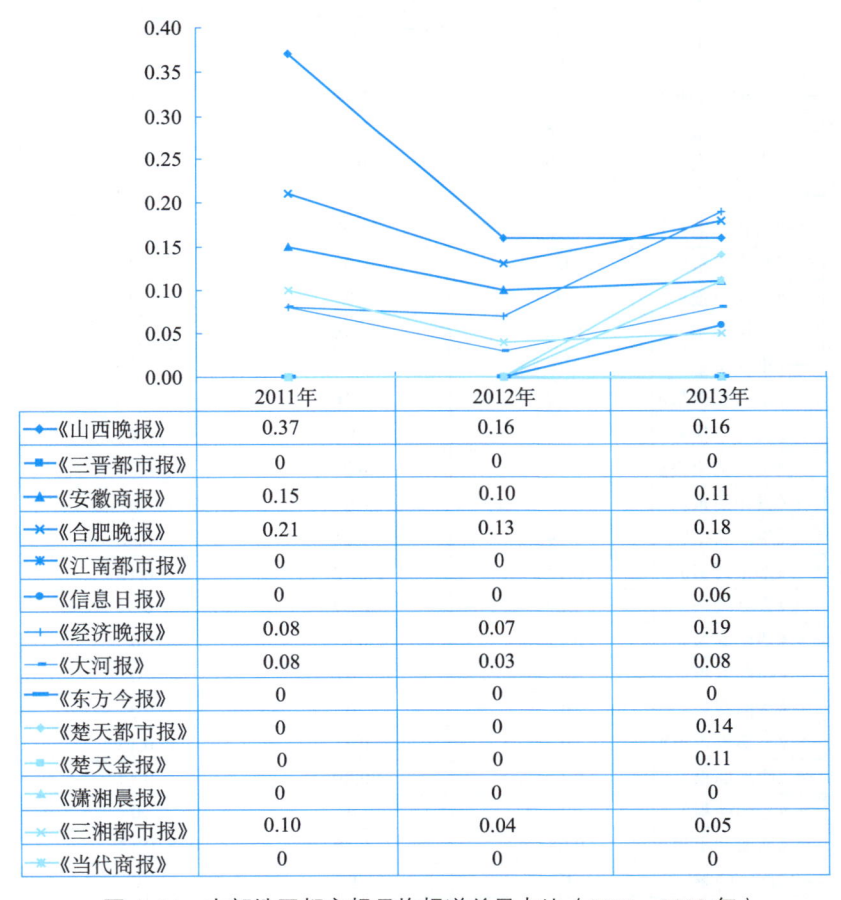

	2011年	2012年	2013年
《山西晚报》	0.37	0.16	0.16
《三晋都市报》	0	0	0
《安徽商报》	0.15	0.10	0.11
《合肥晚报》	0.21	0.13	0.18
《江南都市报》	0	0	0
《信息日报》	0	0	0.06
《经济晚报》	0.08	0.07	0.19
《大河报》	0.08	0.03	0.08
《东方今报》	0	0	0
《楚天都市报》	0	0	0.14
《楚天金报》	0	0	0.11
《潇湘晨报》	0	0	0
《三湘都市报》	0.10	0.04	0.05
《当代商报》	0	0	0

图 4-14　中部地区都市报月均报道总量占比（2011～2013 年）

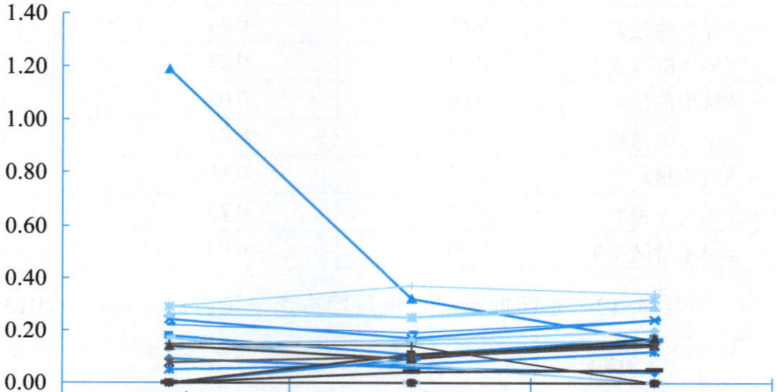

	2011年	2012年	2013年
《内蒙古晨报》	0.09	0.06	0.04
《北方新报》	0.18	0.11	0.17
《内蒙古商报》	1.19	0.32	0.16
《南国早报》	0.24	0.17	0.24
《当代生活报》	0.05	0.07	0.12
《华声晨报》	0	0	0
《重庆时报》	0	0	0
《重庆商报》	0.22	0.19	0.24
《重庆晨报》	0	0.09	0.16
《华西都市报》	0.15	0.16	0.20
《天府早报》	0	0	0
《贵州都市报》	0.26	0.25	0.29
《贵州商报》	0	0	0
《生活新报》	0.29	0.25	0.32
《都市时报》	0.13	0.15	0.16
《春城晚报》	0.29	0.37	0.34
《西藏商报》	0.17	0.07	0
《拉萨晚报》	0	0	0
《华商报》	0	0	0
《三秦都市报》	0	0.11	0.15
《西部商报》	0.14	0.09	0.17
《兰州晚报》	0	0	0
《西海都市报》	0.08	0.10	0.14
《西宁晚报》	0	0	0
《银川晚报》	0.15	0.14	0
《新疆都市报》	0	0	0
《生活晚报》	0	0.04	0.05

图 4-15　西部地区都市报月均报道总量占比（2011～2013 年）

	2011年	2012年	2013年
《辽沈晚报》	0.10	0.07	0.14
《华商晨报》	0	0	0
《时代商报》	0.14	0.12	0.15
《新文化报》	0.20	0.18	0.16
《城市晚报》	0.24	0.22	0.30
《生活报》	0.19	0.09	0.11
《黑龙江晨报》	0.16	0.02	0.05
《新都市报》	0	0	0.08

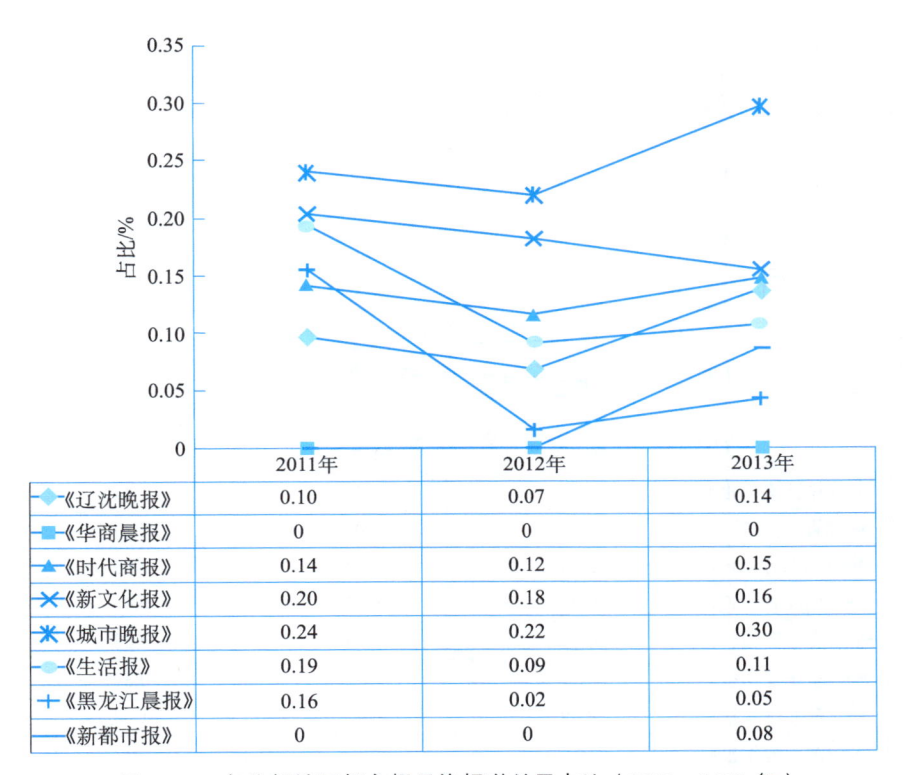

图 4-16　东北部地区都市报月均报道总量占比（2011~2013 年）

（3）在未成年人报科技报道中，青年报的科技报道数量要多于少年报和教育报的科技报道数量

本书将未成年人报细分为青年报、少年报和教育报，以更为细致地考察报纸对《全民科学素质行动计划纲要（2006—2010—2020 年）》中的科技传播重点人群——未成年人的科技传播能力建设现状。

研究发现，整体而言，青年报的科技报道数量要多于少年报和教育报的科技报道数量。其中《北京青年报》《中国青年报》的科技报道数量最多。少年报中，《中国少年报》的科技报道数量也比较可观。而教育报的科技报道量很少，全年报道也多不会超过二三十篇。《中国教育报》的科技报道数量相比其他教育报来说算是比较多的，但是科技报道数量最多的一年（2011 年）也仅有 47 篇（图 4-17、图 4-18）。

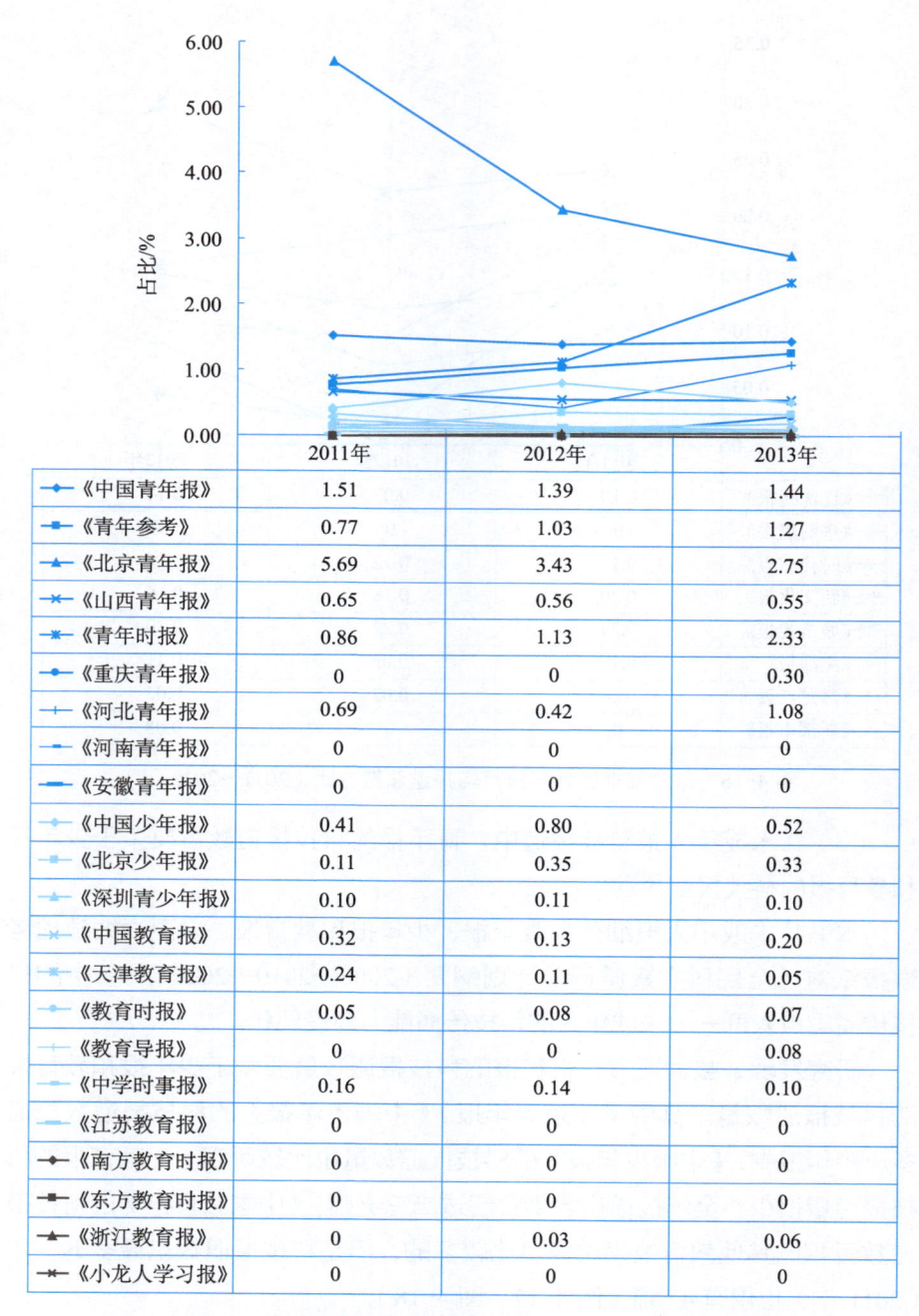

媒介·科技·传播　大众传媒科技传播现状研究

报刊	2011年	2012年	2013年
《中国青年报》	1.51	1.39	1.44
《青年参考》	0.77	1.03	1.27
《北京青年报》	5.69	3.43	2.75
《山西青年报》	0.65	0.56	0.55
《青年时报》	0.86	1.13	2.33
《重庆青年报》	0	0	0.30
《河北青年报》	0.69	0.42	1.08
《河南青年报》	0	0	0
《安徽青年报》	0	0	0
《中国少年报》	0.41	0.80	0.52
《北京少年报》	0.11	0.35	0.33
《深圳青少年报》	0.10	0.11	0.10
《中国教育报》	0.32	0.13	0.20
《天津教育报》	0.24	0.11	0.05
《教育时报》	0.05	0.08	0.07
《教育导报》	0	0	0.08
《中学时事报》	0.16	0.14	0.10
《江苏教育报》	0	0	0
《南方教育时报》	0	0	0
《东方教育时报》	0	0	0
《浙江教育报》	0	0.03	0.06
《小龙人学习报》	0	0	0

图 4-17　未成年人报科技报道总量占比（2011～2013 年）

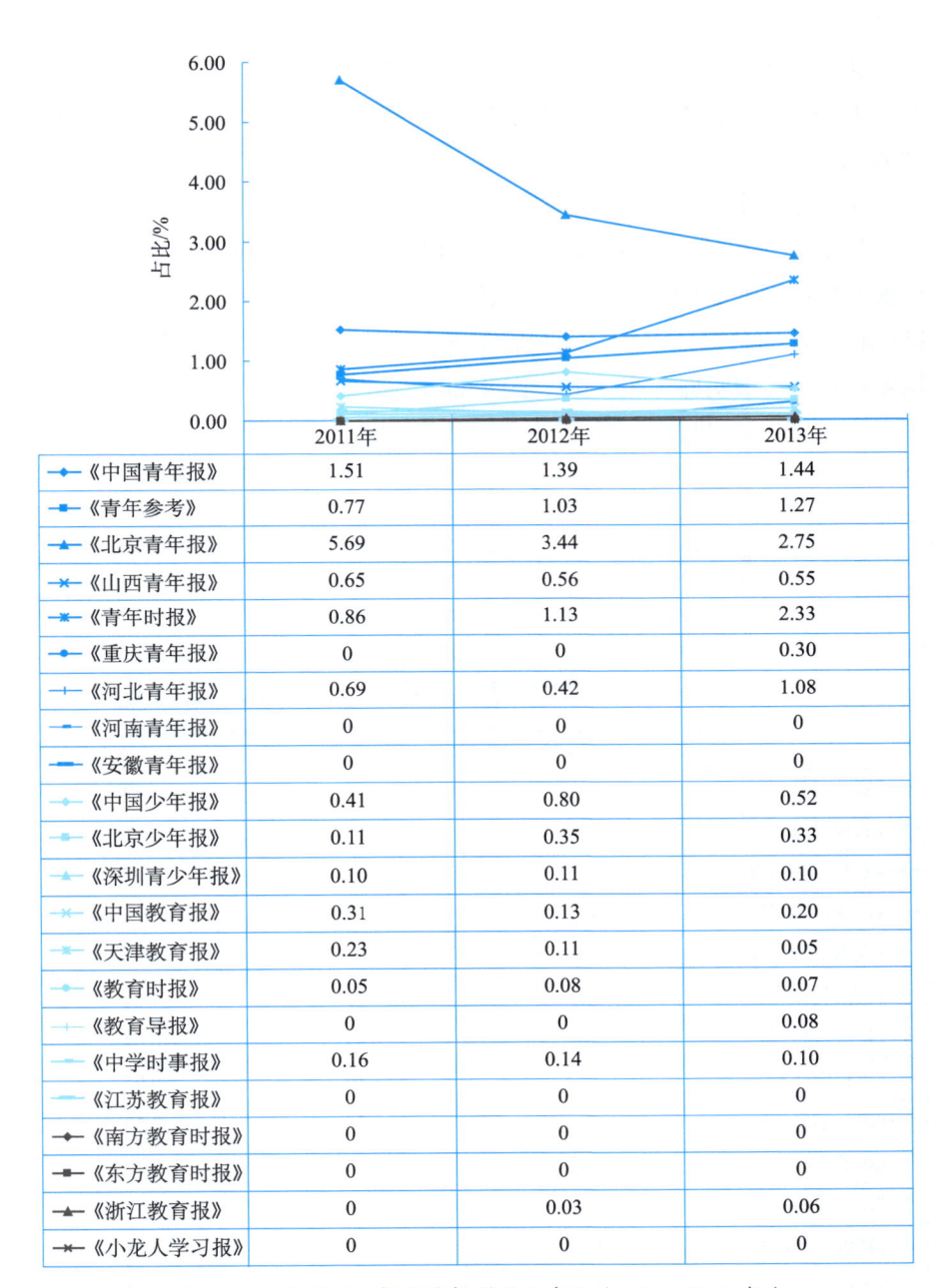

	2011年	2012年	2013年
《中国青年报》	1.51	1.39	1.44
《青年参考》	0.77	1.03	1.27
《北京青年报》	5.69	3.44	2.75
《山西青年报》	0.65	0.56	0.55
《青年时报》	0.86	1.13	2.33
《重庆青年报》	0	0	0.30
《河北青年报》	0.69	0.42	1.08
《河南青年报》	0	0	0
《安徽青年报》	0	0	0
《中国少年报》	0.41	0.80	0.52
《北京少年报》	0.11	0.35	0.33
《深圳青少年报》	0.10	0.11	0.10
《中国教育报》	0.31	0.13	0.20
《天津教育报》	0.23	0.11	0.05
《教育时报》	0.05	0.08	0.07
《教育导报》	0	0	0.08
《中学时事报》	0.16	0.14	0.10
《江苏教育报》	0	0	0
《南方教育时报》	0	0	0
《东方教育时报》	0	0	0
《浙江教育报》	0	0.03	0.06
《小龙人学习报》	0	0	0

图 4-18　未成年人报月均报道总量占比（2011～2013 年）

2011~2013年，未成年人报科技报道数量大多变化不大。其中《青年时报》的报道总量3年来呈递增趋势，《北京青年报》的报道总量3年来呈递减趋势。

（4）涉农报科技报道总量较平均

从13家涉农报的科技报道总量上可以看出，《农业科技报》和《农民日报》科技报道数量较多，其他报纸科技报道数量较少；近3年来13家报纸的科技报道总量较平均，无明显差异。另外，涉农科技报道的月均报道量差异也不是很明显（图4-19、图4-20）。

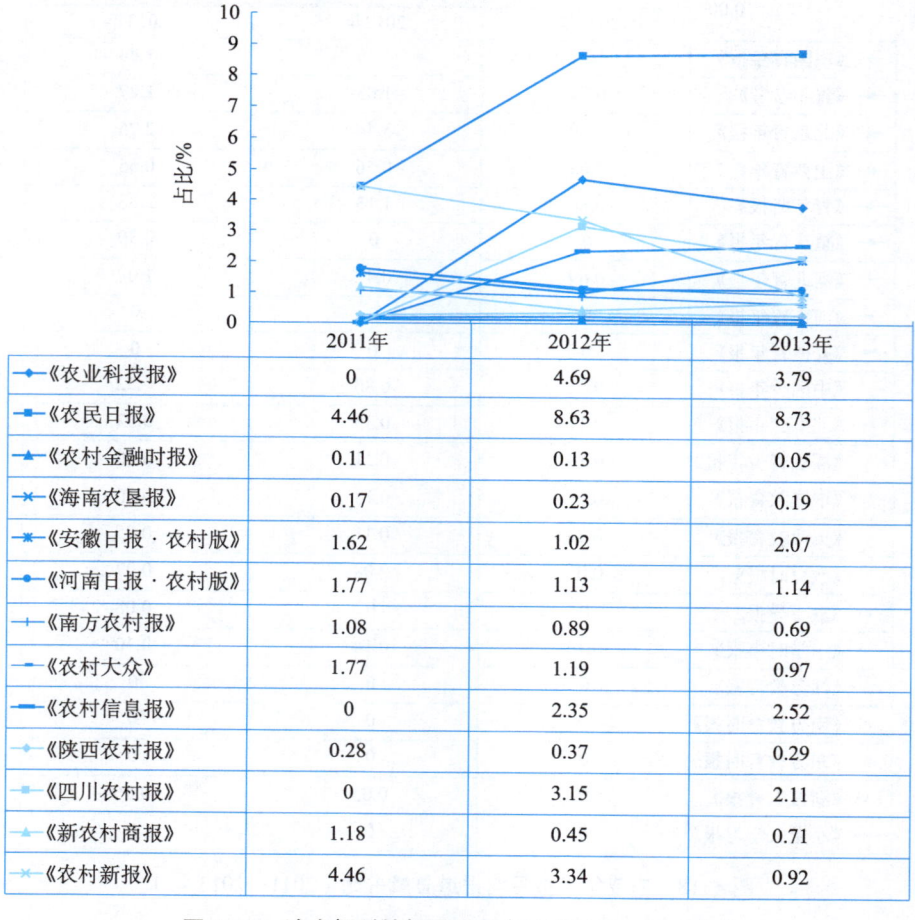

	2011年	2012年	2013年
《农业科技报》	0	4.69	3.79
《农民日报》	4.46	8.63	8.73
《农村金融时报》	0.11	0.13	0.05
《海南农垦报》	0.17	0.23	0.19
《安徽日报·农村版》	1.62	1.02	2.07
《河南日报·农村版》	1.77	1.13	1.14
《南方农村报》	1.08	0.89	0.69
《农村大众》	1.77	1.19	0.97
《农村信息报》	0	2.35	2.52
《陕西农村报》	0.28	0.37	0.29
《四川农村报》	0	3.15	2.11
《新农村商报》	1.18	0.45	0.71
《农村新报》	4.46	3.34	0.92

图4-19　涉农报科技报道总量占比（2011~2013年）

报纸	2011年	2012年	2013年
《农业科技报》	0%	0.78%	0.63
《农民日报》	0.74	1.44	1.45
《农村金融时报》	0.02	0.02	0.01
《海南农垦报》	0.03	0.04	0.03
《安徽日报·农村版》	0.27	0.17	0.34
《河南日报·农村版》	0.29	0.19	0.19
《南方农村报》	0.18	0.15	0.12
《农村大众》	0.29	0.20	0.16
《农村信息报》	0	0.39	0.84
《陕西农村报》	0.05	0.06	0.05
《四川农村报》	0	0.52	0.35
《新农村商报》	0.20	0.08	0.12
《农村新报》	0.74	0.56	0.15

图 4-20　涉农报月均报道总量占比（2011～2013 年）

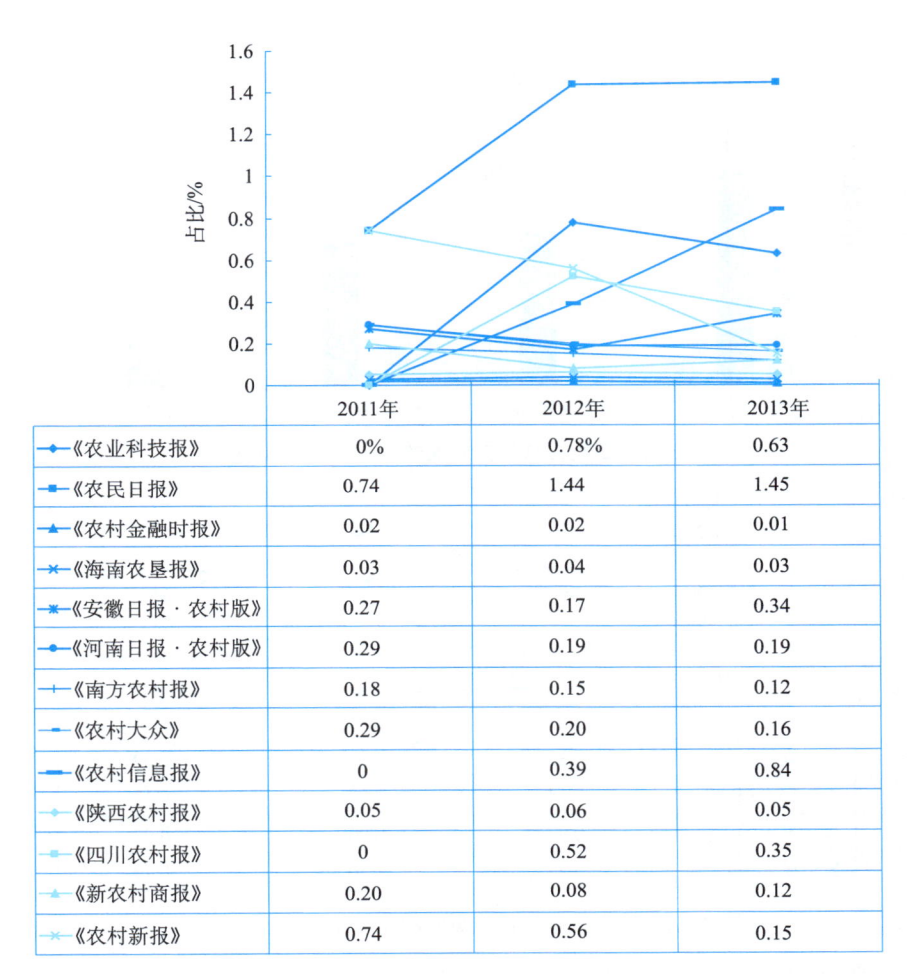

2. 报纸科技版面分析

版面语言不仅是报纸引导舆论的重要方式，也是帮助和吸引读者阅读的重要手段。报纸是否设有科技专版，体现了报纸对于科技报道的重视程度，同时也是报纸科技传播能力建设的重要组成部分。本书对 169 家报纸样本 2011～2013 年的科技版面与报道进行了统计与分析，结果如图 4-21、图 4-22 所示。

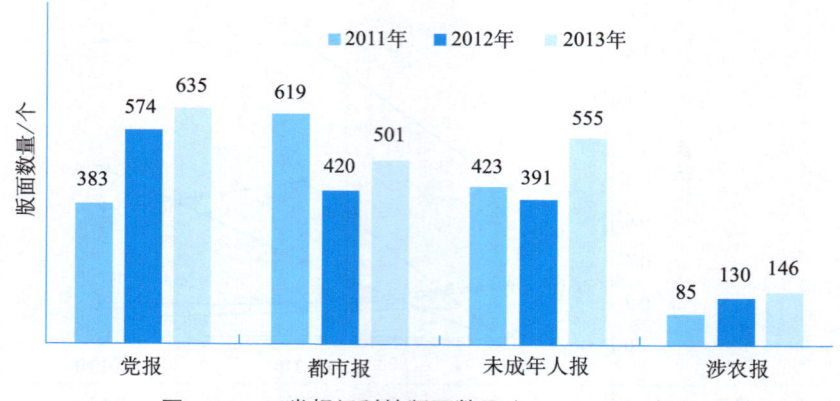

图 4-21　四类报纸科技版面数量（2011～2013 年）

	2011年	2012年	2013年
党报	0.32	0.49	0.32
都市报	0.14	0.10	0.12
未成年人报	0.97	0.90	0.97
涉农报	0.79	1.20	0.79

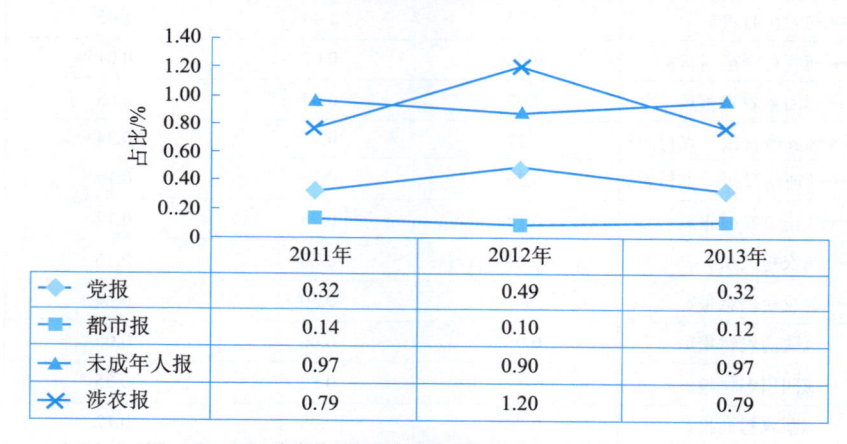

图 4-22　四类报纸年科技版面数量占比（2011～2013）

统计发现，四类报纸的科技版面数量大多呈现逐年递增趋势，其中党报科技版面数量增幅最为明显，从 2011 年的 383 个增加到 2013 年的 635 个，增幅达到 65.8%。而涉农报的科技版面数量较其他类报纸相对较少，这与涉农报的整体版面数量较少有关。

四类报纸的科技版面报道数量参差不齐，党报科技版面的报道数量最多，2012 年以后数量增长迅速；都市报科技版面的报道数量呈现下滑趋势；未成年人报 3 年科技版面的报道数量基本持平；涉农报科技版面的报道数量呈递增趋势（图 4-23）。

第四章 报纸科技传播

图 4-23 四类报纸科技版面报道数量（2011~2013 年）

将科技版面数量与科技版面报道数量进行对比研究，可以发现，都市报近年来的科技报道以深度报道或专题报道为主，因此会出现 1 个版 1 篇报道或 2 个版 1 篇报道的情况。

（1）党报设有专门科技版面的占比为半数以上

对 57 家党报（中央级党报 4 家、省级党报 30 家、省会城市级党报 23 家）进行分析，其中有 30 家党报设有专门的科技版面，占样本总数的 52.6%。

4 家中央级党报均设有专门的科技版面。《经济日报》2011 年的科技版面为"院士生涯""知识前沿"；2012 年取消了"院士生涯"，将"知识前沿"改版为"前沿新知"；2013 年改回了"知识前沿"。其他 3 家中央级党报 3 年的科技版面较为固定。从科技版面种类上看，《光明日报》的科技版面种类最多，达到 5 个，其他党报均设有 1~2 个科技版面（图 4-24、图 4-25）。

在省级党报中，有 17 家报纸开设了专门的科技版面，占省级党报的 56.7%。《南方日报》《解放日报》《河北日报》《河南日报》《广西日报》《贵州日报》的科技版面 3 年内较固定。《南方日报》从 2011 年 9 月开始设有科技版面；《湖北日报》《福建日报》《甘肃日报》《海南日报》从 2012 年开始设有科技版面。2012 年，《解放日报》《宁夏日报》《天津日报》的科技版面数量占据前三甲；2013 年，《宁夏日报》《解放日报》《浙江日报》的科技版面数量占据前三甲（图 4-26、图 4-27）。

153

图 4-24　中央级党报科技版面数量（2011～2013 年）

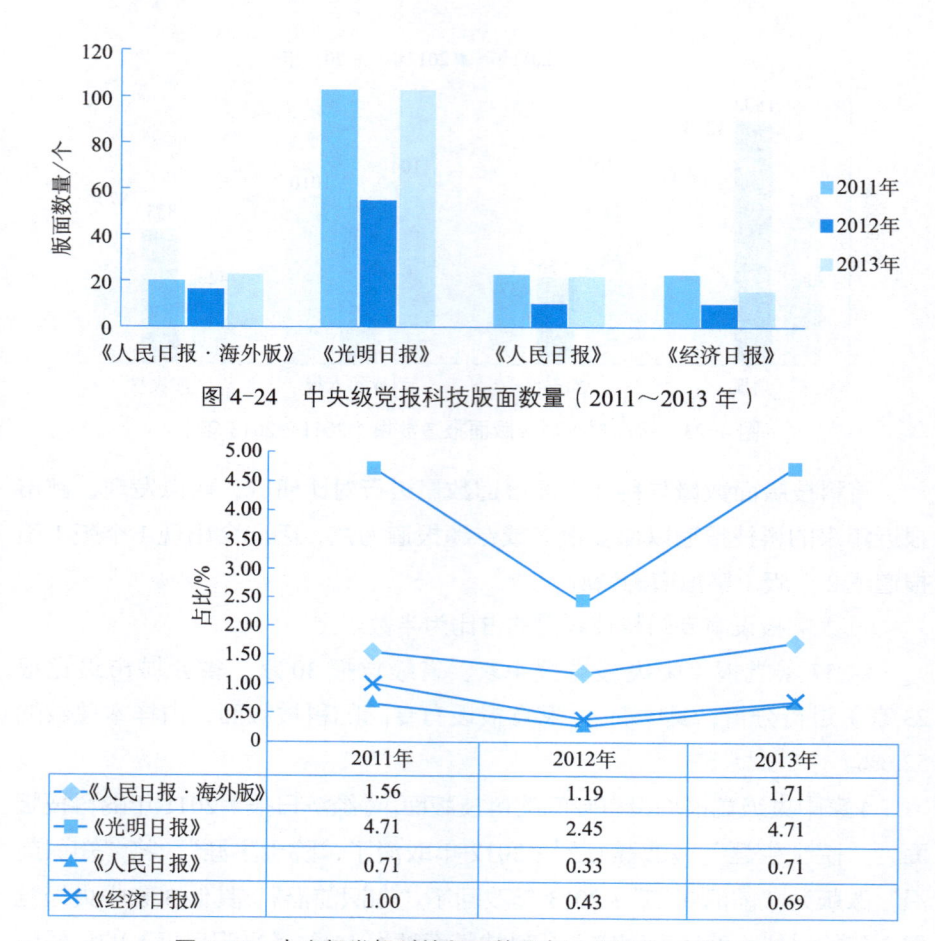

	2011年	2012年	2013年
《人民日报·海外版》	1.56	1.19	1.71
《光明日报》	4.71	2.45	4.71
《人民日报》	0.71	0.33	0.71
《经济日报》	1.00	0.43	0.69

图 4-25　中央级党报科技版面数量占比（2011～2013 年）

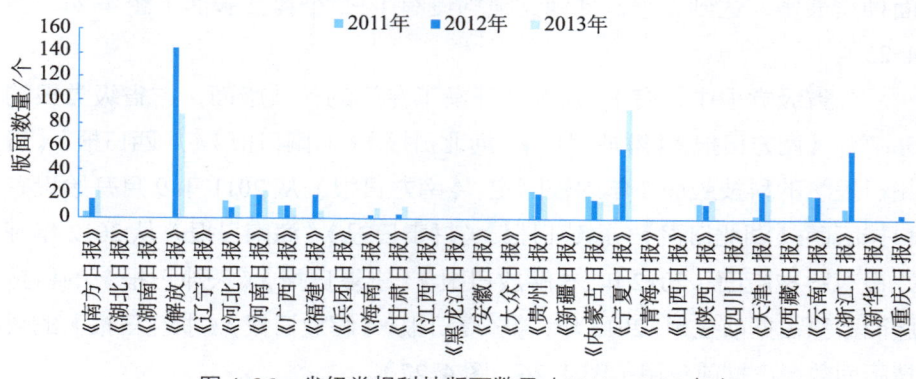

图 4-26　省级党报科技版面数量（2011～2013 年）

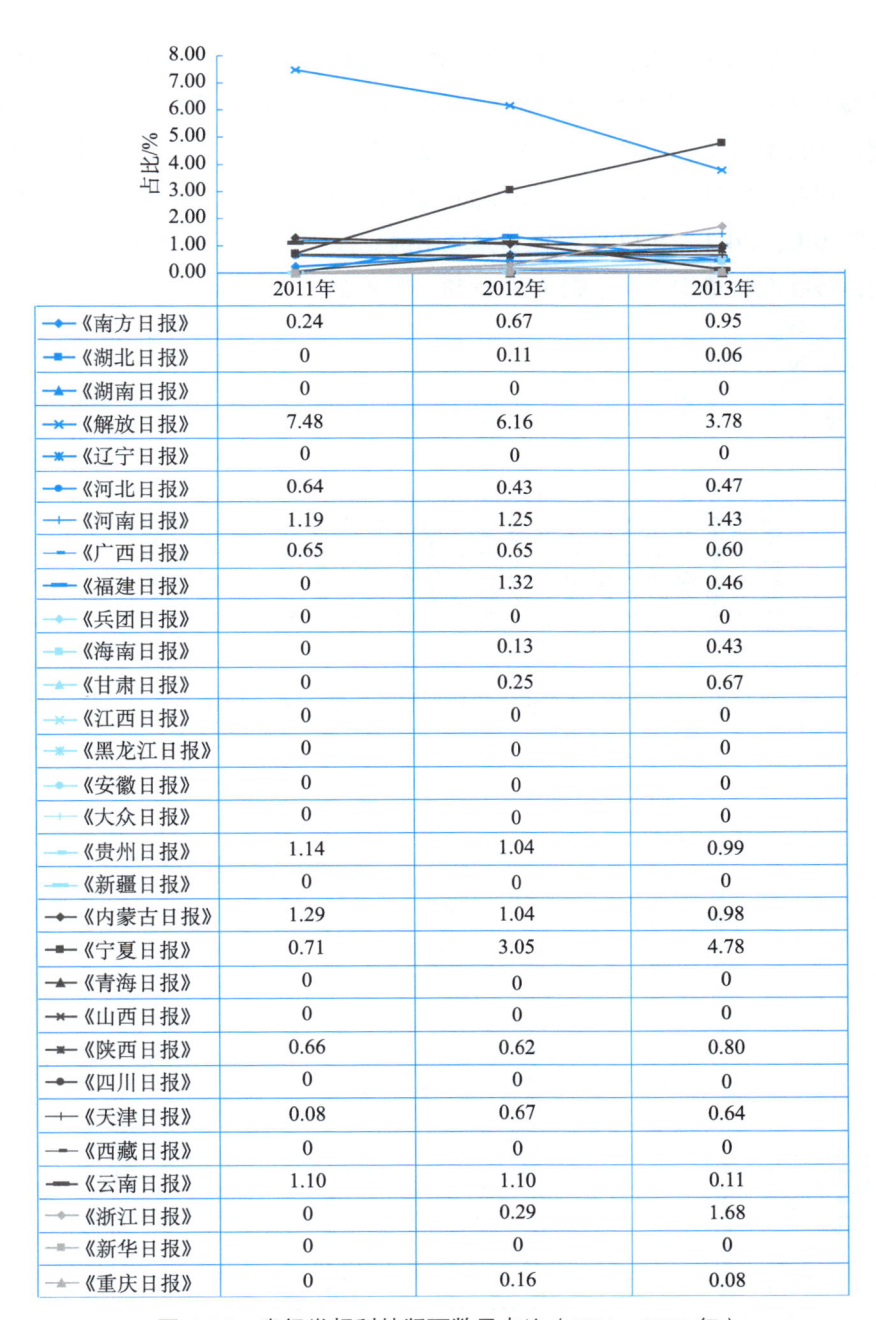

报纸	2011年	2012年	2013年
《南方日报》	0.24	0.67	0.95
《湖北日报》	0	0.11	0.06
《湖南日报》	0	0	0
《解放日报》	7.48	6.16	3.78
《辽宁日报》	0	0	0
《河北日报》	0.64	0.43	0.47
《河南日报》	1.19	1.25	1.43
《广西日报》	0.65	0.65	0.60
《福建日报》	0	1.32	0.46
《兵团日报》	0	0	0
《海南日报》	0	0.13	0.43
《甘肃日报》	0	0.25	0.67
《江西日报》	0	0	0
《黑龙江日报》	0	0	0
《安徽日报》	0	0	0
《大众日报》	0	0	0
《贵州日报》	1.14	1.04	0.99
《新疆日报》	0	0	0
《内蒙古日报》	1.29	1.04	0.98
《宁夏日报》	0.71	3.05	4.78
《青海日报》	0	0	0
《山西日报》	0	0	0
《陕西日报》	0.66	0.62	0.80
《四川日报》	0	0	0
《天津日报》	0.08	0.67	0.64
《西藏日报》	0	0	0
《云南日报》	1.10	1.10	0.11
《浙江日报》	0	0.29	1.68
《新华日报》	0	0	0
《重庆日报》	0	0.16	0.08

图4-27 省级党报科技版面数量占比（2011~2013年）

省会城市级党报科技版面的种类要少于中央级党报和省级党报，并且科技版面的出现也不固定，如《杭州日报》2011年出现"科技新闻"版面，2012年出现"财经·科技新闻"版面；《南京日报》2012年出现"人才·科技""要闻·人才"科技版面，2013年出现"人才·科技""科技九条"版面。2011~2013年，在省会城市级党报中，《贵阳日报》《长江日报》的科技版面数量均表现抢眼（图4-28、图4-29）。

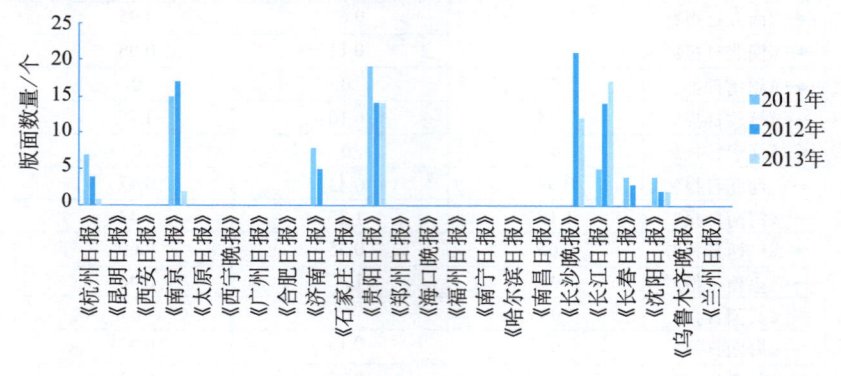

图4-28 省会城市级党报科技版面数量（2011~2013年）

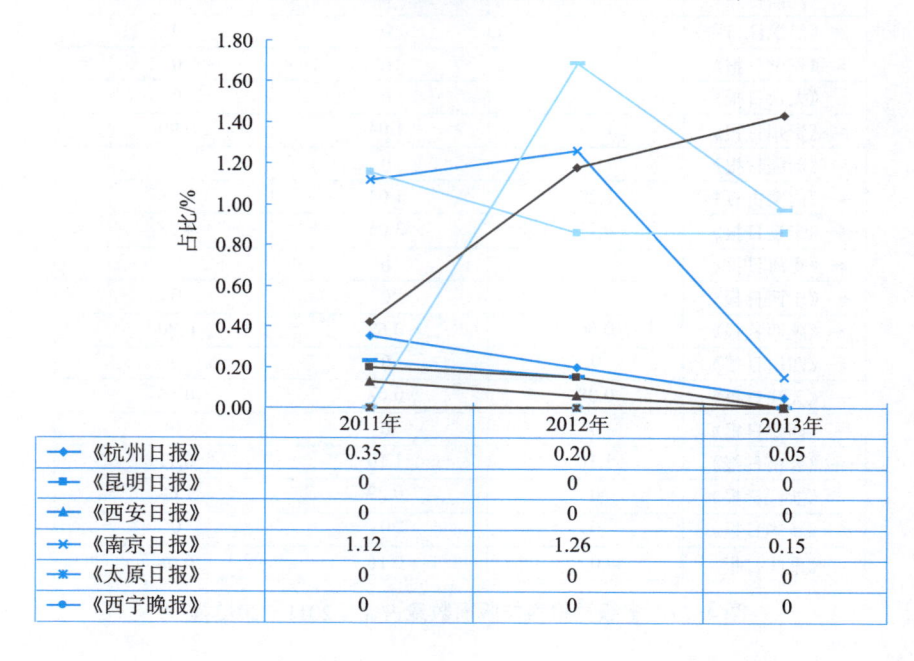

	2011年	2012年	2013年
《杭州日报》	0.35	0.20	0.05
《昆明日报》	0	0	0
《西安日报》	0	0	0
《南京日报》	1.12	1.26	0.15
《太原日报》	0	0	0
《西宁晚报》	0	0	0

《广州日报》	0	0	0
《合肥日报》	0	0	0
《济南日报》	0.23	0.15	0
《石家庄日报》	0	0	0
《贵阳日报》	1.16	0.86	0.86
《郑州日报》	0	0	0
《海口晚报》	0	0	0
《福州日报》	0	0	0
《南宁日报》	0	0	0
《哈尔滨日报》	0	0	0
《南昌日报》	0	0	0
《长沙晚报》	0	1.69	0.97
《长江日报》	0.42	1.18	1.43
《长春日报》	0.20	0.15	0
《沈阳日报》	0.13	0.06	0
《乌鲁木齐晚报》	0	0	0
《兰州日报》	0	0	0

图 4-29　省会城市级党报科技版面数量占比（2011~2013 年）

从党报 2011~2013 年科技版面数量上，可以看出，4 家中央级党报 2011 年和 2013 年的科技版面数量基本持平，2012 年较其他年份偏少，整体呈现"V"形的变化趋势（图 4-30）。

2011 年的上海市委机关报——《解放日报》的科技版面数量最多，有 176 个版面，该报基本上每天都会刊登科技版（图 4-31）。

省会城市级党报的科技版面数量参差不齐，整体数量较其他两类偏少（图 4-32）。

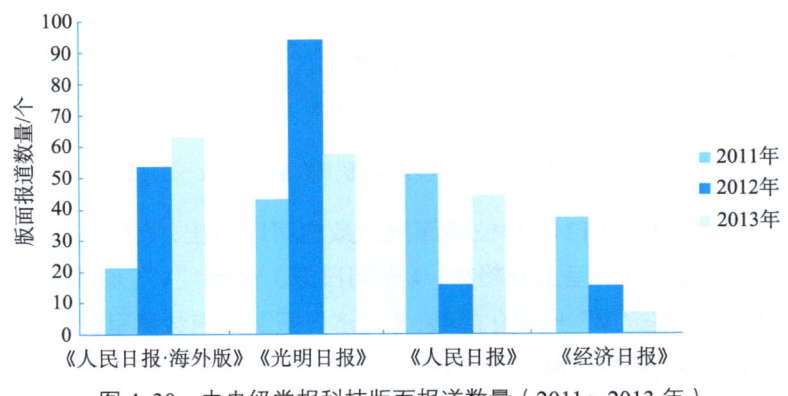

图 4-30　中央级党报科技版面报道数量（2011~2013 年）

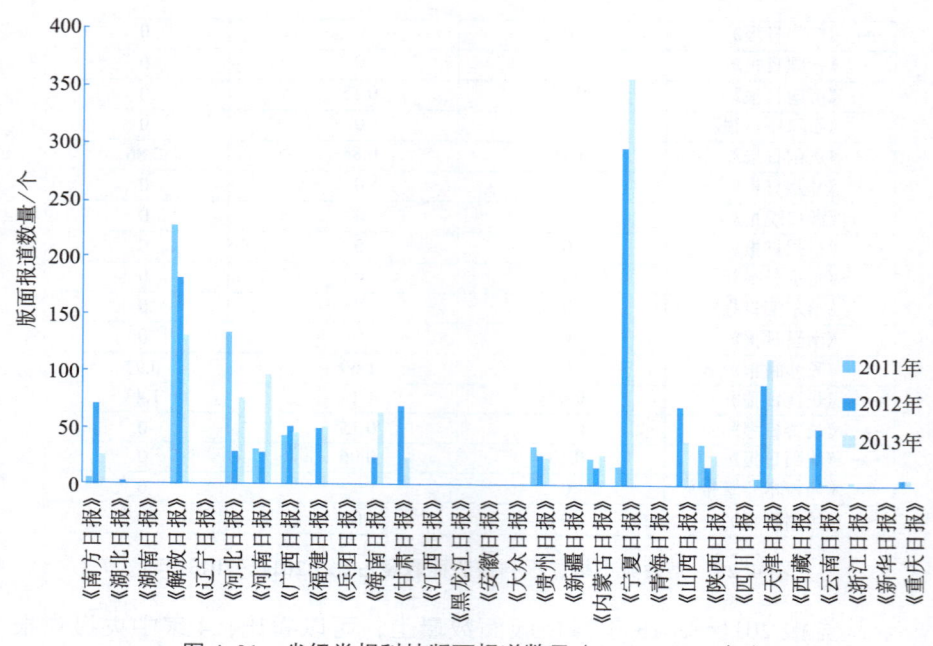

媒介·科技·传播 大众传媒科技传播现状研究

图4-31 省级党报科技版面报道数量（2011~2013年）

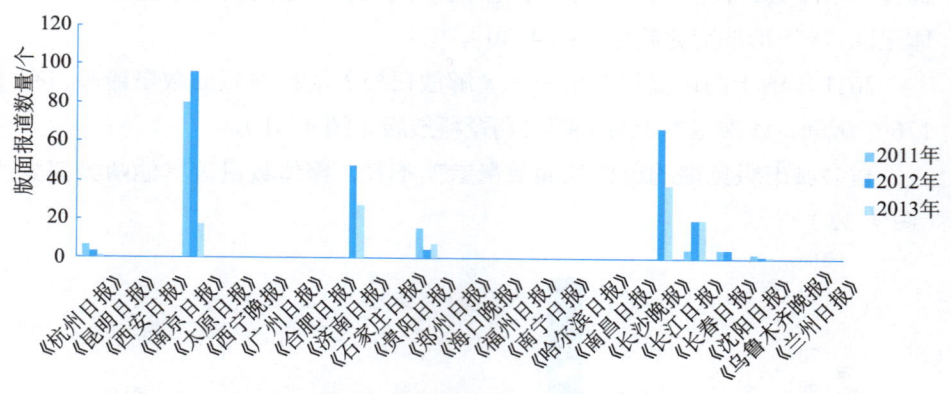

图4-32 省会城市党报科技版面报道数量（2011~2013年）

从党报2011~2013年科技版面报道数量可以看出，《人民日报·海外版》的科技报道数量呈上升趋势，《光明日报》呈倒"V"形的变化趋势，《人民日报》呈正"V"形变化趋势，《经济日报》报道数量呈现下降趋势。

在省级党报和省会城市级党报中，报道数量参差不齐，其中《解放日报》和《宁夏日报》的报道数量较多。

（2）都市报开设科技版面的占比为 26%

本书共对 77 家都市报（东部地区 28 家、中部地区 14 家、西部地区 27 家、东北部地区 8 家）进行统计分析，其中开设科技版面的报纸有 20 家，占所有报纸的 26%（表 4-3）。

表 4-3　都市报科技版面情况（2011～2013 年）

地区	报纸名称	年份		
		2011	2012	2013
东部	《新京报》	无	无	无
	《京华时报》	无	无	无
	《法制晚报》	无	无	无
	《北京娱乐信报》	无	无	无
	《北京晨报》	无	无	无
	《北京晚报》	有	无	无
	《每日新报》	无	无	无
	《今晚报》	无	无	无
	《渤海早报》	无	无	无
	《燕赵都市报》	无	有	无
	《燕赵晚报》	无	无	无
	《新民晚报》	有	有	有
	《新闻晨报》	有	无	无
	《新闻晚报》	有	有	有
	《扬子晚报》	无	无	无
	《现代快报》	无	无	无
	《南京晨报》	无	无	无
	《钱江晚报》	有	有	有
	《现代金报》	无	无	无
	《海峡都市报》	无	无	无
	《东南快报》	无	无	无
	《齐鲁晚报》	无	无	无
	《半岛都市报》	无	无	无
	《城市信报》	无	无	无
	《南方都市报》	无	无	无
	《新快报》	无	无	无

续表

地区	报纸名称	年份 2011	2012	2013
东部	《羊城晚报》	无	无	无
	《海南特区报》	无	无	无
中部	《山西晚报》	有	无	无
	《三晋都市报》	—	—	—
	《安徽商报》	有	无	无
	《合肥晚报》	有	无	无
	《江南都市报》	—	无	无
	《信息日报》	—	—	无
	《经济晚报》	有	无	无
	《大河报》	有	无	有
	《东方今报》	—	—	—
	《楚天都市报》	—	—	有
	《楚天金报》	—	—	有
	《潇湘晨报》	—	—	—
	《三湘都市报》	无	有	有
	《当代商报》	—	—	—
西部	《内蒙古晨报》	无	无	无
	《北方新报》	无	无	无
	《内蒙古商报》	有	有	无
	《南国早报》	无	无	无
	《当代生活报》	无	无	无
	《华声晨报》	—	—	—
	《重庆时报》	—	—	—
	《重庆商报》	无	无	无
	《重庆晨报》	—	无	无
	《华西都市报》	无	无	无
	《天府早报》	—	—	—
	《贵州都市报》	有	无	有
	《贵州商报》	—	—	—
	《生活新报》	无	无	无

第四章 报纸科技传播

续表

地区	报纸名称	年份 2011	2012	2013
西部	《都市时报》	无	无	无
	《春城晚报》	有	有	有
	《西藏商报》	无	无	无
	《拉萨晚报》	—	—	—
	《华商报》	—	—	—
	《三秦都市报》	—	无	无
	《西部商报》	无	无	无
	《兰州晚报》	—	—	—
	《西海都市报》	无	无	无
	《西宁晚报》	—	—	—
	《银川晚报》	无	无	无
	《新疆都市报》	—	—	—
	《生活晚报》	—	无	无
东北部	《辽沈晚报》	无	无	无
	《华商晨报》	—	无	无
	《时代商报》	无	无	无
	《新文化报》	无	无	无
	《城市晚报》	无	无	无
	《生活报》	有	有	有
	《黑龙江晨报》	有	无	无
	《新都市报》	—	—	—

具体而言，东部地区有6家都市报设有专门的科技版面，占东部地区都市报的21.4%（图4-33、图4-34）；中部地区有8家都市报设有科技版面，占中部地区都市报的57.1%（图4-35、图4-36）；西部地区的《内蒙古商报》《重庆商报》《贵州都市报》和《春城晚报》4家都市报有专门的科技版面，占西部地区都市报的14.8%（图4-37、图4-38）；东北部地区有2家都市报设有科技专版，分别是《生活报》的"教卫""科教""科教卫"，《黑龙江晨报》的"科教""科技"，占东北部地区都市报的25%（图4-39、图4-40）。

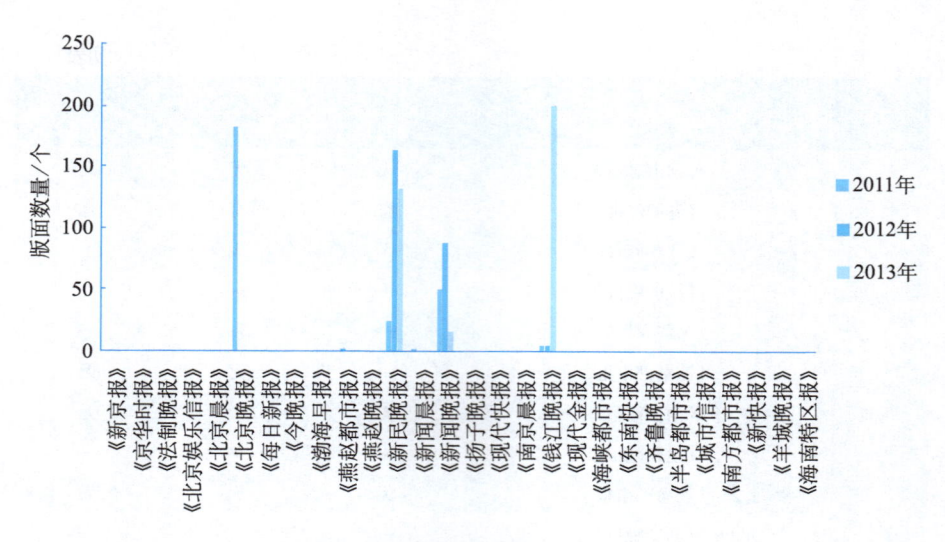

| 媒介·科技·传播 | 大众传媒科技传播现状研究

图 4-33　东部地区都市报科技版面数量（2011～2013 年）

	2011年	2012年	2013年
《新京报》	0	0	0
《京华时报》	0	0	0
《法制晚报》	0	0	0
《北京娱乐信报》	0	0	0
《北京晨报》	0	0	0
《北京晚报》	2.64	0	0
《每日新报》	0	0	0
《今晚报》	0	0	0
《渤海早报》	0	0	0
《燕赵都市报》	0	0.02	0
《燕赵晚报》	0	0	0
《新民晚报》	0.43	3.05	2.46
《新闻晨报》	0.01	0	0
《新闻晚报》	0.60	1.09	0.20
《扬子晚报》	0	0	0

第四章 报纸科技传播

《现代快报》	0	0	0
《南京晨报》	0	0	0
《钱江晚报》	0.04	0.04	2.01
《现代金报》	0	0	0
《海峡都市报》	0	0	0
《东南快报》	0	0	0
《齐鲁晚报》	0	0	0
《半岛都市报》	0	0	0
《城市信报》	0	0	0
《南方都市报》	0	0	0
《新快报》	0	0	0
《羊城晚报》	0	0	0
《海南特区报》	0	0	0

图 4-34 东部地区都市报科技版面数量占比（2011～2013 年）

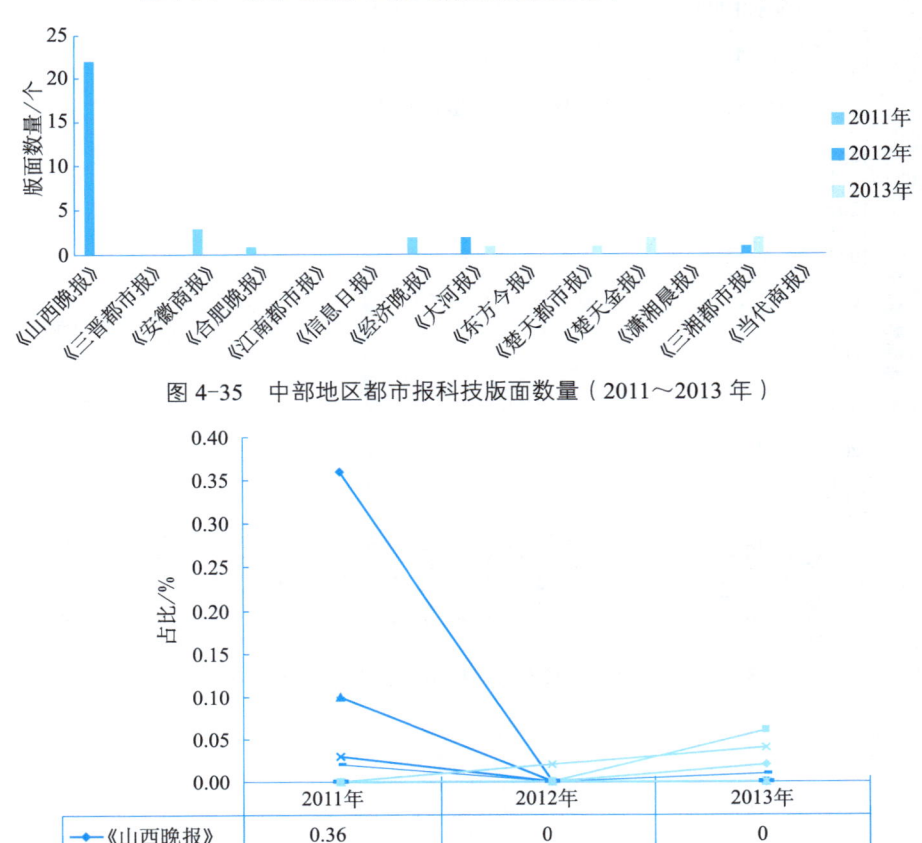

图 4-35 中部地区都市报科技版面数量（2011～2013 年）

	2011年	2012年	2013年
《山西晚报》	0.36	0	0

163

《三晋都市报》	0	0	0
《安徽商报》	0.10	0	0
《合肥晚报》	0.03	0	0
《江南都市报》	0	0	0
《信息日报》	0	0	0
《经济晚报》	0.10	0	0
《大河报》	0.02	0	0.01
《东方今报》	0	0	0
《楚天都市报》	0	0	0.02
《楚天金报》	0	0	0.06
《潇湘晨报》	0	0	0
《三湘都市报》	0	0.02	0.04
《当代商报》	0	0	0

图 4-36　中部地区都市报科技版面数量占比（2011～2013 年）

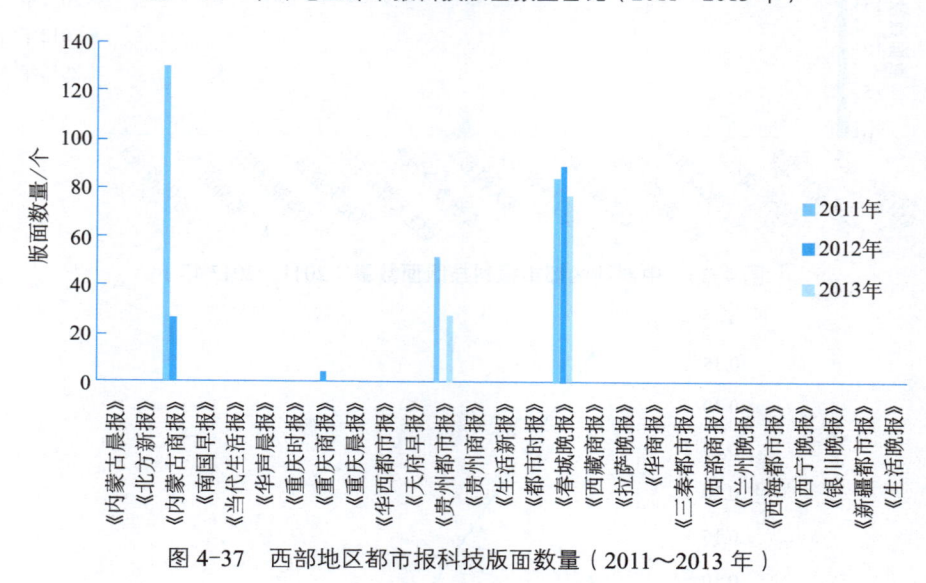

图 4-37　西部地区都市报科技版面数量（2011～2013 年）

第四章　报纸科技传播

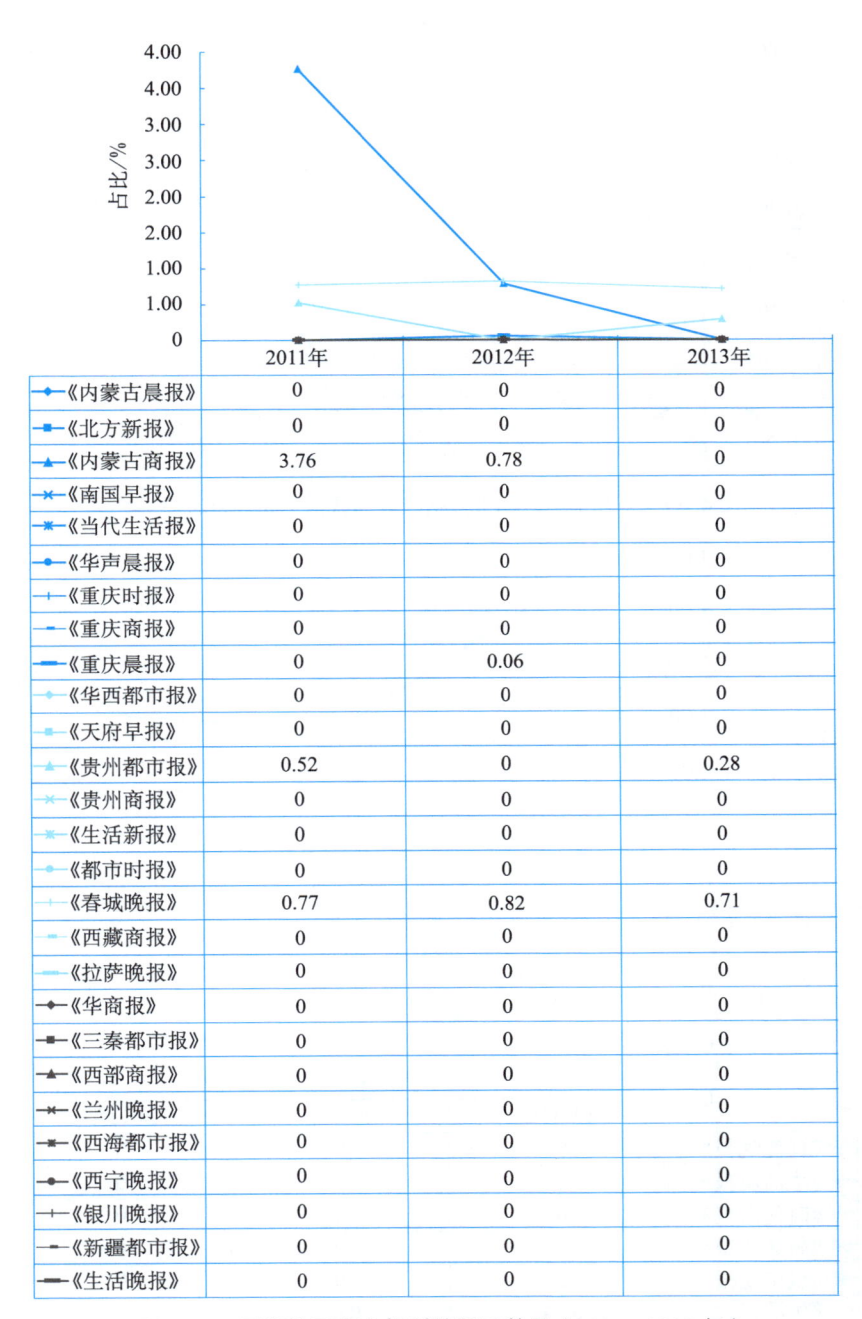

	2011年	2012年	2013年
《内蒙古晨报》	0	0	0
《北方新报》	0	0	0
《内蒙古商报》	3.76	0.78	0
《南国早报》	0	0	0
《当代生活报》	0	0	0
《华声晨报》	0	0	0
《重庆时报》	0	0	0
《重庆商报》	0	0	0
《重庆晨报》	0	0.06	0
《华西都市报》	0	0	0
《天府早报》	0	0	0
《贵州都市报》	0.52	0	0.28
《贵州商报》	0	0	0
《生活新报》	0	0	0
《都市时报》	0	0	0
《春城晚报》	0.77	0.82	0.71
《西藏商报》	0	0	0
《拉萨晚报》	0	0	0
《华商报》	0	0	0
《三秦都市报》	0	0	0
《西部商报》	0	0	0
《兰州晚报》	0	0	0
《西海都市报》	0	0	0
《西宁晚报》	0	0	0
《银川晚报》	0	0	0
《新疆都市报》	0	0	0
《生活晚报》	0	0	0

图 4-38　西部地区都市报科技版面数量（2011~2013 年）

165

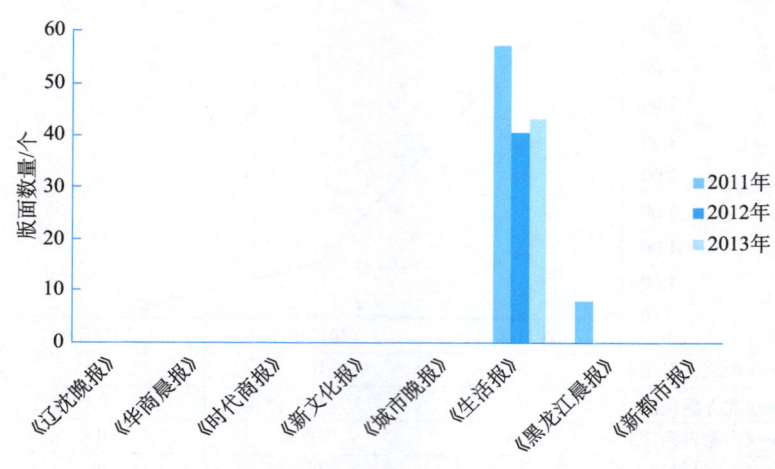

媒介·科技·传播 大众传媒科技传播现状研究

图 4-39　东北部地区都市报科技版面数量（2011~2013 年）

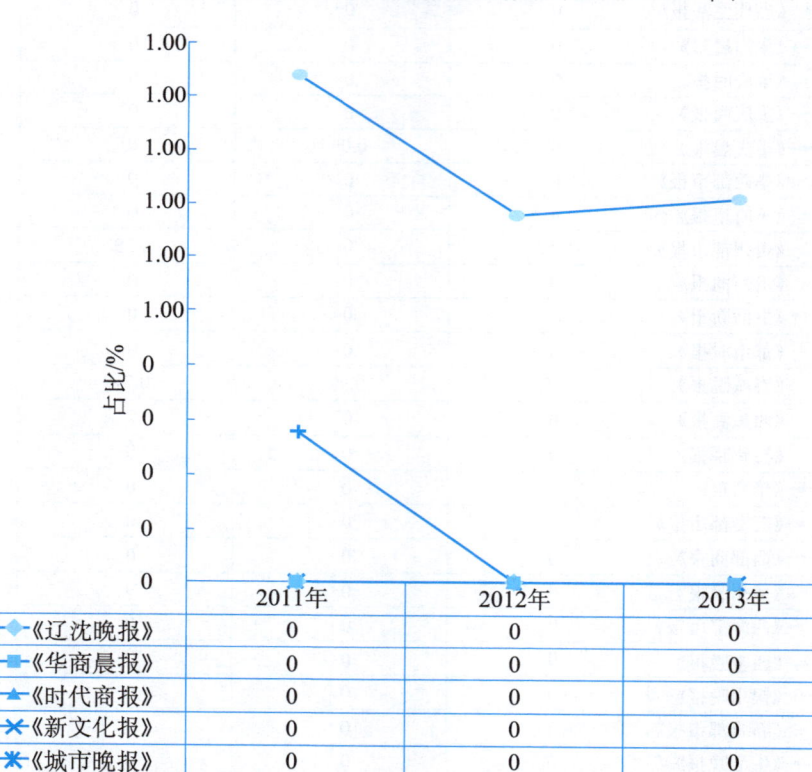

	2011年	2012年	2013年
《辽沈晚报》	0	0	0
《华商晨报》	0	0	0
《时代商报》	0	0	0
《新文化报》	0	0	0
《城市晚报》	0	0	0
《生活报》	0.94	0.68	0.71

╋《黑龙江晨报》	0	0	0
━《新都市报》	0	0	0

图 4-40　东北部地区都市报科技版面数量占比（2011~2013 年）

从都市报 2011~2013 年科技版面数量可以看出，东部地区的《北京晚报》《燕赵都市报》和《新闻晨报》在 2012 年和 2013 年删去了科教专版，《新民晚报》和《钱江晚报》的科技版面数量有所减少（图 4-41）。

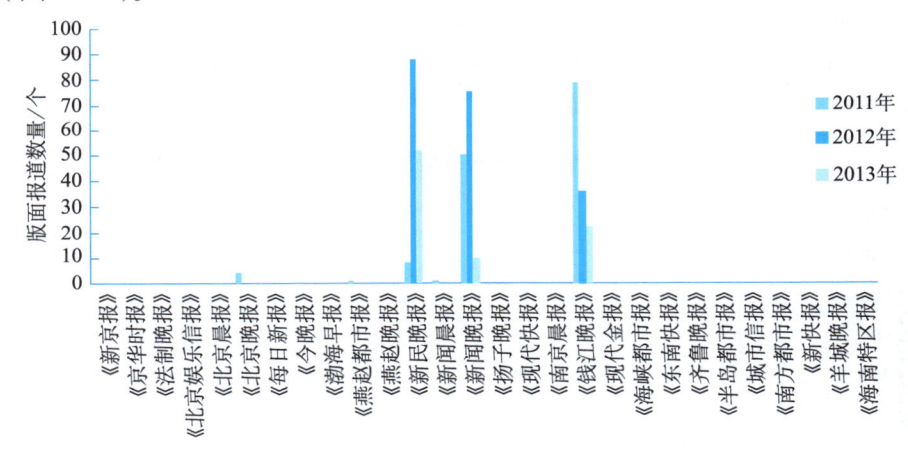

图 4-41　东部地区都市报科技版面报道数量（2011~2013 年）

中部地区的《山西晚报》《安徽商报》《合肥晚报》在 2012 年和 2013 年取消了科技专版，2013 年新开设科技专版的有《楚天都市报》和《楚天金报》，《天河报》《三湘都市报》科技版面数量有所增长，其他报纸在 2012 年和 2013 年的科技版面数量都有所减少（图 4-42）。

西部地区 4 家报纸科技版面总量为 492 版，《春城晚报》的版面数量最多，占到了整个西部地区报纸科技报道版面的 51.8%（250 版），其余分别为《内蒙古商报》（157 版，31.9%），《贵州都市报》（80 版，16.2%），《重庆商报》（5 版，0.1%）（图 4-43）。

东北部地区《黑龙江晨报》2012 年和 2013 年取消了科技专版，《生活报》的科技版面数量 2012 年和 2013 年均有减少（图 4-44）。

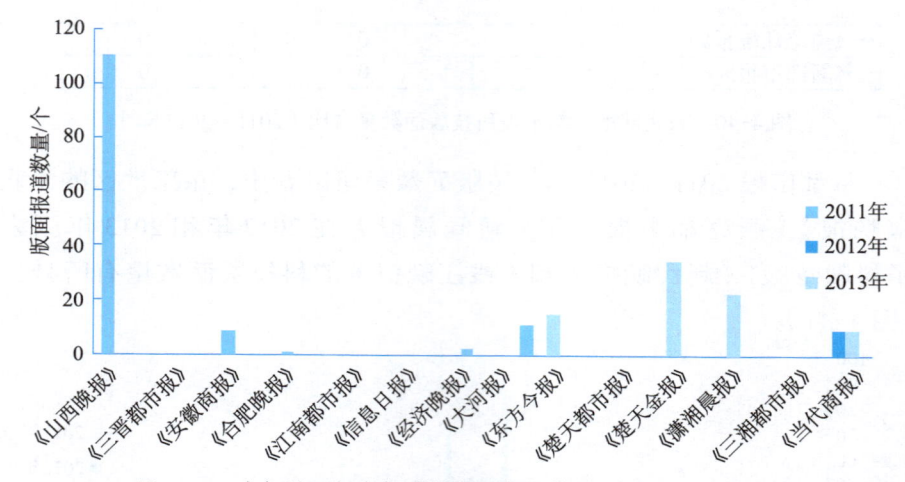

图 4-42　中部地区都市报科技版面报道数量（2011～2013 年）

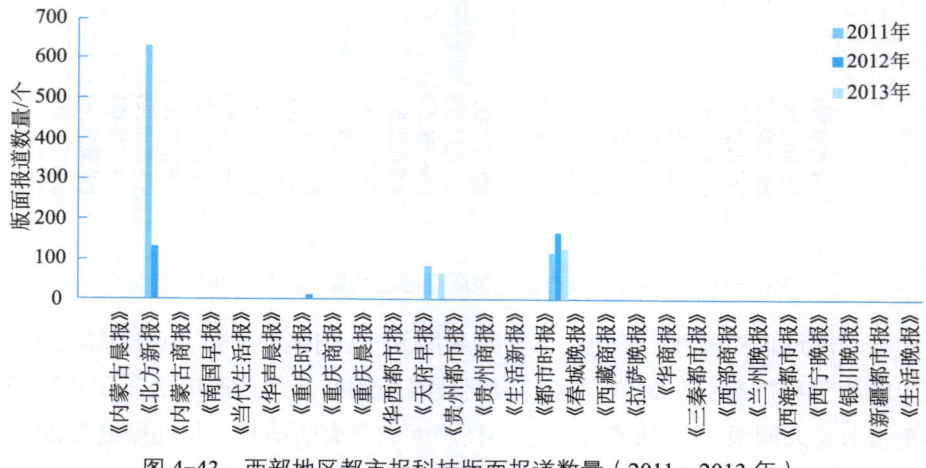

图 4-43　西部地区都市报科技版面报道数量（2011～2013 年）

从都市报 2011～2013 年科技版面报道数量可以看出，东部地区除了《新闻晨报》以外，其他 5 家报纸的科技报道数量都有所减少。从科技报道的数量来看，中部地区除了《三湘科技报》和《大河报》以外，其他报纸科技版面中的科技报道数量也都有所减少。在报道数量上，《内蒙古商报》以 759 篇报道独占鳌头，占据了整个报道篇数总量的 57.7%，其次是《春城晚报》（404 篇），占报道篇数总量的 30.8%，最后是《贵州都市报》（148 篇）和《重庆商报》（12 篇），分别占报道篇数总量的 11.4%、0.1%。东北

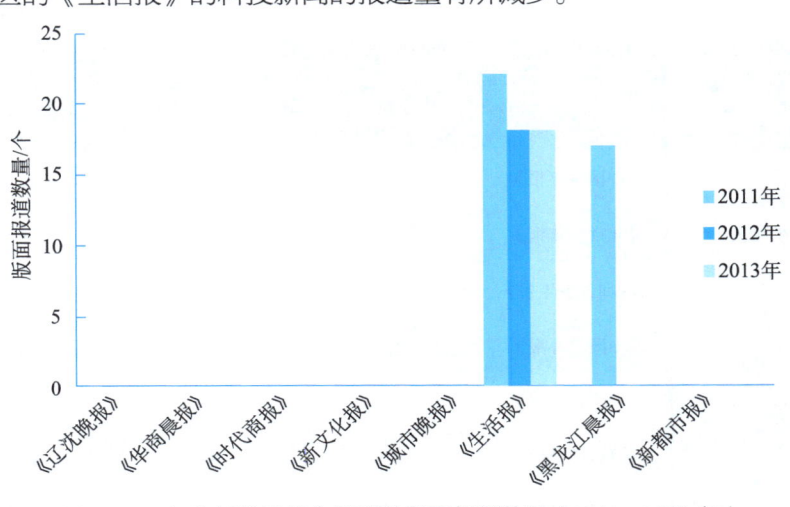

部地区的《生活报》的科技新闻的报道量有所减少。

图 4-44　东北部地区都市报科技版面报道数量（2011～2013 年）

（3）未成年人报开设科技版面的占比也超过 50%

本书对 22 家未成年人报进行统计分析，其中有 12 家报纸拥有专门的科技版面，占所有统计未成年报纸的 54.5%（表 4-4）。

表 4-4　未成年人报科技版面情况（2011～2013 年）

报纸分类	报纸名称	年份		
		2011	2012	2013
青年报	《中国青年报》	有	有	有
	《青年参考》	有	有	有
	《北京青年报》	有	有	有
	《山西青年报》	无	无	无
	《青年时报》	有	有	有
	《重庆青年报》	—	—	无
	《河北青年报》	有	有	有
	《河南青年报》	无	无	无
	《安徽青年报》	无	无	无

续表

报纸分类	报纸名称	年份 2011	2012	2013
少年报	《中国少年报》	有	有	有
	《北京少年报》	无	有	有
	《深圳青少年报》	无	有	无
教育报	《中国教育报》	有	无	无
	《天津教育报》	无	无	有
	《教育时报》	无	有	有
	《教育导报》	—	—	无
	《中学时事报》	有	有	有
	《江苏教育报》	无	无	无
	《南方教育时报》	无	无	无
	《东方教育时报》	无	无	无
	《浙江教育报》	—	无	无
	《小龙人学习报》	无	无	无

从表4-4中可以看出，设有科技专版的青年报和教育报要明显多于少年报。科技版面有如《中国青年报》的"冰点探索、数字青年"，《北京青年报》的"健康守望、饮食主义、数码时代、新技术、健康关怀、数码时代、探索之旅"和《中国教育报》的"e教育"等。青年报的科技版面一般是3年都连续出现，少年报和教育报除《中国少年报》外，没有3年连续拥有科技专版的报纸（图4-45、图4-46）。

第四章 报纸科技传播

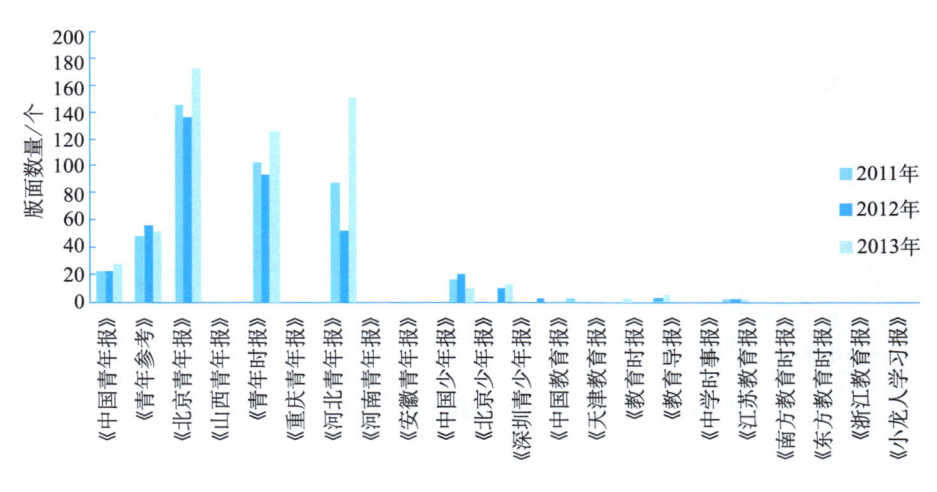

图 4-45 未成年人报科技版面数量（2011～2013 年）

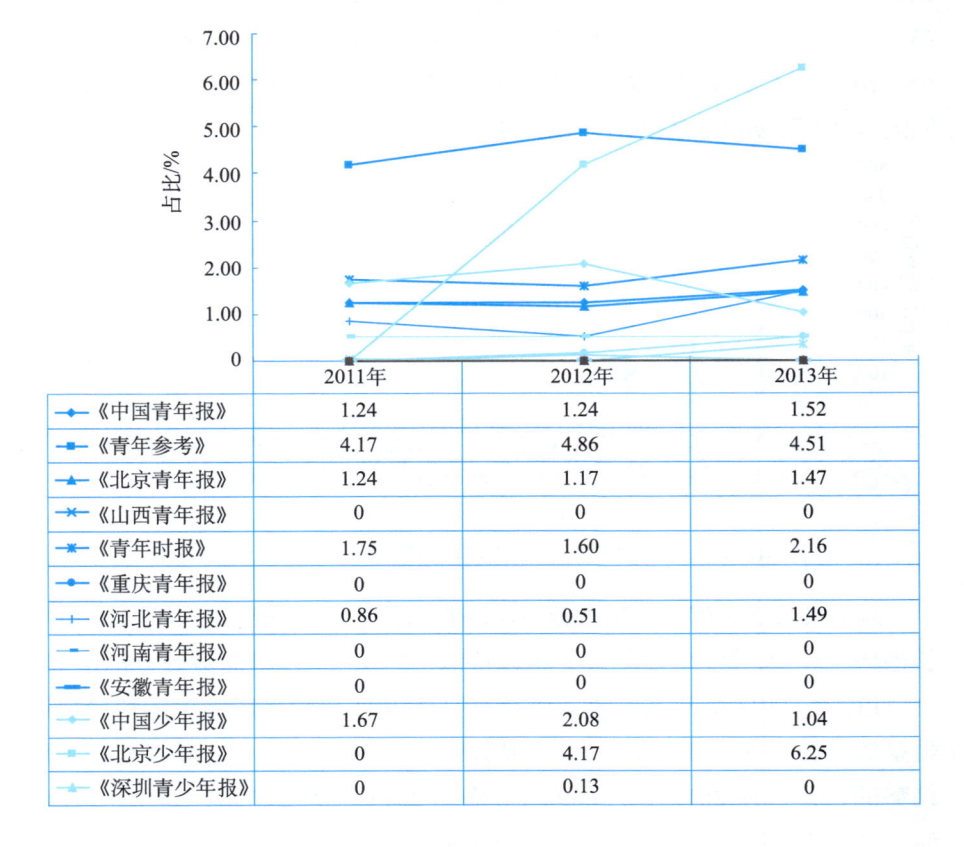

	2011年	2012年	2013年
《中国青年报》	1.24	1.24	1.52
《青年参考》	4.17	4.86	4.51
《北京青年报》	1.24	1.17	1.47
《山西青年报》	0	0	0
《青年时报》	1.75	1.60	2.16
《重庆青年报》	0	0	0
《河北青年报》	0.86	0.51	1.49
《河南青年报》	0	0	0
《安徽青年报》	0	0	0
《中国少年报》	1.67	2.08	1.04
《北京少年报》	0	4.17	6.25
《深圳青少年报》	0	0.13	0

171

《中国教育报》	0.04	0	0
《天津教育报》	0	0	0.35
《教育时报》	0	0.17	0.52
《教育导报》	0	0	0
《中学时事报》	0.52	0.52	0.52
《江苏教育报》	0	0	0
《南方教育时报》	0	0	0
《东方教育时报》	0	0	0
《浙江教育报》	0	0	0
《小龙人学习报》	0	0	0

图 4-46　未成年人报科技版面数量占比（2011～2013 年）

从未成年人报 2011～2013 年科技版面数量可以看出，报纸的科技版面数量变化不大，比较稳定，如《中国青年报》3 年的科技版面数量分别是 23 个、23 个、28 个，《中国少年报》3 年的科技版面数量分别是 16 个、20 个、10 个，上下浮动不是很明显，总的趋势都是呈现增长，而每份报纸之间的科技版面数量参差不齐（图 4-47）。

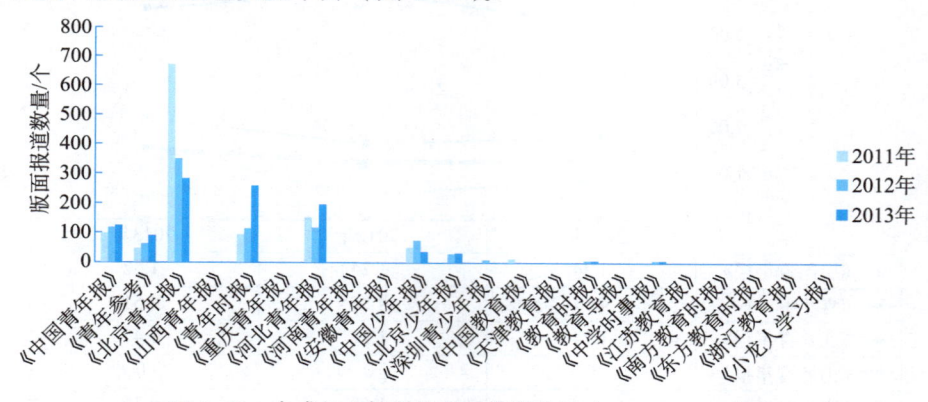

图 4-47　未成年人报科技版面报道数量（2011～2013 年）

从科技版面上的科技报道数量可以看出，这 12 家报纸都呈现一定的增长趋势。其中，《北京青年报》比较特殊，3 年的科技版面数量分别是 145 个、137 个、172 个，上下波动较大，但是 2011 年科技版面上的科技报道数量却是最多的，从科技版面上的科技报道数量来看，这 3 年是呈现下降趋势的，并且从 2011 年的 669 篇下降到 2013 年的 291 篇，变化比较大。而不是连续 3 年拥有科技版面的几家报纸，如《深圳青少年报》《中国教育报》《天津教育报》《教育时报》科技版面和报道数量均很少。

（4）涉农报开设科技版面的占比为46.2%

本书共对13家涉农报进行统计分析，其中有6家报纸具有专门的科技版面，占所有报纸的46.2%（表4-5）。

表4-5 涉农报科技版面情况（2011~2013年）

报纸分类	报纸名称	2011	2012	2013
科技专刊	《农业科技报》	—	无	无
涉农党报	《农民日报》	有	有	有
一般涉农报	《农村金融时报》	无	无	无
	《海南农垦报》	无	无	无
	《安徽日报·农村版》	无	无	有
	《河南日报·农村版》	无	无	无
	《南方农村报》	无	无	无
	《农村大众》	无	无	无
	《农村信息报》	—	有	有
	《陕西农村报》	无	无	无
	《四川农村报》	—	无	无
	《新农村商报》	有	无	无
	《农村新报》	有	有	有

这些科技版面分别来自《农民日报》2011年的"科教周刊""农技推广"，2012年和2013年的"科教周刊""种植技术""养殖技术"；《安徽日报·农村版》2013年的"技术专版"；《农村信息报》的"科技专版"；《四川农村报》的"科技园"；《新农村商报》2011年的"技术"；《农村新报》2011年的"农科服务"，2012年的"科技"和2013年的"跑腿－科技"。其中有3家报纸在2012年或2013年新增科技版面（图4-48、图4-49）。

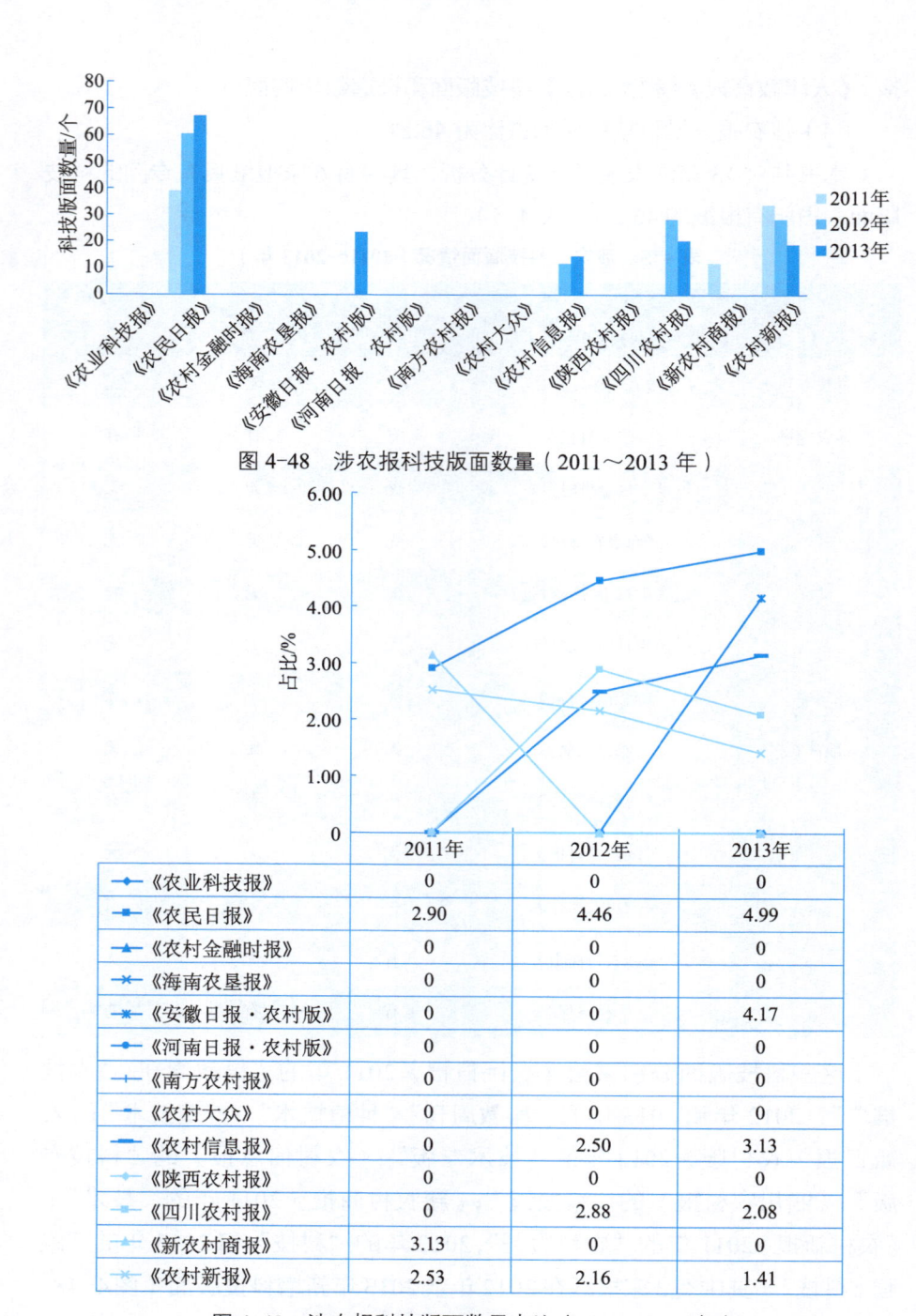

图 4-48　涉农报科技版面数量（2011～2013 年）

	2011年	2012年	2013年
《农业科技报》	0	0	0
《农民日报》	2.90	4.46	4.99
《农村金融时报》	0	0	0
《海南农垦报》	0	0	0
《安徽日报·农村版》	0	0	4.17
《河南日报·农村版》	0	0	0
《南方农村报》	0	0	0
《农村大众》	0	0	0
《农村信息报》	0	2.50	3.13
《陕西农村报》	0	0	0
《四川农村报》	0	2.88	2.08
《新农村商报》	3.13	0	0
《农村新报》	2.53	2.16	1.41

图 4-49　涉农报科技版面数量占比（2011～2013 年）

从涉农报 2011~2013 年科技版面数量中可以看出,《农民日报》3 年的科技版面数量最多,并且呈现递增趋势;其他报纸的科技版面数量均较少(图 4-50)。

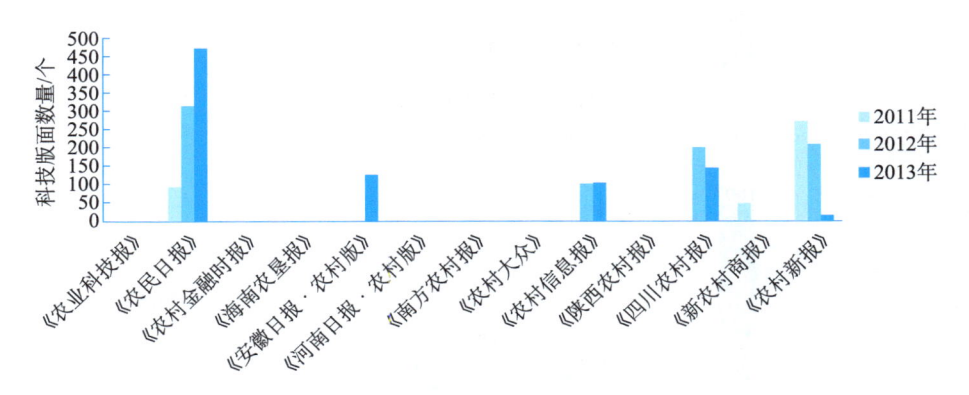

图 4-50　涉农报科技版面报道数量(2011~2013 年)

从科技版面报道数量可以看出,《农民日报》2012 年和 2013 年的科技专版的报道数量较 2011 年明显增多;其他报纸近 3 年的科技专版的报道数量均持平;《农村新报》2013 年的科技报道数量仅有 20 篇,是因为该报将 2012 年的科技版改为"跑腿－科技",主要是科技知识问答,平均每月 3~4 问,因此科技报道数量有所下降。

3. 报纸科技栏目分析

专栏是报纸编辑稿件的重要方式之一,是在报刊上专门刊登某一内容稿件的版面。专栏在报刊版面中具有相对独立性,一般都有固定的名称和位置。图 4-51 是 169 家样本报纸 2011~2013 年科技栏目数量统计。从中可以看出,党报的科技栏目数量最多;其他类报纸的科技栏目数量均较少,并且与党报科技栏目数量相差很多。党报的科技栏目报道数量最多,其中 2013 年增长尤为突出,数量达到 1007 篇,其他报纸的科技栏目报道数量则寥寥无几(图 4-52)。

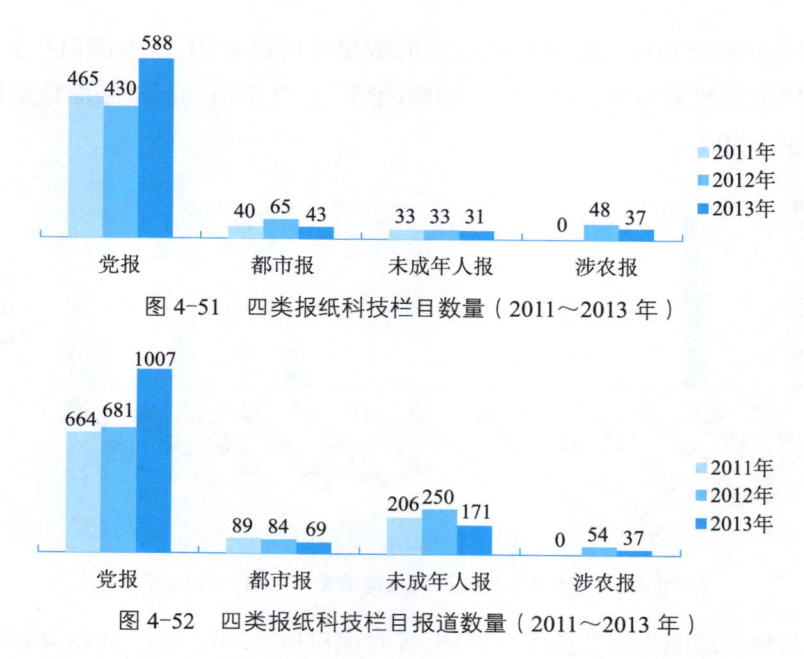

图 4-51　四类报纸科技栏目数量（2011～2013 年）

图 4-52　四类报纸科技栏目报道数量（2011～2013 年）

（1）1/3 多的党报开设科技专栏

在研究确定的 57 家党报样本中，其中 21 家报纸（包括 4 家中央级党报、11 家省级党报和 6 家省会城市级党报）设有专门的科技报道栏目，占所有报纸的 36.8%（表 4-6）。

从总体上看，中央级党报的栏目种类要比省级党报和省会城市级党报丰富，数量也多于这两类报纸。

科技栏目的名称并不是一成不变的。如 2011 年《人民日报·海外版》开设的科技栏目有"观潮亭""科技与生活""奇趣大自然""科教动态"等，2012 年只保留原有的"观潮亭"，其他栏目更改为"科技影像志"，2013 年又出现新栏目"科技中国""科教速递""科教纵览"。《广西日报》2011 年开设的科技栏目有"科技聚焦""计生频道""健康驿站""信息平台""关注绿色""科普广场""乡土风光"，到 2012 年新添加"热点追踪""天文奇观"栏目，2013 年又推出"你说我说""医疗在线"新栏目。从名称的多样化可以看出科技栏目的内容包罗万象，囊括了气候环境、养生保健、科技创新、数字产品、对话沟通类议题。

第四章　报纸科技传播

表 4-6　党报 2011～2013 年科技栏目名称

报纸分类	报纸名称	2011 年	2012 年	2013 年
中央级党报	《人民日报·海外版》	观潮亭（科教都有）、科技与生活、奇趣大自然、科教动态、科技趣闻、热点聚焦、科教在线、动态	观潮亭（科教都有）、科技影像志	观潮亭（科教都有）、科技中国、科技影像、科教速递、科教纵览
	《光明日报》	速读、新得、发现、漫说新知、旧识新知、读者来信、发现、新发笔、速读·生物、观点、艺术·健康、新能源、速读·植物、速读、读史新得、奇思妙想、科学与趣味、见解、世事评说、纵深报道、佳作、科学家点睛、问答、科学视界、书斋、趣闻、随笔、点评、随笔、科普、讲堂、生命家园、动态、前沿、趣普、聚焦、走进科学、教育基地	速读·天文、速读·健康、速读·遗古、速读、新技术、速读·天文、新发现、新发现、新技术、观点、探索、术、"心"秘密、世事评说、聚焦、随笔、生命、论坛、科普、发现、点睛、家园、前沿、趣普、趣普、点睛	速读·天文、速读·材料、心理学、考古、新视点、速读、新技术、速读·新发现、新发现、科学与艺术、新产品、速读、速读、新进展、速读、世事评说、环球新知、聚焦、点睛、随笔、故事、趣闻、争鸣、科普、前沿、家园、心声、动态、探索、科技前沿、身边的科学
	《人民日报》	一家之言、科技漫笔、关注、科技杂谈、创新故事、科海短波、新知、科海大观	关注、科技杂谈、创新故事、新知、人物、科海短波、科技一线	科技前沿、专访、科普之窗、科技短波、连续报道、创新故事、科技杂谈、关注、新知、走近科学、创新故事、科技前沿
	《经济日报》	前沿探秘、前沿之声、答疑解惑、前沿视点、身边的科学、科学浅说	答疑解惑、前沿应用、前沿探秘、前沿视点、前沿之声、身边的科学、前沿资讯、一线传真、前沿应用	图说新知、新视野、科学家快报、热点追踪、前沿热点、前沿探秘、快论、透视、科海万象
省级党报	《南方日报》	—	—	—
	《湖北日报》	—	—	—
	《湖南日报》	—	—	—
	《解放日报》	—	—	—

177

续表

报纸分类	报纸名称	科技栏目 2011年	科技栏目 2012年	科技栏目 2013年
省级党报	《辽宁日报》	—	—	—
	《河北日报》	身边科学、前沿幕后、科技人生、创新河北、环球新知	科技创业故事、绿色创新变废为宝、信息速递	信息速递、身边科学
	《河南日报》	—	—	—
	《广西日报》	科技聚焦、计生频道、健康驿站、信息平台、关注绿色、科普广场、乡土风光	热点追踪、天文奇观、计生频道、健康驿站、信息平台、关注绿色	你说我说、信息平台、计生频道、健康驿色、医疗在线
	《福建日报》	—	—	—
	《兵团日报》	—	—	—
	《海南日报》	—	科技前沿	科技前沿
	《甘肃日报》	—	探索、科技	—
	《江西日报》	—	—	—
	《黑龙江日报》	—	—	—
	《安徽日报》	—	—	—
	《大众日报》	—	—	—
	《贵州日报》	—	—	—
	《新疆日报》	—	—	—
	《内蒙古日报》	—	解疑释惑、科教视点、走近科学	—

第四章 报纸科技传播

续表

报纸分类	报纸名称	科技栏目 2011年	科技栏目 2012年	科技栏目 2013年
省级党报	《宁夏日报》	科技之窗、食品安全知多少	科技前沿、科普园地、探索发现、科普天天知	—
	《青海日报》	—	科技传真、科普	科技传真
	《山西日报》	—	—	科技生活
	《陕西日报》	—	—	科普之窗
	《四川日报》	—	—	—
	《天津日报》	科普知识	—	—
	《西藏日报》	—	—	—
	《云南日报》	科普平台、科技动态、科技视点、科学探索、科学生活、地方科技、图说科技、云南科技工作成就巡礼	云岭科技、科技视点、科技动态、自然之谜、气象科普、科学生活	云岭科技、科技动态、自然之谜、把论文写在云岭大地上、防灾减灾
	《浙江日报》	—	科技的声响、一分钟科普、写在科学边上、一周知新、好奇者说、科学+、科学地平线、生活大爆炸	科学+、好奇者说、一周知新、生活大爆炸、美丽新科技、写在科学边上、科学对碰、科技的声响、科学地平线、科学对碰、节气餐桌、2013守护蓝色星球、爆米花、好奇、24℃好奇心、图文直播、环球同此凉热、好问、纸本记录、2013年中盘点、好奇、科学万花筒、环球万花筒、科学万花筒、浙江科技
	《新华日报》	—	—	—
	《重庆日报》	—	—	—

续表

报纸办类	报纸名称	科技栏目 2011年	科技栏目 2012年	科技栏目 2013年
省会城市级党报	《合肥日报》	—	科技新知	科技新知
	《杭州日报》	—	—	—
	《昆明日报》	—	—	—
	《西安日报》	—	—	—
	《南京日报》	—	—	—
	《太原日报》	—	—	—
	《西宁晚报》	—	—	—
	《广州日报》	—	—	—
	《济南日报》	—	—	—
	《石家庄日报》	—	—	—
	《贵阳日报》	新技术展望、科普之窗、图说科技、科技应用、科技生活、科技新闻、动态科技、网络生活、科技在线、未来科技、天文科技、科技新链接、未来世界、图文科技、创意生活、太空健康、科技创新、科技聚焦、科技揭秘、科技环境、信息服务、新兴产业、创意科时讯、在线科技、科技通讯、科技新知、科技关注	关注地球、E生活、科普之窗、科技生活、探索发明、科技探索、科技关注、动态科技、焦点科技、科技医卫、科技能源、创意产品、科技观察、科技咨询、科技创意、科技环境、科技开发、科技产品、科技发现、图说科技、科技资讯、科技快讯、天气天象、地质地貌、科技快讯、探索发明、科技关注、科技新知、科技趣闻	关注、探知、E生活、科技趣闻、科教动态、新知、动态、科普之窗、科技观察、科技生活、科技向"黔"看、科技关注、科技快讯、探索发现、产业科技、产业发明、贵阳高新技术摄影
	《郑州日报》	—	—	—

180

续表

报纸分类	报纸名称	科技栏目 2011年	科技栏目 2012年	科技栏目 2013年
省会城市级党报	《海口晚报》	科普天地	科普天地、科普	科普天地
	《福州日报》	—	—	—
	《南宁日报》	—	—	—
	《哈尔滨日报》	—	—	—
	《南昌日报》	—	—	—
	《长沙晚报》	—	漫画笔、寰宇科技、微科普、文艺范、热点追踪、X档案	趣味科技、生活科技、科技新品、微科普
	《长江日报》	科技前沿	—	—
	《长春日报》	科教卫动态	—	—
	《沈阳日报》	—	—	—
	《乌鲁木齐晚报》	—	—	—
	《兰州日报》	—	—	—

从党报 2011~2013 年科技栏目数量可以看出,《光明日报》在 2011 年曾出现 113 个科技栏目,2012 年和 2013 年分别刊登 46 和 98 个科技栏目,其 3 年的栏目总量明显多于其他报纸(图 4-53)。

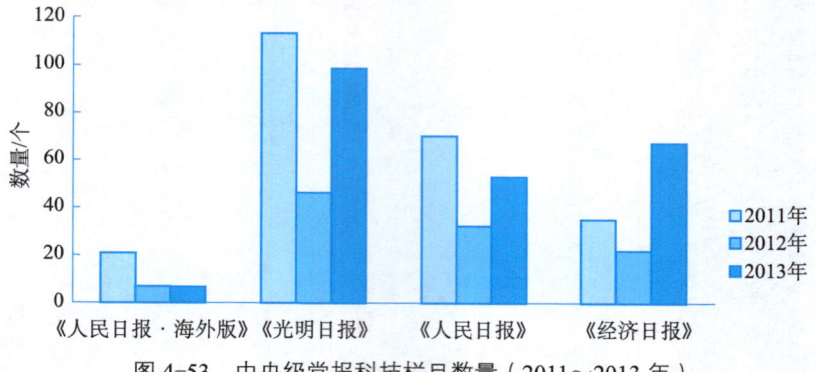

图 4-53　中央级党报科技栏目数量(2011~2013 年)

科技栏目的数量变化较稳定的有《广西日报》《河北日报》《海口晚报》,其中《海口晚报》3 年的科技栏目数量均为 2 个,《广西日报》3 年的栏目数量分别是 34 个、30 个、33 个;《河北日报》3 年的科技栏目数量分别是 45 个、50 个、38 个,2013 年呈现明显下降趋势(图 4-54、图 4-55)。

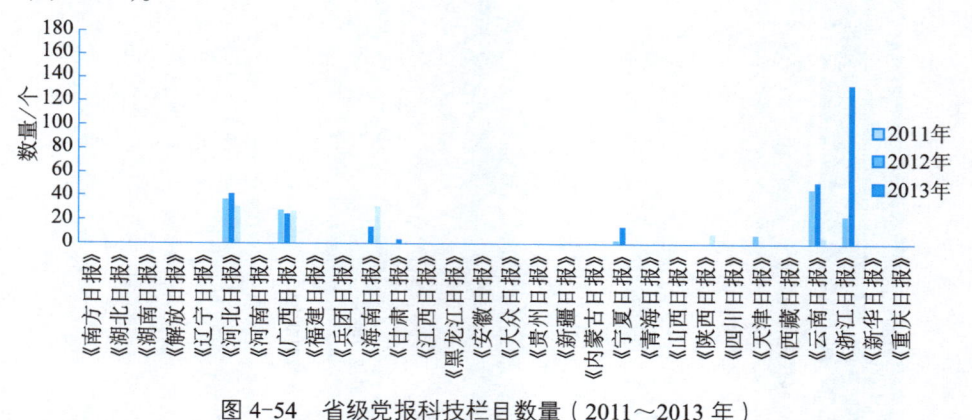

图 4-54　省级党报科技栏目数量(2011~2013 年)

第四章　报纸科技传播

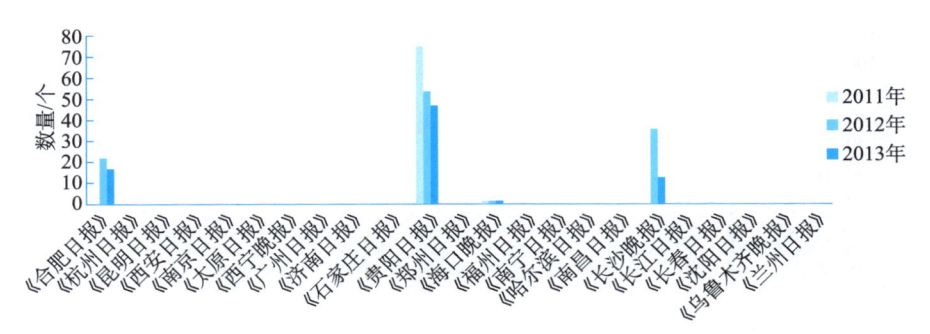

图 4-55　省会城市级党报科技栏目数量（2011~2013 年）

从党报 2011~2013 年科技栏目报道数量可以看出，《光明日报》《河北日报》《浙江日报》《贵阳日报》的科技栏目报道数量较多，其他报纸均较少且不平均（图 4-56~图 4-58）。

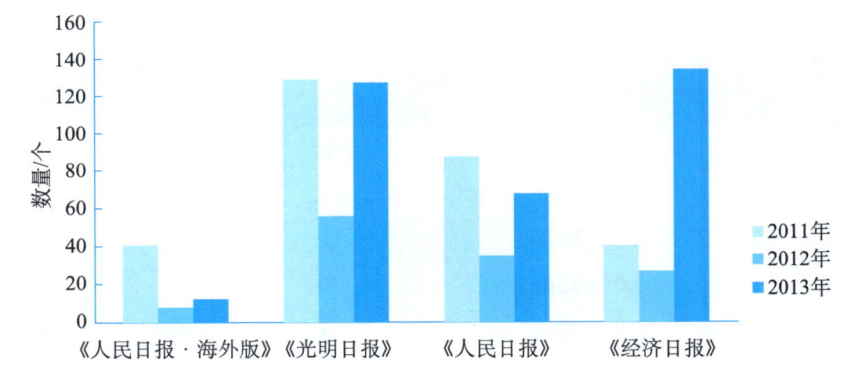

图 4-56　中央级党报科技栏目报道数量（2011~2013 年）

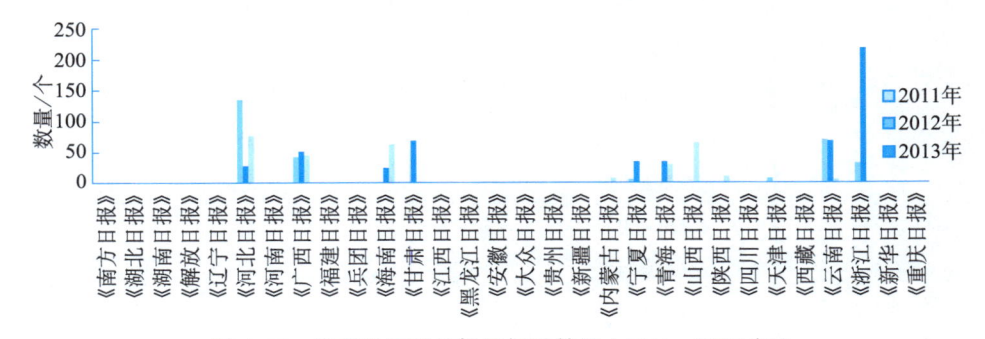

图 4-57　省级党报科技栏目报道数量（2011~2013 年）

183

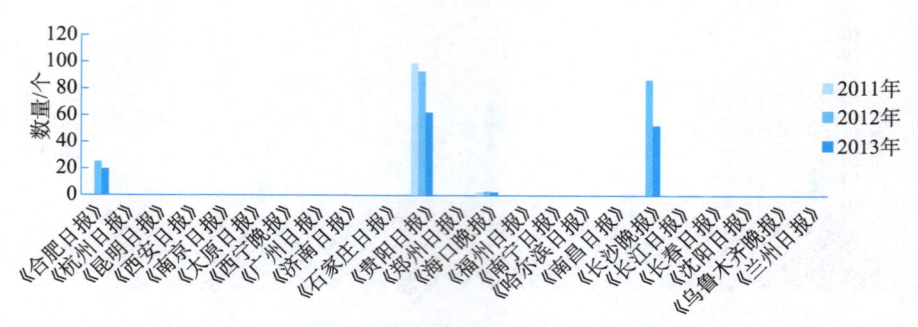

图 4-58　省会城市级党报科技栏目报道数量（2011～2013 年）

（2）不足一成的都市报设有科技栏目

在 77 家都市报样本中，共有 7 家报纸设有科技栏目，占所统计报纸的 9%（表 4-7，图 4-59）。

表 4-7　都市报科技栏目设置情况（2011～2013 年）

地区	报纸名称	科技栏目 2011 年	科技栏目 2012 年	科技栏目 2013 年
东部	《新京报》	无	无	无
	《京华时报》	无	无	无
	《法制晚报》	无	无	无
	《北京娱乐信报》	有	有	有
	《北京晨报》	无	无	无
	《北京晚报》	无	无	无
	《每日新报》	无	无	无
	《今晚报》	无	无	无
	《渤海早报》	无	无	无
	《燕赵都市报》	无	无	无
	《燕赵晚报》	无	无	无
	《新民晚报》	无	无	无
	《新闻晨报》	无	无	无
	《新闻晚报》	无	无	无
	《扬子晚报》	无	无	无
	《现代快报》	无	无	无

续表

地区	报纸名称	科技栏目 2011年	科技栏目 2012年	科技栏目 2013年
东部	《南京晨报》	无	无	无
	《钱江晚报》	无	无	无
	《现代金报》	无	无	无
	《海峡都市报》	无	无	无
	《东南快报》	无	无	无
	《齐鲁晚报》	有	有	无
	《半岛都市报》	有	无	有
	《城市信报》	有	有	有
	《南方都市报》	无	无	无
	《新快报》	无	无	无
	《羊城晚报》	无	无	无
	《海南特区报》	无	无	无
中部	《山西晚报》	无	无	无
	《三晋都市报》	无	—	—
	《安徽商报》	无	无	无
	《合肥晚报》	无	无	无
	《江南都市报》	—	无	无
	《信息日报》	—	—	无
	《经济晚报》	无	无	无
	《大河报》	有	有	有
	《东方今报》	—	—	—
	《楚天都市报》	—	—	无
	《楚天金报》	—	—	无
	《潇湘晨报》	—	—	—
	《三湘都市报》	有	无	无
	《当代商报》	—	—	—

185

续表

地区	报纸名称	科技栏目 2011年	科技栏目 2012年	科技栏目 2013年
西部	《内蒙古晨报》	无	无	无
	《北方新报》	无	无	无
	《内蒙古商报》	无	无	无
	《南国早报》	无	无	无
	《当代生活报》	无	无	无
	《华声晨报》	—	—	—
	《重庆时报》	—	—	—
	《重庆商报》	无	无	无
	《重庆晨报》	无	无	无
	《华西都市报》	无	无	无
	《天府早报》	—	—	—
	《贵州都市报》	无	无	无
	《贵州商报》	—	—	—
	《生活新报》	无	无	无
	《都市时报》	无	无	无
	《春城晚报》	无	无	无
	《西藏商报》	无	无	无
	《拉萨晚报》	—	—	—
	《华商报》	—	—	—
	《三秦都市报》	—	无	无
	《西部商报》	无	无	无
	《兰州晚报》	—	—	—
	《西海都市报》	无	无	无
	《西宁晚报》	—	—	—
	《银川晚报》	无	无	无
	《新疆都市报》	—	—	—

续表

地区	报纸名称	科技栏目 2011年	科技栏目 2012年	科技栏目 2013年
西部	《生活晚报》	—	无	无
东北部	《辽沈晚报》	无	无	无
东北部	《华商晨报》	—	无	无
东北部	《时代商报》	无	无	无
东北部	《新文化报》	无	无	无
东北部	《城市晚报》	无	无	无
东北部	《生活报》	无	无	无
东北部	《黑龙江晨报》	有	有	无
东北部	《新都市报》	无	无	无

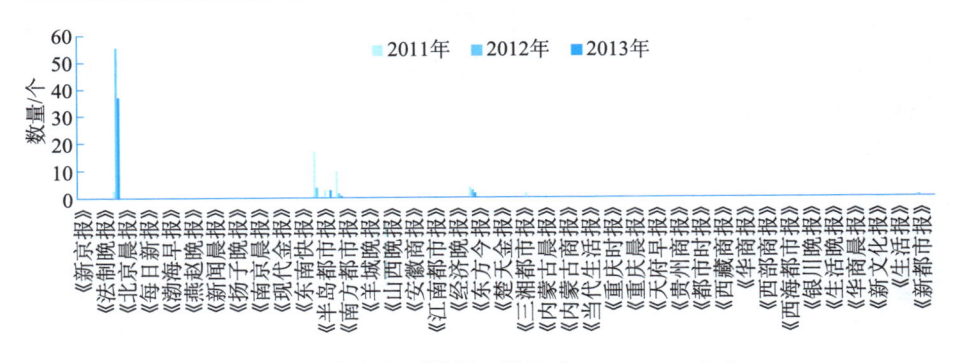

图 4-59　都市报科技栏目数量（2011～2013年）

东部地区有 4 家都市报设有科技专栏，包括《北京娱乐信报》的"科学新知"，《齐鲁晚报》的"科技""布告栏"，《城市信报》的"新发明·新发现""绿色前沿"。在这些报纸中，《齐鲁晚报》和《城市信报》的科技专栏有所减少，其余 2 家报纸专栏数量 3 年无规律（图 4-60）。

中部地区有 2 家都市报设有科技专栏，即《大河报》的"国际科技""科技创新"、《三湘都市报》的"饮食安全"。其中，《三湘都市报》于 2012 年和 2013 年取消了科技专栏，而《大河报》的科技专栏和专栏内的报道量 3 年内连续减少（图 4-60）。

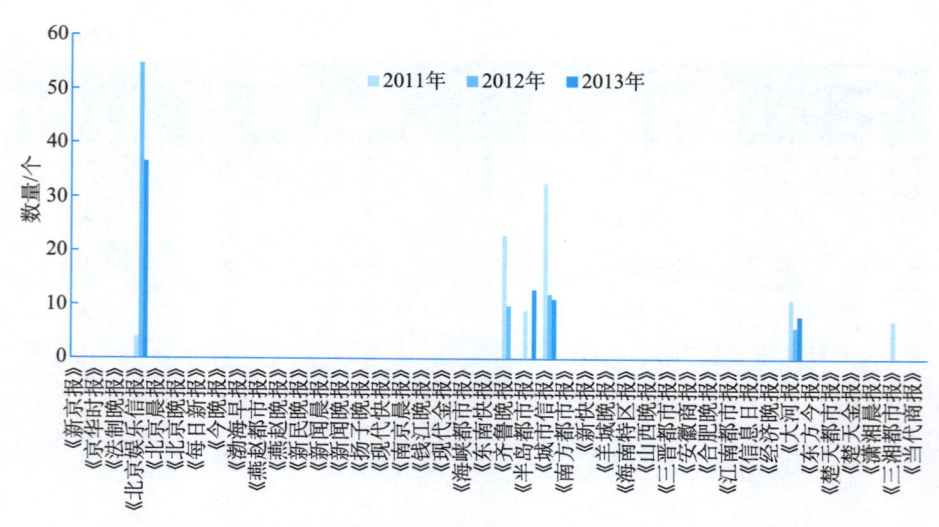

图 4-60　东部和中部地区都市报科技专栏报道数量（2011~2013 年）

东北部地区有一家都市报设有科技专栏，即《黑龙江晨报》的"科技前沿"。2013 年此专栏取消，专栏内的科技报道数量在 2011~2012 年有所下降（图 4-61）。

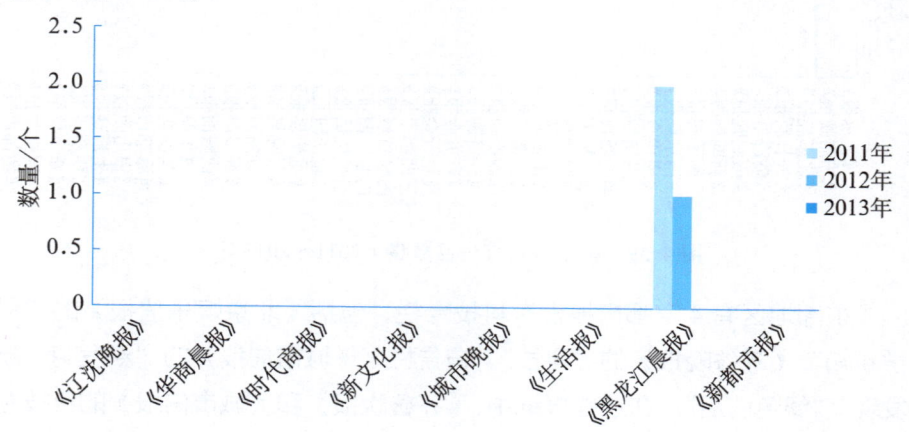

图 4-61　东北部地区都市报科技专栏报道数量（2011~2013 年）

西部地区的所有报纸均没有科技专栏。

（3）未成年人报开设科技专栏占比为 31.8%

在 22 家未成年人报中，有 7 家报纸设有科技栏目，占所统计未成年人报的 31.8%（表 4-8）。

表 4-8 未成年人报 2011~2013 年科技专栏情况

报纸分类	报纸名称	科技专栏 2011 年	科技专栏 2012 年	科技专栏 2013 年
青年报	《中国青年报》	有	有	有
	《青年参考》	有	有	有
	《北京青年报》	有	有	无
	《山西青年报》	有	有	有
	《青年时报》	无	无	无
	《重庆青年报》	—	—	无
	《河北青年报》	无	无	无
	《河南青年报》	无	无	无
	《安徽青年报》	无	无	无
少年报	《中国少年报》	有	有	有
	《北京少年报》	有	有	有
	《深圳青少年报》	无	无	无
教育报	《中国教育报》	有	无	无
	《天津教育报》	无	无	无
	《教育时报》	无	无	无
	《教育导报》	—	—	无
	《中学时事报》	无	无	无
	《江苏教育报》	无	无	无
	《南方教育时报》	无	无	无
	《东方教育时报》	无	无	无
	《浙江教育报》	—	无	无
	《小龙人学习报》	无	无	无

通过分析发现，青年报较之于少年报和教育报，无论是在科技专栏数量还是名称的多样性上都有明显优势。教育报只有《中国教育报》在 2011 年有一个科技专栏"今日关注"。通过比较这三类报纸的科技专栏名称可以发现，科技专栏的名称与报纸特色、报纸受众群相关，如青年报的科技栏目多命名为"奇趣数码""IT 前沿""健康之声""心理辅导""养生之道"等，而少年报的科技栏目则会命名为"图说新知""动脑筋爷爷信箱""探

索我能行""科学故事会""巧问妙答""聪明小孩问不倒"等（图4-62、图4-63）。

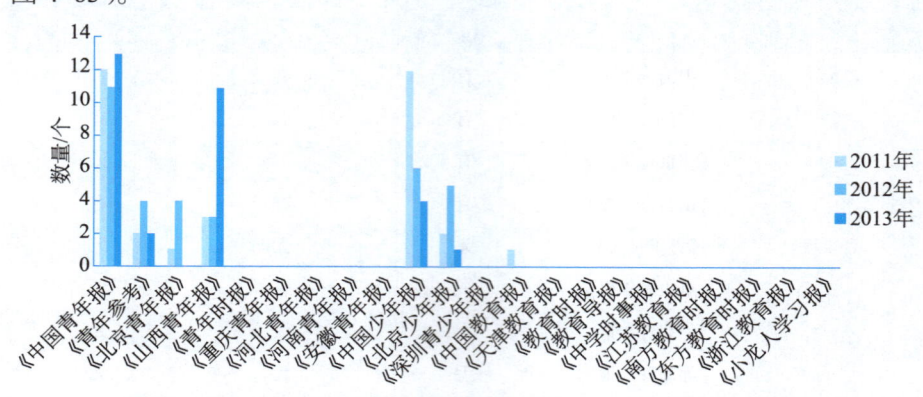

图4-62　未成年人报科技栏目数量（2011～2013年）

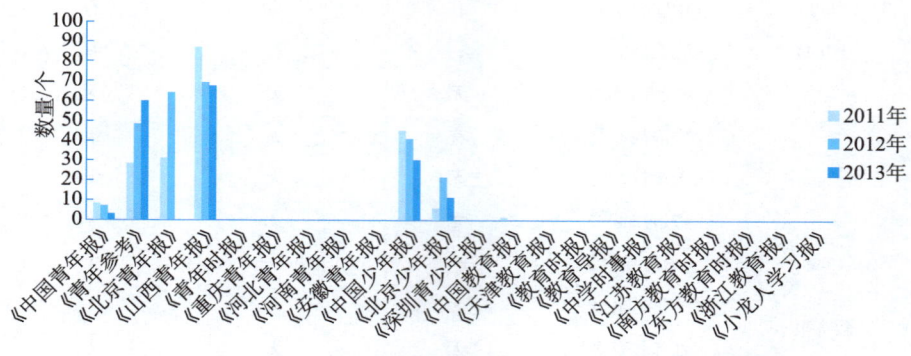

图4-63　未成年人报科技栏目报道数量（2011～2013年）

从科技栏目报道数量来看，青年报3年的栏目数量比较固定，增长幅度较小，大多是1～3个的增长，但是少年报这3年来科技栏目数量却呈现下降趋势。例如，《中国少年报》3年的科技栏目数量为12个、6个、4个，科技报道数量也相应下降；《北京少年报》的栏目数量3年来呈现先上升后下降的趋势。

（4）涉农报科技专栏占比不足1/3

在选定的13份涉农报中，3份报纸开设有专门的科技栏目，占所统计报纸的23.1%。科技栏目分别是《农业科技报》的"科技前沿"、"科技资讯"（2013年为"科技之窗"）、"科技110"、"科技博览"；《农民日报》的

"科教飞信";《农村新报》的"科技栏目"。其中,《农民日报》和《农村新报》是在 2012 年和 2013 年新开辟的科技栏目(表 4-9)。

表 4-9 涉农报科技栏目设置情况(2011~2013 年)

报纸分类	报纸名称	科技栏目 2011 年	科技栏目 2012 年	科技栏目 2013 年
科技专刊	《农业科技报》	一	有	有
涉农党报	《农民日报》	无	有	有
一般涉农报	《农村金融时报》	无	无	无
一般涉农报	《海南农垦报》	无	无	无
一般涉农报	《安徽日报·农村版》	无	无	无
一般涉农报	《河南日报·农村版》	无	无	无
一般涉农报	《南方农村报》	无	无	无
一般涉农报	《农村大众》	无	无	无
一般涉农报	《农村信息报》	一	无	无
一般涉农报	《陕西农村报》	无	无	无
一般涉农报	《四川农村报》	一	无	无
一般涉农报	《新农村商报》	无	无	无
一般涉农报	《农村新报》	无	有	有

通过统计分析可以看出,开辟科技专栏的涉农报并不多,专栏数量和报道数量也是寥寥无几,仅仅是设有科技专刊的《农业科技报》的专栏比较丰富多彩(图 4-64、图 4-65)。

图 4-64 涉农报科技栏目数量(2011~2013 年)

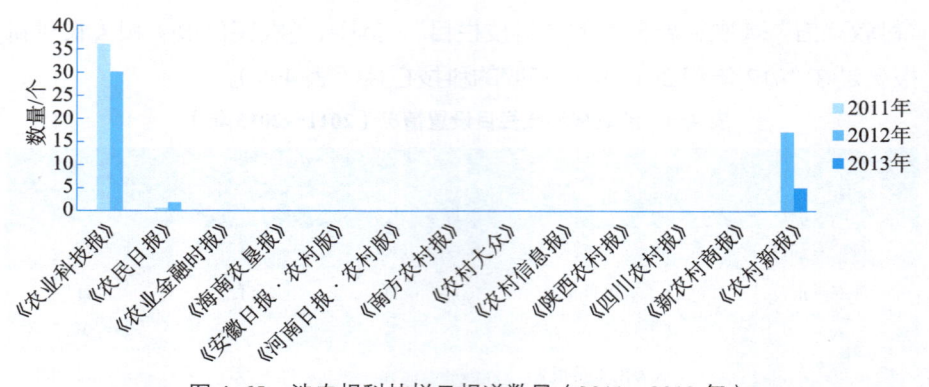

图 4-65　涉农报科技栏目报道数量（2011～2013 年）

4. 报纸科技报道非科技专版专栏分析

从 169 家样本报纸的非科技版、科技栏目的报道数量可以看出，党报和都市报的报道数量较多，未成年人报和涉农报的科技报道数量较少（图4-66）。

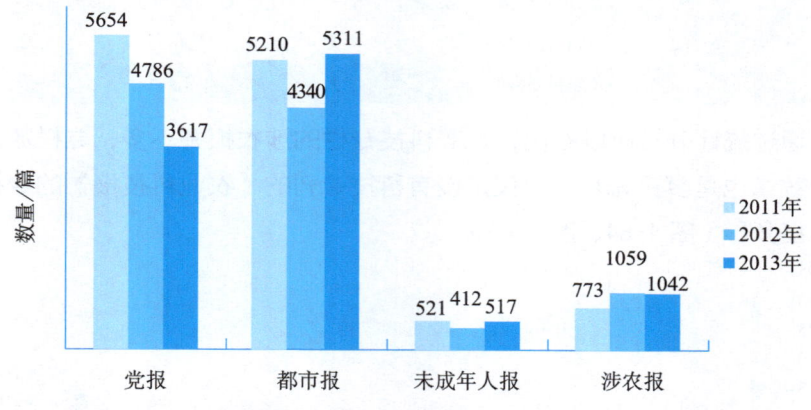

图 4-66　四类报纸非科技版、科技栏目报道数量（2011～2013 年）

在月均报道量上，都市报的科技报道量最多，2011 年为 1099.9 篇，未成年人报科技报道数量最少。各类报纸中 3 年的科技报道数量变化较平稳，各类报纸之间的科技报道数量差距较大，参差不齐（图 4-67）。

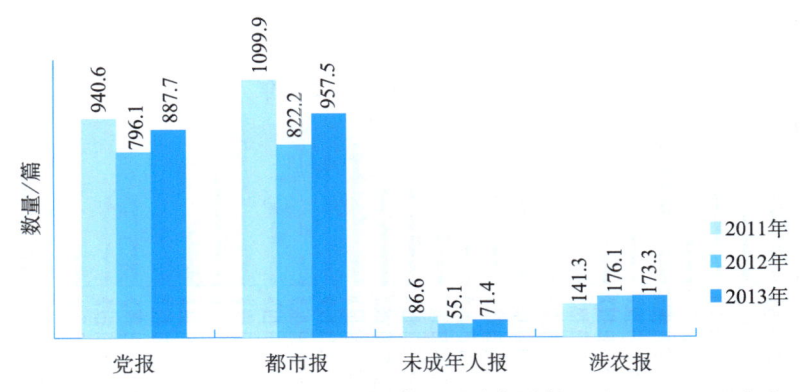

图 4-67　四类报纸非科技版、科技栏目月均报道数量（2011～2013 年）

（1）党报非科技专版专栏的报道数量呈"U"形变化趋势

中央级党报的非科技专版专栏的报道数量要多于其他两类报纸。在中央级党报中，《经济日报》非科技专版专栏的报道数量要多于其他 3 家报纸。2011 年《经济日报》非科技专版专栏科技报道数量达到 297 篇；2012 年，《经济日报》《宁夏日报》非科技专版专栏科技报道数量并列最多，为 167 篇，《南昌日报》最少，为 15 篇；2013 年《宁夏日报》非科技专版专栏科技报道数量最多，为 216 篇，《南昌日报》最少，为 29 篇。《西藏日报》《新疆日报》的科技报道数量也不算多，维持在每年 30～50 篇，但身处新疆的《兵团日报》的非科技专版专栏科技报道数量就相对多些，为 80～100 篇（图 4-68～图 4-73）。

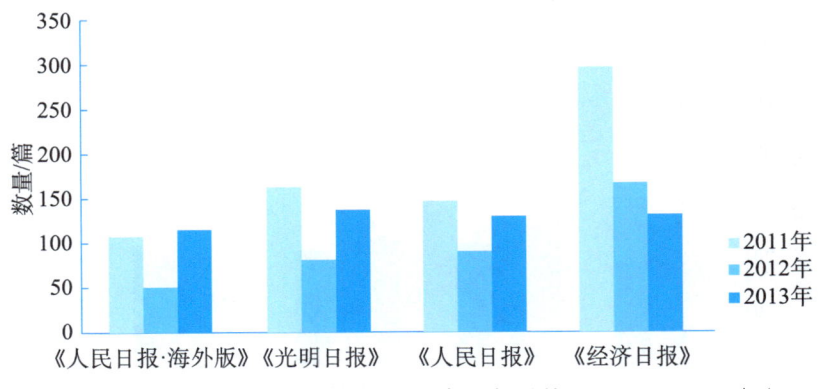

图 4-68　中央级党报非科技版、科技栏目报道数量（2011～2013 年）

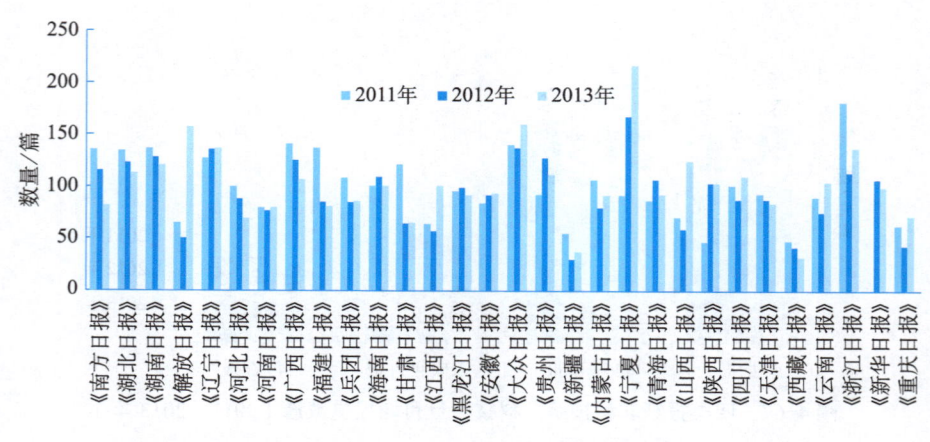

图 4-69　省级党报非科技版、科技栏目报道数量（2011～2013 年）

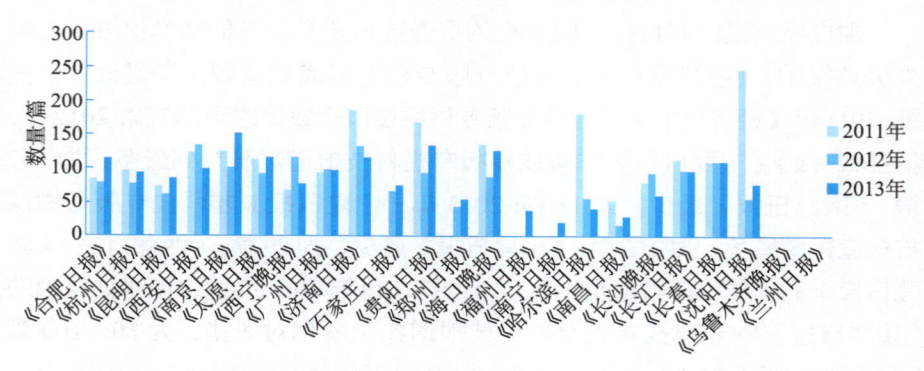

图 4-70　省会城市级党报非科技版、科技栏目报道数量（2011～2013 年）

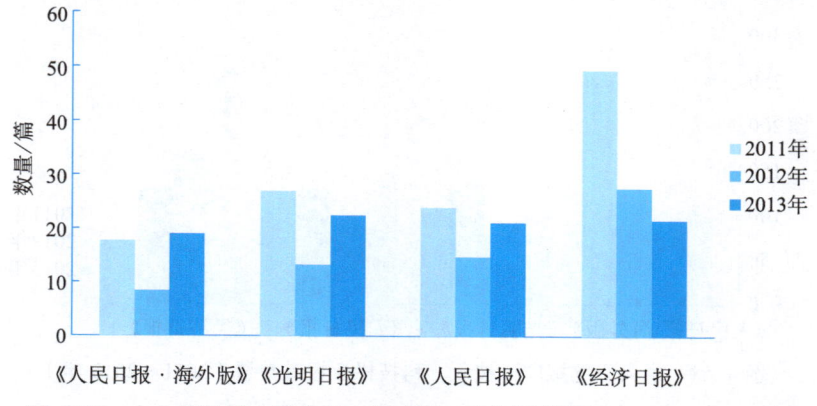

图 4-71　中央级党报非科技版、科技栏目月均报道数量（2011～2013 年）

第四章 报纸科技传播

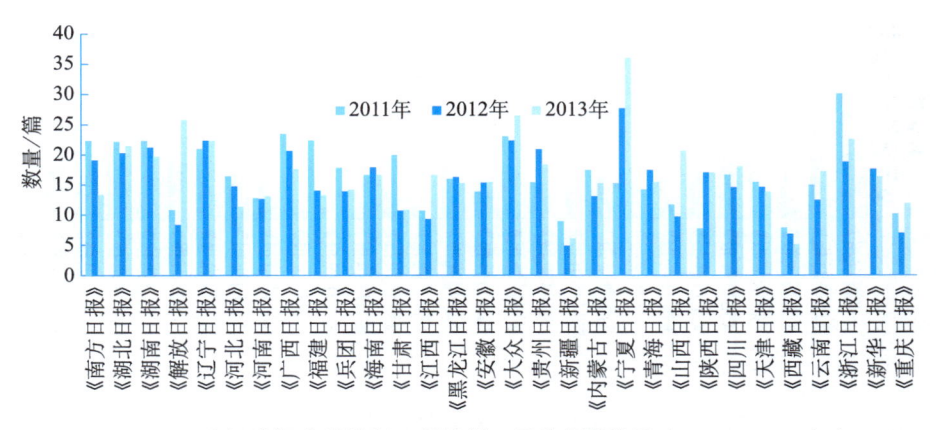

图 4-72 省级党报非科技版、科技栏目月均报道数量（2011~2013 年）

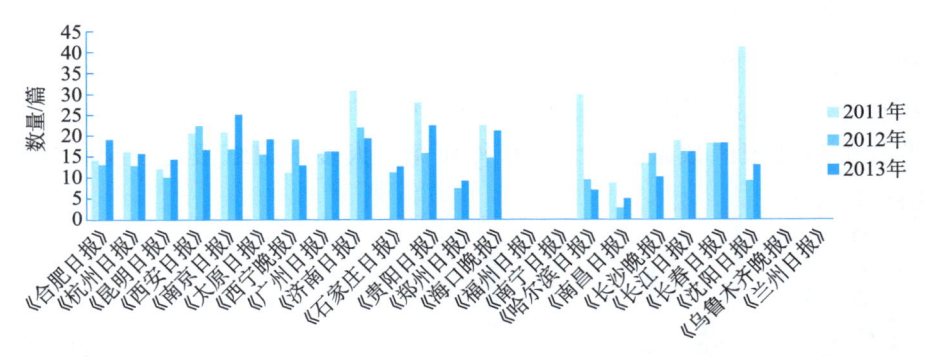

图 4-73 省会城市级党报非科技版、科技栏目月均报道数量（2011~2013 年）

总体而言，这 57 家党报非科技专版专栏的报道数量呈现"U"形变化趋势，2011 年报道数量最多，2013 年其次，2012 年最少。

（2）西部地区都市报非科技专版专栏数量较多

在 77 家都市报样本中，东部地区都市报非科技专版专栏科技报道数量较多的报纸有《新京报》《京华时报》《法制晚报》《北京娱乐信报》《北京晨报》《新闻晨报》《东南快报》《齐鲁晚报》《半岛都市报》《羊城晚报》，这些都市报年报道量都在 100 篇以上。报道量较少的有《新民晚报》《扬子晚报》《南京晨报》《钱江晚报》《现代金报》《城市信报》，报道量鲜过 50 篇（图 4-74）。

195

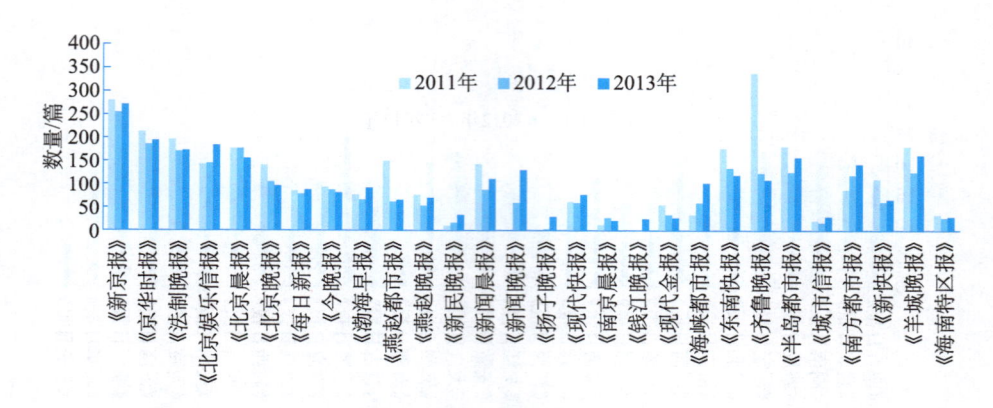

媒介·科技·传播 大众传媒科技传播现状研究

图 4-74 东部地区非科技版、科技栏目报道量（2011~2013 年）

中部地区非科技专版专栏的科技报道数量较多的都市报有《合肥晚报》和《山西晚报》。报道量较少的有《江南都市报》《信息日报》《大河报》和《三湘都市报》。2011~2013 年 3 年间，中部地区非科技专版专栏的科技报道数量没有太多规律可循，大多数报纸报道量起伏较大（图 4-75）。

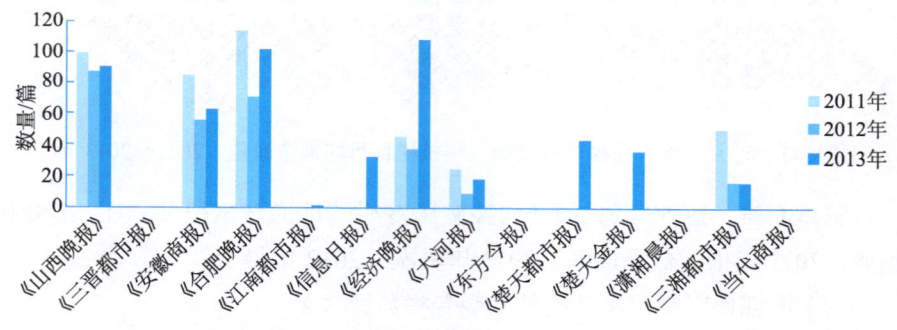

图 4-75 中部地区非科技版、科技栏目报道量（2011~2013 年）

从西部地区 18 家报纸 3 年的非科技版、科技栏目报道来看，最多的《生活新报》为 478 篇，最少的《生活晚报》为 50 篇。我们以报道数量最多的《生活新报》总量一半（239 篇）为中间值，大于中间值的报纸有《北方新报》（260 篇）、《南国早报》（359 篇）、《重庆商报》（352 篇）、《华西都市报》（285 篇）、《贵州都市报》（304 篇）、《都市新报》（247 篇）。少于中间值的报纸有《内蒙古新报》（104 篇）、《内蒙古商报》（175 篇）、《当代生活报》（133 篇）、《重庆晨报》（144 篇）、《春城晚报》（159 篇）、《西藏商报》(132篇)、《三秦都市报》(147篇)、《西部商报》(223篇)、《西海都市报》(181篇)、《银川晚报》(162篇)(图4-76)。

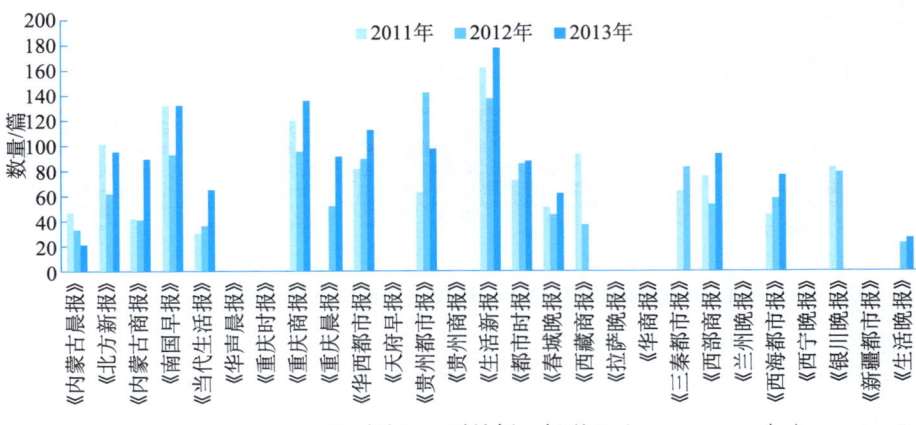

图 4-76　西部地区非科技版、科技栏目报道量(2011~2013 年)

在东北部地区,《城市晚报》的非科技专版专栏的科技报道数量比较大,年均数量超过 100 篇。除了《黑龙江晨报》以外,其他报纸非科技专版专栏的科技报道数量都比较平稳(图 4-77)。

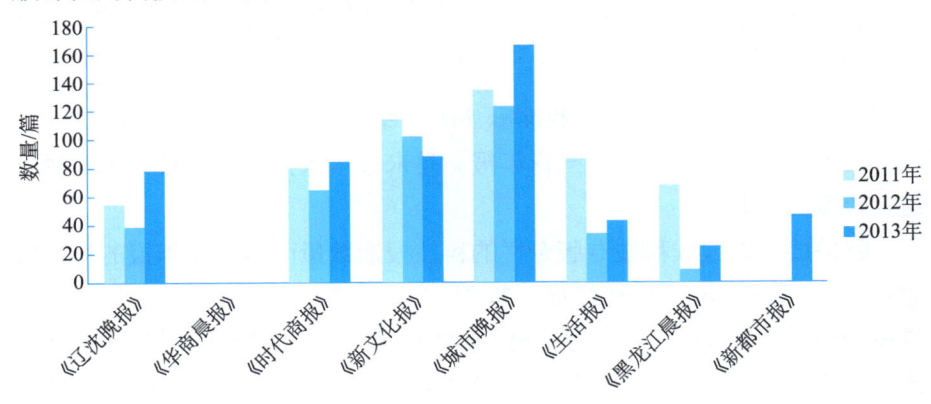

图 4-77　东北部地区非科技版、科技栏目报道量(2011~2013 年)

从月报道量来看,2011~2013 年每年的 3 月、11 月,非科技专版专栏的科技报道数量相对多一些,2011 年的 9 月、11 月,非科技专版专栏的科技报道数量也比较多,可见遇到国家有重大科技事件或科技政策发布时,都市报当月的科技报道量会增多(图 4-78、图 4-79)。

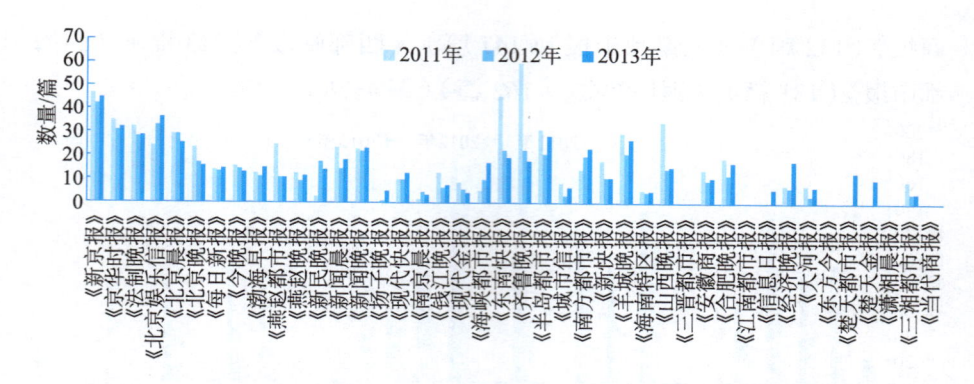

图 4-78 东部和中部地区非科技版、科技栏目月均报道数量（2011～2013 年）

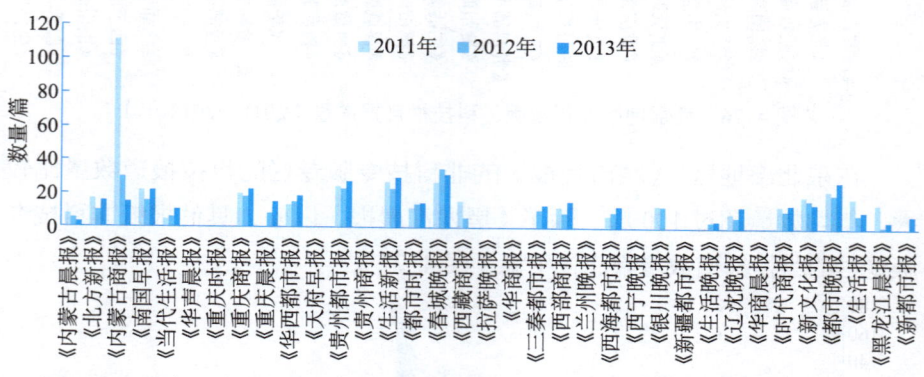

图 4-79 西部和东北部地区非科技版、科技栏目月均报道数量（2011～2013 年）

（3）《北京青年报》《中国青年报》是未成年人报中非科技专版专栏报道量较多的报纸

就未成年人报非科技专版专栏的科技报道数量而言，青年报的科技报道数量要多于少年报和教育报。其中，《北京青年报》《中国青年报》的科技报道数量较多，《山西青年报》《北京少年报》《教育时报》等的非科技专版专栏的科技报道数量较少，每年的报道数量不超过 20 篇。《教育时报》在 2013 年的非科技专版专栏的科技报道仅为 5 篇。《安徽青年报》《江苏教育报》《小龙人学习报》等连续 3 年无科技版面报道（图 4-80、图 4-81）。

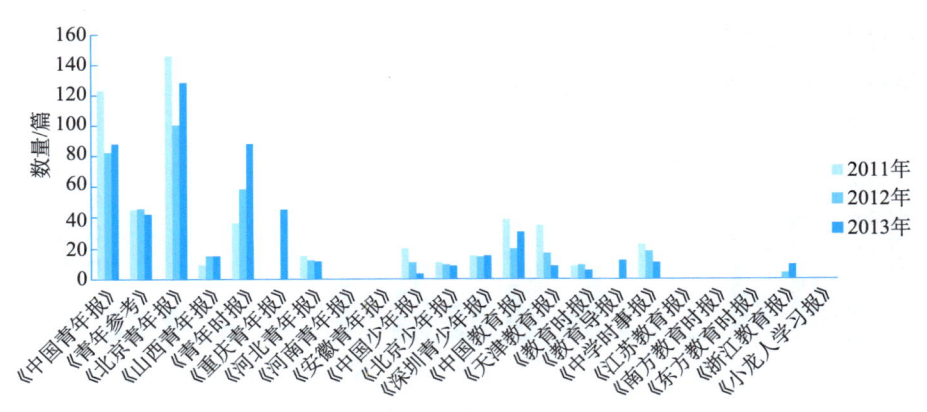

图 4-80 未成年人报非科技版、科技栏目报道数量（2011~2013 年）

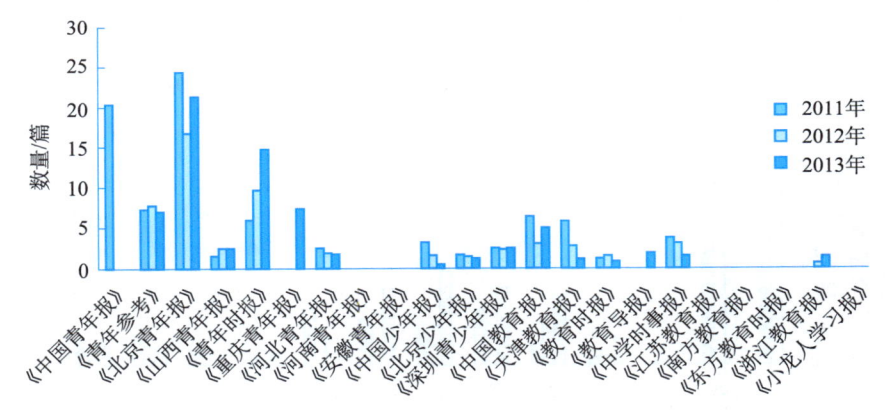

图 4-81 未成年人报非科技版、科技栏目月均报道数量（2011~2013 年）

（4）涉农报非科技专版专栏的科技报道总量呈递增趋势，但不同报纸报道量差异显著

对 13 家涉农报的非科技专版专栏的科技报道数量进行统计分析，显示科技报道数量参差不齐，多则有 295 篇，少则一年仅有 4 篇。这 3 年来 13 家涉农报的科技报道总量呈递增趋势，尤其是 2012 年增幅较大，是科技报道的转折点（图 4-82）。另外，涉农报科技报道的月均报道量差异并不是很明显（图 4-83）。

5. 报纸科技报道位置分析

版面位置所形成的版面语言，能从直观上体现报道的重要性和显著性，科技报道是否上头条、科技专版版号，以及有无科技专题等，可以从一定程度上说明报纸对科技报道的重视程度。头版要闻版作为受众的必读版面，阅读率高，刊登在这个版面上，能够实现科技的有效传播。

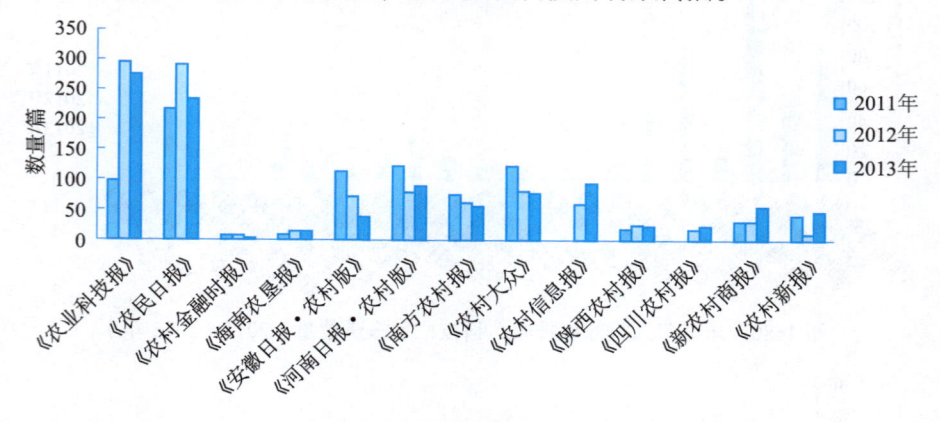

图 4-82　涉农报非科技版、科技栏目报道数量（2011~2013 年）

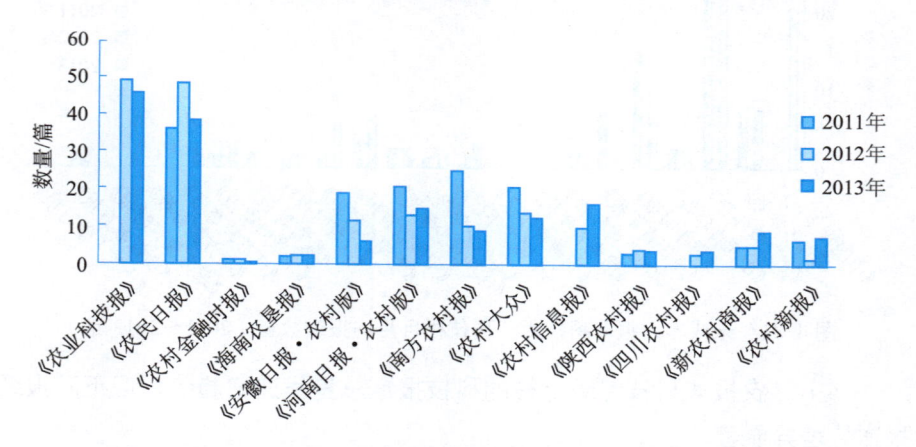

图 4-83　涉农报非科技版、科技栏目月均报道数量（2011~2013 年）

（1）党报科技报道都在头版出现过，但以新闻为主，专题很少

但科技专题并不多见，且没有连续 3 年都出现科技专题的党报。《人民日报·海外版》《光明日报》《内蒙古日报》《宁夏日报》《浙江日报》《合肥日报》《海口晚报》《哈尔滨日报》都只在 2011 年出版过专题版；《西藏日报》在 2012 年出版过专题版；《人民日报》《重庆日报》《长江日报》《长春日报》《沈阳日报》都在 3 年中的 2 年出现过专题版，专题内容主要涉及航天事业的发展、科技新区的建设等新闻报道（表 4-10）。

第四章 报纸科技传播

表4-10 2011~2013年党报科技报道位置分析

报纸分类	报纸名称	总版版数	是否上头版 2011年	是否上头版 2012年	是否上头版 2013年	科技版版名及版号 2011年	科技版版名及版号 2012年	科技版版名及版号 2013年	有无科技专版 2011年	有无科技专版 2012年	有无科技专版 2013年
中央党报	《人民日报·海外版》	周一至周四、周六每日8版、周五16版	是	是	是	科教观测	科教观测	科教观测	有	无	无
	《光明日报》	周一至周五为16版，周六、周日为4或8版	是	是	是	教科新闻、新知、国际科教、科技天地、教文新闻	教科新闻、新知、国际科教、科技天地、教文新闻	教科新闻、新知、国际科教、科技天地、教文新闻	有	无	无
	《人民日报》	周一至周五为24版，周六、周日为8版或12版	是	是	是	科技视野	科技视野	科技视野	无	有	有
	《经济日报》	周一至周五出版对开16版，周六、周日出版对开8版	是	是	是	院士生涯、知识前沿	前沿新知（前身为知识前沿）	知识前沿	无	无	无
	《南方日报》	周一至周日出版，8~22版不定	是	是	是	科技能见度	科技能见度	科技能见度	有	无	无
	《湖北日报》	周一至周日出版，3~18版不定	是	是	是	—	科教之光	科技创新、湖北新政	有	无	无
	《湖南日报》	周一至周日出版，4~18版不定	是	是	是	—	—	—	无	无	无
省级党报	《解放日报》	周一至周日出版，8~20版不定	是	是	是	科教卫新闻	科教卫新闻	科教卫新闻	无	无	无
	《辽宁日报》	周一至周日出版，4~20版不定	是	是	是	—	—	—	有	有	有
	《河北日报》	周一至周日出版，4~24版不定	是	是	是	科技新闻	科技新闻、科技的盛会，百姓的节日	科技新闻	有	无	无
	《河南日报》	周一至周日出版，4~16版不定	是	是	是	政教科文	政教科文	政教科文	有	无	无
	《广西日报》	周一至周日出版，4~16版不定	是	是	是	科技	科技	科技	无	无	无

201

续表

报纸分类	报纸名称	总版数	是否上头版 2011年	是否上头版 2012年	是否上头版 2013年	科技版版名及版号 2011年	科技版版名及版号 2012年	科技版版名及版号 2013年	有无科技专版 2011年	有无科技专版 2012年	有无科技专版 2013年
省级党报	《福建日报》	周一至周日出版，2~16版不定	是	是	是	—	科教	科教	有	无	无
	《兵团日报》	4版	是	是	是	—	—	—	无	无	无
	《海南日报》	周一至周日出版，4~24版不定	是	是	是	—	世界新闻*科技、本省新闻*科技	世界新闻*科技、时事周刊*科技	有	无	无
	《甘肃日报》	周一至周五12版，周六、周日4版	是	是	是	—	探索、科教文卫	科教文卫	有	有	无
	《江西日报》	4~16版不定，分为A、B、C、T4个版面，A为4版，B为4版，C为4版，T为4版	是	是	是	—	—	—	无	无	无
	《黑龙江日报》	周一至周日出版，周末基本4版，周一至周五周7~12版	是	是	是	—	—	—	无	无	无
	《安徽日报》	周六、周日4版，周一至周五分为A、B、C版面	是	是	是	—	—	—	无	无	无
	《大众日报》	周末4~8版，周一至周五16版以上	是	是	是	科教时空、科教文卫社会新闻	科教时空、科教文卫社会新闻	科教时空、科教文卫社会新闻	无	无	无
	《贵州日报》	—	是	是	是	科技/教育	科技/教育	科技/教育	无	无	无
	《新疆日报》	周一至周五12版，周六、周日4版	是	是	是	科技	科技	科技/教育	有	无	无
	《内蒙古日报》	周一至周五12、16、20、24版，周六、周日为4或8版	是	是	是	科技	科技	科技	有	无	无
	《重庆日报》		是	是	是						有

续表

报纸分类	报纸名称	总版数	是否上头版 2011年	是否上头版 2012年	是否上头版 2013年	科技版版名及版号 2011年	科技版版名及版号 2012年	科技版版名及版号 2013年	有无科技专版 2011年	有无科技专版 2012年	有无科技专版 2013年
省会城市级党报	《杭州日报》	周一至周日出版，8~16版不定，分为A、B、C 4个版面，各为8~12版	是	是	是	科技新闻	财经*科技新闻、科技新闻	科技新闻	无	无	无
	《昆明日报》	周一至周日出版，4~22版不定，分为A、B、T版面	是	是	是	—	—	—	无	无	无
	《西安日报》	周一至周五8~12版，周六、周日4版	是	是	是	—	—	—	有	无	无
	《南京日报》	6~10版，分为A、B、F、T版面	是	是	是	人才*科技	人才*科技、人才科技	—	无	无	无
	《太原日报》	周末4~6版，周一至周五12~16版	是	是	是	—	—	—	无	无	无
	《西宁晚报》	周一至周日出版，8~16版不定，分为A、B、T版面	是	是	是	—	—	—	无	无	无
	《广州日报》	周一至周日出版，分为A、B、C叠和特刊，A叠28版，B叠26版，C叠4版，特刊4版	是	是	是	—	—	—	有	有	有
	《合肥日报》	周一至周五为8~12版，周六、周日为4版	是	是	是	探索	探索	—	有	无	无
	《济南日报》	分A、B、C三叠，A叠为8~18版，B叠为4~8版，C叠为0~4版，周一至周五为24~28版，周日为4~8版	是	是	是	—	—	要闻*人才*科技、人才*科技、科技头条	无	无	无

203

续表

报纸分类	报纸名称	总版数	是否上头版 2011年	是否上头版 2012年	是否上头版 2013年	科技版版名及版号 2011年	科技版版名及版号 2012年	科技版版名及版号 2013年	有无科技专版 2011年	有无科技专版 2012年	有无科技专版 2013年
省会城市级党报	《宁夏日报》	周一至周五12~16版，周六、周日4~8版	是	是	是	财经·科教	科教·网眼·科教·文化	科教·网眼	有	无	无
	《青海日报》	周一至周四为8~12版，周五为12版，周六、周日4~8版	是	是	是	—	—	—	无	无	无
	《山西日报》	分为A、B、C、D 4个版面，A为4版，B为4~12版，C为4~12版，D为3版，周一至周五C版块为12~24版，周日无C、D版块为4~12版	是	是	是	—	科技	科技	无	无	无
	《陕西日报》	周一至周五16版，周六、周日4版	是	是	是	科教新闻	科教新闻	科教新闻	无	无	无
	《四川日报》	周一至周五12~24版，周六、周日4~8版	是	是	是	—	—	—	无	无	无
	《天津日报》	周一至周五12~40版，周六、周日4~16版	是	是	是	新知、今日东丽·科普·服务（只在5月12日出现过一次）	新知	新知	无	无	无
	《西藏日报》	周一至周五8~16版，周六、周日4~8版	是	是	是	—	—	—	无	有	无
	《云南日报》	周一至周五12版，周六、周日8版	是	是	是	科技	科技	科技	无	无	无
	《浙江日报》	周一至周五16~32版，周六、周日8~16版	是	是	是	人文·好奇	人文·好奇	人文·好奇、智造	有	无	无

第四章　报纸科技传播

续表

报纸分类	报纸名称	总版数	是否上头版 2011年	是否上头版 2012年	是否上头版 2013年	科技版版名及版号 2011年	科技版版名及版号 2012年	科技版版名及版号 2013年	有无科技专版 2011年	有无科技专版 2012年	有无科技专版 2013年
省会城市级党报	《新华日报》	分为A、B两版，周一至周五15～20版，周六、周日4～8版	—	是	是	—	—	—	—	无	无
	《石家庄日报》	周一至周五12版，周六、周日4或8版	是	是	是	—	—	—	—	无	无
	《贵阳日报》	周一至周五12版，周六、周日4版	是	是	是	身边科技	身边科技	身边科技	无	无	有
	《郑州日报》	周一至周五12或16版，周六、周日4或8版	是	是	是	—	—	—	—	无	无
	《海口晚报》	除了头版，其他的版面有时一个版面被分为两部分，上面的部分为A，下面的部分为B，周一至周五为16版，周六、周日为8版	是	是	是	—	—	—	有	无	无
	《福州日报》	周一至周五8、12或16版，周六、周日4或8版	是	是	是	—	—	—	—	—	无
	《南宁日报》	周一至周五6或10版，周六、周日4或6版	是	是	是	—	—	—	—	无	无
	《哈尔滨日报》	在报纸第一页，正反两面为封面，不计版数，周一至周五为14、18、21、22、28、36版，周六、周日为4或8版	是	是	是	—	—	—	有	无	无
	《南昌日报》	周一至周五为8版，周六、周日为4版	是	是	是	—	—	—	无	无	无

205

续表

报纸分类	报纸名称	总版数	是否上头版 2011年	是否上头版 2012年	是否上头版 2013年	科技版版名及版号 2011年	科技版版名及版号 2012年	科技版版名及版号 2013年	有无科技专版 2011年	有无科技专版 2012年	有无科技专版 2013年
省会城市级党报	《长沙晚报》	在报纸第一页，正反两面为封面，不计版数；分为A、AA、B 三版，A 版8、12、14、16、18、22、26版，AA版8或12版（周六、周日无）；周一至周五8版（周六、周日无），B4或8版，周六、周日为8版	是	是	是	—	星期天·探索	星期天·探索	无	无	无
	《长江日报》	周一至周五为16、24、32、36、39版，周六、周日为8、12版	是	是	是	教科卫新闻、教科新闻	教科卫新闻、教科新闻	教科卫新闻、生活实验室、环球新知	无	有	有
	《长春日报》	周一至周五为8、12、16、24版，周六、周日为4版	是	是	是	教科卫新闻	教科卫新闻、生活周刊·科技、生活周刊·科普	—	有	无	有
	《沈阳日报》	分A（4、8、12、20、24）、B（7、12）、C（7、8、10）三个版，周一至周五为11、15、20、23、24、28、30、32版，周六、周日为8版	是	是	是	沈阳·科教卫生、专刊·科技创新	科教卫生、科技创新（政策解读）	—	有	有	有
	《乌鲁木齐晚报》	—	—	—	—	—	—	—	—	—	—
	《兰州日报》	—	—	—	—	—	—	—	—	—	—

（2）都市报科技报道经常出现专题报道，航空航天事件是热门

东部地区的都市报中，除《每日新报》以外，其他都市报都出现过科技报道登上头版的状况，其中，《北京晚报》《今晚报》《新民晚报》《新闻晨报》《海峡都市报》《东南快报》连续3年有科技报道登上过头版。都市报中也经常出现科技专题，专题内容涉及"神舟八号"、"蛟龙号"载人潜水器、"天宫一号"、"嫦娥工程"、年度十大科技假新闻、科技嘉年华、上海科技博览会等。

中部地区的都市报中，除《大河报》以外，其他都市报都出现过科技报道登上头版的情况，其中，只有《安徽商报》和《三湘都市报》连续3年有科技报道登上头版。都市报中出现过科技专题，主要涉及"神舟八号"、"蛟龙号"载人潜水器、"天宫一号"、"嫦娥工程"。

西部地区都市报的科技报道全部上过头版，足以看出都市报类的报纸对于科技报道有一定的重视。无独有偶的是，除了《生活晚报》和《银川晚报》之外，其余16家报纸在3年中都会对科技事件、科技人物或科学知识进行专题性质的报道，除了有对国家航空航天事业的关注，也有对人体健康知识的推广，更有关于一些农间地头的报道。

在东北部地区，在科技报道位置方面，可计算的7家报纸中，全部都有科技报道登上头版或者A01版，登上头版的科技新闻多为科技报道新闻或者图片新闻，东北部地区科技新闻虽然具有自己的特色，偏向生活技能和科技趣闻，但是头版的科技报道和其他区域并无太多差别，涉及的专题有"神舟八号"、"蛟龙号"载人潜水器、"嫦娥工程"等重要国内科技事件（表4-11）。

（3）青少年报中涉及科技专题较少

《中国青年报》《北京青年报》《河北青年报》《中国教育报》《天津教育报》《浙江教育报》连续3年均在头版出现过科技报道，内容多为航天事业、灾难救助技术讲授、航天科普活动等。

青少年报纸中涉及科技专题的并不多，仅《河北青年报》《重庆青年报》和《北京青年报》有所涉及。专题内容主要涉及的是航天事业发展介绍、日本核泄漏事件的科普知识报道（表4-12）。

表 4-11 2011~2013 年都市报科技报道位置分析

地区	报纸名称	总版数	是否上头版 2011年	是否上头版 2012年	是否上头版 2013年	科技版版名及版号 2011年	科技版版名及版号 2012年	科技版版名及版号 2013年	有无科技专题 2011年	有无科技专题 2012年	有无科技专题 2013年
东部	《新京报》	38~91版	有	无	有	—	—	—	有	有	无
	《京华时报》	32~84版	无	无	有	—	—	—	有	无	无
	《法制晚报》	24~72版	有	无	有	—	—	—	无	有	无
	《北京娱乐信报》	20~80版	有	无	无	—	—	—	无	无	无
	《北京晨报》	16~56版	有	有	无	科教新闻 14~16版	—	—	有	有	有
	《北京晚报》	24~58版	有	有	无	—	—	—	无	无	无
	《每日新报》	54~70版	有	有	无	—	—	—	有	有	无
	《今晚报》	12~46版	有	有	有	—	—	—	无	无	无
	《渤海早报》	20~61版	有	无	无	—	世界·科技 16	—	无	无	无
	《燕赵都市报》	日均30版	有	无	有	—	—	—	无	无	无
	《燕赵晚报》	日均16版	有	有	有	科教卫新闻 A4、A5、A6、A7、A8、A10	科教卫新闻 A3、A4、A5、A6、A7、A8、A9、A11	科教卫新闻 A5、A6、A7、A9、A10、A12、A8、A15	无	无	无
	《新民晚报》	32版	有	有	有				无	有	有
	《新闻晨报》	72版	有	有	有	先端科技 D04		—	无	有	有

续表

地区	报纸名称	总版数	是否上头版 2011年	是否上头版 2012年	是否上头版 2013年	科技版版名及版号 2011年	科技版版名及版号 2012年	科技版版名及版号 2013年	有无科技专题 2011年	有无科技专题 2012年	有无科技专题 2013年
	《新闻晚报》	40～56版	有	无	有	科教 A114、A115、A116、A118	科教 A115、A111、A113、A118、A139、A114、A116	科教 A114、A115	有	有	有
	《扬子晚报》	日均53版	有	无	无	—	—	—	无	无	有
	《现代快报》	日均78版	有	有	有	—	—	—	无	无	有
	《南京晨报》	日均64版	—	有	无	—	—	—	—	无	有
东部	《钱江晚报》	日均59版	—	无	有	科教·科学·科学、科教·新闻、科教·专题、科教·生命 B004、B0007、C0007、C0009、C0011、D0014	科教·科学、科教·新闻、科教·生命、科教·专题 科教·生命 B004、B0007、C0007、C0009、C0011、D0014	科教·生命、科教·新闻、科教·科学、科教·大讲堂、科教·综合、科教·人文、科教·科技新浙商、科教·科技新浙商 A10、B08、C09、C10、C06、A14、C07、B06、B04、C11、A13、C16、A09、A11、A10、A13、C08、C12、A14、A12、A15、A11、B05、B07、C10、C08、C07、A15、C11、C07、B03、C09、C14、A14、A13、A08、A06、A09、A10、A07、A17、B07、A08、C08、A10、A14、A12、A15、A13、A08、A06、C09、C08、B05、A11、A06、C08、A09、A10、A13、A16、A17、A18	—	无	有

209

续表

地区	报纸名称	总版数	是否上头版 2011年	是否上头版 2012年	是否上头版 2013年	科技版版名及版号 2011年	科技版版名及版号 2012年	科技版版名及版号 2013年	有无科技专题 2011年	有无科技专题 2012年	有无科技专题 2013年
东部	《现代金报》	日均18版	有	无	无	—	—	—	无	无	有
	《海都市报》	日均45版以上	有	有	有	—	—	—	有	无	有
	《东南快报》	日均48版	有	有	有	—	—	—	有	无	有
	《齐鲁晚报》	35～387版	无	有	有	—	—	—	无	无	无
	《半岛都市报》	29～250版	无	无	有	—	—	—	无	无	无
	《城市信报》	24～50版	无	有	无	—	—	—	有	无	无
	《南方都市报》	40～586版	无	有	有	—	—	—	有	无	无
	《新快报》	19～164版	无	有	无	—	—	—	无	无	有
	《羊城晚报》	12～50版	有	有	有	—	—	—	无	无	无
	《海南特区报》	16～28版	无	无	有	—	—	—	无	无	无
	《山西晚报》	—	有	无	有	新发现 26、28、30	—	—	有	无	—
中部	《三晋都市报》	—	有	有	无	WORD WEEKLY/科技 A04, A02	—	—	—	—	—
	《安徽商报》	—	有	无	有	世界·科技 11	—	—	无	无	无
	《合肥晚报》	—	有	有	有	—	—	—	无	无	无

续表

第四章　报纸科技传播

地区	报纸名称	总版数	是否上头版 2011年	是否上头版 2012年	是否上头版 2013年	科技版版名及版号 2011年	科技版版名及版号 2012年	科技版版名及版号 2013年	有无科技专题 2011年	有无科技专题 2012年	有无科技专题 2013年
中部	《江南都市报》	—	—	无	有	—	—	—	—	无	无
	《信息日报》	—	—	—	无	—	—	—	—	—	无
	《经济晚报》	—	有	无	有	科技生活 8	—	—	有	无	无
	《大河报》	—	无	无	无	国际科技、科技创新 A39、C02	—	国际科技 A16	无	无	无
	《东方今报》	—	—	—	有	—	—	—	—	—	—
	《楚天都市报》	—	—	—	无	—	—	科技/教育/教卫 A09~A18	—	—	无
	《楚天金报》	—	—	—	无	—	—	中国高科、关注国家科技奖 A1、A2、A3	—	—	无
	《潇湘晨报》	—	有	有	有	—	新知探索 A7	新知、华声新知 A1、A22	—	无	无
	《三湘都市报》	—	有	有	有	—	—	—	有	有	有
	《当代商报》	—	有	有	有	—	—	—	有	无	无
	《内蒙古晨报》	—	有	有	有	生命科学 16 版	生命科学 16 版	—	—	有	有
	《北方新报》	—	有	有	有	—	—	—	无	有	有
	《内蒙古商报》	—	有	有	有	—	—	—	—	—	—
	《南国早报》	32~96 版	有	有	有	—	—	—	无	无	无

211

续表

地区	报纸名称	总版数	是否上头版 2011年	是否上头版 2012年	是否上头版 2013年	科技版版名及版号 2011年	科技版版名及版号 2012年	科技版版名及版号 2013年	有无科技专题 2011年	有无科技专题 2012年	有无科技专题 2013年
中部	《当代生活报》	—	有	有	有	—	—	—	有	有	无
	《华声晨报》	—	—	—	—	—	—	—	—	—	—
	《重庆时报》	—	—	—	—	—	—	—	—	—	—
	《重庆南报》	10~95版	有	有	有	—	聚焦2012中国（重庆）国际云计算博览会2、3、4	—	有	无	有
	《重庆晨报》	16~116版	有	有	有	—	—	—	无	有	无
	《华西都市报》	7~120版	有	有	有	—	—	—	有	无	无
	《天府早报》	—	—	—	—	—	—	—	—	—	—
西部	《贵州都市报》	23~96版	有	有	有	科技新知 C2、C3、C5、C8、C6、C16、C13、D3、D7	—	科技新知 C1、C3、C6、C7、C8、C10	无	无	无
	《贵州商报》	—	—	—	—	—	—	—	—	—	—
	《生活新报》	16~100版	有	有	有	—	—	—	有	有	有
	《都市时报》	15~134版	有	有	有	—	—	—	有	无	无
	《春城晚报》	15~115版	有	有	有	科教云南 A6、A7、A8、A9、A13、A16、A18	科教云南 A6、A7、A8、A9、A10、A13、A14、A15、A16、A17、A18	科教云南 A6、A7、A8、A9、A10、A12、A13、A14、A16、A17、A18	有	有	有
	《西藏商报》	—	—	无	—	—	—	—	—	—	无

续表

地区	报纸名称	总版数	是否上头版 2011年	是否上头版 2012年	是否上头版 2013年	科技版版名及版号 2011年	科技版版名及版号 2012年	科技版版名及版号 2013年	有无科技专题 2011年	有无科技专题 2012年	有无科技专题 2013年
西部	《拉萨晚报》	—	—	—	—	—	—	—	—	—	—
	《华商报》	—	—	—	—	—	—	—	—	—	—
	《三秦都市报》	20~60版	—	有	有	—	—	—	—	无	无
	《西部商报》	8~90版	有	有	有	—	—	—	有	有	无
	《兰州晚报》	—	—	—	—	—	—	—	—	—	—
	《西海都市报》	12~60版	有	有	有	—	—	—	有	有	有
	《西宁晚报》	—	—	—	—	—	—	—	—	—	—
	《银川晚报》	16~32版	有	有	有	—	—	—	无	无	—
	《新疆都市报》	—	—	—	—	—	—	—	—	—	—
	《生活晚报》	8~12版	—	有	有	—	—	—	无	无	无

续表

地区	报纸名称	总版数	是否上头版 2011年	是否上头版 2012年	是否上头版 2013年	科技版版名及版号 2011年	科技版版名及版号 2012年	科技版版名及版号 2013年	有无科技专题 2011年	有无科技专题 2012年	有无科技专题 2013年
东北部	《辽沈晚报》	—	有	有	有	—	—	—	有	无	无
	《华商晨报》	—	—	—	—	—	—	—	—	—	—
	《时代商报》	—	无	无	有	—	—	—	无	无	无
	《新文化报》	—	有	有	有	—	—	—	有	有	无
	《城市晚报》	—	有	有	有	—	—	—	无	无	无
	《生活报》	—	有	有	无	要闻·科教、城事·科教、科教卫生、科教创业 07、06、10、11、08、12、04、11、16、10、12、A10、A12、A05、A07、A06、B19、A08、B18、A12、A08、A14、A05、A07、A09、A10、B18、A13、A16、A11、A06、A14、A13、A12、A09	科教、教卫 A07、A10、A06、B04、B02、A08、A26、A12、A31、A09、A12、A11、A15、A08、A14、A07、B04	教卫、科教、科教卫 A08、A15、A13、A12、A11、A20、A04、B08、A10、A25、B10、A14、A17、B06、A07、A12、A08、A09、A06、B04、A14、A05、B02、A05、A10、A21、A11、A15、A13、A18	无	无	无
	《黑龙江晨报》	—	有	—	无	科教、科技 6、7、4、08	—	—	无	无	无
	《新都市报》	—	—	—	有	—	—	—	—	—	无

表 4-12　2011~2013 年未成年人报人报科技报道位置分析

报纸分类	报纸名称	总版数	是否上头版 2011年	是否上头版 2012年	是否上头版 2013年	科技版版名及版号 2011年	科技版版名及版号 2012年	科技版版名及版号 2013年	有无科技专题 2011年	有无科技专题 2012年	有无科技专题 2013年
青年报	《中国青年报》	4~18版	是	是	是	冰点探索（11）、数字青年（12）、聚焦（04）、视野（10）、军事周刊（9、10）	专题（4）、专版（5）、教育科学（3）、数字青年（12）、冰点探索（11）、军事周刊（9）	青年态度（8）、冰点探索（11）、数字（12）、教育科学（3）、军事周刊（9）	无	无	无
	《青年参考》	48版居多	否	否	否	发现 C12、C13	发现（C12、C13）（B19）（B14、B15）（B06、B07）	发现（B06、B07）	无	无	无
	《北京青年报》	29~110版	是	是	是	健康守望、饮食主义、数码时代、健康关怀、探索之旅、（A14、C5、C2、C4）（C5、C6、C4）（D2）（D8）（D1）（C4）	健康守望、饮食主义、探索之旅、数码时代、新技术、科技物语、生命哲学（C1、C2、C5、C4）（C1、C2、C5）（D7、D8）（C4、C1、C2）（D2）（D3）	科学·身边、科学·前沿、科学·生命（C6、C5）（C5、C6）（C6、C5）	有	无	无
	《山西青年报》	24版、16版、8版	否	否	否	—	—	—	—	—	—
	《青年时报》	16版、20版、68版	否	否	否	健康新闻、周末健康定制、生活大探秘、科教卫新闻（B1、B2、B9、B6）（B3、B2）（B01）（B2）	诊疗室、果壳科学会、科学行走计划、生活大密探、健康、养生、健康专版、科教卫（B3、B4、B5、A9、A07、B06、A12）（A11、A9）（A7、B3）（B6）（B3、B6、A8、B4、B2、	健康时报、养生、健康、健康曝光、健康专版、诊疗室、新知（B1）（B2）（B2）（B3、B4、B1、B2）（B2）（B4）（A12、A18、A15、A17）（A16、A15、A17）	无	无	无
	《重庆青年报》	32版、31版	否	否	否	—	—	—	有	无	无

续表

报纸分类	报纸名称	总版数	是否上头版 2011年	是否上头版 2012年	是否上头版 2013年	科技版版名及版号 2011年	科技版版名及版号 2012年	科技版版名及版号 2013年	有无科技专题 2011年	有无科技专题 2012年	有无科技专题 2013年
青年年报	《河北青年报》	16版、104版	是	是	否	科技生活、诊疗手记、健康资讯、大焦点、文化视点、中国关注、世界关注、文化人物、健康周刊、养生视点、天健康、新副刊·实验室、视觉、B3 C2 C3 C5 A3 B2 A14 B5 A12 A13 A7 C1 A20 A8 A3 A32 A27 A6 A5	科技生活（A28/29）、实验室（A28）、热点聚焦（A6、A8）、副刊（B11-B15）、天下 B6、康·饮食（A3/A4/A12/A6/A4-A12）、深读 A22	深读 A5/6、A9、A1/A2、A10、健康诊室 A33/、A32/A34、实验室 A26/A27/29、本地 A16/A7、健康求证 A42/A32/A35/A36、副刊 A26-A34-A35、养生馆 A47、副刊/健康养生 A32/A33/健康关注 A36/A30/A31/A32、爱健康 B1-B16 B5/A25/A27-A31、健康防治 A33、大焦点 A4、本地 A6/A7/A8、搜罗 A45-A48/B1-B16……	有	无	无
	《河南青年报》	16版为主、8版	否	否	否	—	—	—	无	无	无
	《安徽青年报》	8版、16版、24版	否	否	否	—	—	—	无	无	无
少年年报	《中国少年报》	合刊64版；16版为主	否	否	否	探索6版、7版	探索6版、7版 11月14和21日为合刊，探索版面为14至17	探索6版、7版	无	无	无
	《北京少年报》	8版	是	否	否	—	少年炫科技（A4、A6）、科学专版（A4）	少年炫科技（A6、A7）、迷你炫科技（A6）	无	无	无
	《深圳青少年报》	32版	否	否	否	—	探秘丛林 QM6	—	无	无	无

216

续表

报纸分类	报纸名称	总版数	是否上头版 2011年	是否上头版 2012年	是否上头版 2013年	科技版版名及版号 2011年	科技版版名及版号 2012年	科技版版名及版号 2013年	有无科技专题 2011年	有无科技专题 2012年	有无科技专题 2013年
教育报	《中国教育报》	4、24版	是	是	是	e教育4	—	—	无	无	无
	《天津教育报》	4版或8版	是	是	是	—	—	特色学校5	无	无	无
	《教育时报》	4版或8版	否	否	否	—	走基层4	前沿4	无	无	无
	《教育导报》	4版	—	—	有	—	—	—	无	一	无
	《中学时事报》	8版	否	有	有	—	—	—	无	无	无
	《江苏教育报》	4版	否	否	否	—	—	—	无	无	无
	《南方教育时报》	24版	否	否	否	—	—	—	无	无	无
	《东方教育时报》	16版为主或8版	否	否	否	—	—	—	无	无	无
	《浙江教育报》	4版	有	有	有	—	—	—	无	无	无
	《小龙人学习报》	16版为主	一	否	否	—	—	—	一	无	无

注："—"为未有该年份报纸

（4）4家涉农报科技报道连续3年上过头版

通过分析科技报道在报纸中的位置，我们发现连续3年科技报道均上过头版的有《农业科技报》《农民日报》《海南农垦报》和《农村新报》。此外，《农业科技报》《农村信息报》《四川农村日报》和《农村新报》的科技版面相对较靠前，有时出现在了a2、a3版，其他报纸的科技版均出现在中后版。其中3家报纸的科技栏目也均在版面靠前的位置（表4-13）。

表4-13　2011~2013年党报科技报道位置分析

报纸分类	报纸名称	总版数	是否上头版 2011年	2012年	2013年	科技版版名及版号 2011年	2012年	2013年	有无科技专题 2011年	2012年	2013年
科技专刊	《农业科技报》	17版	—	有	有	—	—	—	无	无	无
涉农党报	《农民日报》	8版	有	有	有	05科教周刊 06农技推广	05科教周刊 06种植技术 07养殖技术	05科教周刊 06种植技术 07养殖技术	无	无	无
一般涉农报	《农村金融时报》	—	有	无	无	—	—	—	无	无	无
	《海南农垦报》	—	有	有	有	—	—	—	无	无	无
	《安徽日报·农村版》	8版、16版	无	无	无	—	—	06技术	无	无	无
	《河南日报·农村版》	—	无	无	无	—	—	—	无	无	无
	《南方农村报》	—	无	无	无	—	—	—	无	无	无
	《农村大众》	—	有	无	无	—	—	—	无	无	无
	《农村信息报》	8版、12版	—	无	无	a3/a4科技	a3/a4科技	—	无	无	无
	《陕西农村报》	—	有	无	无	—	—	—	无	无	无
	《四川农村报》	4版、8版	—	无	有	—	03科技园	05科技园	无	无	无
	《新农村商报》	16版	无	无	无	a14技术	—	—	无	无	无
	《农村新报》	8版	有	有	有	06农科服务	2/04/06科技	2跑腿-科技	无	无	无

注："—"指未有该年份报纸

（五）报纸科技传播特点分析

1. 议题特点

美国传播学者麦克姆斯·唐纳德·肖最早提出了议程设置理论，议程设置是指大众传播对某些议题的着重强调和这些议题在公众中受重视的程度构成强烈的正比关系。换言之，在大众传播中越突出某一事件，多次、大量地报道某一事件，就会使社会中的公众突出地议论这一话题。报纸在进行科技传播的时候，设置了怎样的议题？会引导公众怎样的科学兴趣？

通过表4-14可以看出，169家样本报纸在2011~2013年的科技报道议题并不相同，根据每类报纸定位各有侧重。

党报的科技报道议题重点涵盖全年的科技发展大势，国内外科技大事件、科技政策、科技创新、航天航空新材料、新能源、农村科技、科普知识等方面，议题丰富广泛；都市报科技报道多涉及卫生、健康、环保等一些民生领域的科技新闻，对于科技新闻和科技政策的报道也有，但是多以消息或转载的形式出现；未成年人报科技报道的议题偏重于科普知识类，在报道中以科技发明展和科技活动的开展为重点，偶尔也会涉及科技发展动态，教育类报纸科技报道的内容多与教学的新技术使用及学生的科普活动为主；涉农类报纸科技报道议题多为资源与育种、土壤肥料、栽培管理、储藏加工、畜牧兽医、水产养殖、农用新技术、高科技、科技人物、科技创新等。

通过统计分析，我们发现所有报纸的议题都越来越贴近百姓生活，并且各大报纸都在尝试建立与百姓沟通的平台，为百姓普及科学知识，解决百姓科技难题。例如，2012年《农民日报》单独开辟了"科教飞信"栏目，通过此栏目与农民沟通在生产生活中的科技问题，介绍先进的科学技术等。2013年《农村新报》也开辟了"跑腿－科技"版面，主要是以科技知识问答的形式，回答农民所遇到的问题。《农业科技报》的"科技110栏目"，以农业科技为探讨对象，聆听农民朋友科技需求方面的心声，了解他们在生产中遇到的科技难题，并给予回应等。

表 4-14 169 家样本报纸科技报道的议题特色

报纸	报纸分类	主要议题	其他
党报	中央级党报	报道气候环境、养生保健、航空航天、科技创新、高新技术产业、新材料、新能源、军事武器类、数字产品类议题	国内、国外报道、深度挖掘
	省级党报	国内外重大科技事件，关注省内科技新闻热点，结合本省各城市新发生的科技现象进行报道，议题主要有科技表彰、养生保健、航空航天、科技创新、新材料、新能源、农村科技、政府的科普工作	国内、国外报道、各省城市、深度挖掘
	省会城市级党报	涵盖全年的科技发展大势，凸显本省科技发展焦点，为百姓搭建科普平台，省会城市级党报的报道焦点凝聚在养生保健、航空航天、科技创新、新材料、科学表彰、新能源、农村科技、科普知识	国内、国外、本地区、深度挖掘
都市报	东部	国家重要科技事件、地方科技事件、地方科技活动和科技奖励、计算机技术、高科技技术、科普知识等	地方、国内、国际、深度采访
	中部	科技发明、航天科技、科普活动、地方科技新闻，对经济、生活、社会等热点相关的科技报道比较少	地方、国内、国际、深度采访
	西部	涉及卫生、健康、环保等一些民生领域，但是对于科技新闻和科技政策报道却很少，多为转载	议题狭窄、不深入
	东北部	农业科技的报道、关注生活科普、医疗科学等与读者生活相关的科技新闻	议题广、有深入
未成年人报	青年类	科学技术类、健康服务类、航天航空类、军事武器类、数字产品类、科技推广类议题	国内、国外报道、深度挖掘
	少年类	议题偏重于科普知识类，在科技报道中比较偏重于科技发明展现和科技活动的开展，偶尔也会涉及科技发展动态	国内、无国外、无深度挖掘
	教育类	教育类报纸内容多与教学的新科技使用及学生的科普活动为主，呈现最新的科技发明较少，甚少涉及专题的科技人物报道	国内、无挖掘
涉农报	科技专刊	资源与育种、土壤肥料、栽培管理、储藏加工、畜牧兽医、水产养殖、农用新技术、高科技、科技人物、科技创新等领域，党报多报道科技政策、科技大会等	国内、无国外、无深度挖掘
	涉农党报		—
	一般涉农报		—

（1）航空航天是报纸科技报道重点领域

2011 年，"发现号"航天飞机结束近 27 年的飞行安全着陆，我国第一个目标飞行器和空间实验室"天宫一号"发射，"神舟八号"飞船顺利升空与返回地面；2012 年，"天链一号 03 星"成功发射；2013 年，"神舟十号"飞船成功发射……这些航空航天领域的科技新闻在当年各类报纸的科技报道中都曾出现。

（2）党报、都市报多刊登国外科技新闻报道，未成年人报和涉农报较少涉及

研究显示，党报、都市报的科技报道地域较为全面，有国内科技新闻，也有国外科技新闻；但是未成年人报和涉农报却很少报道国外科技新闻，尤其是涉农报，对国际科技新闻的报道少之又少。

2. 表现形式特点

作为一份报纸，要引发读者的阅读欲望，吸引众多的读者，除了文字报道内容具有强烈的可读性以外，新闻稿件的美化设计尤为重要。配图对于报纸来说，能形象地表现新闻稿内容的精华和主题，为稿件增色。尤其是对于像科技新闻这类专业性非常强的新闻报道，用形式多样的图片表达要传递的信息会起到更好的效果，会使新闻更具有说服力。通过对169家样本报纸科技报道的配图情况进行分析，发现所有样本报纸的科技报道都采用了新闻图片或图片新闻的方式报道科技新闻（表4-15）。

表4-15　169家样本报纸科技报道的表现形式特色

报纸	报纸分类	表现形式
党报	中央级党报	新闻图片、科技漫画、图片新闻、示意图、柱状图、饼状图、曲线图、资料图片、插图、构想图、模拟图、表格、合成图片
	省级党报	新闻图片、图片新闻、示意图、科技漫画、表格、三维立体图、模拟图、曲线图、柱状图、复原图、表格、效果图、视频截图、演示图
	省会城市级党报	新闻图片、科技漫画、图片新闻、示意图、环形图、柱状图、饼状图、表格、资料图片、插图、构想图、模拟图、合成图片、假想图、想象图、效果图、视频截图、复原图、结构图、效果图、翻拍画面
都市报	东部	照片新闻、新闻照片、新闻图片、图片（彩色、黑白）、漫画、图表、图格、示意图
	中部	照片新闻、新闻照片、图片（彩色、黑白）、示意图、图表
	西部	照片新闻、新闻照片
	东北部	照片新闻、新闻照片、新闻图片、图片（彩色、黑白）、漫画、示意图
未成年人报	青年类	新闻图片、科技漫画、图片新闻
	少年类	漫画，这样比较能吸引小朋友的注意力
	教育类	配图比较单一，大多以照片、图片新闻、电脑合成图为主

续表

报纸	报纸分类	表现形式
涉农报	科技专刊	配图单一，主要是图片新闻、新闻图片
	涉农党报	
	一般涉农报	

（1）党报的图片表现形式多元

党报科技报道所配图片有新闻图片、图片新闻、示意图、科技漫画、表格、三维立体图、模拟图、曲线图、柱状图、复原图、表格、效果图、视频截图、演示图等，这些图片可以很好地辅助读者理解一些比较难懂的科技知识。

（2）涉农报科技报道图片单一

涉农报科技报道的配图较少，并且大多数都是新闻图片。独立的图片新闻较少，只有《农民日报》《河南日报·农村版》《农村新报》有图片新闻。唯一一家图片形式比较新颖的是《新农村商报》的科技漫画。

3. 党报科技传播特点分析

（1）中央级党报科技报道议题涉及面广、有深度

中央级党报科技报道议题涵盖了全年的科技大势，主要侧重于报道气候环境、养生保健、航空航天、科技创新、高新技术产业、新材料、新能源、军事武器类、数字产品类议题。

《人民日报·海外版》《人民日报》《光明日报》都设有以"健康"为主题的版面，介绍一些最新的养生保健知识。《人民日报》《光明日报》《经济日报》连续三年都开设有关于"新媒体"的板块，介绍最新的科技产品。除了科技版面外，四家中央级党报的"国际新闻"板块也会出现科技报道，国际新闻板块的科技报道内容包括国际上最新的科技成果和其他国家最新的军事武器介绍。在要闻版或者国内新闻版面上也会有一些关于航空航天、军事武器的图片新闻，以及一些高新技术产业、新材料、新能源的报道。

在科技版面的设置上，中央级党报的科技版面内容包括航空航天、数字产品、气候环境。尤其值得一提的是，《经济日报》在2011年还设有一个版面专门刊登我国院士的个人专访，可惜的是，这个版面在2012年后没

有再出现。

在科技栏目的设置上，以数字产品、科技创新、航空航天为主题的栏目较为突出。2013 年，《经济日报》在"国际新闻"版面上专门设立了科技栏目"环球科技扫描""科技视野"，但是这两个栏目出现的次数并不多，其中，"环球科技扫描"在样本统计中出现了 2 次，"科技视野"出现了 1 次，这两个栏目均以短消息为主，主要是介绍国际上的最新科技动态。

就报道广度而言，四家中央级报纸在报道国内科技新闻的同时还能兼顾国外科技新闻热点。国外科技新闻报道主要集中于国外最新的军事武器、科技创新成果；国内科技新闻报道主要集中于宏观的科技政策报道、科技事件报道。

就报道深度而言，四家中央级报纸在报道重大科技新闻事件时，会进行深度挖掘，详细报道背景资料，有时甚至会组织特刊或者专题。比如，《人民日报》就组织过"2013 年全国科技活动周暨北京科技周特刊""全国科普日特刊"；《光明日报》组织过"全国科技活动周特刊""中国科协八大特别报道专版"。在"天宫一号对接""嫦娥飞天"等科技事件发生时，中央级党报会以图片新闻的形式在头版头条的位置增设索引阅读，并在后面的要闻版或科技版进行大篇幅报道。

（2）中央级党报在表现形式上更为丰富

中央级党报科技报道的配图主要有新闻图片、科技漫画、图片新闻、示意图、柱状图、饼状图、曲线图、资料图片、插图、构想图、模拟图、表格、合成图片等。

《人民日报》《光明日报》的科技报道大都有配图，有的时候图片新闻还会在头版作为导读索引出现。科技版面上的深度报道还会运用曲线图、柱状图等丰富报道表现形式。在科技版上的科技栏目基本都有配图，但在国际新闻板块出现的科技栏目没有配图。

尤其值得一提的是，在关于航空航天议题的报道上，中央级党报会运用示意图、模拟图、构想图来说明轨道、位置和内部的运作机制，形象而生动。

（3）省级党报科技报道议题侧重国内外重大科技事件、省内科技新闻热点省级党报的报道议题设置包括科技表彰、养生保健、航空航天、科技创新、新材料、新能源、农村科技、政府的科普工作，侧重国内外重大科技事件、省内科技新闻热点。

在科技版面的设置中，报道议题倾向于介绍国内外最新的科技成果、一些待开发的新能源，提供最新的科技动态，向读者科普植物、动物等方面的相关知识。

在科技栏目的设置中，以科普知识、科技创新成果、自然灾害、地区科技发展、气候环境、天文宇宙为主。

在其他的版面，诸如"时事""国际新闻""健康"板块中的科技报道以养生保健知识、军事武器、农村科技知识的普及、本省各地科普活动开展状况为主。

综观这3年的报道，省级党报在关于航空航天的议题设置上可谓浓墨重彩。比如，《重庆日报》2011年刊出专版"聚焦·天宫一号发射升空"，《浙江日报》2012年刊出专版"神九会天宫·探索"，《长江日报》2012年刊出"中国百年航母圆梦"专题，《长春日报》2013年连续组织科技专版"'天宫'访太空特刊""关注'神八'发射""太空之吻"专题。

就报道广度而言，省级党报科技报道不仅包含国内外的科技新闻热点，还结合本省各个城市的科技动态进行报道。

就报道深度而言，省级党报在重大的科技新闻事件进行时，会在科技版或者其他版面上进行深度挖掘，详细报道背景资料，有时甚至还会组织专题报道。

（4）省级党报表现形式也较为多元

省级党报科技报道的表现形式也比较丰富多元。科技报道配图有新闻图片、图片新闻、示意图、科技漫画、表格、三维立体图、模拟图、曲线图、柱状图、复原图、表格、效果图、视频截图、演示图等。

大部分省级党报都是彩色印刷。科技版面和科技专题基本都会出现相关配图。特别是在报道航天航空类新闻时，该类报纸主要刊印卫星三维立体图和飞船图片新闻，并配有飞船飞行变轨示意图。在报道健康养生的议题时，科技版面通常设计水果蔬菜、运动健身及人物笑脸这类配图，活跃版面，吸引受众。

（5）省会城市级党报科技报道议题凸显本省科技发展，介绍科技新品和健康医疗常识，为百姓搭建科普平台

省会城市级党报的报道凸显本省科技发展，为百姓搭建科普平台。议题包括养生保健、航空航天、科技创新、新材料、科学表彰、新能源、农村科技、科普知识等。

省会城市级党报十分重视报道国家科技发展的成果，把关于国家重大科技事件的消息放置在头版中。比如，《太原日报》把"神州八号飞船成功发射"的新闻刊登在头版；《西安日报》采用图片新闻的形式把"天神之吻"的消息刊登在头版的正中央；《广州日报》也在头版中设计了"天宫入轨"的图片新闻。

与中央级党报、省级党报不同的是，省会城市级党报的科技报道更倾向于介绍大量科技新品和健康医疗常识、科普知识，搭建向百姓传播科学知识的平台。比如，《长沙晚报》专门设有"趣味科技""生活科技""科技新品"栏目，介绍生活中的科学现象；《海口晚报》的"科普天地"则会刊发农作物种植、牲畜饲养、生态环保、移风易俗等较为贴近农民生活实际的科普知识，通俗解读生产中的各种科技知识。也有一些省会城市级党报的科技报道突出本市特色，比如，在《西安日报》上能看到不少关于文物保护技术的文章。

就报道广度而言，省会城市级党报在报道国内科技新闻时，议题主要涉及航天航空领域的成就、科学技术表彰大会等；国外的科技新闻报道以国际上最新的科技成果、军事武器、发现的新能源和新材料为主；该类报纸对于其他地区的科技报道很少涉及。

就报道深度而言，部分省会城市级党报会对国内重大的科技新闻事件进行深度挖掘，通过安排专题的形式对新闻进行全方位报道，如《广州日报》2011年刊登"天宫筑梦""神十会天宫"专题。而中西部地区的党报较少设置科技专题版面，往往只是做消息式的通告或报道。

（6）省会城市级党报科技报道表现形式多样

省会城市级党报科技报道配图主要有新闻图片、科技漫画、图片新闻、示意图、环形图、柱状图、饼状图、表格、资料图片、插图、构想图、模拟图、合成图片、假想图、想象图、效果图、视频截图、复原图、结构图、

效果图、翻拍画面等。

省会城市级党报大部分都是彩色印刷。与中央级和省级党报类似，该类报纸的科技报道大都会有相应的配图。尤其是对航空航天的报道，以及一些天文现象、宇宙探索、科学新发现的报道都会采用效果图、示意图、模拟图等配图来补充丰富文字报道；用构想图、假想图、想象图对一些科技理论、科技前景作生动展示；在报道国外的军事先进技术时，会用新闻报道的视频截图作为新闻图片；该类报纸还经常会设有科技漫画。

特别值得一提的是《长沙晚报》科技版"星期天·探索"，该版面上的图片生动多元、色彩鲜艳夺目、整体制作华丽。该报的科技版和其他党报白底黑字、庄重大气的科技版面风格明显不同，让读者更加感到活泼动感，透着一股青春的朝气。

（7）不同层级党报科技传播的特色存在一定差异

总体而言，中央级党报、省级党报、省会城市级党报都比较重视科技传播能力的建设，设有科技版面、科技栏目的比例较高，议题设置涉及国内国外事件，报道形式丰富多元，但在科技传播的侧重点上略有不同。

从议题上来看，中央级党报紧跟国际科技发展动态，对于国内的科技事件、科技发展动态都会做时效性较强的报道，但不会将目光集中于某一个地区。中央级党报还非常重视技术园区的建设报道，比如，《人民日报》对于中关村的各种报道，就是省级党报、省会城市级党报两类党报都未曾涉及的议题领域；省级党报更为关注本省内的科技动态，报道基本涵盖本省各个城市的科技新闻，记录本省科技发展的成果；而省会城市级党报比较紧贴百姓生活，议题以健康养生、科普知识为重，为百姓传播大量医疗卫生知识，并介绍许多科技新产品。

从报道形式来看，中央级党报有相当规模的科技评论，甚至在各自的科技版上设有专门的科技评论栏目，如《人民日报·海外版》的"观潮亭"，《光明日报》的"世事评说"，而这些是在省级党报和省会城市级党报上看不到的。相比新闻报道，评论的舆论引导意图更为明显，这也显示中央级党报的科技传播主导意识更为强烈。

从报道来源来看，中央级党报的科技报道主要分为新华社供稿和本报采写，以本报采写居多。而省级党报和省会城市级党报的科技报道则以新华社供稿和编辑为主，大部分报道都是非原创的。这也从一个侧面显示了各报科技传播人才的储备状况。

4. 都市报科技传播特点分析

（1）东部地区都市报科技报道议题涉及范围广

东部地区都市报科技报道的议题大致可以分为两个类别。

一是，按照城市综合能力评定，东部一线城市，即北京、上海、天津，科技报道议题涉及范围广，报道热点多集中在当年发生的重要科技新闻事件，如2011年的"神舟八号"，2012年的"神舟九号"、"蛟龙号"载人潜水器，2013年的"嫦娥三号"等。科技报道关注面比较全面，以国家重要科技新闻事件报道为主，以地方科技报道为辅。此外，一线城市的科技报道也较多关注国际科技新闻。关于科技版面，东部一线省市的科技版面大多取名为"科教"版面，但是大多只重"教"不重"科"，报道议题多与教育信息有关，与科技相关的报道不多。

二是，按照城市综合能力评定，东部地区的二三线城市所在的省份，包括河北、江苏、浙江、福建、山东、广东和湖南等地。这些省份都市报的报道议题涉及范围也相当广泛，都会报道当年国内的重大科技新闻事件，但是这些省份都市报的科技报道多偏向于地方科技活动和科技奖励。从整体来看，这些省份都市报的科技报道议题热点多集中于高新技术产业、科普知识等方面。

东部地区都市报的科技报道都设有相关的国际科技报道内容，涉及的国家以美国、印度、朝鲜、韩国、俄罗斯、印度、伊朗为主，议题热点多集中于这些国家的军事技术、航天技术、先进科技等方面。对于其他省市的科技新闻，东部一线城市都市报也会有涉及。

2011~2013年，东部地区都市报科技报道的议题表现出两个明显的变化趋势。

首先，科技报道范畴越来越宽泛。2011年，东部地区都市报的科技报道主要偏重于航天科技、食品安全等与社会热点相吻合的大型议题；到2012年，除了每年的重大科技事件和热点外，科技报道也开始关注科技发明、科技人物等与科技相关的新闻；2013年，科技报道涉及的内容更加丰富，涉及大型科技事件、科技活动、科技人物、科技奖励、科技生活、高科技产品、3D新技术等。

其次，从报道所涉及的国家来看，从发达国家向发展中国家转移，所涉及的国际科技议题从军事航天向生活高科技等多方面转移。2011年，东部地区都市报科技报道涉及的国家多为美国、英国、俄罗斯、日本等发达国家，报道主要关注这些国家的军事科技和航天科技；2012年，东部地区都市报科技报道涉及的国家主要为韩国、印度等，涉及的议题除了军事和航天技术，还有3D技术、计算机等高科技议题；2013年，科技报道所涉及的国家又有所增加，开始关注伊朗、厄瓜多尔等发展中国家，以及瑞士、加拿大等国家，所涉及的议题增加了科技奖励、科技人物、生活科技、科技趣闻等，更贴近读者生活。

（2）东部地区都市报科技报道的表现形式以彩图为主

东部地区都市报科技报道的配图形式有新闻图片、图片（彩色、黑白）新闻、漫画、图表、示意图等。

科技新闻配图形式以彩图为主，配图会在版面的任意位置随机出现，没有规律。报纸配图的风格根据不同情况出现四种类型。第一，遇到重大科技事件，或者比较重要的科技活动、科技奖励、科技人物报道时，科技报道的新闻配图和科技新闻内容的吻合度比较高，主要用于配合新闻作辅助说明。第二，当头版或其他版面出现图片科技新闻时，图片新闻的位置会比较靠近版面中央位置，图片新闻下的文字描述非常少，此时的配图起说明作用，图片相对比较生动，传达的信息比较多，图片新闻多用于对科技活动的报道。第三，在专栏和版面中的配图，因为专栏和专版所占篇幅受限，因此图片形式比较单一，主要以照片和图片为主，配图言简意赅，起辅助和说明作用，但是说明性较强。第四，在其他报道中的科技报道配图，图片形式比较多样，且随机出现，版面位置也不确定，根据新闻内容的不同，如果是比较重要的科技报道，或者和计算机、3D技术、食品安全等议题相关的科技新闻，新闻配图和新闻内容的关联性相对较强；但一些新闻价值不太明显的科技新闻，如健康类科技新闻、生活类科技新闻等，配图则和新闻内容不大相符，多为加强版面视觉效果、增加新闻趣味性而搭配。

第四章　报纸科技传播

（3）中部地区都市报科技报道从国际科技新闻转向国内科技新闻，议题所涉及内容向读者生活靠拢的趋势日益明显

中部地区都市报科技报道涉及的议题主要包括科技发明、航天科技、科普活动、军事技术、生活科技、计算机科技等。另外，报道议题所涉及的国家也比较多，包括美国、英国、日本、印度、德国等。对于其他省市的科技新闻，中部地区都市报较少涉及。对于当年发生的热点科技新闻、大型科技事件等，特别是航空航天新闻，如2011年的"神舟八号"、2012年的"神舟九号"、2013年的"嫦娥三号"，中部地区的报纸都很热衷报道，且都会在头版报道甚至整版报道，但是很少出现专题报道。

2011~2013年，中部地区都市报的科技报道议题变化主要体现在两方面。首先，从国际科技新闻转向国内科技新闻。2011年，中部地区都市报的科技报道非常热衷于报道国际科技新闻，比如，安徽、河南两地都市报的科技报道经常与国际科技新闻相关，到了2012年和2013年，中部地区都市报的科技报道重点开始向国内的科技新闻转移，安徽、河南都减去了国际科技新闻的版面，所报道的科技新闻也以国内科技新闻为主。其次，从议题所涉及的内容看，中部地区都市报科技报道向读者生活靠拢的趋势日益明显。2011年，中部地区都市报科技新闻的议题内容主要包括国家和地方的科技发明、航天科技、科普活动等；2012年，科技报道涉及的新闻内容包括科技发明、航天科技、科技活动、科技奖励、科技人物，食品科技等；2013年，科技报道涉及的新闻内容包括科技发明、科技奖励、科技政策、科技活动、科技生活、航天科技、3D打印、计算机技术、汽车科技、健康科普等，议题更加丰富，也越发贴近读者的日常生活。

（4）中部地区都市报科技报道表现形式也很多样

中部地区都市报科技报道的配图形式也很多样，主要包括新闻图片、图片新闻、示意图、图表等。中部地区都市报科技报道的配图有两个规律：第一，中部地区都市报凡遇到国家或地方重大的科技新闻都会加以配图，配图类型以新闻照片为主；第二，中部地区都市报的科技版和科技专栏也都会新闻配图，配图形式以照片为主，也有图片搭配。

（5）西部地区都市报科技报道注重市场化，议题更多关注民生领域

由于都市报市场化程度较高，因此在很多的报道当中，将更多的精力、

版面等留给了卫生、健康、环保等一些民生领域。但是对于科技政策报道却很少，基本都是出现在地方"两会"和全国"两会"期间。对于科学研究、科学探索的关注较差。

从报道议题的广度来看，西部地区的科技报道议题虽然偏向民生领域，但是涉及的议题还是比较广泛的，包括农业科技、食品科技、医疗科技、环境卫生、航空航天、军事科技、网络科技、科技人物等。科技报道所涉及的国家包括美国、英国、俄罗斯、印度等。

从报道的深度来看，大部分的科技报道为转载，其他是自采或是通讯员撰写的文章。而在这些转载的文章当中，科技新闻大部分都是引自通讯社的文章。而那些自采的文章和通讯员撰写的文章，大多以消息、通讯为主，在一些特定的日子里，比如说航空航天、科技奖项颁布的时候，会跟进一些专题和对人物的专访，但都是比较少的。

从报道议题来看，2011~2013年，西部地区的科技报道议题没有太多明显的变化趋势，其报道议题的内容多跟随社会热点科技事件及重点科技事件变动。一年中如果发生了重大科技事件，则西部地区科技报道议题中关于科学研究、科学探索的科技报道便会增多。但是这3年中，西部地区都市报的科技报道议题都与民生科技领域息息相关。

（6）西部地区都市报科技报道表现形式极具设计感

从西部地区都市报科技报道的配图风格来看，西部地区的科技报道配图还是比较有设计感的，照片的内容比较有深意，示意图、漫画等配图类型也都让读者有耳目一新的感觉。另外，西部地区都市报科技报道配图形式也呈现多样化的特征，而不同类型配图的组合也比较讲究，不同配图组成的版面极具设计感。

（7）东北部地区都市报科技报道议题比较关注农业科技，"科"少"教"多

东北部地区都市报科技报道有四个特点。第一，东北部地区本土的科技新闻比较少，科技报道以国家科技新闻、外省市科技新闻、国际科技新闻为主。第二，东北部地区都市报的科技报道的议题比较关注农业科技，凡遇到农业科技报道，都市报会用半版或1/4的版面对其进行详细说明，且大多都有新闻配图。第三，东北部地区都市报的科技新闻比较关注生活

科普、医疗科学等与读者生活相关的科技新闻，科技新闻的趣味性较大，实用性较强。第四，东北部地区都市报的科技报道版面多为科教版，但也表现出"科"少"教"多的特点。

东北部地区都市报的科技报道议题主要包括科技发明、科技奖励、科技生活与实验、食品科技、科技人物、农业科技、网络科技等。对于其他省市的科技新闻和国际新闻都比较热衷，涉及的外省市包括北京、上海、天津、山西、青海、内蒙古等地，涉及的国家包括美国、英国、俄罗斯、印度、韩国、厄瓜多尔等。

2011～2013年，东北部地区都市报的科技报道议题变化主要是议题呈现越来越严肃的趋势。2011年，东北部地区都市报的科技报道中，有相当一部分是科技趣闻、生活科普等趣味性较强、新闻价值较弱的科技新闻，到2012年，东北部地区都市报的科技报道议题开始向农业科技、计算机科技、网络科技、科技活动等方向蔓延，科技新闻的科技时效性大大增加。到2013年，东北部地区都市报对于大型科技事件的报道更为看重，议题开始偏向航天技术、高新技术等，而趣味性较强的科技报道相对减少。

（8）东北部地区都市报科技报道配图较鲜艳，但与内容粘连度稍差

东北部地区都市报科技报道的配图形式有新闻图片、图片新闻、漫画、示意图等。这些图片有两个规律。首先，东北部地区都市报在遇到国家和国际重大科技事件时，都会加以彩色图片、指示图或照片美化版面。其次，东北部地区都市报的科技版面和科技专栏都有新闻配图，配图形式多为彩色或黑白图片等。

此外，东北部地区都市报的新闻图片都比较鲜艳，比较有视觉冲击力，科技报道也不例外。关于新闻配图和新闻内容的粘连度，东北部地区都市报稍微差一些，新闻配图和新闻内容的关系多为满足读者视觉需要、添加新闻背景、增加视觉冲击力和增加趣味性而考虑。但是遇到比较重要的科技事件时，新闻配图的功能还是可以显现的，对新闻内容有指示和补充作用。

（9）航空航天等重大科技事件是不同地区都市报共同关注的议题

中国的东部、中部、西部、东北部4个地区对于科技传播都有所关注，所抽样的报纸中，2011～2013年，每一份报纸每一年都有科技报道的文章。

就议题而言，四个地区对中国重大科技事件，如"蛟龙号"载人潜水器、"天宫一号"、"嫦娥工程"等都比较注重，事件发生时所有报纸都有所提及，甚至出现专版报道和特别报道。东部地区都市报科技报道总体而言涉及的议题比较广泛，比其他地区更多地关注科技政策、科技活动。中部地区都市报的科技报道议题也呈现多样化的特征，但是议题涉及面稍显狭窄，对于政策、经济及热点科技事件的关注比东部地区稍有欠缺。西部地区都市报科技报道议题涉及面也比较广泛，相比于其他地区更注重民生方面的科技新闻，且3年之内，西部地区的科技报道议题涉及面都没有太大变化。东北部地区都市报的科技报道相较于其他地区更注重对民生科技新闻、科技趣闻的报道，娱乐性成分更多。

在配图方面，东部、中部、西部、东北部4个地区的新闻配图形式多呈现多样化的特征，而且凡是遇到重要科技事件时，都会为新闻报道提供配图。东部地区新闻配图多以彩图为主，且形式比较其他地区的科技报道稍显单一，但是图片更具有新闻性质。中部地区图片的使用和东部地区相似，但是配图形式相对来说更为多样化。西部地区都市报科技报道对于图片的使用比较灵活，不仅配图形式多样，而且注重配图之间的设计，在版面设计方面让人耳目一新。东北部地区科技报道新闻配图比较具有冲击力，更注重趣味性，但是新闻配图和新闻内容的粘连度要稍微差一些。

5. 未成年人报科技报道的特点分析

（1）青年报科技报道主要侧重于报道科学技术类

在青年报纸中，《中国青年报》和《北京青年报》的科技报道数量和质量要高于其他省市的青年报。这两家报纸科技报道议题涉及国内外，会介绍国外相关的科学技术研究和技术成果，在报道地震和航空航天时，也会介绍国外经验。其他的青年报纸则多涉及本省的科技动态、科技成果运用，很少提及国外或省外的科技报道。不过，《重庆青年报》较为独树一帜，在其科技报道中基本全是介绍国外科技的最新研究成果，这对于科技报道的多维度视角建立有着重要贡献。

（2）青年报科技报道中的图片可以起到点缀或解释说明的作用，提高了科技传播能力在青年报中，基本每篇科技新闻报道都会有与其相对应的图片，其图片往往是起到点缀或解释说明的作用。尤其在报道重大科技新闻事件时，往往会增添表格式、柱状图或折线图等图片新闻的报道形式。其中，《青年参考》的科技报道表现形式最为醒目。2011年，该报的科技版均运用文字报道和配图的典型模式进行报道，图片多配合新闻报道而采取彩色实物照片、电脑合成照片和漫画示意图的方式和风格。从2012年开始，该报专门设立了一个科技版，运用饼状图、树状图、数据分析图、漫画示意图等形式讲述科技知识，文字成了辅助性报道，而且每一个科技版只解释一个科学现象。这种科技报道方式符合青年的阅读习惯，增强了科技传播方式的多样性，提高了科技传播能力。

（3）少年类报纸科技报道比较偏重于科技知识的普及

少年类报纸科技报道的议题大都比较贴近受众需求，科技报道议题比较偏重于科技知识的普及，较少涉及最新的科技发展动态，设立诸如"聪明小孩问不倒"和"动脑筋爷爷信箱"这样的科技栏目来普及必要的科技知识。

在科技版面、科技栏目和科技报道中，报纸的报道议题稍有不同，由于大部分科技栏目都在科技版面上，所以总的来说这两者的议题偏重于科普知识类，在科技报道中比较偏重于科技发明展现和科技活动。

少年类报纸的科技报道大多以国内视角展开，几乎没有涉及国外的科技报道。笔者发现，这些少年类报纸上的报道内容和议题多为自己设置的，不会围绕国内科技发展现状展开，新闻性较弱。报道形式常常会使用设计独特的问答题，让少年们了解必要的航天知识。

（4）少年类报纸科技报道配图以漫画为主

少年类报纸都为彩色印刷，配以明亮的色彩，用漫画和照片点缀，使整份报纸的每期看起来都像一本好看的画册。

少年类报纸科技报道配图最常见的一种形式就是漫画，在轻松愉快的过程中，向少儿读者传递必要的科技知识。例如，《中国少年报》的科技专栏有一个"图说新知"，就是以照片、漫画的形式把复杂难懂的科技知识以浅显的形式传达给小朋友。

（5）科技报道不是教育类报纸科技报道的重点

在议题呈现上，教育类报纸内容多与教学的新科技使用及学生的科普活动为主，呈现最新的科技发明较少，也甚少涉及科技人物报道。

（6）教育类报纸配图较为单一

教育类报纸科技报道的配图比较单一，大多以照片、图片新闻、电脑合成图为主，但其中《中学时事报》的配图以漫画为多，并且该报的科技版面名称就是"漫画时事"，但这只是一个特例，大多教育报在涉及科普活动时，都是配活动现场的照片，在介绍一些科技知识在教育上的应用时，大多没有配图。

（7）三类未成年人报科技传播的特色差异比较

在青年报、少年报和教育报三类未成年人报中，青年报最为看重科技知识传播，其次为少年报，教育报的科技传播报道最少。

就议题而言，青年报由于受众多为成人，因此在报道中更加看重健康养生服务类和数码产品推广类服务性报道，对科学技术的报道多以实用性为主。少年报由于受众多为少年儿童，因此在报道中更加注重科技知识科普和科技产品推广类的科普性报道，着重强调增强少年的知识见闻，其科技报道以开阔读者眼界为主。教育报则在科技传播中的报道量不多，大多是对重大科技事件进行通告式的报道和对科技活动进行告知性报道。

在配图方面，青年报重在吸引读者注意，配图相对简单，大多属于点缀型。而少年报重在对读书能力尚属学龄期的少年进行科普，因此更加强调配图的色彩艳丽性和多样性，配图的占比要比青年报大。教育报在配图方面多以实物性照片为辅助性报道手段。

6. 涉农报科技传播特点分析

（1）涉农报科技报道热点相对集中于种植、养殖、农用新技术等

涉农报的科技报道与其他类报纸的科技报道有很大不同，报道热点多集中在资源与育种、土壤肥料、栽培管理、储藏加工、畜牧兽医、水产养殖、农用新技术、高科技、科技人物、科技创新等领域。有的报纸则直接将种植技术、养殖技术作为科技专版，如《农民日报》的"农技推广""种植技术""养殖技术"，《农村新报》的"农科服务"等。

在内容报道上，报纸头版和综合新闻的科技报道多是农业技术推广、

创新农业的政策性新闻；技术版的内容多是转基因技术、克隆技术、无氧技术、生物技术、研制抗旱大豆等农用高科技文章。在专题报道里会有科技人物、科技创新典范的报道。

（2）涉农报科技报道更贴近农民大众生活

新闻的"三贴近"原则要求新闻报道要贴近生活、贴近实际、贴近群众，只有这样，新闻才能"接地气"，才能与受众的生活息息相关，体现亲和力。涉农报科技新闻更是如此，一旦抛开"三贴近"原则，它所报道的内容就会显得深奥难懂、单调。在涉农科技新闻报道里，我们发现科技报道更多关注的是农民民生问题、农村社会问题，更加贴近农民大众的生活。例如，科技育苗、科技养猪、虫病防治技术、水果发电、养鸡技术这种"接地气"的科技新闻随处可见。

（3）对于重大科技新闻事件的报道有涉及但不深入

通过对13家涉农报科技报道的统计分析发现，对于国家重大科技新闻事件的报道，多数涉农报都有所涉及，但大多以消息的形式出现，没有做重点深入的专题报道。例如，《河南日报·农村版》刊发了"发现号""天链一号""天宫一号""神舟八号"的报道；《陕西农村报》刊发了"神舟八号""神舟十号"的报道；《南方农村报》刊发了"发现号"科技奖项的报道；《农村新报》刊发了"天宫一号"的报道；《农民日报》和《农业科技报》对科技大会、科技奖项及重大科技事件的报道都有所涉及；等等。

（4）较少涉及国际科技报道

13家涉农报对有关国内和本地区的科技报道较多，而对于国际科技事件、国际先进技术的报道却少之又少。只有在《河南日报·农村版》的文摘里会少有涉及国际科学知识和科普文章等，涉农报对于国际科技领域的报道还有待挖掘。

（5）涉农报科技报道的配图较少、较单调

通过统计分析发现，涉农报科技报道的配图均较少，并且大多数都是新闻图片（新闻报道里穿插的图片），独立的图片新闻（带有图说）较少，只有《农民日报》《河南日报·农村版》《农村新报》有图片新闻，唯一一家形式比较新颖的是《新农村商报》的科技漫画（表4-16）。科技报道是一种特殊的新闻报道，用形式多样的图片表达要传递的信息会不会起到更好的效果，是否会使新闻更具说服力，值得涉农报去研究与思考。

表4-16　2011~2013年涉农报科技报道图片分析

报纸分类	科技专刊	党报	报纸名称									
报纸名称	《农业科技报》	《农民日报》	《农村金融时报》	《海南农垦报》	《安徽日报·农村版》	《河南日报·农村版》	《南方农村报》	《农村大众》	《农村信息报》	《陕西农村报》	《四川农村报》	《新农村商报》	《农村新报》
有无配图	—/有	有/有	有/有	无/无/无	无/无/无	有/有	有/有	无/无/无	有/有	无/无/无	—/无	—/有	有/有	有/有
图片类型	新闻图片	图片新闻、新闻图片			新闻图片	图片新闻	新闻图片		新闻图片			新闻图片	科技漫画、新闻图片	图片新闻、新闻图片

注："—"为未有该年份报纸；"/"将年份隔开，依次为2011年、2012年、2013年

（6）尝试搭建与农民沟通的科技信息平台

报纸想要更确切地知道受众的实际需求，就必须与他们进行沟通与交流。涉农报更是如此，因为农民是一个特殊的受众群体，倾听农民的声音，关注农民的需求显得格外重要。

2012年，《农民日报》单独开辟了"科教飞信"栏目，通过此栏目与农民沟通在生产生活中的科技问题、介绍先进的科学技术等。2013年，《农村新报》也开辟了"跑腿-科技"版面，主要是以科技知识问答的形式，回答农民所遇到的问题。《农业科技报》的"科技110"栏目以农业科技为探讨对象，聆听农民朋友科技需求方面的心声，了解他们在生产中遇到的科技难题，并给予回应。虽然这种科技信息平台在报纸中的呈现还不够成熟，属于初探阶段，但这样有问有答的双向互动版面和栏目确实更实用，更有针对性。

（六）报纸科技传播总体状况

从整体上看，在四类报纸中，尤以党报和涉农报在科技报道中的传播能力最强，都市报和未成年人报在科技传播中的传播能力较弱。这主要体

现在涉农报和党报在科技报道总量占比及月均报道总量占比上明显优于都市报和未成年人报，涉农报的报纸统计份数虽然较少，但该类报纸中的科技报道总量占比与党报的科技报道总量占比相当，由此可见涉农报在科技报道中的传播能力与影响力；同时，党报的科技版面报道、科技栏目报道和非科技版面、科技栏目报道中的报道数量均是最多的，尤其是在科技栏目上，党报相较于其他三类报纸在数量上占有绝对优势。

分类别来看，在党报中，中央级党报的传播能力更强，这主要体现在报道总量、报道月均总量、科技版面数量及占比、科技栏目数量等较省级党报和省会城市级党报均有较为明显的数量和占比优势。

在都市报中，东部地区由于城市化水平和经济发达程度较高，在科技报道的传播能力上也更强。这主要表现在，东部地区在报道总量与月均总量上较中、西、东北部地区的科技报道有微小优势；同时在科技栏目和非科技版面、科技栏目报道中也有较为明显的优势；中、西、东北部地区之间的科技报道传播能力差异不十分明显。

在未成年人报中，青年报的传播能力最强，少年报次之，教育报最次。青年报在科技报道总量、科技报道版面数量、科技报道栏目数量、非科技版面科技栏目报道数量中较其他两类报纸有明显的数量优势。

在涉农报中，具体来看，并不存在某类报纸在大部分指标中均占优势的情况，如涉农报在报道总量和版面数量上占有优势，科技专刊在科技栏目上占有优势，而在非科技版面、科技栏目报道上，这三类报纸的数量差异不大。如果根据科技报道总量占比与版面数量占比这两个比例指标来看，《农民日报》的传播能力更强。

三、报纸科技传播的自身问题

1. 科技版面和栏目普遍偏少，科技报道数量存在时多时少现象

通过调查统计，党报、都市报、未成年人报、涉农报这四类报纸所开辟的科技专版和科技专栏都不多。在所统计的169家报纸中，有68家报纸

设有科技版面（党报 30 家、都市报 20 家、未成年人报 12 家、涉农报 6 家），占所统计报纸总数的 40.2%；有 38 家报纸设有科技栏目（党报 21 家、都市报 7 家、未成年人报 7 家、农民报 3 家），占所统计报纸总数的 22.5%。都市报最少，在 77 家都市报中，仅有 20 家报纸设有科技专版，占都市报总数的 26%；有 7 家报纸设有科技栏目，占都市报总数的 9%。

另外，研究发现，党报、都市报、未成年人报、涉农报这四类报纸每年都会存在月报道量不均匀的情况，例如，在"两会"期间，党报和都市报的科技报道会紧跟科技政策和科技人物，而在其他时间科技报道数量寥寥无几。

2. 大多数报纸的科技报道形式较单一

图片具有形象、直观、寓意深刻等特点，也是进行科学传播的一种有效手段，可以给人以真实的感觉，具有文字无法替代的宣传效果。因此，党报、都市报、未成年人报、涉农报这四类报纸中都配有一定量的图片和图画。

通过抽样的数据显示，都市报、未成年人报和涉农报中含有图片的种类较少，多以图片新闻和新闻图片为主，图片的科学表现力比较弱。党报科技报道中的图片无论是从数量还是从形式方面都要优于其他类报纸。例如，科技漫画、航空航天事件模拟图、视频截图、三维立体图等，这些多样的图片能够配合文章的内容把深奥的科学知识、科学发现、科学技术等信息很好地表达出来，呈现给公众，帮助公众理解科学、学习科学、掌握技术。

3. 媒体整体受众定位及编辑方针影响科普内容及风格

媒体定位与受众定位决定了一份报纸的报道选题与报道内容呈现。四类报纸的科技版面与栏目较少、报道数量时多时少等现象主要受到报纸整体受众定位与编辑方针的影响。

党报、都市报、未成年人报、涉农报的受众虽然覆盖了《全民科学素质行动计划纲要（2006—2010—2020 年）》中的四类重点人群，且其主要受众定位也针对这四类人，但从报道内容上来说，这些报纸并不是专门对

第四章 报纸科技传播

这四类重点人群进行科技新闻传播的，也就是说，这些报纸的媒体定位并不只是进行科技新闻传播。党报是新闻宣传的"喉舌"，重在宣传、传播党的方针政策，评议国家政治时事；都市报定位于报道都市新闻，如民生新闻、社会新闻等与百姓生活息息相关的新闻是都市报的主要报道内容；未成年人报和涉农报都是针对特定群体的报纸，报纸定位自然要与特定的受众群相联系，如涉农报中的很多新闻报道都与农业发展和农村生活紧密相关，如农业种植技术、农业领域的最新成就、农产品销售、农民生活保障等；未成年人报亦是如此，针对不同年龄段的未成年人选取符合他们阅读需求的新闻内容。

以涉农报为例，由于涉农报定位于农村，关注农业生产、农民生活，其报道内容呈现的更多的是与农民生活息息相关的科技报道，如更集中于报道种植、养殖、农用新技术等议题，报道热点也集中于资源与育种、土壤肥料、栽培管理、储藏加工等。

每类报纸在选取新闻内容时都会以各报的编辑方针为参考，编辑方针是"编辑出版工作的指导性方针，是编辑出版活动的行动指南，是媒体出版物品牌和风格的集中概括，是内容和形式的高度浓缩"[1]。而媒体的编辑方针种类也较为多样，有学者曾总结过我国报纸的编辑方针类型，主要有综合型、权威型、特色型、专业型、服务型等8种[2]，而本书中的四类报纸，党报的编辑方针属于综合型与权威型，都市报的编辑方针属于综合型，涉农报与未成年人报则属于特色型，而科技新闻由于具有较强的专业性与知识性，其编辑方针应属于专业型。由此可见，党报、都市报、涉农报与未成年人报这四类报纸遵循的并不是专业型的编辑方针，也就是说，这四类报纸在报道内容与风格上优先考虑的是报纸本身既定的编辑方针，并不能优先按照专业型编辑方针报道科技新闻，这就会影响科技新闻的报道形态，从而导致这四类报纸中的科技新闻出现版面与栏目偏少、报道数量不稳定的现象。

---

[1] 何先义. 2008. 编辑方针作用论. 广东外语外贸大学学报，(5): 80.

[2] 何先义，陈红，谭多幸. 2008. 编辑方针的类型及其制订. 深圳大学学报(人文社会科学版), (5): 152-154.

4. 人员素质能力亟待提升，培养使用问题较严重

科技报道与其他类报道有较大不同，它的大多数内容往往涉及较为前沿的科学和技术，这对科技报道的从业人员就会提出更高的要求。而科技记者大多都是新闻专业背景出身，对文科知识较为熟悉，自然科学知识的储备往往不足。

在研究中笔者发现，科技报道议题所涵盖的范围非常广泛，大到在中央级党报中频现的航天航空、气候环境、军事武器，小到少年报中的儿童科普类报道，每一类科技报道都需要科技记者投入大量的时间与精力，对该领域的科学知识进行系统的了解与学习，这样才能保证科技新闻做到科学、准确、客观、理性。如果连科学技术普及的传播者都不能很好地理解科学技术知识、科学精神、科学方法和科技政策，不仅会很难将这些高深的知识用通俗易懂的语言表达出来，甚至还会引起误导受众、混淆视听的负面作用，对媒体的公信力构成很大的威胁。

科技新闻最重要的特征就是专业性，需要科技报道做到科学、准确、客观、理性，但目前媒体从业人员的科学素质水平参差不齐，而且有时有故意回避、转移关注焦点、故意煽情的现象，因而提高从业人员的科学知识储备、培养从业人员的科学素质能力、增强从业人员的科学意识、正视科技新闻的报道规律，是目前提高科技新闻报道水平亟待解决的问题。

5. 科研宣传与公众及媒体需求错位

目前，科技报道中仍存在着科研宣传与公众及媒体需求错位的现象，主要有两方面原因。

首先，对科技新闻科学内涵的挖掘不足，媒体在报道科技新闻时将科学的内涵限定得过于狭窄。在研究中笔者发现，媒体对于科技报道的界定范围过于狭窄，仅局限于在国家重要会议期间或国家重大科技发展方面的科技新闻，而与公众和媒体紧密相关的生活类科普知识或技术类科技变革的相关报道比较少。

其次，在特定时间或事件中的科技报道大部分都与科研宣传相关，即宣传我国最新的科技政策、报道科学领域的突出科技人物，而且这些科研

信息并不是直接由科研机构传播给公众及媒体的。有学者曾分析过我国目前的科技报道传播模式，"传统的政府发布信息体系使得大量的科技新闻变成了工作新闻，枯燥、生硬，对科学的内涵和意义挖掘不足……我国科研院所的科研宣传工作是自下而上向领导进行传播"[①]，这使得科研院所的科研宣传工作不能直接面向公众与媒体，必须通过政府的选择与处理，这样一来难免会使科技报道显得生硬且枯燥，最终产生科研宣传与公众及媒体需求错位的现象。

四、四类报纸代表案例详解

（一）《人民日报》科技报道（2011～2013年）

1. 报纸概况

《人民日报》由人民日报社主办，创刊于1948年6月，由《晋察冀日报》和晋冀鲁豫《人民日报》合并而成。该报是中国发行量最大的综合性日报，在2013年发行量更是超过了300万份。同时，该报还是我国最具权威性的报纸之一，曾被联合国教育、科学及文化组织评为世界上最具权威性、最有影响力的十大报纸之一。

《人民日报》对于关系国计民生的话题都非常重视，科技报道自然也成了其重点报道的内容。该报的科技报道涵盖了全年的科技大势，偏好报道一些最新的科技动态，为我国的经济建设提供信息服务。该报设有专门的科技版，版面设置相对固定，有利于培养受众的阅读习惯。对于一些重大的科技事件，如"天宫一号""神舟七号"等，都有组织相关的专题进行深度解读。

2. 科技报道内容分析

本书从《人民日报》2011～2013年的3年报道量中，以构造周抽样与等距抽样相结合的方法抽取研究样本。该方法把一年划分为四个季度，每

---

① 莫扬. 2011. 党报科技报道状况调查. 中国记者,（4）: 61.

个季度抽取一个构造周的样本。比如，以2011年第一个星期一（1月3日）作为抽样开头，隔12天后抽取下一个星期日（1月16日）作为第二个样本，以此类推。3年一共抽样得到12个季度中的84个样本（表4-17～表4-19）。

表4-17　2011年《人民日报》抽样样本分布表

周 季度	周一	周二	周三	周四	周五	周六	周日
第一季度	1.3	3.22	3.9	2.24	2.11	1.29	1.16
第二季度	4.4	6.21	6.8	5.26	5.13	4.30	4.17
第三季度	7.4	9.20	9.7	8.25	8.12	7.30	7.17
第四季度	10.3	12.20	12.7	11.24	11.11	10.29	10.16

表4-18　2012年《人民日报》抽样样本分布表

周 季度	周一	周二	周三	周四	周五	周六	周日
第一季度	1.2	3.20	3.7	2.23	2.10	1.28	1.15
第二季度	4.2	6.18	6.6	5.24	5.11	4.28	4.15
第三季度	7.2	9.18	9.5	8.23	8.10	7.28	7.15
第四季度	10.1	12.18	12.5	11.22	11.9	10.27	10.14

表4-19　2013年《人民日报》抽样样本分布表

周 季度	周一	周二	周三	周四	周五	周六	周日
第一季度	1.7	3.26	3.13	2.28	2.15	2.2	1.20
第二季度	4.1	6.18	6.5	5.23	5.10	4.27	4.14
第三季度	7.1	9.17	9.54	8.22	8.9	7.27	7.14
第四季度	10.7	12.24	12.11	11.28	11.15	11.2	10.20

（1）从科技报道篇数和字数来看，3年的报道量呈递增趋势

在3年抽到的84个样本中，有30个样本无科技报道。其中，2011年的科技报道有36篇，占全年总样本篇数3000篇的1.2%。科技报道字数为31 710字，占2011年总样本字数3 760 000字的0.8%。2012年的科技报道有49篇，占全年总样本篇数2504篇的2.0%。科技报道字数为42 552字，占2012年总样本字数3 248 000字的1.3%。而2013年的科技报道数量最多，有74篇，占全年总样本篇数3280篇的2.3%。科技报道字数为82 187

字，占该年总样本字数 4 352 000 字的 1.9%。从科技报道篇数和字数来看，这三年的报道量呈递增趋势（表 4-20）。

表 4-20 《人民日报》科技报道基本数据（2011～2013 年）

年份	科技报道篇数/篇	全年总样本篇数/篇	百分比/%	科技报道字数/字	全年总样本字数/字	百分比/%
2011	36	3 000	1.2	31 710	3 760 000	0.8
2012	49	2 504	2.0	42 552	3 248 000	1.3
2013	74	3 280	2.3	82 187	4 352 000	1.9

《人民日报》科技报道的表现形式主要有消息、评论、深度报道、专题、图片（图片新闻、新闻图片、资料图片、解释性图片、示意图）。消息按照文字数量分成两类：短消息（500 字以内）和长消息（500～1000 字）。1000 字以上的稿件属于深度报道。

《人民日报》的报道体裁丰富多样。500 字以内的消息通常属于科技简讯，内容主要涉及企业的科技动态发展，该题材的报道数量最多（62 篇）。科技评论总共有 24 篇。一些深谙科学技术的评论员作为特邀嘉宾，在"科技杂谈"栏目发表其对某个科技领域的独到观点，或是呼吁大家一起健全制度，营造更完善的科技环境，从而发挥舆论宣传的作用。此外，深度报道有 46 篇，主要梳理某项科学技术的发展历程、某个科技人物的成长之路，以及对某种新的科学现象进行正面、负面阐述（图 4-84）。

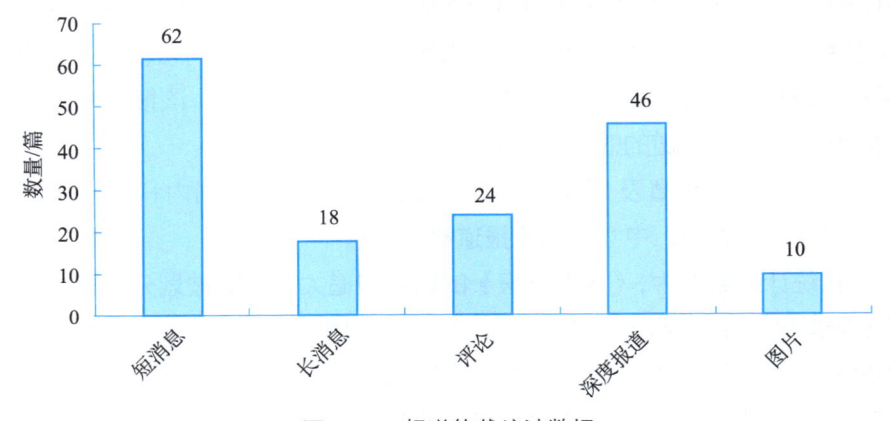

图 4-84 报道体裁统计数据

新闻的时效性将直接影响新闻本身的内在价值。40.8% 的《人民日报》稿件都具有很强的时效性，对昨天发生的科技新闻事件在今日能够及时见报。还有一部分稿件来源于《人民日报》从国外或国内各个省份发来的报道，见报时间与事发时间有一定间隔，所以其标注时间通常为"近日""近期""日前"，笔者把它们归到"时效性中"一类。此外，评论和深度报道大部分均未体现新闻的时效性，这些稿件所占比例只有 19.4%，统一标注"未注明"（图 4-85）。

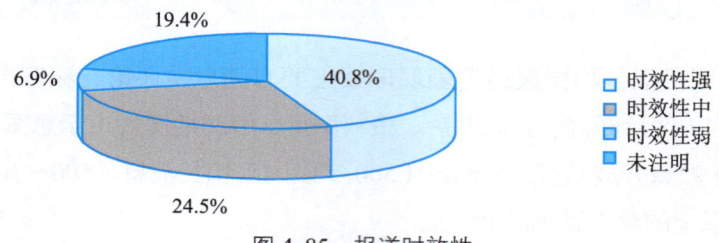

图 4-85 报道时效性

《人民日报》为科技报道开设专门的版面，即"科技视野"，结合消息、深度报道、评论等不同体裁对我国最新发生的科技事件进行报道。所选题材主要涉及医学健康、新农村发展和电子科技创新，都是当下民生重点关注的科技信息，因而所占比重超过 1/4。关于航空航天（如"神舟九号""神舟十号"）、工程技术（"蛟龙号"载人深潜器）、军事科学（如"辽宁号"航空母舰）领域取得的重大科技进展，这类信息通常设置在《人民日报》版号靠前的要闻版面；科技会议、科技人员表彰大会这类科技宣传报道主要设置在头版。由此可见，《人民日报》擅长利用消息、深度报道和评论进行报道。除了在头版、要闻版编排科技报道以外，该报还开设了专门的科技版面。报道的时效性较强。

（2）从议程设置及倾向性来看，《人民日报》重视国内科技领域的变化，通常采用客观、中立的态度报道科技信息

在统计的数据中，《人民日报》的科技报道关注范畴被划分为国内、国际和国内外综合。如图 4-86 所示，关于国内情况的科技报道占 84.9%，国内外综合范畴的科技报道占 6.9%，这说明《人民日报》更关注国内科技状况，发布绝大多数科技稿件都与国内科技发展现状紧密相连。相比之下，对国际领域的报道力度较小，国际范畴的报道篇数只占 8.1%。

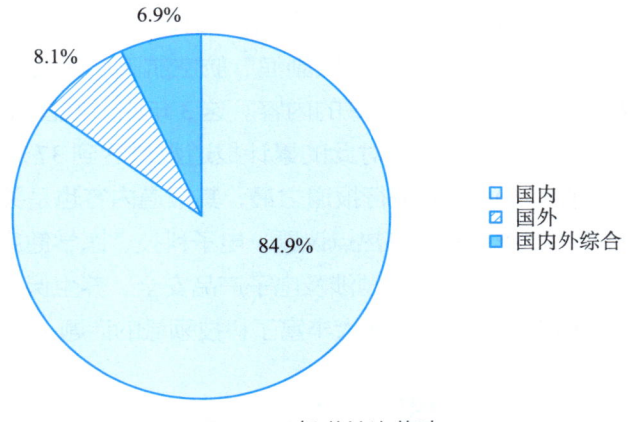

图 4-86　报道关注范畴

我国的科技活动在近些年来呈现蓬勃发展的态势，科学技术事业得到迅速发展。《人民日报》的稿件类型同时反映出这一进展，如图 4-87 所示，在科技人物、科技知识、科技发展动态报道、科技政策、科学争论、科普活动、科学技术、科技宣传八大类型中，《人民日报》对科技发展动态报道的数量最多，占总量的 42.1%；对科学技术的报道量位居第二，稿件数量有 28 篇，占总量的 17.6%，主要针对专业科学技术作出详细的讲解。

另外，《人民日报》作为中共中央机关报，还特别重视其理论宣传的优势，发动科技宣传的力量，表彰对我国科技领域做出卓越贡献的科技人员。其中，科技宣传类型的报道数量有 21 篇，占总量的 13.2%。

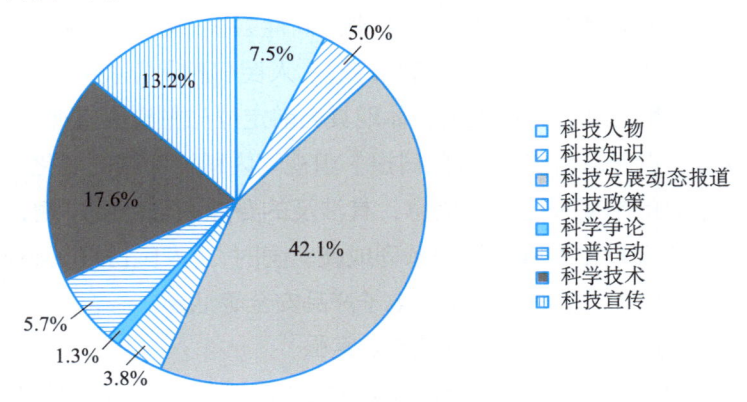

图 4-87　科技报道类目

《人民日报》科技报道的专业领域覆盖面比较广，囊括医学健康、环境生态、资源能源、工程技术、农林牧副渔、航空航天、天文、生物、材料科学、电子科技、军事科学等领域的内容。这3年来，我国在航空航天领域取得重大突破，《人民日报》对此的累计报道数量达到37篇，占总量的23.3%，位于对所有专业领域进行报道之最，其报道内容也是关于"神舟九号""天宫一号""神舟十号"等热点议题。电子科技、医学健康、工程技术都处于次重点领域，所报道的议题涉及电子产品安全、养生保健、高新技术产业、医学新突破的科技内容，大大丰富了科技领域的话题（图4-88）。

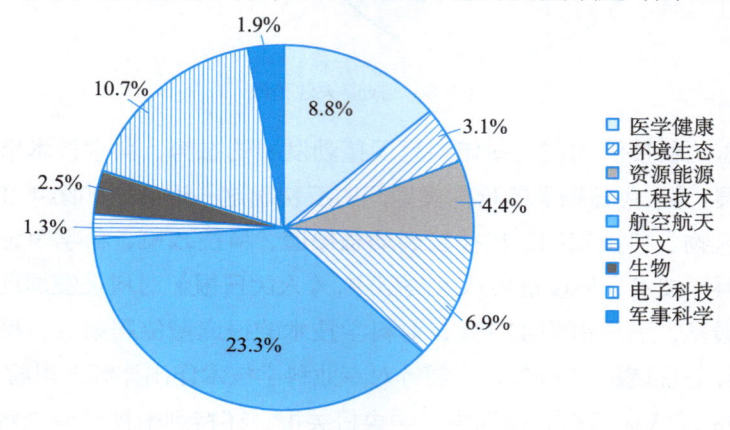

图4-88 科技报道专业领域统计

除此以外，《人民日报》坚持客观报道的原则，从图4-89可以看出，其57.2%的科技报道持中性态度，不带倾向性去报道科技领域中的突出情况。同时，作为我国发行量最大的报纸，《人民日报》坚持倡导正面价值观，以37.1%的比例作正面报道，体现其当前定位与主流价值观相符。

由以上分析可以看出，《人民日报》重视国内科技领域的变化，通常采用客观和中立的态度报道科技信息，其涉及的专业领域范围广阔，并着重报道我国在航天航空领域取得的系列成就。同时，《人民日报》心系民生，关注与人们息息相关的医疗健康、电子产品安全等话题。

（3）科技报道的原创性、权威性非常强

如图4-90所示，《人民日报》科技报道的消息来源包括非政府组织（国内、国外）、科技人员、企业、科研机构（国内、国外）、官员、政府

（国内）、媒体（国外）、人文社会学者、公众。但其中 50.3% 的稿件未注明来源，在明确注明消息来源的稿件中，来源为科技人员的所占比重最多，为 18.2%，但与未注明消息来源的稿件数量相比也相去甚远。

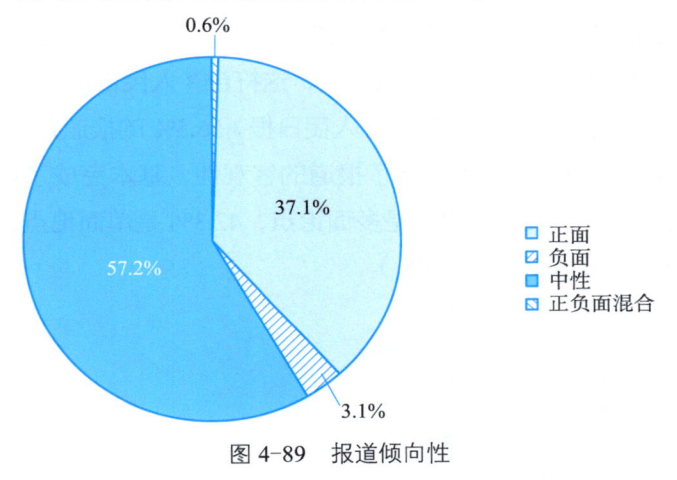

图 4-89　报道倾向性

另外，《人民日报》有 63.5% 的科技报道未注明采访对象，其中，除了评论因自身体裁没有采访对象外，大部分的消息都没有采访对象，深度报道一般都有采访对象，多则三四个，少则 1 个。其他的采访对象还有非政府组织（国内、国外）、科技人员、企业、官员、政府（国内）、科研机构（国内）、人文社会学者、公众，科技人员所占比例最高，为 27%。

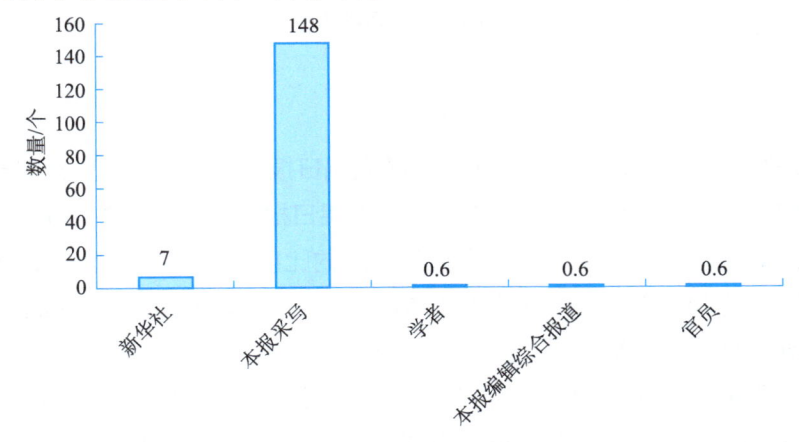

图 4-90　稿件来源数据

除此之外，在这 3 年所抽取的样本中，《人民日报》上刊登的科技报道 93% 都是本报采写的，还有 7 篇报道是来自新华社的，1 篇是本报编辑综合报道的，1 篇是学者撰写的，1 篇是官员撰写的。这说明，该报纸科技报道的原创性非常强，带给读者的都是第一手的科技信息，即使不是出自本报的稿件，其来源也都非常具有权威性，这符合《人民日报》的整体定位。

最后，从论点的平衡性来看，《人民日报》56.5% 的报道是客观告知的，这说明该报在大多数情况下保持了报道的客观性，基本完成了自己科技信息传递的功能。另外还有 1.2% 是多面论点，42.3% 是单面论点，其中的单面论点基本是正面赞扬（图 4-91）。

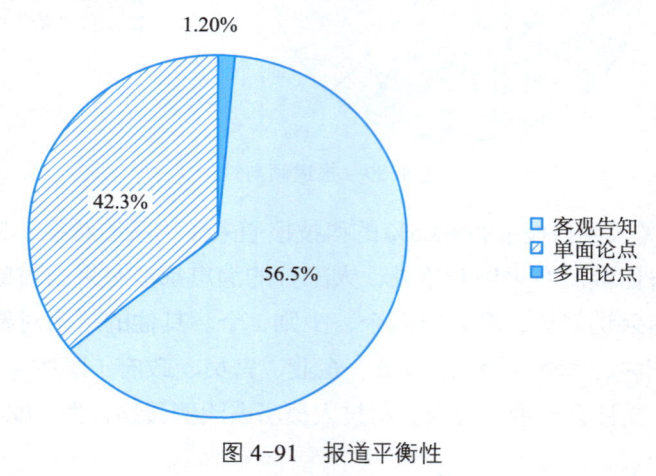

图 4-91 报道平衡性

3. 三年科技报道发展轨迹分析

如图 4-92 所示，2011~2013 年，《人民日报》的科技报道呈递增趋势。

如图 4-93 所示，2011~2013 年，《人民日报》科技报道的报道类型以消息为最多，评论和深度报道也占到一定的比重。3 年中，消息和深度报道的比重基本维持稳定，而评论在 2013 年所占比重得到了很大的提升，这三年所占的比重依次是 11.1%、8.2%、20.3%。

如图 4-94 所示，2011~2013 年，未注明时间的科技报道数量变化不大，强时效性的文章由前两年的占据超过 50% 的比重在 2013 年骤降为只占 27%，同样减少的还有《人民日报》上的"旧闻"，对于那些 5 天前的弱时效性的科技新闻，该报的报道也是递减的。唯一呈递增趋势的是以"近日""日前"等模糊时间为报道时间的中时效性的报道，在 2013 年达到了 40.5%。

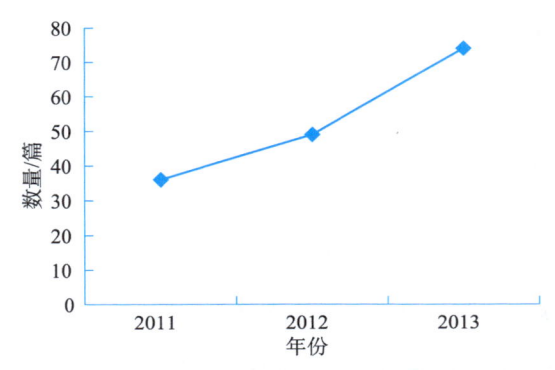

图 4-92 《人民日报》的科技报道数量变化走势（2011~2013 年）

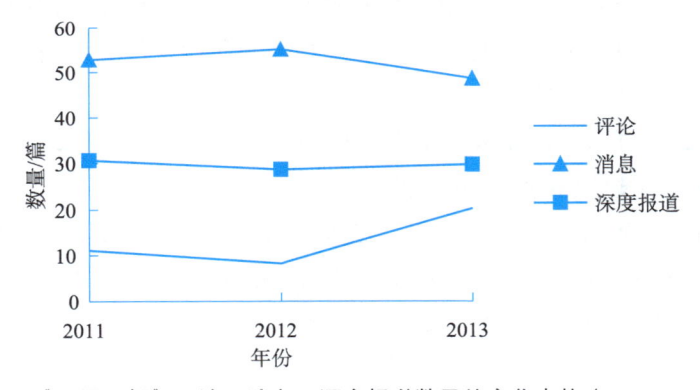

图 4-93 《人民日报》评论、消息、深度报道数量的变化走势（2011~2013 年）

除此之外，2011~2013 年，《人民日报》对于科技发展动态都维持了一个比较高的关注度，并且每年都在扩大科技报道的议题范围。尤其是在 2013 年增加了科技人物和科技宣传的报道量，科技人物由 2011 年、2012 年的 2 篇、0 篇，增加 10 篇，科技宣传由 2011 年、2012 年的 5 篇、1 篇，增加到 2013 年 15 篇。

造成这些变化的原因，有以下几点。

第一，《人民日报》几十年来不断改革，其中最显著的就是报纸的版面不断增加，从最初的 4 版到现在的 24 版，伴随着《人民日报》的逐渐"变

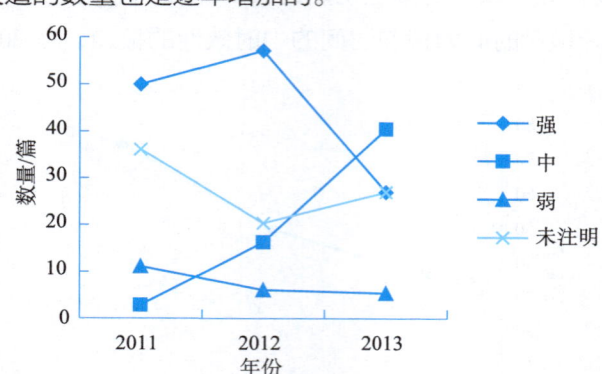

厚",科技报道的数量也是逐年增加的。

图 4-94 《人民日报》报道时效性的变化走势(2011~2013 年)

第二,如今世界各国都在大力发展科学技术,《人民日报》需要向我国人民、向世界展现中国科技茁壮发展的现状。因此,科技人物和科技宣传的稿件开始呈现增长的趋势,以树立一些兢兢业业工作的科研工作者的典型,以及提供我国科技快速发展的信息。

第三,一直以来,该报非常重视科技信息的提供,同时,在近几年又加强了对于科技信息的解读和评论。

第四,伴随着新媒体的勃兴,纸媒已经不能再片面地追求时效性了,《人民日报》对于那些时效性强的新闻都能及时报道,而对于那些时效性不强的新闻,会进行一些再加工编辑后刊登。

4. 存在的问题

《人民日报》虽为我国各类媒体的"旗舰",但从其科技报道叙述中发现仍然存在一些问题。

(1)新闻采写的大部分消息来源未注明,使得稿件缺乏可信度

《人民日报》的报道提供的消息源较少,更多选择了"未注明"。为了体现其科技报道的可信度和专业水平,应该注意交代信息来源,尽可能地体现新闻客观、公正的原则,使科技传播效果达到最大化。

(2)稿件来源过于单一,报道的角度和思路受到很大局限

绝大多数的科技报道都来自本报采写,虽然能够看出其文章的原创性

很高，但是所涵盖的科技领域比较局限，重点落在航天、电子、工程技术的科技发展大事上，从而忽视对农、林、牧、副、渔和材料科学等科技专业领域的报道。

（二）《科技日报》科技报道研究（2011～2013年）

1. 报纸概况

《科技日报》原名《中国科技报》，1986年1月1日由国家科学技术委员会、国防科学技术工业委员会、中国科学院、中国科学技术协会联合创办。1987年1月1日更名为《科技日报》。《科技日报》是面向国内外公开发行，具有鲜明科技特色的综合性日报。每周一至周五12版，周六、周日4版，除国内、国际要闻版，还辟有"科技视点""科技之谜""前沿人物""维权说法""专家论坛""共享科学""我要技术""我有技术""国外技术前沿""现代军事""教育观察"等专题板块，并依次推出《创新》《医药健康》《绿色》《电脑·网络·通信》《现代企业》《中国园区》《区域》等周刊和《经济特刊》。

科技日报社在全国31个省（自治区、直辖市）[①]设有记者站，在联合国及美国、英国、法国、德国、俄罗斯、加拿大、日本、韩国、以色列、巴西等科技发达国家设有记者站，并派有常驻记者。科技日报社还拥有《科技文摘报》《科普画王》杂志、《中国科技财富》等报刊。

《科技日报》的主要特点为：①时效性较强，重视新闻的第一时间发布；②内容丰富且吸引读者眼球，重视科技报道的有效传播；③重视国外前沿科技报道；④消息来源专业，采访对象多元，极力维护新闻平衡性。

2. 科技报道内容分析

本书采用构造周抽样与等距抽样相结合的方式抽样得到研究样本，即在每年的四个季度中分别按构造周抽出7个样本，3年总抽样本量为84份（表4-21～表4-23）。

---

① 不包括港、澳、台地区。

表 4-21　2011 年《科技日报》样本抽样分布表

周 季度	星期一	星期二	星期三	星期四	星期五	星期六	星期日
第一节度	1.3	3.22	3.9	2.24	2.11	1.29	1.16
第二季度	4.4	6.21	6.8	5.26	5.13	4.30	4.17
第三季度	7.4	9.20	9.7	8.25	8.12	7.30	7.17
第四季度	10.3	12.20	12.7	11.24	11.11	10.29	10.16

表 4-22　2012 年《科技日报》样本抽样分布表

周 季度	星期一	星期二	星期三	星期四	星期五	星期六	星期日
第一节度	1.2	3.20	3.7	2.23	2.10	1.28	1.15
第二季度	4.2	6.19	6.6	5.24	5.11	4.28	4.15
第三季度	7.2	9.18	9.5	8.23	8.10	7.28	7.15
第四季度	10.1	12.18	12.5	11.22	1.19	10.27	10.14

表 4-23　2013 年《科技日报》样本抽样分布表

周 季度	星期一	星期二	星期三	星期四	星期五	星期六	星期日
第一节度	1.7	3.26	3.13	2.28	2.15	2.2	1.20
第二季度	4.8	6.25	6.12	5.30	5.17	5.4	4.21
第三季度	7.8	9.24	9.11	8.29	8.16	8.3	7.21
第四季度	10.7	12.24	12.11	11.28	11.15	11.2	10.20

（1）《科技日报》对科技类新闻报道尤为关注，尤以国际科技报道表现抢眼

样本分析共统计科技报道篇数为 2040 篇，总字数为 2 109 651 字，其中 2011 年的科技报道数量占报道总量的 39%，2012 年的科技报道数量占报道总量的 32%，2013 年的科技报道数量占报道总量的 36%，这表明《科技日报》对科技类新闻报道尤其关注。

从图 4-95 中可以看到 3 年 4 个季度科技报道数量的变化趋势。2011 年与 2013 年的科技新闻报道量全年较为均匀，2012 年第三季度曾经出现了一次科技报道的高潮。

图 4-95 《科技日报》2011~2013 年各季度科技报道篇数

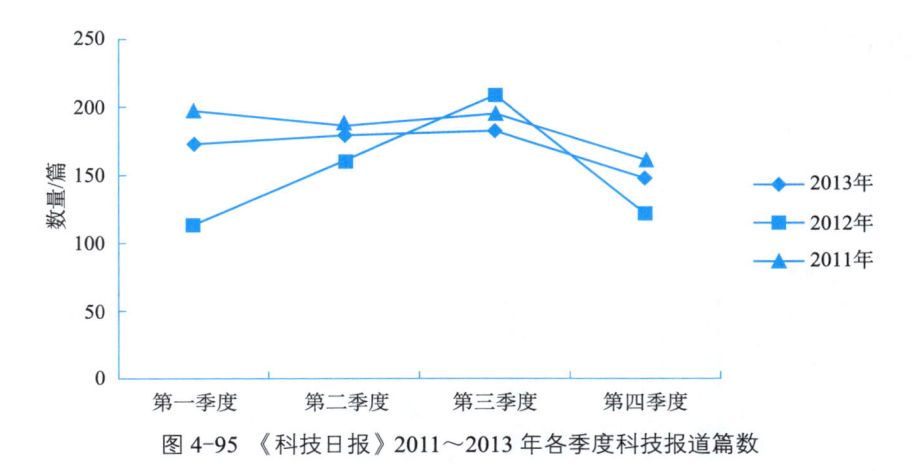

《科技日报》科技新闻报道的时效性总体较强。这些具有较强时效性的新闻报道分别来自《科技日报》本报采写或由新华社供稿，尤其值得一提的是，《科技日报》的国际科技报道表现抢眼，紧跟前沿科技发展动态（图4-96）。

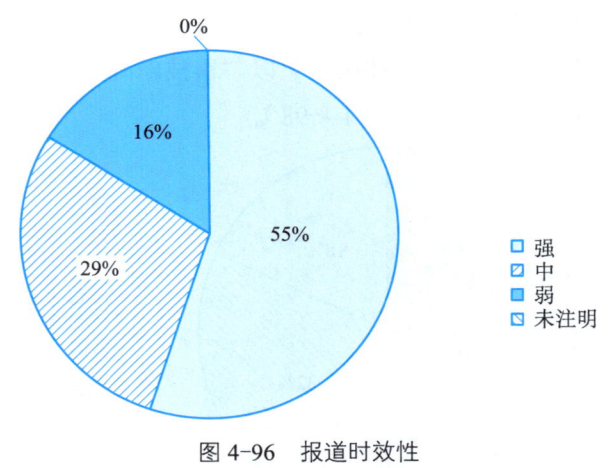

图 4-96 报道时效性

从报道体裁来看，《科技日报》的科技新闻多以长消息的方式表达，其次是短消息和深度报道。值得注意的是，在该报科技报道中，图片新闻的运用占有较大比例，且图片新闻大多数为新华社供稿。此外，在对国外科技事件的年度报道总结及重大科技事件报道时，如"神舟九号"飞船等虽然采用了专题式报道的形式，但是从整体而言，专题式报道较少（图 4-97）。

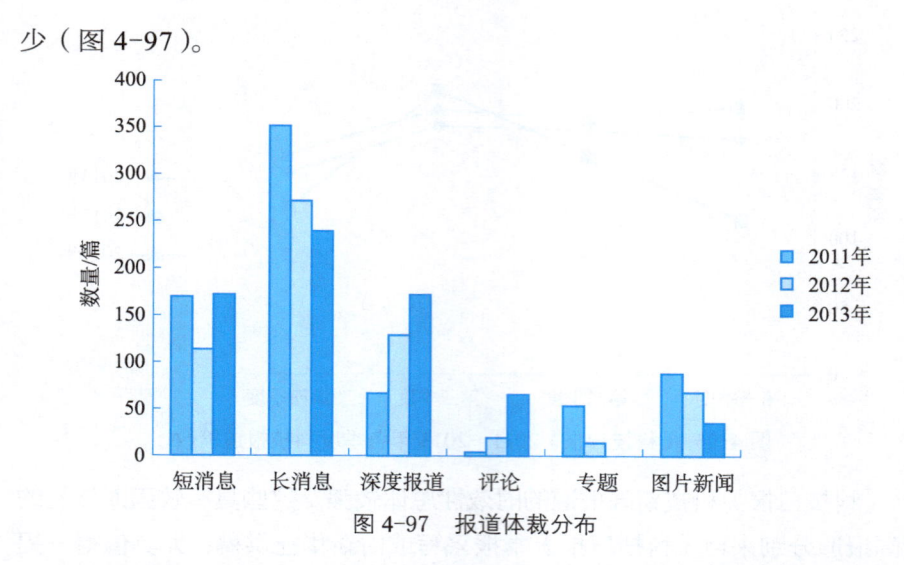

图 4-97　报道体裁分布

从科技报道版面分布来看，科技报道主要集中在头版、要闻版和国际版上，这也充分体现出《科技日报》科技报道的特点。国际版位于《科技日报》的第二版，要闻版分属第三版到第八版。将科技新闻放于最重要的版面位置上，充分体现出《科技日报》以"科技新闻"为办报特色、高度重视国际科技新闻的价值取向（图 4-98）。

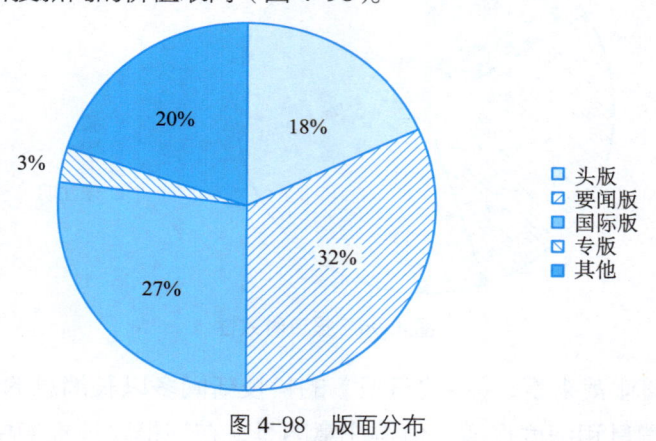

图 4-98　版面分布

（2）从议程设置及倾向性上来看，议题主要集中于科学技术、科技知识和科技宣传三方面，立足国际视野报道科技新闻的风格非常明显

《科技日报》科技报道的关注范畴从重到轻依次为国内、国外、国内外

综合。《科技日报》立足国际视野报道科技新闻的风格是非常明显的，这对我国读者了解国内外最新科技动态有着重要的指导作用（图4-99）。

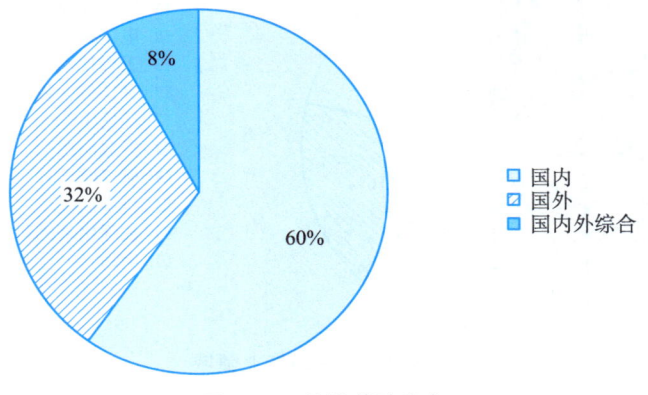

图4-99 关注范畴分布

《科技日报》的科技报道议题主要集中在科学技术、科技知识和科技宣传，这三部分内容占科技报道的68%。《科技日报》科技报道辐射范围较广，从最新的高科技的介绍到科技小常识，有效地增大了报纸的受众范围，有利于提高报纸科技传播的有效性（图4-100）。

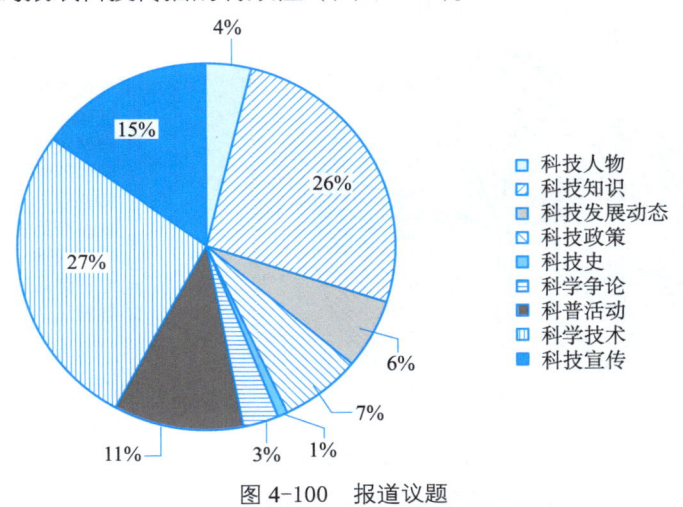

图4-100 报道议题

从专业领域方面来考量，《科技日报》科技报道所涉及的领域丰富多元。其中，医学健康、电子科技、工程技术是最受重视的三种专业领域报道类型（图4-101）。

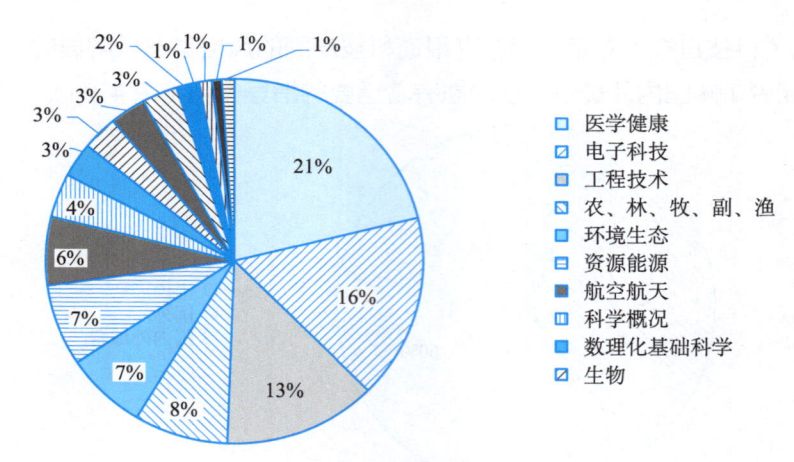

媒介·科技·传播 大众传媒科技传播现状研究

图 4-101 报道专业领域

就热点议题方面而言，食品药品安全、养生保健这些与受众生活安全息息相关的议题受到重视（图 4-102）。通过比较 2011～2013 年的热点议题可以发现，对太空探索、雾霾的关注程度逐年递增，对养生保健的关注度则在 2013 年有明显下降趋势（图 4-103）。

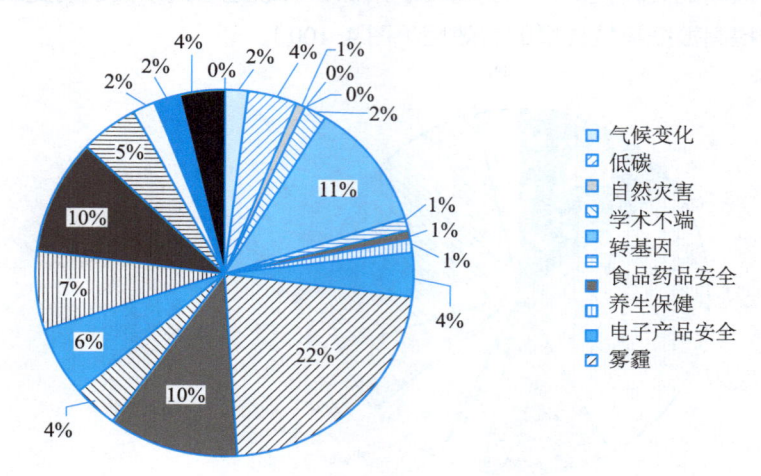

图 4-102 热点议题分布

分析报道倾向性可以看出，《科技日报》大多是以中性的报道风格为主，其次为正面报道，最后为负面报道。

（3）《科技日报》科技报道的专业性很强，并且视野广阔

分析《科技日报》科技报道消息来源，来自国内科研机构的消息占所有来

源的28%，其次为国外科研机构和国外媒体，分别占消息来源的18%和17%。由此可见，《科技日报》科技报道的专业性很强，并且视野广阔（图4-104）。

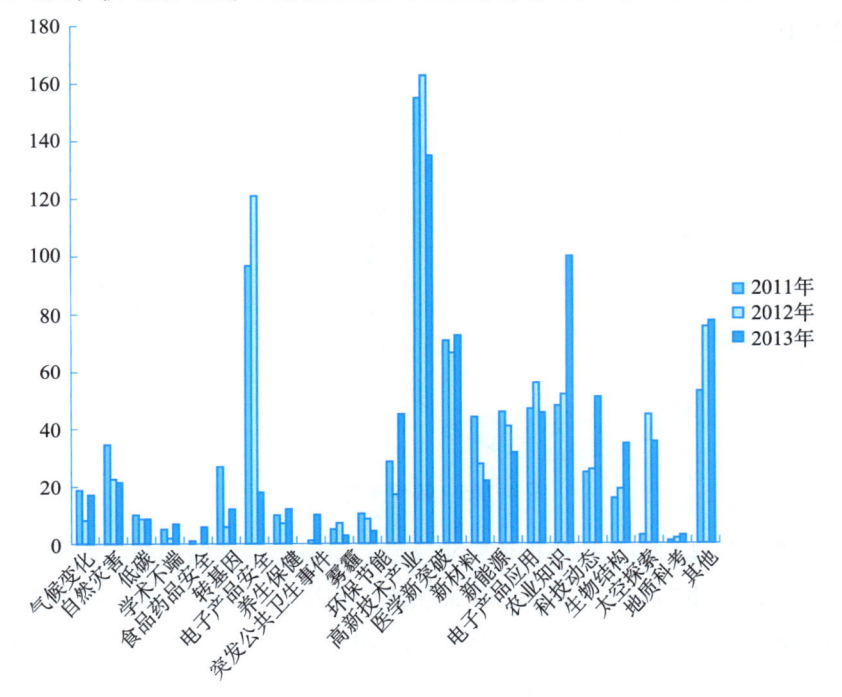

图4-103 热点议题分布及变化趋势分布

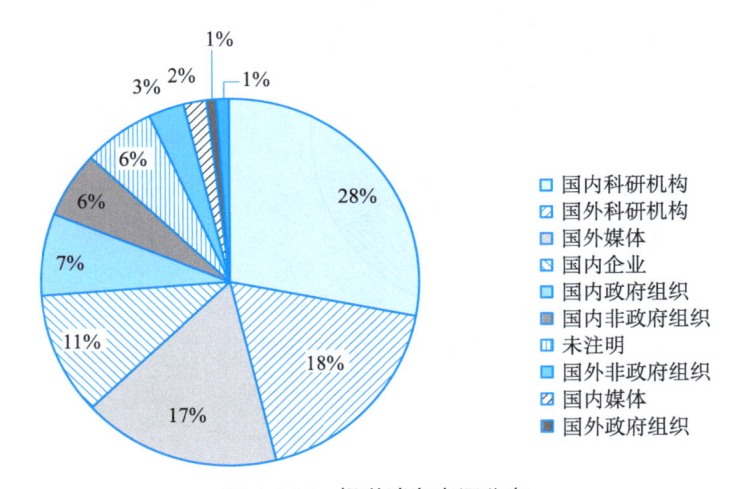

图4-104 报道消息来源分布

从稿件来源来看，《科技日报》的科技报道主要来自于本报采写与新华社供稿，占报道总量的 91%。这从一个侧面体现出该报科技报道力量较强（图 4-105）。

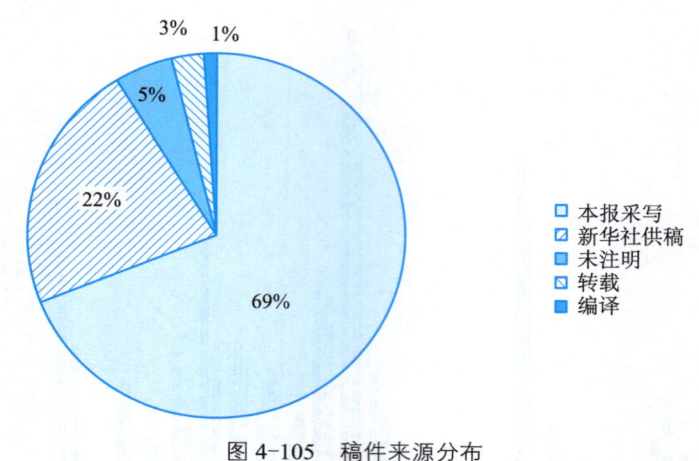

图 4-105　稿件来源分布

观测《科技日报》科技报道的平衡性，可以发现该报主要以客观告知为主，占报道总量的 53%，其次是单面论点，占报道总量的 34%。而展现多面论点和多面论点的稿件不多，公共意见平台的搭建尚未完全形成（图 4-106）。

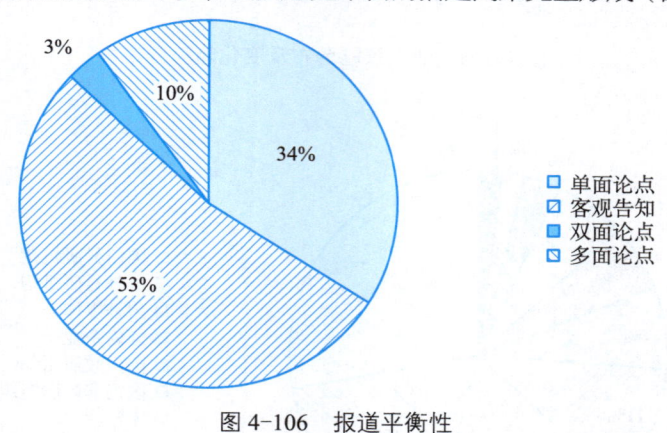

图 4-106　报道平衡性

3. 存在的问题

总体来说，《科技日报》的科技报道相对成熟，但也存在一些不足之处。

（1）对科学思想和科学精神的宣传不足

在本研究抽样的报纸当中，普及科学技术知识的文章所占比例最高，对科学方法、科学精神的报道力度有所欠缺。向大众普及科学技术知识是科技传播的一个重要内容，但同时倡导科学方法、传播科学思想、弘扬科学精神也是科技传播中非常重要的内容。《科技日报》作为全国最大的以科技新闻为特色的报纸，在倡导科学方法、传播科学思想、弘扬科学精神方面应有更积极的探索，并起到引导作用。

（2）新闻语言的表现力不足

《科技日报》的科技报道议题多集中于新技术、前沿领域的科技动态发展等方面的知识，内容相对专业，多专有名词，晦涩难懂。事实上，科技新闻具有一定的阅读门槛，如果要针对广大受众进行科技传播，如何运用简单易懂的语言来表达专业、艰深的科技知识，是媒体要解决的一个重要问题。

（3）公共意见平台的搭建还需努力

综观《科技日报》的科技报道，双面论点和多面论点的报道仅占13%。纵观人类科学的发展史，正是争论推动了科学的进步。在科学领域，越是前沿性的研究越容易引起争论。诸如"转基因""雾霾的形成与解决"等问题都是广大受众关注的热点，充分展示各方观点，有助于启发思考，促进受众对科技发展的理解，有利于受众用更科学的态度全面、深刻地认识事物。

（三）《农民日报》科技报道研究（2011～2013年）

1. 报纸概况

《农民日报》是我国历史上第一家面向全国农村发行的中央级、综合性大报。该报于1980年4月6日在北京创刊，原名为《中国农民报》。1985年1月改名为《农民日报》，为周六刊（星期日休刊）。《农民日报》以全国农民和农村工作人员为主要读者对象性，2014年发行量突破70万份。

《农民日报》版面设置一般分为"要闻""综合新闻""地方新闻""农经周刊""都市农业""农药"，以及"农化服务""科技周刊""科学种植""科学养殖"等科技版，另有不固定出现的"大学生村官"和"三农论坛""农经周刊"等，2013年新增版面"农资周刊"。

总的来说，《农民日报》有以下特点：①比较重视科技报道；②重视科学技术和知识的传达；③热点议题符合受众定位；④报道语言简洁、通俗易懂。

2. 科技报道内容分析

本书采用构造周抽样与等距抽样相结合的方法抽取样本，在每年的4个季度中分别按构造周抽出6个样本，3年总抽样本量为72个（表4-24～表4-26）。

表4-24　2011年《农民日报》抽样样本分布表

季度\周	周一	周二	周三	周四	周五	周六
第一季度	1.3	1.18	2.2	2.17	3.4	3.19
第二季度	4.4	4.19	5.4	5.19	6.3	6.18
第三季度	7.4	7.19	8.3	8.18	9.2	9.17
第四季度	10.2	10.18	11.2	11.17	12.2	12.17

表4-25　2012年《农民日报》抽样样本分布表

季度\周	周一	周二	周三	周四	周五	周六
第一季度	1.2	1.17	2.1	2.16	3.2	3.17
第二季度	4.2	4.17	5.2	5.17	6.1	6.16
第三季度	7.2	7.17	8.1	8.16	8.31	9.15
第四季度	10.1	10.16	10.31	11.15	11.30	12.15

表4-26　2013年《农民日报》抽样样本分布表

季度\周	周一	周二	周三	周四	周五	周六
第一季度	1.7	1.22	2.6	2.21	3.8	3.23
第二季度	4.8	4.23	5.8	5.23	6.7	6.22
第三季度	7.1	7.16	7.31	8.15	8.30	9.14
第四季度	10.14	10.22	11.6	11.21	12.6	12.21

第四章 报纸科技传播

（1）科技报道在《农民日报》的报道总量中占比较大

本次分析样本占样本总量的89%，这3年共有8天的样本没有科技报道，分别是2011年3篇、2012年2篇和2013年3篇。本次样本共统计科技报道篇数为476篇，总字数为4 352 000字，从图4-107中可以看到这3年的科技报道篇数及字数在每一年中所占比例的走向，可以明显看出科技报道平均占比10%左右，由此可以看出科技报道在《农民日报》的报道比重中占据了较大的分量，总体来看，《农民日报》重视科技传播方面的报道。从这3年的纵向比来看，无论是在字数还是在篇数上，2012年明显高于其他2个年份，并且在2013年科技报道的字数与篇数有明显的下降趋势。

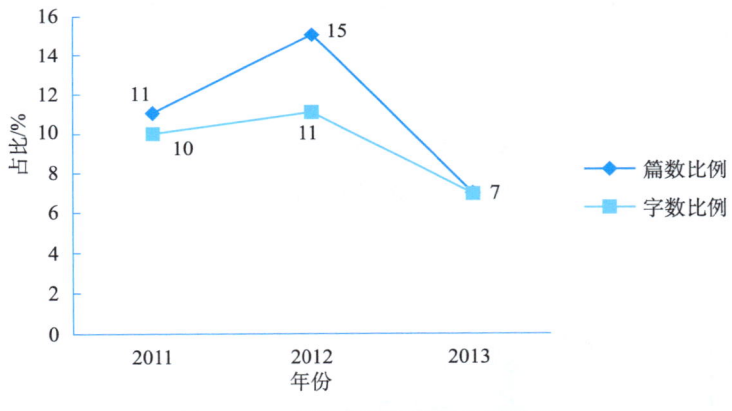

图4-107 科技报道篇数及字数比例

从图4-108中的3年各季度科技报道的走向图来看，《农民日报》各季度的科技报道篇数有明显的变化，这可能与《农民日报》的科技传播特色有关，我们可以明显看到第三季度的科技报道明显高于其他3个季度（2013年例外），7～9月正是农忙时节，所以这个季度的科技报道多一些也在情理之中。

关于对科技报道的体裁与时效性分析，我们可通过图4-109和图4-110看出，长消息以及深度报道是《农民日报》科技报道的重点体裁表现形式，这说明该报重视对科技报道的深度解说，这也符合科技新闻本身的特点，要想把一项科技发明或是一个科技人物的事迹讲清楚，深度报道和长消息是最佳的展现形式。《农民日报》的图片新闻篇数不多，这也是该报科技报道其他体裁的一个通病，即普遍没有新闻配图。笔者认为，科技新闻深奥

| 媒介·科技·传播　　大众传媒科技传播现状研究

难懂，必要时应该配一些照片或是电脑合成图以帮助读者直观理解。此外，通过图 4-109 我们还可以发现新闻评论的缺失，与其他的体裁相比，评论少的可以忽略不计，这也是该报科技报道的不足之一。

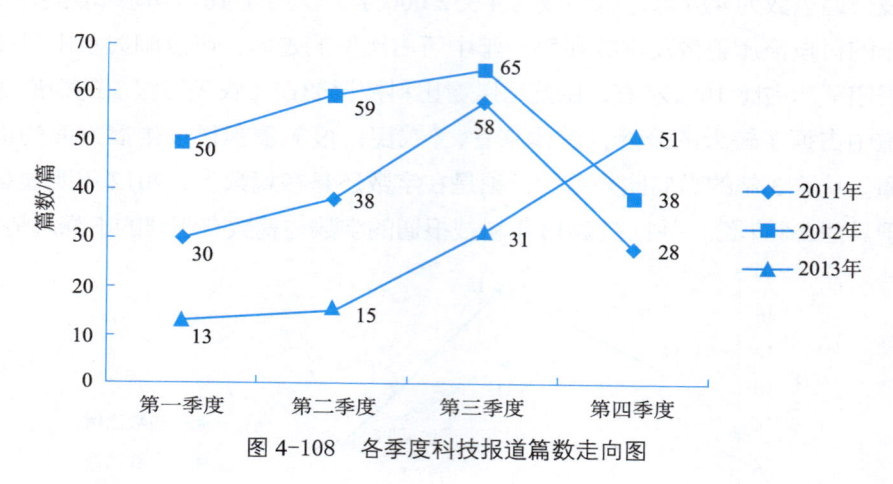

图 4-108　各季度科技报道篇数走向图

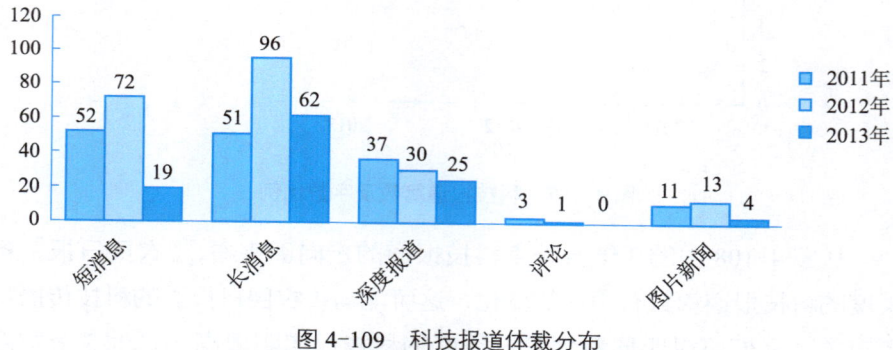

图 4-109　科技报道体裁分布

新闻时效性强的科技报道在总报道中所占比重为 7%，而且这 7% 的科技报道又大多是来自新华社供稿，而未注明具体时间的报道所占比例多达 85%，这可充分说明《农民日报》的科技报道在追求时效性上还有待提高。

科技报道所在版面分布比较科学、均匀，有 51% 的报道分布在专版（即科技版）上，头版及要闻版所占比重为 17%，所以可以看出《农民日报》在突出科技报道的重要性上，做的还是有可圈可点之处的（图 4-111）。

第四章 报纸科技传播

图 4-110 报道时效性

图 4-111 报道版面分布

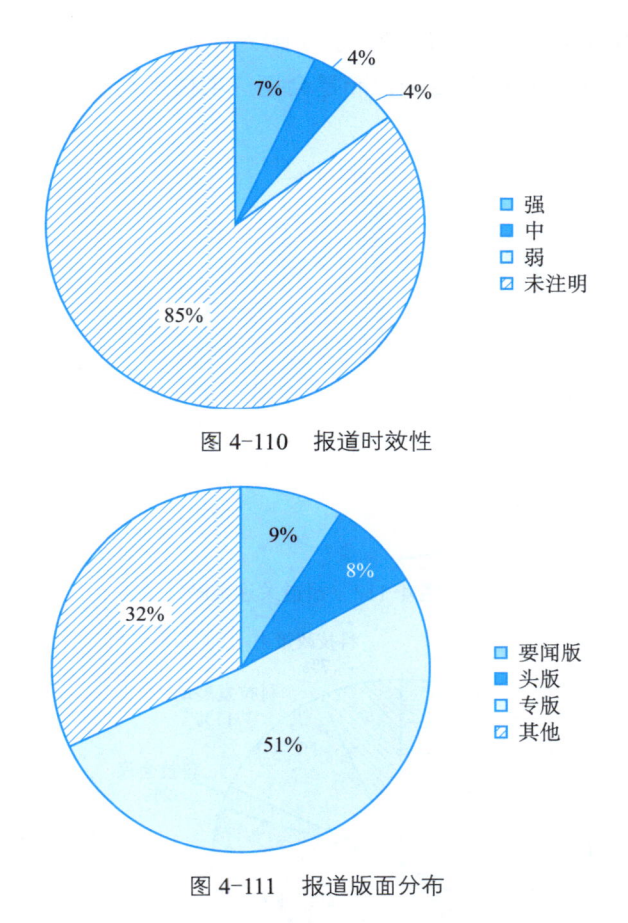

（2）从议程设置及倾向性上来说，以科技知识传达及科技技术应用与推广为主，关注范畴以国内为主

通过图 4-112 我们可看出，《农民日报》科技报道的关注范畴以国内为主，国外及国内外综合的几乎可以忽略不计，在这 3 年所抽样本统计中，国外的只有 1 篇。国内外综合的有 4 篇，这对我国的农业现代化发展非常不利，《农民日报》应该作为向农民展示国外先进农业技术的一个窗口，所以应该加大国外或国内外综合的科技报道的力度。

如图 4-113 所示，该报纸的科技报道类型集中在科技知识、科技技术、科技发展动态与科普活动中，可以明显看出《农民日报》是以科技知识传达，以及科技技术应用与推广为主的一份报纸，关于科技发展动态

（即最新技术发明）的介绍较少，那是因为该报纸定位于服务农民，农业不会孤零零地讲述一个新发明，而是会把这项技术与农民、农业结合起来报道。

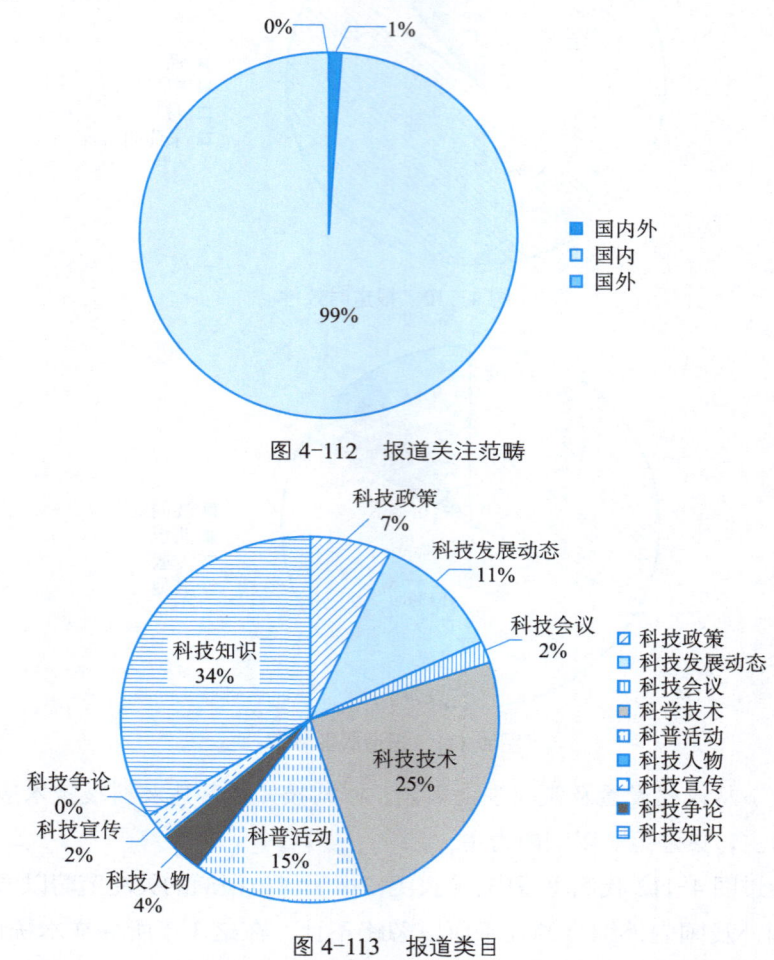

图 4-112　报道关注范畴

图 4-113　报道类目

如图 4-114 所示，我们可以看出，《农民日报》在专业领域的报道上，充分突出了该报报道的重点，即以农业和畜牧业报道为主，这两者所占比重为 55% 和 14%。此外在其他的一些专业领域，我们能明显感到在该报科技报道中的不足和缺失，资源能源和医学健康、航空航天及大农业范围内的渔业、林业等都是蜻蜓点水般呈现。这一方面说明该报重视农业和畜牧业;另一方面也说明该报科技报道的专业分布的不平衡性。

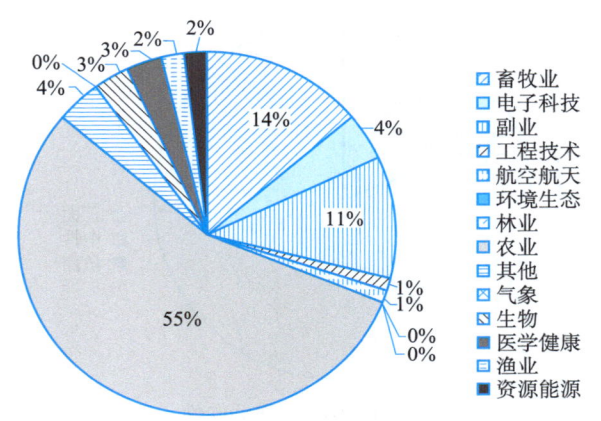

图 4-114 报道专业领域

图 4-115 形象地展示了《农民日报》这 3 年来的热点议题及变化情况。如图所示,科学种植、科学养殖、科学施肥、科学用药及科学育种是重点报道的热点议题;其他热点议题如低碳、转基因、食品安全、科技致富、养生保健等虽有介绍但比重不大;还有在其他议题中会出现一两篇可以忽略不计的议题,如航空航天、突发公共卫生事件、蛟龙潜水、无土栽培等。在议题涉足上,《农民日报》较多的还是立足本报特点进行科技传播。

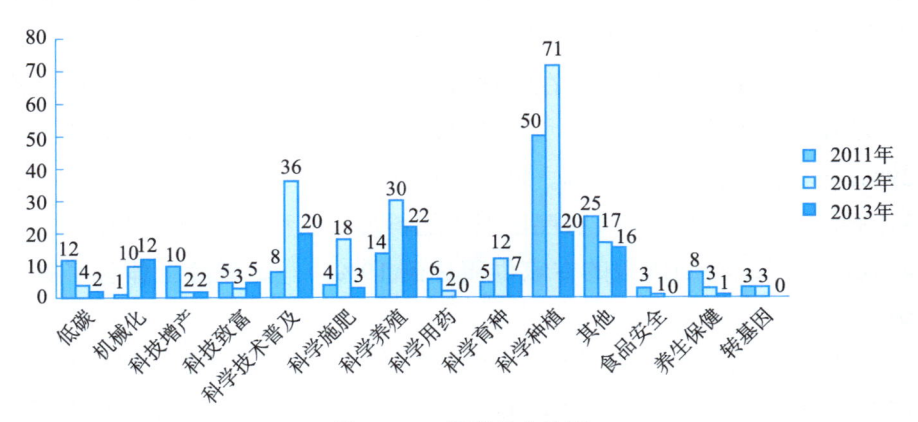

图 4-115 报道热点议题

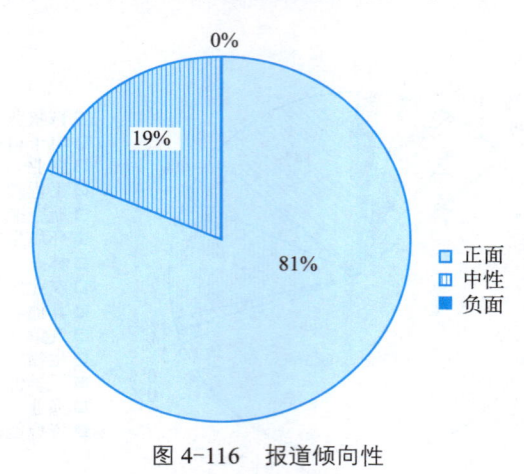

信息倾向性如图 4-116 所示，以正面报道为主。

图 4-116　报道倾向性

（3）《农民日报》科技报道重视专家的观点，有一定的权威性

有关《农民日报》科技报道的采访对象的统计，如图 4-117 所示，《科技日报》科技报道有一半以上的报道没有注明消息来源和采访对象。在有注明的消息来源与采访对象中，其中所占比重较大的是科技人员，说明《农民日报》科技报道重视专家的观点，有一定的权威性。其次，所占比重较大的是公众，说明《农民日报》在进行科技传播时，注意采纳受众的意见，体现了一定程度上的"受众本位"意识。我们还可以看到在消息来源和采访对象上还有一个占据着较大比重的，即政府和官员，在消息来源上占到了 15%，在采访对象上这两者也占据了 7% 的比重。

由图 4-118 可以看出，在科技报道稿件来源方面，本报采写的占到了 49%，说明《农民日报》的采写能力很强，此外，本报编辑的占比 29%，两者加起来达到 78%。除自己报社供稿外，新华社是唯一一个供稿的外媒体，这也说明《农民日报》的科技报道稿件来源比较单一。当然我们也可以看到该报的专家供稿达到 19%，一定程度上体现了其权威性。

最后，从报道的平衡性来看，89% 的稿件是客观告知的，双面论点稿件占 2%，单面论点稿件占 9%（图 4-119），这说明《农民日报》保持了稿件的客观性。

第四章 报纸科技传播

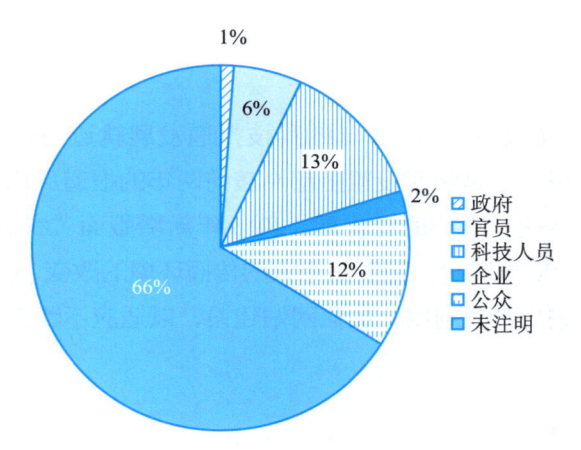

图 4-117 报道采访对象

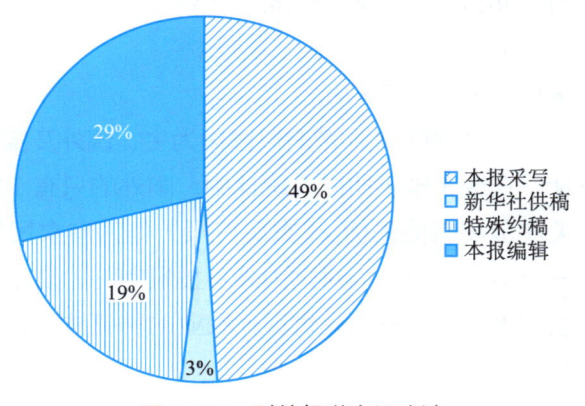

- 政府 1%
- 官员 6%
- 科技人员 13%
- 企业 2%
- 公众 12%
- 未注明 66%

图 4-118 科技报道来源统计

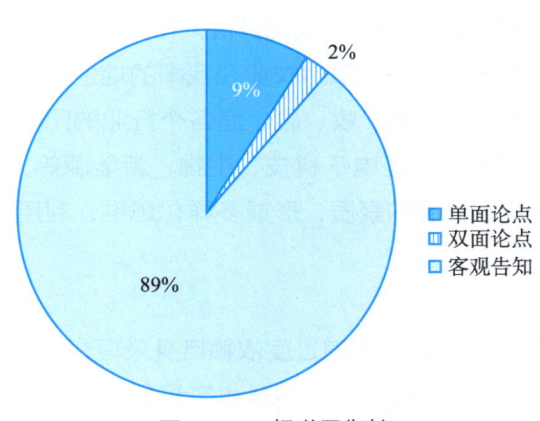

- 本报采写 49%
- 新华社供稿 3%
- 特殊约稿 19%
- 本报编辑 29%

图 4-119 报道平衡性

- 单面论点 9%
- 双面论点 2%
- 客观告知 89%

3. 发展轨迹

总的来看,《农民日报》3 年的科技报道发展轨迹没有大的改变,无论是在版面数量上还是版面设置上都沿袭前两年的报道风格,热点议题的集中也无大的变化。唯一的变化是,2013 年新增版面"农资周刊",整个科技报道的数量明显减少。随着整个大的传播环境的改变,《农民日报》也加紧对新媒体进行开发利用,加强网站建设,以适应不断变化的新的媒介环境。

4. 存在的问题

通过对 2011~2013 年的《农民日报》进行统计,其科技报道的不足之处表现在以下几方面。

(1)关注范畴过于局限于国内

《农民日报》科技报道的关注范畴以国内为主,国外及国内外综合的几乎可以忽略不计,在这 3 年所抽样本统计中,国外的只有 1 篇,国内外综合的有 4 篇,关注范畴有些失衡。《农民日报》作为向农民展示国内外先进农业技术的一个窗口,应加大对国内外科技报道的力度报道,如澳大利亚、美国或以色列等发达国家的先进现代农业的种植技术,开阔我国农民的眼界。

(2)科技报道行业比例失衡

通过前面的统计可以看出,《农民日报》在专业领域上严重失衡,农业比重为 55%,占了一半还多。虽然农业在我国的地位非常重要,但是《农民日报》也应该协调农、林、牧、副、渔各个行业的比重,多报道一些副业等方面的科技报道,或是电子科技、生物、新能源等方面的科技报道,以便更好地提升我国农民的素质,形成多样化思维,利用科学技术带动农民致富。

(3)稿件来源单一

《农民日报》的科技新闻报道过度依赖自身采写,一方面可以说明《农民日报》记者有很好的采写能力,但是也容易导致视点过于局限单一,可以适当地引用其他渠道的稿件,使稿件来源多元化,也可解决议题过于集中等问题。

（4）时效性差，新闻配图少

关于时效性，《农民日报》的科技报道很少注明时间来源，多采用"近日记者了解到"或"日前"等字眼，有些稿件的采写离发生时间很久远，没有时效性。在统计中的时效性强的报道的比重占到7%，而且转载新华社的图片新闻占了很大部分。也就是说，《农民日报》科技报道的时效性有待提高。此外，除图片新闻外，《农民日报》大部分的科技报道都没有配图。

（四）《北京晚报》科技报道研究（2011~2013年）

《北京晚报》是由北京日报社主办并主管的综合性晚报。1958年3月15日创刊，1966年7月21日停刊，1980年2月15日复刊。日发行量稳定在120万份，最高突破150万份，平均每周阅读率高达53.6%，仅次于北京电视台和中央电视台，是北京地区唯一进入日到达率前10位的平面媒体，也是全国发行量较大的晚报之一。《北京晚报》以"立足北京，面向全国，反映生活，服务生活，指导生活"为办报宗旨，尤其近几年来秉持"晚报，不晚报"和"今天，看今天的新闻"的办报理念，坚持新闻报道及时、真实、权威的新闻观念。《北京晚报》内容丰富，信息量大而全，涵盖政治、社会、经济、体育、文化及商情等各类信息。

《北京晚报》为日报，每天的版面各有不同，在抽样的这3年中，《北京晚报》的版面为24~58版，最近的一次改版升级在2012年1月1日，报纸内容丰富，信息量大而全，能满足不同人群的不同需求，有广泛的读者基础，读者构成丰富，年龄跨度大。

1. 科技报道内容分析

从《北京晚报》2011~2013年3年报道量中，以构造周抽样与等距抽样相结合的方法抽取研究样本，3年一共抽样得到127篇科技报道（表4-27~4-29）。

表 4-27　2011 年《北京晚报》抽样样本分布表

季度＼周	周一	周二	周三	周四	周五	周六	周日
第一季度	1.3	3.22	3.9	2.24	2.11	1.29	1.16
第二季度	4.4	6.21	6.8	5.26	5.13	4.30	4.17
第三季度	7.4	9.20	9.7	8.25	8.12	7.30	7.17
第四季度	10.3	12.20	12.7	11.24	11.11	10.29	10.16

表 4-28　2012 年《北京晚报》抽样样本分布表

季度＼周	周一	周二	周三	周四	周五	周六	周日
第一季度	1.2	3.20	3.7	2.23	2.10	1.28	1.15
第二季度	4.2	6.18	6.6	5.24	5.11	4.28	4.15
第三季度	7.2	9.18	9.5	8.23	8.10	7.28	7.15
第四季度	10.1	12.18	12.5	11.22	11.9	10.27	10.14

表 4-29　2013 年《北京晚报》抽样样本分布表

季度＼周	周一	周二	周三	周四	周五	周六	周日
第一季度	1.7	3.26	3.13	2.28	2.15	2.2	1.20
第二季度	4.1	6.18	6.5	5.23	5.10	4.27	4.14
第三季度	7.1	9.17	9.4	8.22	8.9	7.27	7.14
第四季度	10.7	12.24	12.11	11.28	11.15	11.2	10.20

（1）比较重视重大科技事件的报道，时效性较强

在 3 年抽样的 84 个样本中，科技报道总共有 127 篇、114 400 余字。其中，2011 年的科技报道有 43 篇、33 000 余字，分别占这 3 年科技报道篇数和字数的 33.9%、28.8%；2012 年的科技报道有 58 篇、60 400 余字，分别占这 3 年科技报道篇数和字数的 45.7%、52.8%；2013 年的科技报道有 26 篇、21 000 余字，分别占这 3 年科技报道篇数和字数的 20.5%、18.4%。从选取的样本来看，《北京晚报》的科技报道呈现了 2011～2012 年的小幅上升到 2013 年的大幅下降趋势。

第四章　报纸科技传播

《北京晚报》的报道体裁主要有消息、深度报道、专题、图片等（图4-120）。

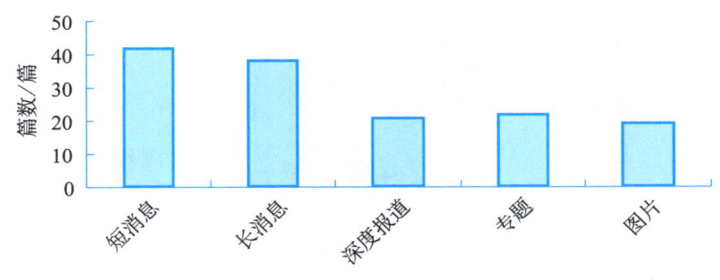

图4-120　科技报道体裁
注：图片包含新闻图片

新闻的时效性对于受众和报人来说都有着至关重要的作用，《北京晚报》这3年，38.6%的科技报道具有很强的时效性，保证了各项新闻和政策能够尽快地传达下去，有18.9%的科技报道时效性为中，19.7%的科技报道时效性很弱，22.8%的科技报道没有注明具体时间（图4-121）。

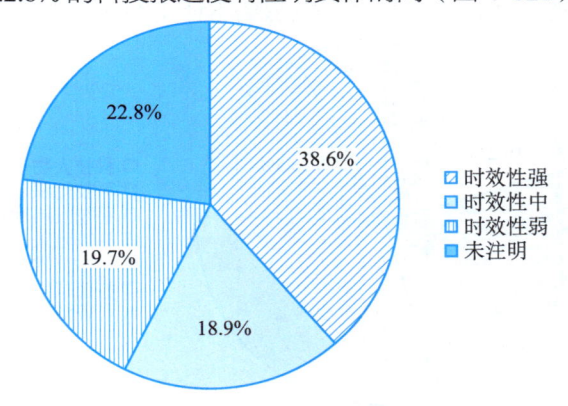

图4-121　科技报道的时效性

从以上《北京晚报》对科技报道关注情况的分析可以看出，该报比较重视重大科技事件的报道，同时比较善于利用消息与专题进行报道，特别是利用专版报道科技新闻，时效性很强。

（2）从议程设置及倾向性上来说，《北京晚报》对国内科技新闻的关注程度非常高，关于科技发展动态的报道最多

《北京晚报》对国内科技新闻的关注程度非常高，达到74.8%，而国外科技报道和国内外综合科技报道只有9.4%和15.7%（图4-122）。

271

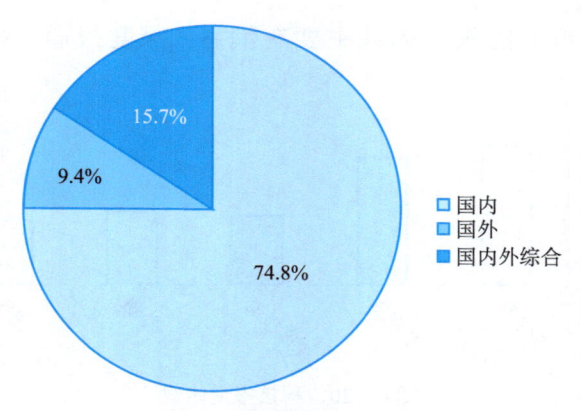

| 媒介·科技·传播　大众传媒科技传播现状研究

图 4-122　科技报道的关注范畴

在科技报道类型方面，《北京晚报》关于科技发展动态的报道最多，有28篇，占29.9%，说明该报紧随科技发展的步伐，对科技界动态进行报道。同时，相对较多的报道类型有科技知识与科技技术，分别是21篇和20篇，说明该报善于与读者沟通，向读者普及科技知识，宣传科学技术。但是，对于科技政策的报道很少，甚至可以忽略不计（图4-123）。

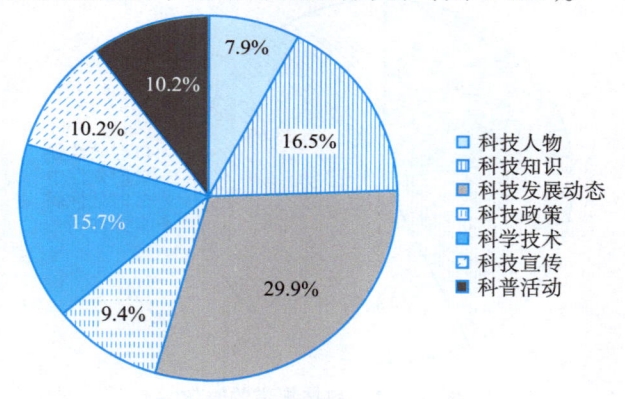

图 4-123　科技报道的类型

对于科技报道涉及的专业领域，《北京晚报》集中在医学健康、环境生态、工程技术、航空航天、天文、电子科技、军事科学、生物、资源能源、材料科学、数理化基础科学、科学教学、科学文字、其他领域等。从图4-124可以看出，其中航空航天领域的科技报道高达27.6%，这说明虽然《北京晚报》科技报道涉及的专业领域较多，但是集中度比较高，关注着受众最需要关注和了解的科技新闻和消息。

第四章 报纸科技传播

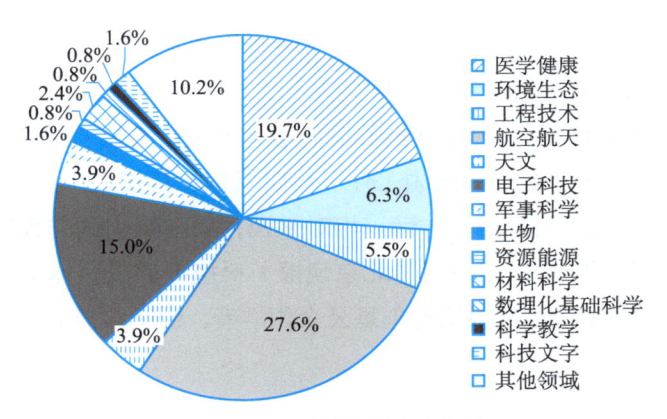

图 4-124 科技报道专业领域

对于科技新闻的报道，《北京晚报》充分尊重了以事实为基础的报道原则，有 46.5% 的科技报道秉承中性的态度，36.2% 的科技报道持正面态度，负面与正负混合的科技报道很少，可见《北京晚报》的科技报道没有明显的报道偏向（图 4-125）。

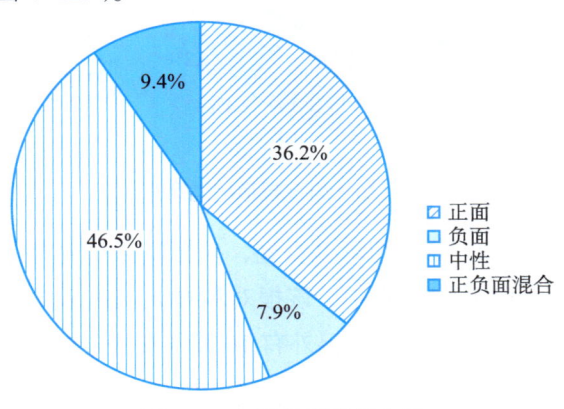

图 4-125 科技报道倾向性

从以上《北京晚报》的议程设置及倾向性统计数据可以得出，《北京晚报》更多地关注国内航空航天领域的科技发展动态，特别是 2012 年大科技事件"神舟九号"飞天新闻的报道。另外，由于受众的需求，也有不少医学健康、电子科技等方面的科技信息传播，但是其报道没有明显的偏向性，保持了媒体客观中立、不偏不倚的新闻专业主义水准。

（3）《北京晚报》编辑方针为指导客观地采写科技报道，同时对一些权威媒体的报道进行转载与综合编辑

如图 4-126 所示，《北京晚报》的消息来源包括国内（外）政府、国内（外）媒体、非政府组织、国内（外）科研机构、科技人员、企业、官员、公众、学者、未注明等多个方面。相对来说，未注明和国内政府在《北京晚报》消息来源中较多，可见《北京晚报》科技报道没有标明消息来源的意识，只有 1.6% 的稿件采访对象是公众和学者，说明该报纸缺少与公众和学者沟通的渠道。

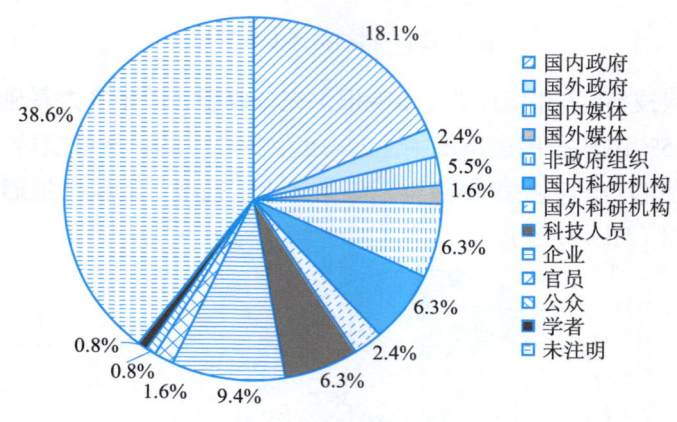

图 4-126　科技报道的消息来源

另外，从图 4-127 中我们可以看到，未标明采访对象的稿件有 48 篇，占 33.8%。在统计的采访对象中，该报对科技人员的采访最多，采访对象数量居于第二位的是国内官员，另外有 16 篇科技报道中涉及采访了企业和企业的工作人员。

从图 4-128 可看出，在《北京晚报》2011～2013 年的科技报道中，有 95 篇（74.8%）稿件是来自本报采写或者本报综合报道，说明《北京晚报》自身采写能力过硬。其中，有 8 篇稿件来源于新华社。另外，还有 11 篇没有标明稿件来源的稿件。

最后，从报道的平衡性上来看，67.7% 的稿件是客观告知的，仅有 2 篇（1.6%）多面论点，而单面论点占 30.7%。这说明该报纸保持了稿件的客观性，但有些稿件存在单面论点，可能会影响传播效果（图 4-129）。

第四章 报纸科技传播

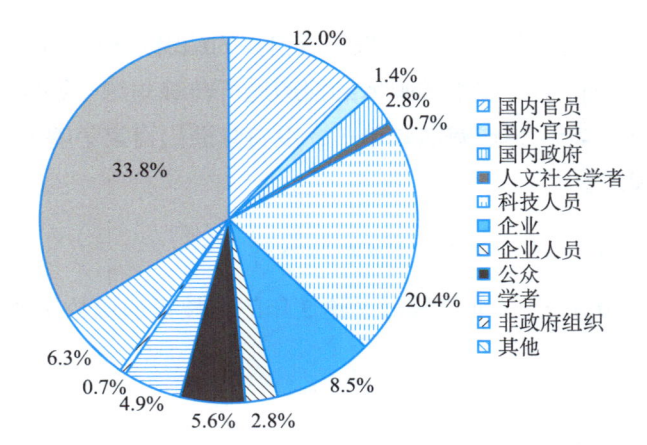

图 4-127 科技报道的采访对象

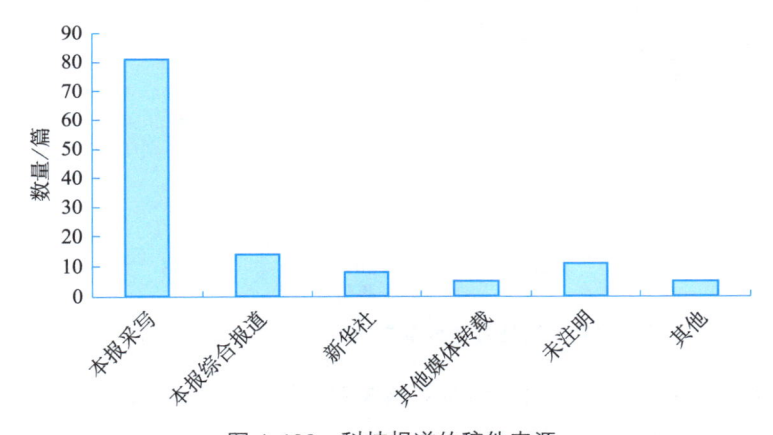

图 4-128 科技报道的稿件来源

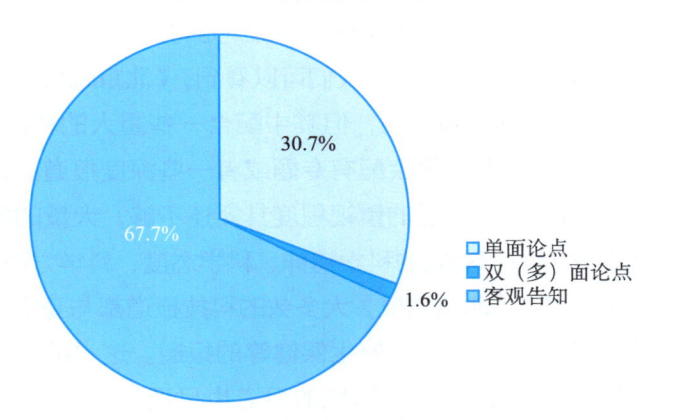

图 4-129 科技报道的论点平衡性

以上分析可以得出，《北京晚报》以自身的编辑方针为指导，客观地采写科技报道，同时对一些权威媒体的报道进行转载与综合编辑，其采访对象不固定、不广泛，论点有时较单一，没有营造出百家争鸣的局面，呈现一面的传播效果。

2. 2011～2013 年科技报道发展轨迹分析

如图 4-130 所示，《北京报道》这 3 年的科技报道篇数呈现倒"V"形变化趋势。

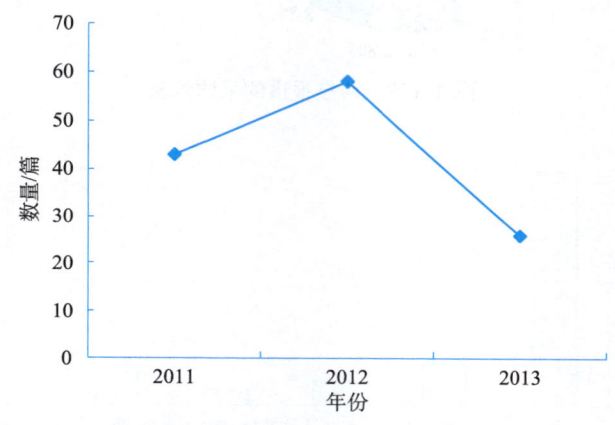

图 4-130　科技报道数量变化趋势（2011～2013 年）

如图 4-131 所示，《北京晚报》这 3 年的报道类型以消息最多，专题和深度报道则都为 21 篇，但是除了深度报道呈现逐步上升之外，消息的报道数量逐渐下降，专题的数量则是呈现低—高—无的变化。

通过第一、第二部分的分析，我们可以看到，《北京晚报》的科技报道大部分都是以消息的形式刊出的，但其中配合一些重大的科技新闻事件，例如，地震、载人飞船发射等会配有专题或者一些深度报道。我们不难看出《北京晚报》对于科技报道的重视程度其实还不够，大量的报道只是流于消息的传递，没有进行有效的科学精神、科学态度、科学方法的引导。

在抽样的报道中，《北京晚报》大多数的科技报道都与受众日常生活息息相关，比如说食品药品安全、养生保健等的报道。这类报道一方面迎合市场，迎合受众，但同时在科技领域的报道也呈现出不专、不精、不细、不深的现象，更多的科技报道均由负责民生新闻或时政新闻的记者来进行

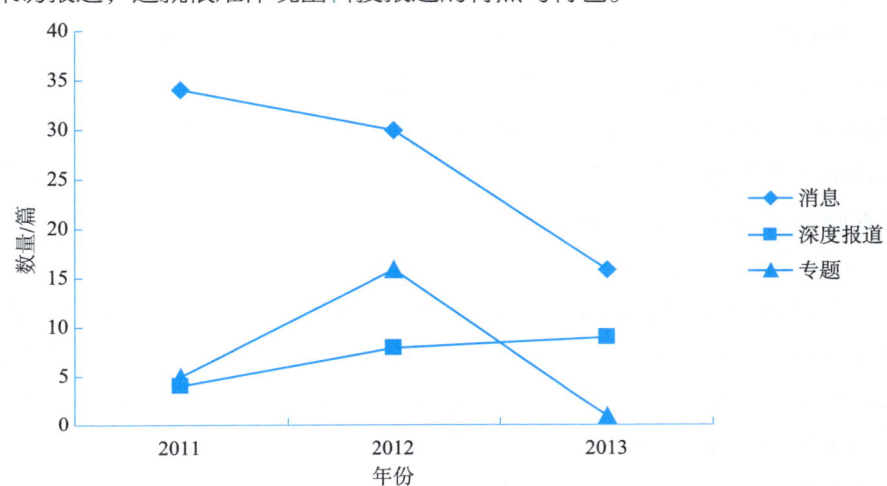

采访报道，这就很难体现出科技报道的特点与特色。

图 4-131　科技报道评论、消息、深度报道量变化趋势（2011～2013 年）

3. 存在的问题

（1）对科技报道重视程度不够

《北京晚报》作为一份历史悠久的都市类日报，在每天都会有 24～58 个版面，但笔者在 3 年的抽样中只看到了 127 篇科技报道，而这些科技报道中又包含很多养生保健方面的内容，可以看出《北京晚报》对于科技报道的重视程度还是不足。

（2）对科技人物报道较少

地处我国政治和文化中心的《北京晚报》其实有比地方媒体有着更多的可以报道的资源，比如说我国每一年都会在 1 月初召开对上一年对国家科学技术有突出贡献的国家科学技术奖励大会，能够参与到这个奖励大会的人其实都是我国各项科学技术领域的佼佼者。但是都市类的媒体对于这样一个可以改变我们生活状态甚至生存环境的大会的报道，更多的是以消息的模式，注重的只是本次会议的召开，谁获得了什么荣誉，而对于荣誉背后所能带给受众的东西，却介绍的少之又少，有的时候这些对国家科技事业有着突出贡献的人甚至不为人所知，科技传播内容的深度和广度有待进一步提升。

（3）科技报道应避免"软文"的出现

从抽样中不难发现，很多的报道为贴近人们生活的报道，但是其中也不乏一些与科技报道沾边的宣传"软"文，大大降低了科技报道的公信力。都市报在科技报道中，如果一味地只是为了迎合当前市场或者是某些商家，在报纸上不断地宣传一些虚假信息，这不仅是对科技报道的严重打击，更是对媒体自身公信力的沉重打击。

（4）科技报道应避免单一论点

在研究抽样出的127篇科技报道当中，大多数的报道均为客观告知和单面论点。但是科学技术本身是一个不断创新、不断探讨、不断改进的过程，除了一些即时性的消息之外，在一些还没有定论的科学技术当中都存在着争议和分歧，因此在报道当中增加多面论点的阐述，更能体现出报纸对于该事件客观、公正的态度和严谨的作风，使科技报道更加真实、可信，有利于树立公众的科学态度和科学精神。

第五章
期刊科技传播

一、基本发展情况 / 280
二、传播内容、渠道及效果 / 289
三、期刊科技传播存在的问题 / 316
四、《中国国家地理》和《知识就是力量》 / 317

一、基本发展情况

期刊源起于几个世纪之前，有着悠久的发展历史。在中国，18世纪末期刊开始出现，随着时间的推移及技术的进步，期刊的种类日益增多，内容不断丰富，科普期刊就是其中的一种。本书对于科普期刊的界定为：具有固定刊名、中国标准连续出版物号（由国际标准连续出版物号和国内统一连续出版物号组成）、刊期、年卷或年月顺序编号，印刷成册，以普及科学技术知识、传播科学思想和弘扬科学精神为主要内容的连续出版物。

由于统计和筛选的方法不同，本章研究对象根据2013年新闻出版总署期刊核验名录，从我国正式出版的9000余种期刊中遴选出科普期刊共455种（见附录）。遴选的主要依据是：一是刊名，入选期刊刊名带有科学字样，或者显而易见的科普含义，如《科学大众》《科学画报》等；二是办刊宗旨，在期刊办刊宗旨描述中，明确表示本刊为科普期刊；三是受众群体，根据内容判断期刊面向广大群众，受众面广。由以上三点均无法判断的期刊，通过其他方式，如网络检索、纸版刊物查询或直接电话联系期刊社等，进行具体辨别，期刊文章内容以面向大众普及科学技术知识为主的则界定为科普期刊。

从总体上看，近年我国科普期刊总体数量趋于稳定，办刊质量和水平不断提高，在办刊队伍建设、广告经营、品牌推广、多种经营及新媒体建设等方面呈现出持续发展的良好势头。

（一）科普期刊的分类

根据期刊内容所涉及的专业，我国科普期刊可以分为综合科普期刊和专业科普期刊两大类。综合科普期刊主要以综合类和百科类为主，还有少量科幻类期刊也归入此类中；专业科普期刊根据学科分类可分为理科类、工科类、农林类、医药保健类及军事公安消防类共5类。统计数据显示，我国科普期刊以专业科普期刊为主，共有265种，占总数的58.24%；综合科普期刊有190种，占41.76%（表5-1）。

表 5-1　我国科普期刊的分类

科普期刊类别		全国科普期刊	
		数量/种	比例/%
综合科普期刊		190	41.76
专业科普期刊	理科类	44	9.67
	工科类	45	9.90
	农林类	61	13.41
	医药保健类	103	22.64
	军事公安消防类	12	2.64
合计		455	100

资料来源：2013 年新闻出版总署期刊核验数据

（二）科普期刊的主管单位和主办单位分布

1. 地方政府机构主管的科普期刊占比超过 1/4

目前，我国科普期刊的主管单位包括地方政府机构、中国科学技术协会及地方科学技术协会、国家部委、出版机构、科研院所、企业、全国性社会团体及解放军系统单位。据统计，由地方政府机构主管的科普期刊共 115 种，占总数的 25.8%；中国科学技术协会和地方科学技术协会共主管科普期刊 86 种，占 18.9%；各出版机构主管科普期刊 84 种，占 18.5%；相关科研院所主管科普期刊 56 种，占 12.3%；其余单位主管科普期刊的比例在 10% 以下（表 5-2）。

表 5-2　我国科普期刊的主管单位分布状况

主管单位分布	数量/种	比例/%
地方政府机构	115	25.8
国家部委	65	14.3
出版机构	84	18.5
科研院所	56	12.3
中国科学技术协会	45	9.9
地方科学技术协会	41	9.0

续表

主管单位分布	数量/种	比例/%
企业	19	4.2
全国性社会团体	24	5.3
解放军系统	6	1.3
合计	455	100

资料来源：2013年新闻出版总署期刊核验数据

2. 科普期刊主办单位主要为图书出版单位、研究院所及各级学会

我国科普期刊大多由1个单位主办，部分期刊有2个或2个以上的主办单位。据统计，455种科普期刊共有544个主办单位，有单一主办单位的期刊共378种，其余77种为合办期刊。

统计数据显示，科普期刊的主办单位主要有报刊图书出版单位、研究院所、全国学会及地方学会、政府机构、中国科学技术协会及地方科学技术协会、企业、医院及国家有关部门或单位等。主办科普期刊数量较多的包括报刊图书出版单位、研究院所、全国学会及地方学会，这三类单位共主办科普期刊达398种，超过总数的80%（表5-3）。

表5-3　我国科普期刊的主办单位分布状况

第一主办单位分布	数量/种	比例/%
报刊图书出版单位	166	36.5
研究院所	118	25.9
全国学会	64	14.1
地方学会	50	10.7
政府机构	14	3.1
地方科学技术协会	18	4.0
企业	17	3.7
中国科学技术协会或其直属单位	0	0
医院	6	1.3
国家有关部门或单位	2	0.4
合计	455	100

资料来源：2013年新闻出版总署期刊核验数据

（三）科普期刊的登记地与文种分布

从地域分布情况来看，我国科普期刊覆盖全国 30 个省（自治区、直辖市），除青海省没有出版科普期刊外，其他各省（自治区、直辖市）均有科普期刊出版。据统计，北京地区出版科普期刊最多，共有 169 种，占总数的 37.14%，这是因为北京作为全国政治和文化中心，拥有众多科研机构、全国学会等办刊单位。除北京以外，其他 29 个省级行政区平均拥有科普期刊 9.9 种（表 5-4）。

表 5-4　我国科普期刊的登记地分布状况

地区	数量/种	比例/%	地区	数量/种	比例/%
北京	169	37.14	吉林	10	2.20
上海	32	7.03	河北	7	1.57
广东	19	4.18	河南	8	1.57
天津	20	4.40	浙江	10	2.20
新疆	16	3.52	江西	9	1.79
湖南	13	2.86	内蒙古	6	1.32
江苏	16	3.52	重庆	7	1.54
黑龙江	13	2.86	云南	7	1.54
山东	10	2.20	安徽	7	1.54
山西	11	2.41	海南	5	1.10
陕西	12	2.69	福建	5	1.10
湖北	10	2.20	贵州	3	0.67
辽宁	9	1.79	甘肃	2	0.44
四川	9	1.79	宁夏	1	0.22
广西	8	1.75	合计	455	100
西藏	1	0.22			

资料来源：2013 年新闻出版总署期刊核验数据

(四)科普期刊的其他出版指标

1. 科普期刊半数以上为月刊

我国科普期刊大部分为月刊,共有 236 种,占总数的 51.87%;其次是半月刊,共有 93 种,占科普期刊总数的 20.85%。出版频次较高的周刊、双周刊、旬刊和半月刊共有 155 种,占科普期刊总数的 34.06%;出版频次较低的季刊、半年刊和年刊数量较少,只有 12 种,占科普期刊总数的 2.69%。与学术期刊相比,科普期刊的出版频次较高(表 5-5)。

表 5-5 科普期刊出版周期分布情况

出版周期		数量/种	比例/%
高频区	周刊	9	1.99
	双周刊	1	0.22
	旬刊	52	11.43
	半月刊	93	20.85
中频区	月刊	236	51.87
	双月刊	52	11.43
低频区	季刊	9	2.02
	半年刊	1	0.22
	年刊	2	0.45

资料来源:2013 年新闻出版总署期刊核验数据

2. 科普期刊的幅面尺寸选择多样,定价普遍较低,刊载容量略小,出版频率更快

期刊的出版周期、页码和定价等都属于基本出版指标,能够反映科普期刊出版的特点。与学术期刊相比,科普期刊的幅面尺寸选择多样,定价普遍较低,刊载容量略小,出版频率更快。

在科普期刊的定价方面,我国科普期刊的平均定价为 9.7 元,期刊定价最高为 69.6 元,最低为 0.5 元。其中,定价在 5~10 元的最多,共 194 种,占总数的 42.2%;定价在 5 元以下的有 127 种,占科普期刊总数的 28.3%。

据统计，科普期刊刊载容量总体略小于学术期刊，科普期刊页数在 100 页（含）以下的最多，共 326 种，占总数的 71.3%；页数在 100～200 页的共 103 种，占 22.9%；200 页（含）以上的期刊数量最少，仅有 26 种，占 5.8%。

表 5-6　科普期刊定价及页数情况

统计项目	项目序列	数量/种	比例/%
定价	5 元以下（含 5 元）	127	28.3
	5～10 元（含 10 元）	194	42.2
	10～15 元（含 15 元）	70	15.2
	15～20 元（含 20 元）	48	10.8
	20 元以上	16	3.5
页数	≤100 页	326	71.3
	100～200 页	103	22.9
	≥200 页	26	5.8

资料来源：2013 年新闻出版总署期刊核验数据

（五）科普期刊办刊队伍情况

目前，我国科普期刊的从业人员总数达到了 6967 人，刊均人数 16 人。其中，刊均采编人员 8 人，刊均经营人员 4 人，刊均新媒体人员仅 1 人。

职称级别高低表明科普期刊办刊人员的从业时间和业务能力，科普期刊以老带新的梯队建设基本完善。拥有高级职称的有 1511 人，占总数的 21.7%；拥有中级职称的有 1791 人，占总数的 25.7%；初级及无职称的则占总数的 52.6%，有 3665 人。可见，科普期刊有一支新的年轻力量在各自岗位贡献力量。

随着我国新闻出版业体制改革的不断深化，各相关出版单位的用人机制越来越灵活，除了在编人员外，大量新进人员都已经开始采用合同制。在科普期刊办刊队伍中，目前在编现职人员比例为 40.8%，聘用人员的比例稍高，为 55.2%。另有少量在编退休人员，比例为 4.0%，在编现职人员和聘用人员的比例约为 1∶1.4（表 5-7）。

表 5-7　科普期刊办刊队伍结构现状

统计项目	项目分类	比例 /%	人数 / 人
人员总数和平均数	统计总人数	—	6967
	刊均人数	—	16
岗位类型	刊均采编人员	—	8
	刊均经营人员	—	4
	刊均新媒体人员	—	1
职称结构	高级职称	21.7	1511
	中级职称	25.7	1791
	初级及无职称	52.6	3665
身份性质	在编现职人员	40.8	2843
	在编离退休人员	4.0	278
	聘用人员	55.2	3846

资料来源：2013 年新闻出版总署期刊核验数据

（六）科普期刊的发行状况

目前，科普期刊发行渠道主要有 3 种。第一种是邮局发行，作为传统的发行渠道，虽然近几年所占比例有所下降，但目前仍然是期刊的主流发行渠道；第二种是自办发行，出版单位依靠自身渠道，直接将期刊投递到读者手中，一般与邮局发行并行；第三种是近年来开始兴起的第三方发行渠道，大都是一些专业的发行公司，在国内发行领域还属于新兴渠道。

根据统计数据，在发行方式上，采用传统邮局发行的共有 78 种，占科普期刊总数的 17.1%；采用自办发行的有 48 种，占科普期刊总数的 10.5%；邮局发行与自办发行相结合的最多，共有 320 种，占科普期刊总数的 70.3%（表 5-8）。

表 5-8　科普期刊发行方式

发行方式	数量 / 种	比例 /%
邮局发行 + 自办发行	320	70.3
邮局发行	78	17.1
自办发行	48	10.5

续表

发行方式	数量/种	比例/%
邮局发行+自办发行+其他	0	0
其他	2	0.4
不详	7	1.5
合计	455	100

资料来源：2013年新闻出版总署期刊核验数据

（七）科普期刊的广告经营

除了发行收入以外，广告收入是科普期刊收入的另一个重要来源。科普期刊的广告经营方式以自主经营为主，部分期刊采用委托其他公司代理广告方式。目前，科普期刊的广告经营方式共有5种，主要方式是期刊自主经营广告，共有231种期刊，占总数的50.8%；其次是自主经营和委托代理并行，共有82种，占18.0%；委托代理经营广告的科普期刊有68种，占14.9%；还有38种期刊选择其他方式经营广告，占8.4%；36种科普期刊情况不明，占7.9%（表5-9）。

表5-9 科普期刊的广告经营方式

广告经营方式	数量/种	比例/%
自主经营	231	50.8
自主经营+委托代理	82	18
委托代理经营	68	14.9
其他	38	8.4
不详	36	7.9
合计	455	100

资料来源：2013年新闻出版总署期刊核验数据

（八）科普期刊的收入情况

在科普期刊的收入情况方面，2013年科普期刊刊均总收入为351.3万元。其中，传统的发行收入依然是科普期刊收入的主体，为194.4万元，占据总收入的 55.3%；其次是广告收入 122.8 万元，占总收入的 35.0%；其他收入为 30.6 万元，占总收入的 8.7%；新媒体收入有待于受到重视和进一步发展，只有 3.5 万元，占总收入的 1.0%（表 5-10）。

表 5-10　科普期刊刊均收入情况

收入项目	金额 / 万元	比例 /%
发行收入	194.4	55.3
广告收入	122.8	35.0
其他收入	30.6	8.7
新媒体收入	3.5	1.0
合计	351.3	1000

资料来源：2013 年新闻出版总署期刊核验数据

2002 年，科技部曾经对我国科普期刊的经营状况进行调研，年总收入在 1000 万元以上的科普期刊当时共有 10 种，占总数的 3.2%。根据 2013 年的统计数据，年总收入在 1000 万元以上的科普期刊共有 32 种，占总数的 7.0%（见表 5-11），可见我国科普期刊的收入情况有所增长，发展态势良好，如《车主之友》《中国国家地理》《家庭医生》《我们爱科学》等。

表 5-11　科普期刊刊均收入规模

年总收入	数量 / 种	比例 /%
≥1000 万元	32	7.0
600 万～1000 万元	29	6.4
300 万～600 万元	49	11.0
100 万～300 万元	119	26.1
<100 万元	205	45.1
有效数据合计	434	95.6
无效（未填写）	20	4.4

资料来源：2013 年新闻出版总署期刊核验数据

二、传播内容、渠道及效果

传播是一个传播者选择加工信息，通过某种渠道传递给受传者并引起反应的过程，是一个多因素、多环节的过程。为了更好地反映目前我国科普期刊的科技传播能力现状，本章将从采集处理科学内容的能力、开拓传播渠道的能力及传播效果三方面对其进行分析。研究采取抽样分析、专家评分的方法。

（一）抽样样本的选取

我国的科普期刊大致可分为青少、教辅类科普期刊，军事、科技兴趣类科普期刊，医药、保健养生类科普期刊，综合、农业类科普期刊四组。为了使所抽取的四组科普期刊数量相对均衡，在选取抽样样本时，根据期刊的科学性、思想性和通俗性，在每组中抽取 25 种具有典型性的科普期刊，共 100 种（见附录）。

（二）科普期刊科技传播能力分析

影响科普期刊科技传播能力的因素有很多，包括传播者的能力，以及对科学传播的重视和投入、传播内容的权威性和科学性、开拓创新传播渠道的能力、公众科学素养的高低等，总体来说包括以下几个方面。

1. 采集处理科学内容的能力

采集处理科学内容的能力，指科普期刊借助一定的技术手段有效地收集科学信息和处理科学信息的能力，这既与科普期刊的记者、编辑的学历、职称、能力等紧密相关，也是科普期刊开拓传播渠道及取得良好传播效果的前提和基础，可以从以下几方面进行综合考察：科普期刊的办刊队伍情况；专家储备情况；内容的思想性、科学性和通俗性；语言文字、计量单位、标点符号、数字用法等的规范性。

2. 开拓传播渠道的能力

传播渠道，指信息传递的载体、渠道、中介物、工具或技术手段，是传播内容的载体。科普期刊开拓传播渠道的能力主要从以下几个方面进行考察：传统邮发渠道和二渠道所占比例；是否建立读者俱乐部；是否有独立网站；是否开发电子期刊；是否开发APP等智能应用；是否开设微博、微信等社交媒体方式。

3. 传播效果

传播效果，指某一特定传播信息作用于受众所产生的效果，是反映科普期刊传播质量的一个重要指标。主要从以下三方面进行考察：期刊发行量；微博、微信粉丝数量、APP客户端下载量、网站点击量；由传播效果带来的社会效益和经济效益——获得奖项、经营收入。根据上述内容，评价科普期刊科技传播能力的指标如表5-12所示。

表5-12 科普期刊科技传播能力评价指标

一级指标		二级指标	分值
科普期刊科技传播能力评价指标	采集处理科学内容的能力（40分）	有无专题策划	5
		内容的思想性、科学性和通俗性（专家审读）	15
		语言文字、计量单位、标点符号、数字用法等的规范性（专家审读）	10
		办刊队伍情况：学历、职称、年龄	5
		专家储备情况：有无编委会	5
	开拓传播渠道的能力（发行渠道及对新媒体渠道的运用）（35分）	发行渠道建设：邮发和二渠道所占比例	10
		是否建立读者俱乐部或互动论坛	5
		是否有独立网站	5
		是否开发电子期刊	5
		是否开发APP等智能应用	5
		是否开设微博、微信等社交媒体方式	5
	传播效果（25分）	期刊发行量	10
		微博粉丝数量、APP客户端下载量	10
		由传播效果带来社会效益和经济效益——获得奖项、经营收入	5

（三）调查结果与统计分析

1. 采集处理科学内容的能力

根据专家审读的综合评分，所抽取的 100 种科普期刊，在采集处理科学内容的能力方面的平均得分为 28.0 分（满分 40 分），多数期刊在语言文字、计量单位、标点符号、数字用法等使用上较为规范，内容上也具有较高的思想性、科学性和通俗性，办刊队伍结构基本合理，但是在科普期刊的专题策划、专家储备上仍有可以改进的空间。100 种科普期刊在采集处理科学内容方面的得分情况详见表 5-13。

表 5-13　100 种科普期刊在采集处理科学内容方面的得分情况

序号	刊名	有无专题策划（共5分）	内容的思想性、科学性和通俗性（共15分）	语言文字等的规范性（共10分）	办刊队伍的学历、职称、年龄（共5分）	专家储备情况（共5分）	合计（40分）
1	《奥秘》	5	10	7	3	0	25
2	《百科知识》	0	10	6	3	0	19
3	《保健医苑》	5	10	7	2	0	24
4	《保健与生活》	0	12	8	3	5	28
5	《兵器》	5	10	7	2	5	29
6	《兵器知识》	5	13	8	3	5	34
7	《城市与减灾》	0	13	7	3	0	23
8	《大科技》	5	12	8	1	0	26
9	《大众医学》	5	13	9	1	5	33
10	《大自然》	5	11	8	2	5	31
11	《大自然探索》	5	12	8	2	0	27
12	《地球》	0	12	7	2	5	26
13	《地图》	5	13	8	2	5	33
14	《第二课堂》	0	13	8	1	0	22
15	《发明与创新》	0	11	7	2	0	20
16	《父母必读》	0	13	8	2	5	28
17	《高保真音响》	0	11	7	1	0	19

续表

序号	刊名	有无专题策划（共5分）	内容的思想性、科学性和通俗性（共15分）	语言文字等的规范性（共10分）	办刊队伍的学历、职称、年龄（共5分）	专家储备情况（共5分）	合计（40分）
18	《工程机械与维修》	0	13	8	3	5	29
19	《哈哈画报》	0	11	7	1	0	19
20	《海陆空天惯性世界》	0	13	8	3	5	29
21	《航空世界》	5	14	8	1	5	33
22	《航空知识》	5	12	8	2	5	32
23	《黑龙江科学》	0	12	7	1	5	25
24	《环境与生活》	5	12	8	2	5	32
25	《环球科学》	5	12	8	1	5	31
26	《环球少年地理》	0	13	8	2	0	23
27	《家庭健康》	5	12	8	4	5	34
28	《家庭医生》	5	14	10	4	5	38
29	《家庭医学》	5	12	8	3	5	33
30	《家庭医药》	5	12	8	3	5	33
31	《家庭用药》	5	12	8	2	5	32
32	《家庭中医药》	0	11	7	2	0	20
33	《健康世界》	0	12	8	2	5	27
34	《健康向导》	0	11	7	1	0	19
35	《健康指南》	5	12	8	3	0	28
36	《舰船知识》	5	13	9	4	5	36
37	《抗癌之窗》	5	10	7	2	5	29
38	《科幻世界》	5	12	8	1	0	26
39	《科幻世界画刊·小牛顿》	0	12	8	1	0	21
40	《科普天地》	5	11	8	1	0	25
41	《科学大众》	5	12	8	1	5	31
42	《科学画报》	5	13	8	1	5	32
43	《科学启蒙》	0	12	8	3	5	28
44	《科学世界》	5	12	8	1	5	31

续表

序号	刊名	有无专题策划（共5分）	内容的思想性、科学性和通俗性（共15分）	语言文字等的规范性（共10分）	办刊队伍的学历、职称、年龄（共5分）	专家储备情况（共5分）	合计（40分）
45	《科学新闻》	0	12	8	1	5	26
46	《科学养鱼》	5	12	8	3	5	33
47	《科学中国人》	0	11	8	4	5	28
48	《科学种养》	0	12	8	1	5	26
49	《摩托车》	0	12	7	1	5	25
50	《农村养殖技术》	5	11	7	1	0	24
51	《农家参谋》	5	13	7	3	5	33
52	《农家顾问》	5	12	8	3	0	28
53	《农家致富顾问》	5	11	7	2	0	25
54	《农业机械》	5	12	8	2	0	27
55	《气象知识》	0	11	8	3	5	27
56	《汽车导购》	5	13	9	2	5	34
57	《汽车之友》	5	11	7	2	0	25
58	《人与生物圈》	5	12	8	2	0	27
59	《人之初》	5	11	8	3	0	27
60	《少儿科技》	5	11	7	2	0	25
61	《少年电脑世界》	5	11	7	3	5	31
62	《少年科学》	5	12	8	1	0	26
63	《少年科学画报》	5	11	7	1	5	29
64	《生活与健康》	5	11	7	2	5	30
65	《生命世界》	5	11	8	3	5	32
66	《石油知识》	5	10	7	2	5	29
67	《时尚健康》	5	11	7	2	0	25
68	《食品与生活》	5	12	8	1	5	31
69	《数码摄影》	5	12	7	2	5	31
70	《四川烹饪》	5	10	7	1	0	23
71	《太空探索》	0	11	7	3	5	26
72	《糖尿病天地》	5	11	7	4	5	32
73	《天文爱好者》	5	12	8	4	5	34

续表

序号	刊名	有无专题策划（共5分）	内容的思想性、科学性和通俗性（共15分）	语言文字等的规范性（共10分）	办刊队伍的学历、职称、年龄（共5分）	专家储备情况（共5分）	合计（40分）
74	《铁道知识》	0	12	8	2	0	22
75	《未来科学家》	5	12	8	1	0	26
76	《我们爱科学》	5	14	9	2	5	35
77	《无线电》	5	12	8	2	5	32
78	《现代兵器》	5	11	7	2	5	30
79	《现代军事》	5	11	7	1	5	29
80	《现代物理知识》	5	11	7	1	5	29
81	《现代养生》	5	11	7	2	5	30
82	《小哥白尼》	0	13	8	3	5	29
83	《心理与健康》	5	12	8	3	0	28
84	《新发现》	5	12	8	2	0	27
85	《新农村》	5	12	8	4	5	34
86	《新农业》	0	12	8	4	0	24
87	《园林》	5	12	8	4	5	34
88	《知识就是力量》	5	12	8	2	5	32
89	《智慧少年》	5	11	7	1	5	29
90	《中国国家地理》	5	14	9	2	5	35
91	《中国科技教育》	5	12	8	1	5	31
92	《中华养生保健》	5	11	7	1	0	24
93	《中老年保健》	5	12	8	1	5	31
94	《中学科技》	0	11	7	1	0	19
95	《中学生数理化（初中版）》	5	12	8	4	5	34
96	《中学生数理化（高中版）》	5	12	8	4	5	34
97	《中学生数学》	5	11	7	5	5	33
98	《自然与科技》	5	12	8	2	5	32
99	《自然杂志》	5	11	7	2	5	30
100	《自我保健》	5	12	8	3	5	33

(1) 办刊队伍结构基本合理，在专题策划、专家储备上仍有改进空间

所抽取的100种科普期刊从业人员总人数（包括离退休人员96人）为1546人，刊均从业人员15人。其中，在职人员1450人，具有高级职称的有317人，占在职从业人员总人数的22%；具有中级职称的有424人，占在职从业人员总人数的29%；初级及无职称人员709人，占在职从业人员总人数的49%；高级职称从业人员、中级职称从业人员、初级及无职称人员的比例为1∶1.3∶2.2。总体来说，科普期刊的办刊队伍结构基本合理，年轻的记者、编辑思想活跃、行动敏捷、精力充沛，可以更多地胜任编辑部的基础性工作，而中高级职称的记者、编辑，可以有更多的时间及精力提高刊物质量，潜心研究期刊的发展方向和发展策略。同时，这种人才结构也不易造成科普期刊人才的断层，是科技期刊编辑部生命力得以延续的保证（图5-1）。

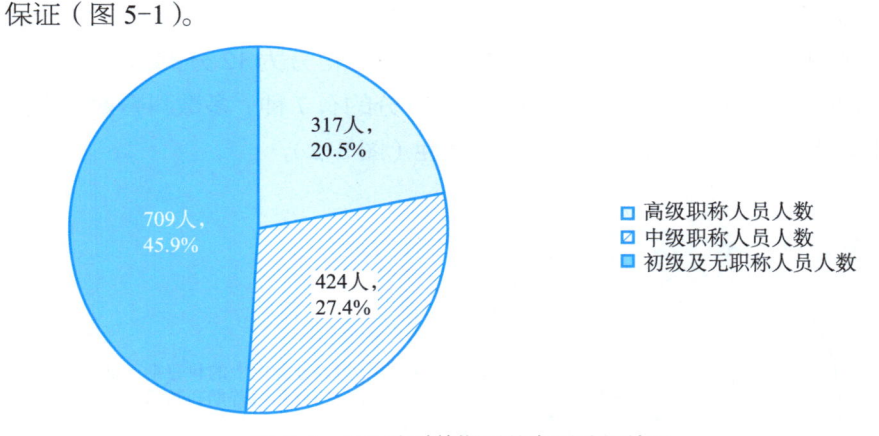

图5-1 100种科普期刊的办刊队伍情况

(2) 65%的科普期刊专家储备良好

编委会通常由主编、副主编和若干编辑委员组成，多为该出版物所属学科的专家学者，以及这个领域的权威人士。编委会的成立，对于科普期刊的编辑方针、报道范围等的确定有着直接的影响，对于解决科普期刊在出版过程中的各种问题、提高期刊质量发挥着重要作用。一些科普期刊虽然不设置编委会，但也邀请行业内权威专家学者加入科普期刊的顾问团队，这对于提高刊物的专业性和内容的权威性也起到了积极作用。在抽样的100种科普期刊中，有65种期刊有编委会、专家团或顾问团队，占总数的

65%；35 种未发现设有编委会专家团或顾问团队，占总数的 35%。

（3）大多数科普期刊都有专题策划

专题策划是期刊编辑部的一项经常性工作，它要求科普期刊的记者和编辑们发挥主观能动性，及时、敏锐地捕捉行业内的热点问题和焦点现象，对科学的内容进行组织和加工，进而对社会公众产生一定的影响。专题策划是衡量科普期刊整体战斗力的重要标杆。在抽样的 100 种科普期刊中，共有 72 种期刊有专题策划，占科普期刊总数的 72%；28 种期刊未发现有专题策划，占总数的 28%。科普期刊仍需要在专题策划上投入更多的精力，提高创造力，为公众提供优质而具深度的科普内容。

（4）多数科普期刊在内容上具有较高的思想性、科学性和通俗性

根据审读专家打分情况，所抽取的 100 种科普期刊在内容的思想性、科学性和通俗性方面的平均得分为 11.8 分（满分 15 分）。其中，14 分及以上的共有 4 种；得分为 13 分的共有 14 种；得分为 12 分的最多，有 45 种；得分为 11 分的共有 30 种；得分为 10 分的有 7 种。多数科普期刊在内容上具有较高的思想性、科学性和通俗性（图 5-2）。

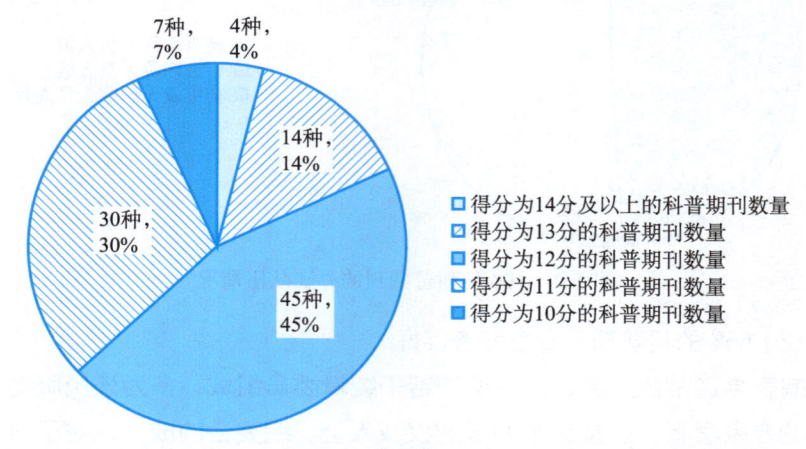

图 5-2　100 种科普期刊在内容的思想性、科学性和通俗性的得分情况

（5）语言文字、计量单位、标点符号、数字用法等基本规范，但仍需提高编校质量

根据审读专家打分情况，所抽取的 100 种科普期刊在语言文字、计量单位、标点符号、数字用法等的规范性方面的平均得分为 7.7 分（满分 10

分）。其中，9 分及以上的共有 6 种，得分为 8 分的有 57 种，得分为 7 分的有 36 种，得分为 6 分的只有 1 种。总体而言，各科普期刊基本做到了规范使用语言文字、计量单位、标点符号和数字，但仍需继续提高期刊的编校质量，严把刊物质量关（图 5-3）。

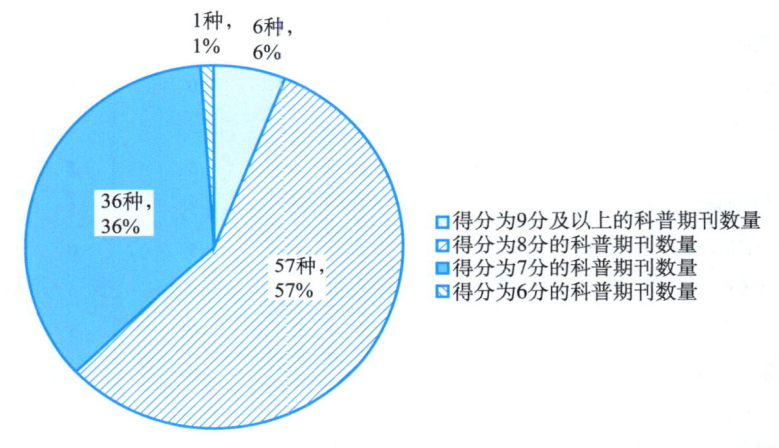

图 5-3 100 种科普期刊在内容的思想性、科学性和通俗性方面的得分情况

2. 开拓传播渠道的能力

根据专家审读的综合评分，所抽取的 100 种科普刊，在开拓传播渠道的能力方面的平均得分为 24.9 分（满分 35 分），得分为满分（35 分）的有 10 种，占总数的 10%；得分为 30 分的有 28 种，占总数的 28%；得分为 25 分的有 34 种，占总数的 24%；得分为 20 分及以下的有 38 种，占总数的 38%（表 5-14、图 5-4）。

表 5-14 100 种科普期刊在开拓传播渠道方面的得分情况

序号	刊名	发行渠道建设：邮发和二渠道占比（共 10 分）	是否建立读者俱乐部或互动论坛（共 5 分）	是否有独立网站（共 5 分）	是否开发电子期刊（共 5 分）	是否开发 APP 等智能应用（共 5 分）	是否开设微博、微信等社交媒体方式（共 5 分）	合计（共 35 分）
1	《奥秘》	5	0	5	5	0	5	20
2	《百科知识》	10	5	0	5	5	5	30
3	《保健医苑》	10	0	5	5	0	5	25
4	《保健与生活》	10	0	5	0	0	5	20

续表

序号	刊名	发行渠道建设：邮发和二渠道占比（共10分）	是否建立读者俱乐部或互动论坛（共5分）	是否有独立网站（共5分）	是否开发电子期刊（共5分）	是否开发APP等智能应用（共5分）	是否开设微博、微信等社交媒体方式（共5分）	合计（共35分）
5	《兵器》	10	0	5	5	5	5	30
6	《兵器知识》	10	0	5	5	5	5	30
7	《城市与减灾》	5	0	5	5	0	5	20
8	《大科技》	10	0	0	5	5	5	25
9	《大众医学》	10	5	5	5	5	5	35
10	《大自然》	10	5	5	5	5	5	35
11	《大自然探索》	10	0	0	5	5	0	20
12	《地球》	10	0	0	5	0	5	20
13	《地图》	10	0	0	5	0	5	20
14	《第二课堂》	10	0	0	5	0	5	20
15	《发明与创新》	10	5	5	5	5	5	35
16	《父母必读》	10	5	5	5	5	5	35
17	《高保真音响》	10	5	5	5	0	5	30
18	《工程机械与维修》	10	0	5	5	0	5	25
19	《哈哈画报》	10	5	5	0	5	5	30
20	《海陆空天惯性世界》	10	0	0	5	0	5	20
21	《航空世界》	10	0	5	5	5	5	30
22	《航空知识》	5	5	0	5	5	5	20
23	《黑龙江科学》	5	0	5	5	5	5	20
24	《环境与生活》	10	5	5	5	0	5	30
25	《环球科学》	10	5	5	5	5	5	35
26	《环球少年地理》	10	5	5	0	0	5	25
27	《家庭健康》	10	0	5	0	0	0	15
28	《家庭医生》	5	5	5	5	5	5	30
29	《家庭医学》	10	5	5	5	5	5	30
30	《家庭医药》	10	0	5	5	5	5	30

续表

序号	刊名	发行渠道建设：邮发和二渠道占比（共10分）	是否建立读者俱乐部或互动论坛（共5分）	是否有独立网站（共5分）	是否开发电子期刊（共5分）	是否开发APP等智能应用（共5分）	是否开设微博、微信等社交媒体方式（共5分）	合计（共35分）
31	《家庭用药》	10	5	5	5	0	5	30
32	《家庭中医药》	10	0	0	5	5	5	25
33	《健康世界》	10	0	5	5	0	0	20
34	《健康向导》	5	0	5	5	0	5	20
35	《健康指南》	10	5	5	5	0	5	30
36	《舰船知识》	10	5	0	0	0	5	20
37	《抗癌之窗》	10	5	5	5	0	5	30
38	《科幻世界》	10	5	5	5	5	5	35
39	《科幻世界画刊·小牛顿》	10	0	0	5	0	5	20
40	《科普天地》	10	0	0	5	0	5	20
41	《科学大众》	10	0	5	5	5	5	30
42	《科学画报》	10	0	5	5	0	5	25
43	《科学启蒙》	10	0	0	5	0	5	20
44	《科学世界》	10	0	5	5	0	5	25
45	《科学新闻》	10	0	5	5	0	0	20
46	《科学养鱼》	10	0	5	5	5	0	25
47	《科学中国人》	10	0	5	5	0	5	25
48	《科学种养》	10	0	5	5	5	5	30
49	《摩托车》	10	0	5	5	5	5	30
50	《农村养殖技术》	5	0	0	5	0	0	10
51	《农家参谋》	10	0	0	5	0	5	20
52	《农家顾问》	10	0	5	5	0	0	20
53	《农家致富顾问》	10	0	5	5	0	5	25
54	《农业机械》	10	0	0	5	0	5	20
55	《气象知识》	10	0	5	5	0	5	20

续表

序号	刊名	发行渠道建设：邮发和二渠道占比（共10分）	是否建立读者俱乐部或互动论坛（共5分）	是否有独立网站（共5分）	是否开发电子期刊（共5分）	是否开发APP等智能应用（共5分）	是否开设微博、微信等社交媒体方式（共5分）	合计（共35分）
56	《汽车导购》	10	5	5	5	5	5	35
57	《汽车之友》	10	5	5	5	5	5	35
58	《人与生物圈》	10	0	0	5	0	5	20
59	《人之初》	5	0	5	0	0	5	15
60	《少儿科技》	10	0	5	5	0	0	20
61	《少年电脑世界》	10	5	0	5	0	5	25
62	《少年科学》	10	0	0	5	0	5	20
63	《少年科学画报》	10	5	0	0	0	5	20
64	《生活与健康》	5	0	0	5	0	5	15
65	《生命世界》	10	0	5	5	5	0	25
66	《石油知识》	5	0	0	5	0	0	10
67	《时尚健康》	10	5	5	0	5	5	30
68	《食品与生活》	5	0	5	5	5	5	25
69	《数码摄影》	10	5	5	5	0	5	30
70	《四川烹饪》	10	5	5	5	0	5	30
71	《太空探索》	5	0	0	5	0	0	10
72	《糖尿病天地》	10	5	5	0	0	5	25
73	《天文爱好者》	5	0	0	0	5	5	15
74	《铁道知识》	10	5	5	0	0	5	25
75	《未来科学家》	10	0	0	0	0	5	15
76	《我们爱科学》	10	5	5	0	0	5	25
77	《无线电》	10	0	5	5	0	5	25
78	《现代兵器》	10	0	0	5	5	5	25
79	《现代军事》	10	5	5	5	5	5	35

续表

序号	刊名	发行渠道建设：邮发和二渠道占比（共10分）	是否建立读者俱乐部或互动论坛（共5分）	是否有独立网站（共5分）	是否开发电子期刊（共5分）	是否开发APP等智能应用（共5分）	是否开设微博、微信等社交媒体方式（共5分）	合计（共35分）
80	《现代物理知识》	5	0	0	5	0	5	15
81	《现代养生》	10	0	5	5	5	5	30
82	《小哥白尼》	10	0	5	5	0	5	25
83	《心理与健康》	10	5	5	5	5	0	30
84	《新发现》	10	5	5	0	5	5	30
85	《新农村》	10	0	5	5	0	5	25
86	《新农业》	10	0	5	5	0	5	25
87	《园林》	10	0	5	5	5	5	30
88	《知识就是力量》	10	5	5	5	0	5	30
89	《智慧少年》	10	0	0	5	0	5	20
90	《中国国家地理》	10	5	5	5	5	5	35
91	《中国科技教育》	10	5	5	5	0	5	30
92	《中华养生保健》	5	0	5	5	5	5	25
93	《中老年保健》	10	0	0	5	5	0	20
94	《中学科技》	10	0	0	5	0	5	20
95	《中学生数理化（初中版）》	10	5	5	5	0	5	30
96	《中学生数理化（高中版）》	10	5	5	5	0	5	30
97	《中学生数学》	10	0	0	5	0	0	15
98	《自然与科技》	10	0	0	5	5	5	25
99	《自然杂志》	5	5	5	5	5	5	30
100	《自我保健》	5	5	5	5	0	5	25

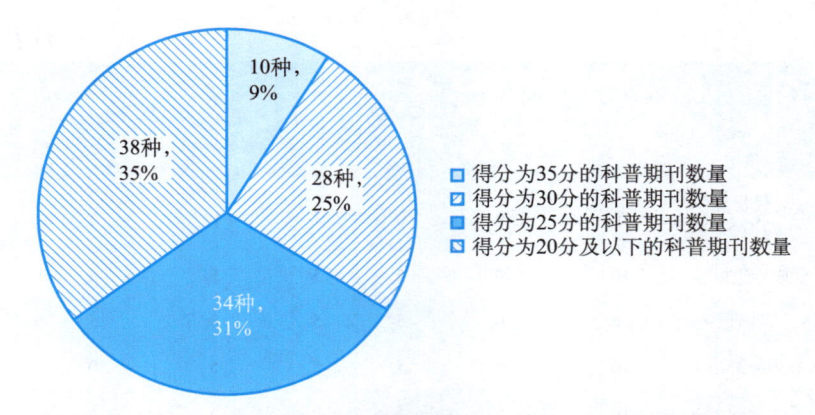

图 5-4 100 种科普期刊在开拓传播渠道能力方面的得分情况

饼图数据：
- 得分为35分的科普期刊数量：10种，9%
- 得分为30分的科普期刊数量：28种，25%
- 得分为25分的科普期刊数量：34种，31%
- 得分为20分及以下的科普期刊数量：38种，35%

具体来说，在发行方式上，多数期刊采用多种发行渠道并用的方式；期刊也越来越注重与读者的沟通和联系，读者俱乐部的设立，定期举办的各种形式的讨论会、报告会、座谈会，方便读者与编辑部的经常性互动；在新媒体和互联网的冲击下，期刊也根据所面向的特定读者群的阅读习惯，综合利用互联网技术，设立期刊官方网站，开发电子期刊，开设微博、微信、人人网等新媒体社交方式以及 APP 等智能应用，将优质内容传递给不同年龄层、使用不同介质的读者。

（1）发行渠道由单一向多元化发展

随着期刊市场化程度的不断加深，科普期刊的发行渠道由单一向多元化方向发展。在发行渠道建设方面，在所抽取的 100 种科普期刊中，除了 17 种科普期刊仍只采取传统邮发渠道外，其余 83 种科普期刊都有除了传统邮发渠道以外的第二渠道，发行渠道建设逐渐完备。传统的邮发渠道，优势在于邮局发行网络具有覆盖面广、人员多等特点，庞大的发行网络和发行队伍为杂志的发行提供了坚实的基础。另外，由于通过邮局进行杂志订阅，周期多为半年或全年，期刊的发行量较为稳定。二渠道就是相对邮局主渠道的民营渠道，二渠道的兴起是伴随着刊社自办发行的历史成长起来的，相对于传统的邮发渠道，具有经营灵活、市场化程度高等特点，在市场中具有很强的竞争优势；还有期刊采用特殊发行渠道，在机场、超市、地铁、车站等人流量较大的场所进行销售，如《中国国家地理》《汽车导购》和《时尚健康》等。

（2）部分科普期刊建立了读者俱乐部

科普期刊的读者俱乐部多为服务性的俱乐部，其目的是在线下与读者更多地、面对面地交流，在提供优质内容这一主要服务的同时，也更加注重立体地满足读者的多元化需求，进一步挖掘广大读者的综合性需求。读者俱乐部的活动内容，多为组织策划不同形式的线下活动，以及各种形式的讨论会、报告会、讨论会、座谈会等，开展针对社会热点话题的讨论。

在所抽取的 100 种科普期刊中，有 38 种期刊建立了读者俱乐部或者互动论坛，占总数的 38%；62 种期刊尚未设立读者俱乐部或者互动论坛，占总数的 62%。

（3）期刊加强网站建设，加快数字化进程

由期刊所建设的独立网站可以说是期刊在虚拟空间与读者、作者等进行交流的一张名片，网站的建设从一个方面反映了期刊的数字化进程。期刊的网站大致包含以下几方面的内容：期刊的相关信息，包括期刊简介、编委会成员、办刊宗旨等，以及期刊订阅方法、编辑部联系方式、获奖情况、官方微博、微信、APP 等简介及二维码等；期刊的电子版内容，包括电子期刊在线阅读、优质内容的分类呈现，以及期刊所开展的相关活动情况；与读者的在线互动，包括在线投稿、论坛互动，以及读者意见和建议等；其他服务，包括内容检索与查询、阅读软件下载等内容。

在所抽取的 100 种科普期刊中，有 67 种期刊开设了独立网站，占总数的 67%。这些网站内容包罗万象，注重与读者的沟通，能够代表刊物的个性和风格，是展示和宣传刊物特色的一个窗口；33 种期刊尚未开设独立网站，占总数的 33%。

（4）电子期刊开发较好

在所抽取的 100 种科普期刊中，有 85 种已经开发了电子期刊，占总数的 85%；其余的 25 种尚无电子期刊。

电子版本的科普期刊，主要有以下三种形式：传统纸质期刊的网络版，从内文到编排格式都与纸质期刊无异；互动式电子期刊，它以 Flash 技术为基础，集合了视频、音频、文字、图片、动画等多媒体形式，多样化的表现形式能更加吸引读者的阅读兴趣；纸质期刊内容的数字化集成，从纸质内容里筛选出主题类似的内容，以专题的形式进行策划，定期以杂志的形式发布，有基本的栏目架构，如《知识就是力量》杂志每期精选文章，重新编排以适合手机、平板电脑阅读习惯而推出的移动互联刊《知力精华》，以及根据每期杂志"特别策划"栏目的主题，结合纸媒之外的相关热点科学知识，用问答或辟谣的方式独特解疑的《知力智库》。

（5）APP 等智能应用开发方兴未艾

随着智能手机、平板电脑、电子阅读器等各种移动终端的广泛应用，传统的纸质版科普期刊也开始逐步借助移动互联网来搭建自身的新媒体传播平台，APP 以其安装方便、随时随地可阅读的优势，迅速吸引了科普期刊的目光。

在所抽取的 100 种科普期刊中，有 40 种已经开发了期刊的 APP 应用，目标锁定移动设备应用人群，占总数的 40%；其余的 60 种尚未开发 APP 应用，占总数的 60%。在抽样选取的科普期刊中，市场化程度高、发行量大、覆盖区域广、影响力强、广告收入靠前的科普期刊，其 APP 开发得较早也较为完善，用户体验效果较好，用户下载次数也较为靠前，如《中国国家地理》《时尚健康》和《兵器》等（表 5-15）。

表 5-15　部分科普期刊的 APP 下载量统计

序号	APP 名称	下载次数
1	《中国国家地理》	6 800 000
2	《时尚健康》	23 000
3	《兵器》	14 000
4	《百科知识》	6148
5	《科幻世界》	4000

注：数据来源于豌豆荚，数据截至 2014 年 9 月 1 日

（6）微博、微信的开设已具有普遍性

在网络技术快速发展的背景下，传统科普期刊开设微博、建立微信公众平台，不仅能加强期刊的品牌建设，同时也是增强期刊竞争力与活力的一种有效途径。

在所抽取的 100 种科普期刊中，有 85 种科普期刊已经开设了官方微博或微信进行优质内容的推送以及与读者的密切沟通，占总数的 85%；其余的 25 种尚未开设。其中，有 48 种期刊的粉丝数在 1000 人以上，有 32 种

期刊的粉丝数在 10 000 以上（表 5-16）。

表 5-16　部分科普期刊的微博粉丝数及微博数统计

序号	微博名称	微博粉丝数 / 人	微博数 / 条
1	《中国国家地理》	3 610 249	8574
2	《兵器知识》	183 874	2290
3	《天文爱好者》	155 303	3477
4	《汽车导购》	153 287	2041
5	《自我保健》	149 929	1236
6	《科幻世界》	115 770	11 560
7	《家庭医生》	97 111	9522
8	《舰船知识》	82 935	6375
9	《知识就是力量》	52 090	1920
10	《无线电》	49 278	885

注：数据截至 2014 年 9 月 1 日

3. 传播效果

任何一种传播媒介都在追求传播效果的有效实现，以此赢得更多的读者关注和更大的发展空间。是否具有良好的传播效果是衡量科普期刊质量与影响力的重要因素，而衡量科普期刊传播效果的好坏主要有三个指标：一是科普期刊的发行量，这是科普期刊是否受到读者欢迎、是否取得了较好传播效果的最直接体现；二是科普期刊的微博粉丝数量、APP 客户端下载量，这是与传统纸质版科普期刊的发行量相对应的；三是由传播效果带来的社会效益和经济效益，即科普期刊所获得的奖项及经营收入情况。

所抽取的 100 种科普期刊，在传播效果方面的平均得分为 12.0 分（满分 25 分）。除了个别期刊有较大的发行量以外，大部分科普期刊的发行量较小；部分科普期刊已经开设官方微博和微信，并拥有数量较为可观的粉丝数，而 APP 应用仍处于发展初期，只有 40 家科普期刊开发了 APP 应用、只有 3 家科普期刊的 3 个 APP 应用下载量过万；多数科普期刊的网站建设不完备，浏览量较小。100 种科普期刊在传播效果方面的得分见表 5-17。

表 5-17　100 种科普期刊在传播效果方面的得分情况

序号	刊名	发行量（10分）	微博、微信粉丝数量，APP客户端下载量，网站点击量（10分）	获得奖项、经营收入（5分）	合计（共25分）
1	《奥秘》	9	2	4	15
2	《百科知识》	4	4	4	12
3	《保健医苑》	1	3	2	6
4	《保健与生活》	10	6	5	21
5	《兵器》	8	6	4	18
6	《兵器知识》	7	10	5	22
7	《城市与减灾》	1	2	2	5
8	《大科技》	3	4	4	11
9	《大众医学》	10	6	5	21
10	《大自然》	2	5	2	9
11	《大自然探索》	5	2	4	11
12	《地球》	2	2	2	6
13	《地图》	2	3	2	7
14	《第二课堂》	10	2	5	17
15	《发明与创新》	4	3	4	11
16	《父母必读》	8	9	5	22
17	《高保真音响》	2	3	4	9
18	《工程机械与维修》	3	3	3	9
19	《哈哈画报》	3	5	2	10
20	《海陆空天惯性世界》	2	2	2	6
21	《航空世界》	2	5	2	9
22	《航空知识》	7	2	5	14
23	《黑龙江科学》	1	2	2	5
24	《环境与生活》	1	4	2	7
25	《环球科学》	6	4	4	14
26	《环球少年地理》	2	3	2	7
27	《家庭健康》	7	2	4	13
28	《家庭医生》	10	8	5	23
29	《家庭医学》	3	3	3	9

续表

序号	刊名	发行量（10 分）	微博、微信粉丝数量，APP 客户端下载量，网站点击量（10 分）	获得奖项、经营收入（5 分）	合计（共 25 分）
30	《家庭医药》	4	5	4	13
31	《家庭用药》	10	3	5	18
32	《家庭中医药》	2	2	2	6
33	《健康世界》	5	2	4	11
34	《健康向导》	5	2	2	9
35	《健康指南》	10	10	5	25
36	《舰船知识》	9	9	5	23
37	《抗癌之窗》	1	2	2	5
38	《科幻世界》	10	10	5	25
39	《科幻世界画刊·小牛顿》	3	2	3	8
40	《科普天地》	1	2	2	5
41	《科学大众》	6	2	5	13
42	《科学画报》	4	3	3	10
43	《科学启蒙》	10	6	5	21
44	《科学世界》	4	10	4	18
45	《科学新闻》	7	2	2	11
46	《科学养鱼》	3	3	4	10
47	《科学中国人》	1	2	3	6
48	《科学种养》	6	3	4	13
49	《摩托车》	2	3	5	10
50	《农村养殖技术》	1	0	2	3
51	《农家参谋》	4	1	3	8
52	《农家顾问》	7	2	3	12
53	《农家致富顾问》	3	2	3	8
54	《农业机械》	3	1	2	6
55	《气象知识》	5	4	3	12
56	《汽车导购》	10	10	5	25
57	《汽车之友》	10	6	5	21
58	《人与生物圈》	1	2	2	5

续表

序号	刊名	发行量（10分）	微博、微信粉丝数量，APP客户端下载量，网站点击量（10分）	获得奖项、经营收入（5分）	合计（共25分）
59	《人之初》	10	2	5	17
60	《少儿科技》	8	2	4	14
61	《少年电脑世界》	9	2	5	16
62	《少年科学》	5	2	3	10
63	《少年科学画报》	4	1	3	8
64	《生活与健康》	6	2	2	10
65	《生命世界》	1	3	2	6
66	《石油知识》	1	0	2	3
67	《时尚健康》	8	10	5	23
68	《食品与生活》	2	10	2	14
69	《数码摄影》	5	5	2	12
70	《四川烹饪》	6	4	4	14
71	《太空探索》	1	0	2	3
72	《糖尿病天地》	2	3	5	10
73	《天文爱好者》	2	10	3	15
74	《铁道知识》	4	2	4	10
75	《未来科学家》	10	2	5	17
76	《我们爱科学》	10	1	5	16
77	《无线电》	3	7	4	14
78	《现代兵器》	6	2	4	12
79	《现代军事》	3	2	3	8
80	《现代物理知识》	1	2	2	5
81	《现代养生》	1	3	3	7
82	《小哥白尼》	10	3	5	18
83	《心理与健康》	4	3	3	10
84	《新发现》	4	8	4	16
85	《新农村》	5	4	3	12
86	《新农业》	10	4	5	19
87	《园林》	2	5	4	11

续表

序号	刊名	发行量（10分）	微博、微信粉丝数量，APP客户端下载量，网站点击量（10分）	获得奖项、经营收入（5分）	合计（共25分）
88	《知识就是力量》	2	8	2	12
89	《智慧少年》	2	2	2	6
90	《中国国家地理》	10	10	5	25
91	《中国科技教育》	1	3	3	7
92	《中华养生保健》	3	4	2	9
93	《中老年保健》	7	2	4	13
94	《中学科技》	4	2	3	9
95	《中学生数理化（初中版）》	10	2	3	15
96	《中学生数理化（高中版）》	7	2	3	12
97	《中学生数学》	1	0	2	3
98	《自然与科技》	1	4	2	7
99	《自然杂志》	1	3	2	6
100	《自我保健》	7	10	4	21

（1）期刊发行量有待提高

在所抽取的100种科普期刊中，刊均发行量7.7万份，发行量在100万份以上的只有《家庭医生》1种；有16种科普期刊的发行量在10万～100万（包含10万）；有21种科普期刊的发行量在5万～10万（包含5万）；有44种科普期刊的发行量在1万～5万（包含1万）；有18种期刊的发行量不足1万份。科普期刊在提高发行量、扩大影响力方面仍然任重而道远（表5-18）。

表5-18　100种科普期刊的发行量

期刊发行量/万份	≤1	1～5	5～10	10～100	≥100
期刊数量/种	18	44	21	16	1
所占百分比/%	18	44	21	46	1

（2）微博粉丝数量、APP客户端下载量高的科普期刊较少

在所抽取的100种科普期刊中，共有79种开设了期刊官方微博，粉丝数在1000个以下的有21种，占总数的26.6%；在1000～10 000个的有16种，占总数的20.3%；在10 000～100 000个的有24种，占总数的30.4%，

在100 000个以上的有9种，占总数的11.4%。这些跨入微博时代较早的期刊，均比较注重优质内容的及时发布以及与读者的沟通交流，是纸质期刊之外展示期刊风格和特色的一个良好平台（表5-19）。

表5-19　100种科普期刊的微博粉丝数

微博粉丝数/个	≤1 000	1 000~10 000	10 000~100 000	≥100 000
期刊数量/种	21	16	24	9
所占百分比/%	26.6	20.3	30.4	11.4

在所抽取的100种科普期刊中，40家科普期刊开发了APP应用，只有3家科普期刊的3个APP应用下载量过万。有5种科普期刊的APP应用为iOS系统，在APP Store下载量无法统计；24种APP应用的下载量在1000次以下，占总数的60%；8种APP应用的下载量在1000~10 000次，占总数的20.0%；下载量在10 000次以上的只有3种，即下载量为680万次的《中国国家地理》、下载量为2.3万次的《时尚健康》和下载量为1.4万次的《兵器》，占总数的7.5%。目前，科普期刊的APP开发仍处于起步阶段，下载量较小，科普期刊社应转变思路、充分重视，利用APP应用这一移动互联网环境下期刊数字化的主要形式做出自己的品牌和特色（表5-20）。

表5-20　100种科普期刊的APP下载量

APP下载量/次	≤1 000	1 000~10 000	≥10 000	无法统计
期刊数量/种	24	8	3	5
所占百分比/%	60.0	20.0	7.5	12.5

（3）科普期刊获得奖项较多、经营收入高于千万的占比11.4%

科普期刊所获得的奖项，能够在一定程度上反映科普期刊所传播的内容和总体质量被社会所认可的程度，是期刊社会效益的综合体现。根据2013年度年检数据，在所抽取的100种科普期刊中，有74种期刊获得过相关奖项，包括国家期刊奖、中国期刊方阵双效期刊、中国科协优秀期刊奖、各省优秀期刊奖等。

根据2013年度新闻出版总署期刊核验数据，在所抽取的100种科普期刊中，12种科普期刊的经营总收入未填写，无法统计，有效样本数量为 88 种；25 种期刊的经营总收入在 100 万元以下，占有效样本的 28.4%；40 种期刊的经营总收入在 100 万~500 万元，占有效样本的 45.5%；13 种期刊的经营总收入在 500 万~1 000 万元，占有效样本的 14.8%；10 种期刊的经营总收入在 1 000 万元以上，占有效样本的 11.4%（表 5-21、图 5-5）。

表 5-21　100 种科普期刊经营总收入情况

经营总收入 / 万元	≤100	100~500	500~1 000	≥1 000
期刊数量 / 种	25	40	13	10
所占百分比 /%	28.4	45.5	14.8	11.4

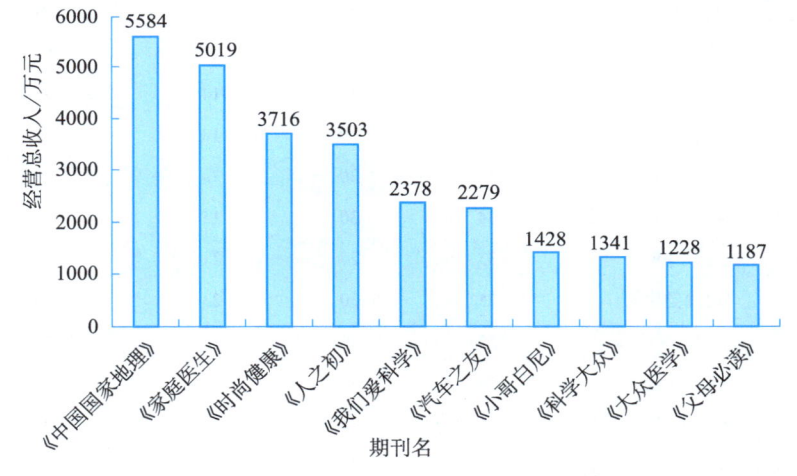

图 5-5　经营总收入在 1000 万元以上的期刊
资料来源：2013 年新闻出版总署期刊核验数据

综合 100 种科普期刊在科学内容、传播渠道和传播效果三个方面的得分情况，得分在 90 分及以上的共有 3 种，即《中国国家地理》《汽车导购》和《家庭医生》，占总数的 3%；得分在 80~90 分（包含 80 分）的有 8 种，占总数的 8%；得分在 70~80 分（包含 70 分）的有 23 种，占总数的 23%；得分在 60~70 分（包含 60 分）的有 30 种，占总数的 30%；得分在 50~60 分（包含 50 分）的有 28 种，占总数的 28%；50 分以下的有 8 种，占总数的 8%。100 种科普期刊的详细综合得分情况见表 5-22、表 5-23。

表 5-22　100 种科普期刊的综合得分情况

序号	刊名	科学内容（共40分）	传播渠道（共35分）	传播效果（共25分）	合计（共100分）
1	《中国国家地理》	35	35	25	95
2	《汽车导购》	34	35	25	94
3	《家庭医生》	38	30	23	91
4	《大众医学》	33	35	21	89
5	《兵器知识》	34	30	22	86
6	《科幻世界》	26	35	25	86
7	《父母必读》	28	35	22	85
8	《健康指南》	28	30	25	83
9	《汽车之友》	25	35	21	81
10	《环球科学》	31	35	14	80
11	《家庭用药》	32	30	18	80
12	《舰船知识》	36	20	23	79
13	《中学生数理化（初中版）》	34	30	15	79
14	《自我保健》	33	25	21	79
15	《时尚健康》	25	30	23	78
16	《兵器》	29	30	18	77
17	《家庭医药》	33	30	13	76
18	《我们爱科学》	35	25	16	76
19	《中学生数理化（高中版）》	34	30	12	76
20	《大自然》	31	35	9	75
21	《园林》	34	30	11	75
22	《科学大众》	31	30	13	74
23	《科学世界》	31	25	18	74
24	《知识就是力量》	32	30	12	74
25	《数码摄影》	31	30	12	73
26	《新发现》	27	30	16	73
27	《航空世界》	33	30	9	72
28	《家庭医学》	33	30	9	72
29	《少年电脑世界》	31	25	16	72

续表

序号	刊名	科学内容（共40分）	传播渠道（共35分）	传播效果（共25分）	合计（共100分）
30	《现代军事》	29	35	8	72
31	《小哥白尼》	29	25	18	72
32	《无线电》	32	25	14	71
33	《新农村》	34	25	12	71
34	《食品与生活》	31	25	14	70
35	《保健与生活》	28	20	21	69
36	《环境与生活》	32	30	7	69
37	《科学启蒙》	28	20	21	69
38	《科学种养》	26	30	13	69
39	《科学养鱼》	33	25	10	68
40	《心理与健康》	28	30	10	68
41	《新农业》	24	25	19	68
42	《中国科技教育》	31	30	7	68
43	《科学画报》	32	25	10	67
44	《四川烹饪》	23	30	14	67
45	《糖尿病天地》	32	25	10	67
46	《现代兵器》	30	25	12	67
47	《现代养生》	30	30	7	67
48	《发明与创新》	20	35	11	66
49	《航空知识》	32	20	14	66
50	《自然杂志》	30	30	6	66
51	《摩托车》	25	30	10	65
52	《抗癌之窗》	29	30	5	64
53	《天文爱好者》	34	15	15	64
54	《中老年保健》	31	20	13	64
55	《自然与科技》	32	25	7	64
56	《工程机械与维修》	29	25	9	63
57	《生命世界》	32	25	6	63
58	《大科技》	26	25	11	62
59	《家庭健康》	34	15	13	62

续表

序号	刊名	科学内容（共40分）	传播渠道（共35分）	传播效果（共25分）	合计（共100分）
60	《百科知识》	19	30	12	61
61	《农家参谋》	33	20	8	61
62	《奥秘》	25	20	15	60
63	《地图》	33	20	7	60
64	《农家顾问》	28	20	12	60
65	《第二课堂》	22	20	17	59
66	《哈哈画报》	19	30	10	59
67	《科学中国人》	28	25	6	59
68	《气象知识》	27	20	12	59
69	《人之初》	27	15	17	59
70	《少儿科技》	25	20	14	59
71	《大自然探索》	27	20	11	58
72	《高保真音响》	19	30	9	58
73	《健康世界》	27	20	11	58
74	《农家致富顾问》	25	25	8	58
75	《未来科学家》	26	15	17	58
76	《中华养生保健》	24	25	9	58
77	《科学新闻》	26	20	11	57
78	《少年科学画报》	29	20	8	57
79	《铁道知识》	22	25	10	57
80	《少年科学》	26	20	10	56
81	《保健医苑》	24	25	6	55
82	《海陆空天惯性世界》	29	20	6	55
83	《环球少年地理》	23	25	7	55
84	《生活与健康》	30	15	10	55
85	《智慧少年》	29	20	6	55
86	《农业机械》	27	20	6	53

续表

序号	刊名	科学内容（共40分）	传播渠道（共35分）	传播效果（共25分）	合计（共100分）
87	《地球》	26	20	6	52
88	《人与生物圈》	27	20	5	52
89	《家庭中医药》	20	25	6	51
90	《中学生数学》	33	15	3	51
91	《黑龙江科学》	25	20	5	50
92	《科普天地》	25	20	5	50
93	《科幻世界画刊·小牛顿》	21	20	8	49
94	《现代物理知识》	29	15	5	49
95	《城市与减灾》	23	20	5	48
96	《健康向导》	19	20	9	48
97	《中学科技》	19	20	9	48
98	《石油知识》	29	10	3	42
99	《太空探索》	26	10	3	39
100	《农村养殖技术》	24	10	3	37

表 5-23 100 种科普期刊的综合得分情况

综合得分情况/分	≤50	50~60	60~70	70~80	80~90	≥90
期刊数量/种	8	28	30	23	8	3
所占百分比/%	8	28	30	23	8	3

100 种科普期刊在科学内容方面的平均得分为 28.2 分（满分 40 分），在传播渠道方面的平均得分为 24.9 分（满分 35 分），在传播效果方面的平均得分为 12.0 分（满分 25 分），平均总分 65.4 分（满分 100 分）。科普期刊在传播渠道建设和传播效果提升方面仍然任重而道远（表 5-24）。

表 5-24 100 种科普期刊的平均得分情况

类别	科学内容（满分 40 分）	传播渠道（满分 35 分）	传播效果（满分 25 分）	总分（100 分）
平均得分	28.2	24.9	12.0	65.4

三、期刊科技传播存在的问题

（一）在采集处理科学信息的能力方面，期刊专题策划数量不多、质量不高

专题策划是打造和树立科普期刊品牌的利器。在抽样的100种科普期刊中，有28种期刊没有专题策划；有些科普期刊的专题策划在捕捉前沿热点领域的热点话题上不够及时，选择的角度不够新颖，仅限于几篇内容相近文章的简单组合，无论在专题内容还是呈现形式上，均有待提高。

（二）在传播渠道建设方面，与读者的沟通渠道不够畅通，新媒体建设不够完善

科普期刊只有注重更加立体地满足读者的多元化需求，才能不断保持读者的黏性。传统的编读往来这一互动方式，已经越来越不适应多媒体时代的读者服务工作，需要拓展新的沟通渠道、建立新型的沟通方式，线上和线下相结合，才能更好地了解读者的需求、更好地为读者服务。

随着数字出版产业的不断发展，越来越多的科普期刊开始重视传统出版与新媒体出版模式的融合和发展。但是由于部分科普期刊经营分散、规模不大，虽已经建设了独立网站，但仍然停留在把纸质版的文字和图片发布在网站上这一初级阶段，微博、微信、APP及其他新媒体建设仍属空白，在新媒体建设方面普遍存在着认识不够、观念较为保守、起步较晚、基础较差、人才和资金匮乏、形式单一、功能不够齐全等问题。

（三）在传播效果方面，大部分期刊的发行量较小，新媒体建设成效缓慢

在所抽取的100种科普期刊中，刊均发行量7.7万份，发行量在100万份以上的只有《家庭医生》。在新媒体建设方面，虽然有79家刊社已经开通微博，但其中近一半刊社的微博粉丝数量不过万；只有40家科普期刊开发了APP应用，只有3家科普期刊的3个APP应用下载量过万；多数科普期刊的网站建设不完备，浏览量较小，新媒体给科普期刊所带来的成效仍较小。

四、《中国国家地理》和《知识就是力量》

在选取的 100 种科普期刊中,有两家在开拓传播渠道上较为引人注目,即《中国国家地理》和《知识就是力量》。《中国国家地理》作为具有较大品牌影响力的科普期刊,在新媒体传播环境下,注重与新兴传播渠道的融合。每一次一种新的传播介质和传播方式的出现,对于《中国国家地理》来说都是一次革新传播方式的机会,该刊能结合自身的优势和特点,迅速把握住发展机遇,不断拓展多元化的传播渠道,并积极探索延续品牌、提升传播能力。作为科普传播新锐媒体,改版之后的《知识就是力量》杂志在新媒体开发、全媒体建设方面全面出击、奋起直追,积极抓住数字化转型带来的机遇,全方位拓展传播新渠道。

(一)《中国国家地理》杂志

1. 期刊简介

《中国国家地理》,原名《地理知识》,其办刊宗旨为"推开自然之门,昭示人文精华",读者群集中于中产阶级阶层和高素质人群,是目前市场上最具权威性且占有市场份额最大的地理类杂志之一。它的内容涵盖面广,包括自然地理、人文地理、天文、考古、历史等内容。该刊的文章和图片经常被中央及地方媒体转载,具有很强的可读性和收藏价值,国内外很多家图书馆已经把该刊作为重点收藏期刊。

《中国国家地理》杂志的创刊时间可以追溯到 1950 年,至今已有近 60 年的办刊历史,因该社隶属于中国科学院,有一大批自然地理和人文地理的专家学者作为该社顾问,同时还有许多战斗在科考第一线的工作者与杂志社保持着密切联系,因此具有很强的独家性和权威性,也是全国最畅销的科学杂志之一。目前已经拥有《中国国家地理》中文简体版、中文繁体版、英文版和日文版。

2. 开拓传播渠道的经验及做法

《中国国家地理》自 1998 年改版之后,在期刊界异军突起,迅速塑造了自己的品牌形象，成为期刊中的著名品牌。而新媒体对《中国国家地理》来讲，则是未来发展的"接力棒"，为期刊的发展拓展了新的空间。《中国国家地理》在新媒体发展上积极探索，受到业界的关注。

（1）创建中文网站，打造新媒体的产业平台

2002年6月，中国国家地理中文网站正式开通，网站功能为每期杂志的内容介绍，地理论坛同时开放，提供简单的留言板功能。2008年，中国国家地理中文网调整定位，重新改版，推出了权威的地理资讯、专业的深度旅游体验、特色的互动社区，为潜在的受众群做一个全方位的信息服务。它已经不仅仅是作为搭建一个在线销售杂志的电子商务平台，而是作为中国第一家以专业地理百科知识为基础的、以深度旅游服务为核心的、线上线下商业运作为一体的多元化经营机构，主要经营门户网站、电子杂志、无线增值业务、广告传媒、线下活动、线上书店等项目。

发展到今天，中国国家地理中文网已经拥有了包括资讯前沿、摄影、景观、推广、CNG聚焦、手机媒体、地理论坛等在内的多个板块，有效地实现了资源的聚合。从宗旨、定位、特色频道到专题活动，中国国家地理网的网站架构已超越网站本身，打造出一个延续纸媒品牌、与网络无缝衔接的新媒体平台。

（2）抓好论坛建设，提高用户黏合度

论坛是网站的重要板块。中国国家地理论坛作为中国最具特色、最具吸引力的地理论坛之一，吸引了很多地理爱好者。他们注意利用最新的在线形式，将网站的内容重新编辑和整合，并通过《地理e周刊》的方式，结合免费周刊的订阅，主动联系留下邮箱订阅的读者。此外，中国国家地理网以线下活动带动线上，通过沙龙讲座、拍摄采风、户外出行、地理大讲堂、科考志愿者项目、图片展览等多种官方活动，增加用户的黏性，形成对品牌的支持和提升。

（3）推出手机报订阅服务

2004年，《中国国家地理》与广东移动合作，进入手机彩信报领域，是最早进入这一领域的杂志之一。目前包括移动、联通运营商在内的手机报都已经开通。手机报有完全单独的采编团队，单独进行媒体产品的设定和栏目的编排，每天进行内容更新。手机报内容基本可分为五大板块：地

理探索、地理生活、地理专题、酷游、互动。在每个板块前都有"今日导读"栏目，以简约的文字，使读者能迅速知晓本报当日的主要内容。

随着资费的调整、智能终端的更新换代，以及随之而来的读者阅读习惯的变化，传统的手机报已经远远无法满足读者的需求，读者需要的是更直接、更有冲击力的表现方式。因此，《中国国家地理》的手机报业务也随着技术的发展和读者阅读习惯的变迁，逐步向手机客户端业务转型。

（4）智能客户端开发运营

随着智能手机尤其是客户端的发展，《中国国家地理》开始关注手机客户端的发展。目前，《中国国家地理》已经拥有手机 Android 版、Android 平板电脑版、iPhone 版、iPad 版及 Win8 版等不同版本，内容涵盖了旗下所有产品，包括 3 本纸质杂志《中国国家地理》《博物》和《中华遗产》，还包括《行天下》及中国国家地理杂志社出版的系列图书，基于独特的 LBS[①]位置定位功能，为用户提供全方位随行读、随心读服务。

（5）打造付费电子杂志

2009 年 7 月，《中国国家地理》推出旅行版电子杂志《行天下》，这是《中国国家地理》出品的第一本完全原创电子杂志。在制作上，运用 Flash 技术，突出音画并茂，给读者身临其境的阅读体验；在内容上，以图片为主文字为辅，同时提供详细的出行攻略，为读者提供实用出行信息；在发行上，采取付费阅读的发行策略，定价 5 元 / 期，出刊时间是每月 10 日。

（6）开发针对智能电视和手机的客户端程序

设立中国国家地理影视中心，以《中国国家地理》杂志为基础平台，着力向影视、网络等多元媒体拓展，既向传统的电视媒体提供优质高清的"中国国家地理"影视系列节目，又向网络电视、手机电视等新媒体提供契合个性需求的各类视频节目。对于市场上的智能电视，《中国国家地理》积极争取预装相关的客户端程序，保证在智能电视上能阅读杂志；由《中国国家地理》与中国移动联手打造的《中国国家地理》手机电视，为广大手

---

①LBS，全称为 Location Based Service，即位置服务，又称定位服务，是指通过电信移动运营商的无线电通信网络或外部定位方式，获取移动终端用户的位置信息，在 GIS 平台的支持下为用户提供相应服务的一种增值业务。

机电视用户提供各类人文地理、自然历史类的视频内容。

（7）开设微博及微信公众号

《中国国家地理》新浪官方微博、官方微信公共账号也相继开通。同时开通新浪微博的还有中国国家地理网、《中华遗产》杂志、《博物》杂志、《行天下》杂志、中国国家地理手机报、中国国家地理会员俱乐部等，形成传播合力，极大地提升了《中国国家地理》在读者和网络用户心中的地位。

（8）深入高校，打造中国国家地理高校社团联盟

《中国国家地理》建立"中国国家地理高校社团联盟"，旨在以"知行合一"为理念，为高校环保、公益、行摄、科考等类型的社团搭建交流合作平台，这对于培育《中国国家地理》的潜在读者群、提高品牌知名度和影响力有重要意义（表5-25）。

表5-25 《中国国家地理》相关数据统计

类别	数量	备注
平均期发行量	38.6万册	数据来源：2013年新闻出版总署期刊核验
经营总收入	5 584.66万元	数据来源：2013年新闻出版总署期刊核验
网站浏览次数	300万人次/月	数据截至2014年9月1日
论坛参与用户数	51万	数据截至2014年9月1日
手机报订阅数	10万	数据截至2014年9月1日
智能客户端下载量（含Android版、Android平板电脑版、iPhone版、iPad版及Win8版）	680万次	数据截至2014年9月1日
微博粉丝数	361万个	数据截至2014年9月1日
微博文章数	8 574篇	数据截至2014年9月1日
微信粉丝数	40万个	数据截至2014年9月1日
高校社团联盟数量	168家	数据截至2014年9月1日

（二）《知识就是力量》杂志

1. 期刊简介

《知识就是力量》创刊于1956年，是青少年综合图文科普期刊，由周

恩来总理亲笔题写刊名，由中国科学技术协会主管，中国科学技术协会、中华全国总工会和中国共产主义青年团中央委员会主管。《知识就是力量》大量译介国外优秀科普作品，也发表过不少由我国著名科学家，如高士其、茅以升、钱学森、李四光、华罗庚、周光召、白春礼等撰写的科普文章，深刻影响了几代青年学子，为繁荣我国的科普事业做出了重要贡献。2014年1月，《知识就是力量》杂志以全新的面貌改版上市，同时以《知识就是力量》杂志为基础搭建"知力全媒体平台"的进程正式拉开序幕。作为科学传播新锐，改版后的《知识就是力量》在传播渠道的拓展上有其独特之处。

2. 开拓传播渠道的经验及做法

《知识就是力量》杂志社以现有的纸质期刊为基础，充当科普信息化的先锋，稳步推进"知力全媒体"互联和移动互联平台的建设。它打破纸媒的传统阅读获取方式，充分与互联网及移动互联网融合，给读者带来更多不同的阅读体验，使得期刊阅读起来更具新潮感、视觉化、便捷性。

（1）整合优质资源，推出数字化阅读，打造科普微平台

首先，《知识就是力量》与"多看阅读"合作，根据纸质内容，推出"知力精华""知力智库"两种移动互联刊。它们既有期刊的精选内容，又有百科问答大全，还有时事热点知识的探索揭秘，扩展纸媒之外的相关热点知识。同时，对精选内容进行重新编排设计，使之更适应手机、平板电脑的阅读习惯。每月在"多看阅读"上线2期，覆盖iOS、Android、Kindle操作系统。其次，《知识就是力量》杂志积极与龙源期刊网开展合作打造数字期刊，用户登录龙源期刊网或者龙源手机网，可以通过Web阅读、手机刊及iPad刊3种方式，在线浏览和订阅数字期刊的原版原貌内容。

《知识就是力量》杂志所打造的互联和移动互动微平台，就是以《知识就是力量》杂志为核心和基础，覆盖互联网和移动互联网，同时适配各种主流电子设备和操作系统，如电脑、手机、平板电脑、阅读器等，形成传统媒体与新媒体的有机融合，打造移动互联刊、数字期刊的新媒体阅读微平台，建立科普知识传播的信息微平台，搭建聚合各种科普活动的互动微

平台。从一本纸刊发展到"知力全媒体平台",《知识就是力量》的平台建设已经初具规模并不断扩展内容。

（2）积极开设微博、微信,开发 APP 应用,打造与读者沟通的多向渠道

2010 年 8 月 10 日,《知识就是力量》杂志正式在新浪开通了官方微博"@ 知识就是力量",又于 2014 年 2 月在新浪微博开通"@ 知力科普"。官方微博分为特别策划、热点关注、逗趣知力圈、知力百科、科学家微访谈、科学活动微直播 6 个栏目,它已经不是一个单纯的信息发布平台,而是通过多种微活动等方式吸引更多的读者参与到互动过程中来,形成了一个多向立体网络式的互动平台。这样的互动过程不仅有效宣传了期刊的内容,也是期刊展示自身风格和特色的一道窗口。

2014 年 3 月 14 日,《知识就是力量》杂志在微信公众平台完成了微信认证。微信公众号设置了热点关注、知力百科、特别策划、逗趣知力圈等不同栏目,每天分门别类把优质内容推荐给读者。在"微订阅"菜单下,用户可以一键订阅《知识就是力量》的纸质刊、移动互联刊和数字期刊;在"微活动"菜单下,用户可以查看杂志社近期组织举办的各类活动信息并报名参与;在"微服务"菜单下,用户可以查看知力官网以及最新推出的微视频和其他服务信息。同时开通的还有"知力科普"微信公众号,主要推送内容为"微知辣评""新知 Young"和"知力 Kids"相关内容,面向特定读者人群,在内容上也更加有针对性,与"知识就是力量"公众号形成了优势互补。

目前,《知识就是力量》杂志的 APP 应用正在开发建设中,未来用户可以在 APP Store 和 Google Play 下载和使用。

在新媒体环境下,改版后的《知识就是力量》努力探索新媒体与科普内容的融合途径,仅仅在半年时间内,迅速搭建完成了《知识就是力量》纸刊、移动刊、互联刊、大屏互动刊多刊联动,微博、微信和 APP 应用的开发和运营也齐头并进,不断拓展科普传播渠道,创新科普手段、载体和机制,成功打造出了一个有知、有趣、有用、有益的科普全媒体平台。

第六章
提升大众传媒科技传播能力的对策与建议

一、电视 / 324
二、网络 / 326
三、报纸 / 328
四、期刊 / 330

前面的章节已经详细地描述了几种媒介的发展现状以及它们的现有传播能力，为了更好地发挥大众传媒在科技传播中的作用，不仅要了解媒介自身存在的问题，还要掌握其未来发展的趋势，预判其发展的方向，从而采取有效的措施，促进其改进和发展。目前，可见的发展趋势至少有以下两点。

其一，媒介融合程度将进一步加深。技术的支撑与受众的需求及传统媒体自身生存发展的需要汇聚成为巨大的推动力，使媒介融合已成为一股不可阻挡的潮流滚滚而来。随着新媒体功能的逐步扩展和新的传播形态的不断涌现，可以说，未来的日子里媒介融合的程度必将更进一步提高，各种媒介互为补充、密不可分是发展的必然趋势。

其二，信息获取将进一步向移动互联网倾斜。首先 Wi-Fi 技术的发展将提供更多的功能模块，使人们对移动互联网更为依赖。其次，智能手机将成为个人局域网的中心，可穿戴设备成为配套产品。个人局域网由身体上的健康医疗传感器、智能首饰、智能手表、显示设备（如谷歌眼镜）和嵌入服装和鞋中的各种传感器组成，这些技术设备将与移动应用沟通，用新的方式提供信息，在体育、健身、时尚、业余爱好和健康医疗等方面推出广泛的产品和服务。最后，新技术的出现，从理论上可使网络速度大幅提高，同时减少延迟。所有的移动用户都将从改善的带宽中受益。因此，移动互联将越来越成为受众获取科技信息的主要途径。

根据上述的发展趋势，只有采取一些相应的发展措施，才能更好地提升大众传媒科技传播的能力，发挥其在科技传播中的作用。

一、电视

（一）加强电视科技传播的力度

鉴于电视媒介的传播力、公信力和影响力，应加强电视科技传播的力度。从前述的分析中，我们可以看到电视科技传播在不同级别的电视台播出情况的差异性，除了中央电视台科教频道和一些省级电视台科教频道有原创科普节目，能够保证播出时间外，大多数地方台都无法做到在播出时间和内容上有所保障。因此，可以通过选择播出时间、增加播出时长等方法加大电视科技传播的力度。

（二）加强电视科技传播内容建设

我国电视台的科教频道呈现更明显的两极分化现象：国家级电视台的科教频道质量高、受众多，而市级及以下电视台的科教频道则没有安排足够的科普节目，因而需要规范管理市级电视台科教频道，让其不再徒有虚名。

在电视科普内容建设上，应注重打造原创科普栏目，创造更多精品栏目。此外，国产的原创科普节目可以尝试科技含量更高的选题，同时，还应加大生活常识类科普内容的播出。应针对受众年龄、性别、学历等不同特征进行栏目建设，实现精准推送。

（三）加强电视与其他媒介的融合

媒介融合是发展趋势，电视节目可以通过其他媒介渠道进行再传播，使其传播范围更广。同时，由于网络等新媒体具有受众细分特点，所以传播可以更具针对性，取得更好的传播效果。因此，应充分利用新媒体传播方式，如微信、微博等，加强电视科普二次传播的影响力。

（四）加强娱乐节目与科技传播的融合

在五花八门的娱乐节目占据电视屏幕的时候，我们不得不承认这是一个娱乐的时代，因而加强娱乐节目与科技传播的融合也成为推动电视科技传播的一种选择方式。《快乐大本营》中的"啊啊啊啊科学实验站"将科学实验和娱乐脱口秀有机结合，实现了电视娱乐节目在科技传播上的融合与创新，不仅实验现场直观、视觉冲击力强，实验原理也简单易懂。同时，还通过明星参与吸引公众的注意力。《最强大脑》是江苏卫视引进德国节目 *Super Brain* 推出的大型科学竞技真人秀节目。节目专注于传播脑科学知识和脑力竞技，全程邀请科学家，从科学角度探秘天才的世界。节目播出后引起了巨大的反响，一时之间"让科学流行起来"成为流行语。但如何更好地做到娱乐与科学相融合，还是一个需要探索的过程。《最强大脑》第四季就出现了造假等备受质疑的声音。"啊啊啊啊科学实验站"也不能保障每期都会播出。因此，这条融合之路还很漫长。

二、网络

（一）科普网站需要进一步完善用户体验

科学技术的传播方式本该是新鲜有趣的，形式也应该是多种多样的，可是目前多数科普网站，如全国性综合科普网站的科学网，及所有的地方性科普网站、单一学科网站等，从主页来看，都是文字占了绝大部分篇幅，图片极少，音频、视频更加匮乏，这类网站文字内容编辑得再好，也难以吸引眼球。从技术角度来说，细节设计和功能实现也都有待提高，例如，科学网的搜索栏标注的是"本站搜索"，但搜索结果却不是呈现在科学网的页面，而是跳转到百度的搜索页面中，容易让用户误以为是搜索错误。

（二）加强科普网站的导航网站建设

科普网站的导航网站可以为科普爱好者提供网站入口链接，也可以为科普网站带来更多的流量和用户。但是目前网络上能够专门提供科普网站导航的网站仍然比较匮乏，即使有几家导航网站提供这样的服务，也并不全面和权威。较有影响力的导航网站如"360导航"的"科技"板块、"hao123"的"酷站"板块都只提供科技类网站导航，而且数量很少，果壳网在其"果壳任意门"页面中有一些科普网站的导航，包括科学网、36氪、知乎、网易公开课等，下面分领域的网站导航允许用户添加网站，通过审批的话就会出现在页面中。然而这些网站以中小商业性网站为主，网站的质量、内容较受局限，也缺乏必要的简单介绍，让用户在选择时无所适从。建议建立科普类网站的导航网站，提供全面的科普网站链接，涵盖更多内容佳、传播力强的科普网站，服务广大科技爱好者。

第六章 提升大众传媒科技传播能力的对策与建议

（三）增加互动元素，提高用户参与度

总体来看，互动是科普网站的短板，不过也有优异者，如新锐科普网站中的互动百科、果壳网都拥有一批固定的粉丝。互动百科允许用户对任何一个词条进行评论和编辑，果壳网让用户回答其他用户的问题，给用户上课和颁发证书，鼓励用户写上课体验和评价，供其他用户借鉴。单一学科科技网站的主办者多为个人，对于互动也非常重视，纷纷开设社区或论坛回答网友的问题，为自己赢得了较高的人气。

十几年前，电视观众通过短信决定湖南卫视《快乐女声》的晋级和名次，让《快乐女声》获得空前的群众支持率，以此为代表的真人秀节目形式也从此长盛不衰。现在，让用户参与到网站的内容编辑中来，甚至让用户成为网站的内容提供者，已经成为决定网站生死存亡的大趋势。由于目前科普网站还无法实现盈利，因此商业门户网站，如搜狐网、腾讯网、网易等对科普频道不够重视、资源不足的现象非常普遍。而地方性科普网站也需适应发展形势，转换思维方式。对于这两类网站来说，顺应互动潮流显得尤为紧迫。

（四）发挥想象力，进行形式创新

形式方面较弱的综合门户网站的科普频道、单一学科科技网站、学会网站可以借鉴其他类型网站在栏目类型和表现形式方面的经验，提高自身的科技传播力。例如，蝌蚪五线谱设置"科幻"一级菜单，涵盖了科幻漫画、科幻小说等网络流行题材，精选如加贺谷穰等在青少年中有影响力的漫画作家和小说作家，吸引了大批用户；果壳网凭借 MOOC 学院这种独特的创新形式吸引了一批高质量的用户，同时也获得了良好的社会和网络口碑；很多科技场馆网站都有自己的网上售票页面，由于商业因素的融入，这些网站的用户活跃度、用户体验、形式都非常好。如果科普网站可以找到一个和商业因素结合的契机，相信对于提高网站的传播力将会大有裨益。

（五）充分利用新媒体形式，加强移动端科普

随着移动技术的不断进步，智能手机应用得越来越广泛，科普也应从

PC 端向移动端倾斜。碎片化的信息传播模式和阅读模式也使得手机等移动终端成为更加利于接受科学普及的方式。因此，发展适合移动终端接收的信息模式，是更好地进行科学普及的重要一环。充分利用新媒体形式，如微博、微信、APP 等已有方式，并不断开发新的应用模式，才能有力地推动科学普及工作的开展。

三、报纸

（一）政府支持与扶植

随着市场经济的发展，报业间的竞争越来越激烈。科技新闻往往不能像社会新闻和娱乐新闻那样吸引受众眼球，成为广告商的必争之地。而想要提高报纸的科学传播能力，让报纸切实承担起科学普及的社会责任，就需要政府相关部门的引导和扶持。

据财政部、国家税务总局、科技部等部门的相关信息，我国分别在 2003～2005 年、2006～2008 年实施了对综合类科技报纸的增值税先征后返优惠政策[1][2]。这对于报纸科技传播能力来说有较大的促进作用，虽然科技报道不能像其他类报道那样快速吸引眼球，但随着科技的快速发展与受众理性思考意识的增强，科技报道必然会成为新闻类节目中一个重要的分支。科技报道涵盖领域之广、涉及范围之大，结合我国媒体目前的科技报道现状，笔者认为，目前，按照我国现在报纸科技传播的现状，要提高传播能力，必然离不开政府的扶持与政策的倾斜。

（二）加强专题策划报道，提高舆论引导力

报纸要善于利用重大科技事件进行策划专题报道，来提升报纸的影响力。例如，我们在对"神舟五号""神舟六号""天宫一号"等航天大事件进行报道的同时，可以普及相关的航天知识，也可以大力宣扬航天英雄和

---

[1] 科技部.关于鼓励科普事业发展税收政策问题的通知. http://www.most.gov.cn/kxjspj/200307/t20030704_7725.htm.2017-01-20.

[2] 科技部.科普税收优惠政策延长. http://www.most.gov.cn/kjbgz/200704/t20070403_42508.htm.2017-01-20.

全体航天人不怕艰辛、勇于攀登、敢于奋斗和团结合作的精神等，让这些报道更加系统和深入。

将重大科技事件的核心内容与周边相关的科普知识结合起来策划科技专题报道，既可以体现核心事件的专业性与权威性，也可以通过相关的科普小知识拉近与读者的距离，避免将重大科技事件报道做成科技宣传报道，避免出现与受众需求不符的科技宣传。

除了重大的科技事件报道外，在普通的涉及科学知识的新闻中，媒体也应该遵循科学规律，用专业、理性的态度报道科技新闻，在普通的科技新闻中注重发挥媒体的社会服务功能。

（三）加强国内外合作交流，提高我国报纸的科技传播水平

随着媒介的日益发达，地球已经成为"地球村"。报纸的科技报道也应该走出国门，走向国际市场，学习和借鉴国外媒体的先进经验。由于在文化背景、思维模式等方面存在着差异，我国的科技新闻报道呈现出"说教式"的灌输知识、重视整体忽视细节、重视总结报告忽视社会服务功能、墨守成规缺乏想象力、喜欢用"指标"来说明问题等特点。在科技新闻传播中，我们应尽量避免出现这些特征，树立科技报道的传播理念与服务理念，在科技新闻的准确性、理性、趣味性、服务性上多下功夫。

同时，对于国外的重大科技事件，以及先进的科学技术、科学知识，我们也应当给予高度关注和报道，并积极与国外媒体交流合作，借鉴国外科技报道的写作方式，增强我国新闻报道的可读性，进而在总体上提高我国报纸的科技报道水平，在保证科技报道专业性与为公众普及科学知识上体现我国报纸的科技传播水平。

（四）提高科技记者的科学素质水平

记者是科技报道成形的重要环节，对科技报道的形态起到决定作用，目前我国科技记者素质仍然存在较为明显的参差不齐的现象，与西方相比，我国的科技报道水平亟待提高，而这在根本上仍然需要从提高科技记者的科学素质、完善科技记者的知识储备等方面入手。

总的来说，各类报纸应当加强有关科学技术、科学知识的培训，增加

记者接触科学家的机会,让记者对这个领域有一定的理解,以提高科技记者的科学素质。

具体来说,主要可以从以下两个方面提高科技记者的科学素质。首先,在选择和录用科技新闻记者时注重选拔合格的科技新闻人才,可以针对不同的科技领域,从优秀院校中的相关专业中选取有科学专业背景或复合专业背景的人才,从科技记者选拔的第一道关上把控科技记者的科学素质。其次,在科技记者队伍中注重记者的科学素质培养。

(五)加强报纸与新媒体的融合

报纸与新媒体的融合,并不简单指将纸质版直接转换成网页版或 APP,同时还应提供给用户全新的新闻体验。2016年的"两会"期间,《人民日报》的新媒体就成为一个具有代表性的成功案例。从 VR 全景巡游人民大会堂到媒体微博中的首次视频直播,从"摇一摇"听总理原声到微信朋友圈的"两会"云直播,从部长通道的红色牌子到记者胸前的小徽章,再到北京地铁 1 号线内外车厢整体全包的"人民日报客户端"专列,《人民日报》可谓将新媒体的作用发挥到淋漓尽致。但能将媒介融合做到这样极致的报纸还只是极少数,建议更多的纸媒开动脑筋,将新媒体传播方式融入传统传播模式中来。

四、期刊

(一)做好专题策划,改进传播技巧,增强自身竞争力

选题策划是对编辑工作的设计和构想,是办刊工作的重要环节,是办刊工作的核心和灵魂。选题策划的好坏,通常决定了期刊的品位。目前,科普期刊之间的竞争不断加剧,只有合理地整合资源,加强选题策划,根据期刊的读者定位和办刊策略优化选题结构、追求特色、打造品牌,才能受到读者的喜爱和欢迎;传播技巧在很大程度上影响着期刊的传播效果,为了避免科普期刊在传播内容上单调乏味、传播形式单一甚至毫无传播技巧的情况,科普期刊在传播上应尽量采用通俗的方式,根据读者的需求选

第六章 提升大众传媒科技传播能力的对策与建议

择合适的传播内容和恰当的传播方式，办出期刊的特色和格调，进一步增强期刊的竞争力。

（二）及时转变观念，发掘新兴媒体的潜力，开拓新的传播渠道

面对新的传播方式的出现，越来越多的读者在阅读习惯上发生了巨大的变化，新媒体读者的比例以及用在新媒体上的阅读时间都在不断增加，传统的纸质期刊要以更开放的心态拥抱互联网和新媒体，适时调整策略，在与更多的新媒体平台开展合作的同时，建立和完善自己的新媒体平台，进一步发掘新兴媒体的潜力，研究开发网络科普的新技术和新形式，完善科普期刊独立网站的内容和功能，将其打造成为展示期刊特色的窗口、与读者进行沟通交流的平台，并在此基础上不断开发新的传播渠道，借助纸质期刊在公信力和权威性方面的优势，争取更多的新用户。

（三）为期刊的数字化发展提供人才、资金和技术支撑

在期刊数字化转型过程中，人才问题也起着决定性的作用，成为期刊数字化发展的根本动力。在数字化转型中，人才问题能否解决好，成为期刊数字化之路能否走好的关键，技术开发人员和新媒体运营人员也成为新的需求；新媒体在硬件和软件上的投入都远远超过传统的采编上的投入，只有加大资金和技术投入，才能为科普期刊的科技传播能力建设提供强有力的支撑体系。

附录　我国科普期刊名录（共 455 种）

序号	期刊名称	国内统一连续出版物号	主管单位	主办单位	是否为抽样选取的科普期刊名录
1	《癌症康复》	CN11-3882/R	中国科学技术协会	中国抗癌协会、北京市肿瘤防治研究办公室、北京大学临床肿瘤学院	否
2	《安全、健康和环境》	CN37-1388/X	中国石油化工集团公司	中国石油化工股份有限公司青岛安全工程研究院	否
3	《奥秘》	CN53-1068/N	云南省科学技术协会	云南省科学技术协会	是
4	《百科知识》	CN11-1059/Z	中国出版集团公司	中国大百科全书出版社	是
5	《办公自动化》	CN11-3749/TP	中国科学技术协会	中国仪器仪表学会	否
6	《保健文汇》	CN15-1213/R	内蒙古新闻出版局	内蒙古人民出版社	否
7	《保健医苑》	CN11-4679/R	卫生部	卫生部北京医院	是
8	《保健与生活》	CN34-1122/R	安徽出版集团有限责任公司	安徽科学技术出版社	是
9	《北京农业》	CN11-2222/S	北京市农业局	北京市农业技术推广站	否
10	《兵工科技》	CN61-1386/TJ	陕西省科学技术协会	陕西省科技史学会	否
11	《兵器》	CN11-4419/TJ	中国兵器工业集团公司	中国兵器科学研究院、北京北方恒利科技发展有限公司	是
12	《兵器知识》	CN11-1470/TJ	中国科学技术协会	中国兵工学会	是
13	《博物》	CN11-5176/P	中国科学院	中国科学院地理科学与资源研究所	否
14	《车迷》	CN31-1810/Z	上海世纪出版股份有限公司	上海世纪出版股份有限公司科学技术出版社	否

续表

序号	期刊名称	国内统一连续出版物号	主管单位	主办单位	是否为抽样选取的科普期刊名录
15	《车时代》	CN21-1446/Z	辽宁北方报刊出版中心	辽宁北方报刊出版中心	否
16	《车世界》	CN23-1438/U	共青团黑龙江省委	新青年期刊出版总社	否
17	《车王》	CN11-3336/G8	国家体育总局	中国体育报业总社	否
18	《车秀》	CN32-1758/TH	新华日报报业集团	新华日报报业集团	否
19	《车讯》	CN42-1762/U	湖北省新闻出版局	湖北省新闻出版局华楚报刊中心	否
20	《车与人》	CN53-1147/U	云南日报报业集团	云南省公安厅交通警察总队、云南省新闻出版局	否
21	《工程机械与维修》	CN11-3566/TH	中国机械工业联合会	北京卓众出版有限公司	是
22	《车主之友》	CN11-4447/TH	中国机械工业联合会	北京卓众出版有限公司、北京科学技术期刊学会	否
23	《城市与减灾》	CN11-4652/P	中国地震局	北京市地震局	是
24	《宠物世界》	CN11-5412/Q	中国轻工业联合会	中国轻工业出版社	否
25	《初中数学教与学》	CN32-1392/G4	江苏省教育厅	扬州大学	否
26	《聪明泉》	CN36-1071/G0	江西省科学技术协会	江西省科学技术协会	否
27	《大家健康》	CN22-1109/R	吉林省卫生厅	现代医卫报刊社	否
28	《大科技》	CN46-1030/N	海南省科学技术厅	海南省科学技术信息研究所	是
29	《大学数学》	CN34-1221/01	教育部	教育部数学与统计学指导委员会、高等教育出版社、合肥工业大学	否
30	《大众健康》	CN11-1023/R	卫生部	健康报社	否
31	《大众科技》	CN45-1235/N	广西壮族自治区科学技术厅	中国科技开发院广西分院	否
32	《大众科学》	CN52-1049/N	当代贵州期刊传媒集团	当代贵州期刊传媒集团	否
33	《大众科学》	CN22-1107/N	延边州新闻出版局	延边人民出版社	否
34	《大众汽车（POPULAR RUTO）》	CN22-1227/U	吉林出版集团有限责任公司	吉林科学技术出版社	否

附录　我国科普期刊名录（共455种）

续表

序号	期刊名称	国内统一连续出版物号	主管单位	主办单位	是否为抽样选取的科普期刊名录
35	《大众软件》	CN11-3751/TN	中国科学技术协会	中国科学技术情报学会	否
36	《大众数码》	CN11-5471/TP	中国科学院	科学出版社有限责任公司	否
37	《大众医学》	CN31-1369/R	上海世纪出版股份有限公司	上海世纪出版股份有限公司科学技术出版社	是
38	《大众用电》	CN43-1123/TK	教育部	湖南省电力行业协会、湖南大学	否
39	《大自然》	CN11-1385/N	中国科学技术协会	中国自然科学博物馆协会、北京自然博物馆、中国野生动物保护协会	是
40	《大自然探索》	CN51-1141/N	四川出版集团有限责任公司	四川科学技术出版社	是
41	《当代矿工》	CN11-2762/C	中国科学技术协会	中国煤炭学会、煤炭信息研究院	否
42	《当代农机》	CN14-1339/S	山西省农机局	山西省农业机械化科学研究院、山西省农业机械与农业工程学会	否
43	《地球》	CN11-1467/P	国土资源部	中国地质学会科普委员会、中国地质博物馆	是
44	《地图》	CN11-4703/P	国家测绘地理信息局	中国地图出版社	是
45	《第二课堂》	CN43-1054/G4	湖南省科学技术协会	湖南省科学技术协会	是
46	《电漫》	CN11-5218/TP	工业和信息化部	电子工业出版社	否
47	《电脑爱好者》	CN11-3248/TP	中国科学院	北京《电脑爱好者》杂志社、中国计算机世界出版服务公司	否
48	《电脑爱好者（普及版）》	CN11-5510/TP	中国科学院	北京《电脑爱好者》杂志社	否
49	《电脑爱好者（校园版）》	CN11-5852/TP	中国科学院	北京《电脑爱好者》杂志社	否
50	《电脑编程技巧与维护》	CN11-3411/TP	工业和信息化部	中国信息产业商会	否
51	《电脑采购》	CN11-4400/TP	国家发展和改革委员会	中国国信信息总公司	否

续表

序号	期刊名称	国内统一连续出版物号	主管单位	主办单位	是否为抽样选取的科普期刊名录
52	《电脑乐园》	CN45-1239/TP	广西出版传媒集团有限公司	广西金海湾电子音像出版社有限公司	否
53	《电脑迷》	CN50-1163/TP	重庆市科学技术协会	电脑报社	否
54	《电脑时空》	CN11-3921/TP	国家发展和改革委员会	国家信息中心	否
55	《电脑游戏新干线》	CN45-1304/TP	广西出版传媒集团有限公司	广西金海湾电子音像出版社有限公司	否
56	《电脑与生活》	CN65-1232/G	新疆书报刊发展中心	乌鲁木齐市文学艺术界联合会	否
57	《电脑知识与技术》	CN34-1205/TP	安徽省科技厅	安徽省科技情报学会/中国计算机函授学院	否
58	《电子竞技》	CN11-5293/TP	中国科学技术协会	中国科技新闻学会《大众电脑》杂志社	否
59	《电子世界》	CN11-2086/TN	中国科学技术协会	中国电子协会、北京思得易咨询中心	否
60	《电子游戏软件》	CN11-3505/TP	中国科学技术协会	中国电子协会、北京思得易咨询中心	否
61	《电子与电脑》	CN11-2199/TN	工业和信息化部	电子工业出版社	否
62	《电子制作》	CN11-3571/TN	中国商业联合会	中国家用电器维修协会	否
63	《东方食疗与保健》	CN43-1418/R	湖南省科学技术协会	湖南省药膳食疗研究会	否
64	《东方养生》	CN46-1022/R	海南省文化广电出版体育厅	海南省高级体育运动技术学校	否
65	《东方药膳》	CN43-1461/R	湖南中医药大学	湖南中医药大学	否
66	《哈哈画报》	CN31-1543/C	中国福利会	中国福利会，上海东方传媒集团有限公司	是
67	《儿童与健康》	CN61-1258/R	教育部	西安交通大学	否
68	《发明与创新》	CN43-1401/N	湖南省科学技术厅	湖南省发明协会	是
69	《防灾博览》	CN11-4651/P	中国地震局	中国地震灾害防御中心	否
70	《飞碟探索》	CN62-11011/V	读者出版传媒股份有限公司	读者出版传媒股份有限公司	否

附录 我国科普期刊名录（共 455 种）

续表

序号	期刊名称	国内统一连续出版物号	主管单位	主办单位	是否为抽样选取的科普期刊名录
71	《福建电脑》	CN35-1115	福建省科学技术厅	福建省计算机学会	否
72	《福建农机》	CN35-1090/S	福建省经济贸易委员会	福建省机械科学研究院、福建省农业机械管理局、福建省农业机械学会	否
73	《福建农业》	CN35-1085/S	福建省农业厅	福建省农业信息中心	否
74	《高保真音响》	CN11-3485/TN	工业和信息化部	人民邮电出版社	是
75	《高中数学教与学》	CN32-1398/G4	江苏省教育厅	扬州大学	否
76	《个人电脑》	CN12-1247/TP	国家教育部	南开大学	否
77	《贵州农机化》	CN52-1055/S	贵州省农业委员会	贵州农机化杂志社	否
78	《哈萨克少年儿童科学画报》	CN65-1059/I	伊犁青少年报刊社	伊犁青少年报刊社	否
79	《海陆空天惯性世界》	CN11-4491/O3	中国科学技术协会	中国惯性技术学会	是
80	《海洋世界》	CN11-1261/P	中国科学技术协会	中国海洋学会	否
81	《航海》	CN31-1121/U	上海市科学技术协会	上海市航海学会	否
82	《航空模型》	CN11-1525/V	中国科学技术协会	中国航空学会、中国航空运动协会	否
83	《航空世界》	CN11-4397/V	中国航空工业集团公司	航空工业信息中心	是
84	《航空知识》	CN11-1526/V	中国科学技术协会	中国航空学会	是
85	《航天员》	CN11-5393/V	中国载人航天工程办公室	中国航天员科研训练中心	否
86	《河北农机》	CN13-1060/S	河北省农业机械化管理局	河北省农业机械化研究所、河北省农机学会	否
87	《河北农业》	CN13-1173/S	河北省农业厅	河北省农业宣传中心	否
88	《河南农业》	CN41-1171/S	河南省农业厅	河南省农业科学技术展览馆	否
89	《湖北农机化》	CN42-1305/S	湖北省农机局	湖北省农业机械工程研究设计院、湖北省农机学会	否
90	《湖南农业》	CN43-1051/S	湖南省农业厅	湖南省农业技术推广总站	否

续表

序号	期刊名称	国内统一连续出版物号	主管单位	主办单位	是否为抽样选取的科普期刊名录
91	《湖南中学物理》	CN43-1041/O3	湖南师范大学	湖南师范大学湖南省物理学会	否
92	《互联网天地》	CN11-5055/TN	工业和信息化部	中国互联网协会、人民邮电出版社	否
93	《互联网周刊》	CN11-3925/TP	中国科学院	科学出版社	否
94	《户外装备》	CN11-5596/N	中国科学院	北京《电脑爱好者》杂志社	否
95	《花卉》	CN44-1196/S	广东省农业厅	广东省花卉协会	否
96	《华夏地理》	CN53-1204/K	云南省社会科学院	云南省社会科学院	否
97	《化石》	CN11-1596/K	中国科学院	中国科学院古脊椎动物与古人类研究所	否
98	《化学教与学》	CN32-1482/G4	江苏省教育厅	南京师范大学	否
99	《环境》	CN44-1167/X	中国科学技术协会、广东省环境保护厅	中国环境科学学会、广东省环境保护厅	否
100	《环球飞行》	CN11-4466/Z	中国航空工业第一集团公司	中国航空报社	否
101	《环球军事》	CN11－4664/E	解放军报社	中国国防报社	否
102	《环球科学》	CN11-5480/N	中国科学技术协会	中国科技新闻学会	否
103	《婚育与健康》	CN41-1245/R	河南省卫生厅	医药卫生报社	否
104	《吉林农业》	CN22-1186/S	吉林省农业委员会	吉林省农业技术培训中心	否
105	《计算机时代》	CN33-1094/TP	浙江省科技厅	浙江省计算技术研究所浙江省计算机学会	否
106	《家电维修》	CN11-2505/TS	教育部	中央电化教育馆	否
107	《家家乐》	CN44-1305/R	中国优生优育协会	中国优生优育协会驻广州办事处	否
108	《家饰》	CN12-1327/TS	天津出版传媒集团有限公司	天津科学技术出版社有限公司	否
109	《家庭·育儿》	CN12-1013/G	今晚传媒集团	今晚传媒集团天津市科学技术协会	否
110	《家庭保健》	CN42-1143/R	湖北省卫生厅	湖北省预防医学科学院	否
111	《家庭健康》	CN37-1367/R	山东省卫生厅	山东卫生报刊社	是

附录 我国科普期刊名录（共 455 种）

续表

序号	期刊名称	国内统一连续出版物号	主管单位	主办单位	是否为抽样选取的科普期刊名录
112	《家庭科技》	CN45-1191/TS	广西壮族自治区科学技术厅	广西科学技术情报研究所	否
113	《家庭科学》	CN21-1471/R	辽宁日报社	辽宁日报社	否
114	《家庭生活指南》	CN23-1039/C	黑龙江省科学技术协会	黑龙江省科学技术协会	否
115	《家庭心理医生》	CN61-1424/R	卫生部、陕西省卫生厅	中华医学会陕西分会、中华医学会陕西分会身心医学会、西安身心医学研究所	否
116	《家庭药师》	CN44-1651/R	中山大学	《中国家庭医生》杂志社	否
117	《家庭医生》	CN44-1121/R	中山大学	中山大学	是
118	《家庭医学》	CN41-1076/R	卫生部	中华预防医学会	是
119	《家庭医药》	CN45-1301/R	广西科学技术协会	广西科学技术协会	是
120	《家庭影院技术》	CN44-1432/TS	广州市科学技术协会	广州市家用电器应用技术研究协会	否
121	《家庭用药》	CN31-1845/R	中国科学院	中国科学院上海药物研究所、上海市药理学会	是
122	《家庭中医药》	CN11-3379/R	国家中医药管理局	中国中医科学院中药研究所	是
123	《家用电脑与游戏》	CN11-4490/TP	中国科学技术协会	科学普及出版社	否
124	《家用电器》	CN11-1044/TM	中国轻工业联合会	中国家用电器研究院	否
125	《家用汽车》	CN11-5372/U	人民日报社	中国汽车报社	否
126	《驾驶园》	CN11-4788/Z	住房和城乡建设部	中国城市出版社	否
127	《建筑工人》	CN11-2252/TU	北京建工集团总公司	北京建工集团总公司	否
128	《建筑知识》	CN11-1243/TU	住房和城乡建设部	中国建筑学会	否
129	《健康》	CN11-2185/R	北京市卫生局	北京市疾病预防控制中心	否
130	《健康必读》	CN43-1386/R	湖南省卫生厅	湖南省健康教育所	否
131	《健康博览》	CN33-1192/R	浙江省爱国卫生运动委员会	浙江省健康教育所	否
132	《健康大视野》	CN11-3252/R	卫生部	中国保健协会	否

339

续表

序号	期刊名称	国内统一连续出版物号	主管单位	主办单位	是否为抽样选取的科普期刊名录
133	《健康教育与健康促进》	CN31-1974/R	上海市卫生局	上海市健康教育所	否
134	《健康快车》	CN65-1255/R	新疆维吾尔自治区新闻出版局	新疆维吾尔自治区书报刊发展中心	否
135	《健康女孩》	CN31-1862/R	上海市卫生局	上海市健康教育所	否
136	《健康女性》	CN43-1490/R	体坛周报社	体坛周报社	否
137	《健康人生》	CN33-1257/R	浙江大学	浙江大学医学院	否
138	《健康少年画报》	CN11-2186/R	北京市卫生局	北京市疾病预防控制中心	否
139	《健康生活》	CN45-1192/R	广西壮族自治区卫生厅	广西壮族自治区健康教育所	否
140	《健康时尚》	CN44-1567/R	广东省中医药管理局	广东炎黄保健研究会	否
141	《健康世界》	CN11-3251/R	中国科学技术协会	中华医学会	是
142	《健康娃娃》	CN31-1835/R	上海市卫生局	上海市优生优育科学协会	否
143	《健康文摘》	CN12-1059/R	天津市卫生局	天津市健康教育所	否
144	《健康向导》	CN14-1211/R	山西省卫生厅	山西省医学会	是
145	《健康研究》	CN33-1359/R	杭州市教育局	杭州师范大学	否
146	《健康与美容》	CN11-3088/R	卫生部	全国卫生产业企业管理协会	否
147	《健康与营养》	CN51-1741/R	四川出版集团	四川科学技术出版社有限公司	否
148	《健康之家》	CN36-1272/R	南昌日报	家庭医生报社	否
149	《健康之路》	CN44-1540/R	广东省科学技术协会	广东省医学会、中国保健科技学会	否
150	《健康之友》	CN11-1460/R	国家体育总局	中国体育报业总社	否
151	《健康指南》	CN11-1758/R	卫生部	中国老年保健医学研究会	是
152	《健康忠告》	CN44-1639/R	广东省出版集团有限公司	广东时代传媒有限公司	否
153	《健康准妈妈》	CN31-1886/R	上海市卫生局	上海市优生优育科学协会	否
154	《舰船知识》	CN11-1007/U	中国船舶工业集团公司	中国造船工程学会、中国船舶工业综合技术经济研究院	是

附录　我国科普期刊名录（共 455 种）

续表

序号	期刊名称	国内统一连续出版物号	主管单位	主办单位	是否为抽样选取的科普期刊名录
155	《江苏卫生保健》	CN32-1540/R	江苏省爱国卫生委员会	江苏省疾病预防控制中心	否
156	《江西食品工业》	CN36-1146/TS	江西省工业和信息化委员会	江西省食品工业协会	否
157	《解放军健康》	CN37-1171/R	济南军区联勤部	济南军区联勤部卫生部	否
158	《今日畜牧兽医》	CN13-1369/S	河北省畜牧兽医局	北方牧业杂志社	否
159	《今日健康》	CN44-1543/R	广东省中医药局	广东炎黄保健研究会	否
160	《今日科技》	CN33-1073/N	浙江省科学技术厅	浙江省科技信息研究院	否
161	《军事世界画刊》	CN11-3302/E	中国国防科技信息中心	中国国防科技信息中心	否
162	《军事文摘》	CN11-3348/V	中国航天科工集团公司	中国航天科工集团公司第二研究院	否
163	《开卷有益－求医问药》	CN12-1216/R	天津市医药集团有限公司	天津市医药集团有限公司	否
164	《开心》	CN36-1277/GO	江西省新闻出版局	江西教育期刊社	否
165	《康复》	CN31-1380/R	上海教育报刊总社	上海教育报刊总社	否
166	《抗癌杂志》	CN31-1664/R	上海市科学技术协会	上海市抗癌协会	否
167	《抗癌之窗》	CN11-5458/R	卫生部	中国医学科学院	是
168	《科海故事博览》	CN53-1103/N	云南省科技厅	云南省老科技工作者协会、云南晶晶科技艺术中心	否
169	《科幻画报》	CN11-4854/N	中国科学技术协会	中国科技新闻学会	否
170	《科幻世界》	CN51-1360/N	四川省科学技术协会	四川省科学技术协会	是
171	《科幻世界画刊》	CN51-1488/N	四川省科学技术协会	四川省科学技术协会	是
172	《科技潮》	CN11-3166/G3	北京市科学技术委员会	北京市高技术创业服务中心	否
173	《科技创业》	CN31-1861/N	上海图书馆上海科学技术情报研究所	上海科学技术文献出版社	否
174	《科技创业家》	CN11-5986/N	中国科学技术协会	大众科技报社	否

续表

序号	期刊名称	国内统一连续出版物号	主管单位	主办单位	是否为抽样选取的科普期刊名录
175	《科技风》	CN13-1322/N	河北省科学技术协会	河北省科技咨询服务中心	否
176	《科技广场》	CN36-1253/N	江西省科学技术厅	江西省科学技术情报研究所	否
177	《科技视界》	CN31-2065/N	上海市科学技术协会	上海市科普作家协会	否
178	《科技新时代》	CN11-3750/N	中国科学技术协会	大众科技报社、北京新时代润诚科技咨询有限公司	否
179	《科技中国》	CN11-5262/N	科学技术部	中国科学技术发展战略研究院	否
180	《科普画王》	CN11-3685/N	科学技术部	科技日报社	否
181	《科普天地》	CN36-1281/N	江西省科学技术协会	江西省科学技术协会	是
182	《科学》	CN15-1096/N	内蒙古出版集团	内蒙古科学技术出版社	否
183	《科学》	CN31-1385/N	上海世纪出版股份有限公司	上海世纪出版股份有限公司科学技术出版社	否
184	《科学24小时》	CN33-1072/N	浙江省科学技术协会	《科学24小时》杂志社浙江教育报刊总社浙江科技报社	否
185	《科学大观园》	CN11-1607/N	中国科学技术协会	科学普及出版社	否
186	《科学大众》	CN32-1427/N	江苏省科技厅	江苏省科学技术协会	是
187	《科学画报》	CN31-1093/N	上海世纪出版股份有限公司	上海世纪出版股份有限公司科学技术出版社	是
188	《科学健身》	CN11-4990/R	光明日报社	光明日报出版社	否
189	《科学启蒙》	CN43-1251/N	湖南师范大学	湖南师范大学出版社	是
190	《科学生活》	CN31-1020/N	上海市科学技术协会	上海科学普及出版社	否
191	《科学时代》	CN46-1039/G3	海南省科学技术协会	海南省科技咨询服务中心	否
192	《科学世界》	CN11-2836/N	中国科学院	科学出版社	是
193	《科学新生活》	CN11-4682/Z	中国科学院	科学时报社	否
194	《科学新闻》	CN11-5553/C	中国科学院	科学时报社	是
195	《科学养鸽》	CN11-4008/N	中国科学院	科学出版社	否

附录　我国科普期刊名录（共 455 种）

续表

序号	期刊名称	国内统一连续出版物号	主管单位	主办单位	是否为抽样选取的科普期刊名录
196	《科学养生》	CN23-1414/R	黑龙江省卫生厅	中国医院管理杂志社	否
197	《科学养鱼》	CN32-1131/S	中国科学技术协会	中国水产学会、中国水产科学研究院淡水渔业研究中心、全国水产技术推广总站	是
198	《科学与财富》	CN51-1627/N	政协四川省委员会办公厅	四川省科教兴川促进会	否
199	《科学与技术》	CN65-1078/Z	阿勒泰地区科学技术协会	阿勒泰地区科学技术协会	否
200	《科学与生活》	CN65-1086/N	新疆维吾尔自治区科学技术协会	新疆维吾尔自治区科学技术协会	否
201	《科学与文化》	CN35-1013/G3	福建省科学技术协会	福建省科学技术协会	否
202	《科学之友》	CN14-1032/N	山西省科学技术协会	山西省科学技术协会	否
203	《科学中国人》	CN11-3292/G3	中国科学技术协会	中国科技新闻学会	是
204	《科学种养》	CN 11-5408/S	总后司令部	金盾出版社	是
205	《课堂内外（小学版）》	CN51-1391/G4	四川省科学技术协会	四川省科普作家协会	否
206	《课堂内外初中版》	CN50-1079/G4	重庆市科学技术协会	课堂内外杂志社	否
207	《课堂内外高中版》	CN50-1080/G4	重庆市科学技术协会	课堂内外杂志社	否
208	《空中生活》	CN11-4784/V	中国民用航空局	中国航空器材集团公司、中国民用航空局航空安全技术中心	否
209	《恐龙》	CN11-2096/Q	中国科学院	中国科学院古脊椎动物与古人类研究所	否
210	《快乐科学》	CN12-1425/N	天津出版传媒集团有限公司	天津科技出版社有限公司、天津北洋音像出版社有限公司	否
211	《理科考试研究》	CN23-1365/G4	哈尔滨师范大学	哈尔滨师范大学	否

续表

序号	期刊名称	国内统一连续出版物号	主管单位	主办单位	是否为抽样选取的科普期刊名录
212	《流行色》	CN31-1175/J	中国流行色协会	中国流行色协会、上海纺织控股（集团）公司、上海国际服装服饰中心	否
213	《绿化与生活》	CN11-2278/S	北京市园林绿化局	北京市园林绿化宣传中心	否
214	《绿色视野》	CN34-1283/X	安徽省环境保护厅	安徽省环境保护宣传教育中心	否
215	《妈妈宝宝》	CN37-1397/R	山东出版集团有限公司	山东科学技术出版社有限公司	否
216	《美食》	CN32-1379/TS	江苏省经济贸易委员会	江苏省烹饪协会	否
217	《美食与美酒》	CN11-5514/TS	中粮集团有限公司	中粮集团有限公司	否
218	《名车志》	CN31-1840/Z	上海世纪出版股份有限公司	上海世纪出版股份有限公司译文出版社	否
219	《模型世界》	CN11-3993/N	北京市体育局	体育博览杂志社	否
220	《摩托车》	CN11-1650/U	工业和信息化部	人民邮电出版社	是
221	《母婴世界》	CN14-1288/R	山西省新闻出版局	山西省出版工作者协会	否
222	《母子健康》	CN11-4821/R	卫生部	中日友好医院	否
223	《南方农机》	CN36-1239/TH	江西省机械行业管理办公室	江西省农业机械研究所、江西省农机化管理局、江西省农机学会	否
224	《内蒙古畜牧业》	CN15-1073/S	内蒙古自治区农牧业厅	内蒙古自治区农牧业科学院	否
225	《内蒙古科技》	CN15-1139/N	内蒙古自治区科学技术厅	内蒙古自治区科学技术信息研究所	否
226	《内蒙古科技与经济》	CN15-1189/N	内蒙古自治区科学技术厅	内蒙古自治区科学技术信息研究所	否
227	《农产品加工》	CN14-1310/S	山西省农机局	山西省农业机械化科学研究院、山西省农业产业化协会	否
228	《农村·农业·农民》	CN41-1026/S	河南省人民政府发展研究中心	河南省人民政府发展研究中心	否
229	《农村百事通》	CN36-1070/S	江西省出版集团公司	江西科学技术出版社有限责任公司	否
230	《农村电工杂志社》	CN42-1404/TM	国家电网公司	华中电网有限公司、国家电网公司农电工作部	否

附录　我国科普期刊名录（共 455 种）

续表

序号	期刊名称	国内统一连续出版物号	主管单位	主办单位	是否为抽样选取的科普期刊名录
231	《农村经济与科技》	CN42-1374/S	湖北省农业科学院	湖北省农业科学院农村经济与科技杂志社	否
232	《农村科技》	CN65-1046/S	新疆农业科学院	新疆农业科学院	否
233	《农村科技》	CN65-1046/S-W	新疆农业科学院	新疆农业科学院	否
234	《农村科学实验》	CN22-1146	吉林省科学技术协会	吉林省科学技术协会	否
235	《农村青少年科学探究》	CN13-1383/N	河北省教育厅	河北教育报刊社	否
236	《农村实用技术》	CN53-1171/S	云南省科学技术厅	云南省科学技术情报研究院	否
237	《农村新技术》	CN45-1130/S	广西壮族自治区社会科学技术厅	广西科学技术情报研究所	否
238	《农村养殖技术》	CN11-3715/S	农业部	中国农村杂志社、中国畜牧兽医学会	是
239	《农机科技推广》	CN11-4693/TH	农业部	农业部农业机械化技术开发推广总站	否
240	《农技服务》	CN52-1058/S	贵州省农业科学院	贵州省农业科学院	否
241	《农家参谋》	CN41-1229/N	河南省科学技术协会	河南省科学技术协会	是
242	《农家顾问》	CN42-1210/S	湖北省农业科学院	湖北省农业科学院、湖北科学技术出版社	是
243	《农家科技》	CN50-1068/S	重庆出版社	重庆出版社重庆市农委	否
244	《农家致富》	CN32-1699/S	江苏省农业委员会	江苏省农业产业发展研究中心（江苏农村经济杂志社）	否
245	《农家致富顾问》	CN43-1056/S	湖南省科学技术厅	湖南省科学技术信息研究所	是
246	《农民科技培训》	CN11-4719/S	农业部	农业部农民科技教育培训中心中央农业广播电视学校	否
247	《农牧科技》	CN65-1164/S	新疆农业科学院	新疆农业科学院农业机械化研究所	否
248	《农业机械》	CN11-1875/S	中国机械工业联合会	北京卓众出版有限公司	是

345

续表

序号	期刊名称	国内统一连续出版物号	主管单位	主办单位	是否为抽样选取的科普期刊名录
249	《农业科技通信》	CN11-2395/S	农业部	中国农业科学院	否
250	《农业科技与信息》	CN62-1057/S	甘肃省农牧厅	甘肃省农业信息中心	否
251	《农业科技与装备》	CN21-1559/S	辽宁省农村经济委员会	辽宁省农业机械化研究所	否
252	《农业知识》	CN37-1005/S	山东省农业厅	中国贫困地区干部培训中心济南分院	否
253	《烹调知识》	CN14-1087/TS	太原市商务局	太原市商业经济学会	否
254	《齐鲁珠坛》	CN37-1139/O1	山东省财政厅	山东珠算协会、山东省会计学会	否
255	《启蒙》	CN12-1046/G4	天津市教育委员会	天津教育杂志社	否
256	《气象知识》	CN11-1332/P	中国气象局	中国气象局公共气象服务中心	是
257	《汽车测试报告》	CN11-5043/TH	北京市科学技术协会	北京科学技术期刊学会、北京卓众出版有限公司	否
258	《汽车导报》	CN44-1552/U	深圳报业集团	深圳报业集团	否
259	《汽车导购》	CN11-4837/TH	中国机械工业联合会	北京卓众出版有限公司	是
260	《汽车驾驶员》	CN61-1118/U	教育部	长安大学	否
261	《汽车生活》	CN12-1318/U	天津出版传媒集团有限公司	天津人民出版社有限公司	否
262	《汽车维护与修理》	CN32-1438/U	交通运输部	中国汽车维修行业协会	否
263	《汽车维修》	CN22-1218/u	中国第一汽车集团公司	中国第一汽车集团公司	否
264	《汽车与驾驶维修》	CN11-2984/U	中国机械工业联合会	北京卓众出版有限公司	否
265	《汽车与你》	CN44-1203/U	广东省出版集团有限公司	广东经济出版社	否
266	《汽车与运动》	CN11-5325/U	人民日报社	中国汽车报社	否
267	《汽车运用》	CN12-1186/U	中国人民解放军军事交通学院	中国人民解放军军事交通学院	否

附录　我国科普期刊名录（共 455 种）

续表

序号	期刊名称	国内统一连续出版物号	主管单位	主办单位	是否为抽样选取的科普期刊名录
268	《汽车之旅》	CN42-1615/U	中共东风汽车公司委员会	东风汽车公司报社、《汽车之旅》杂志社	否
269	《汽车之友》	CN11-1308/U	中国机械工业联合会	中国汽车工程学会	是
270	《汽车知识》	CN11-4722/TH	中国科学技术协会	中国机械工程学会、中国汽车工业经济技术信息研究所	否
271	《汽车周刊》	CN11-5855/U	国家体育总局	中国体育报业总社	否
272	《汽车自驾游》	CN61-1480/G0	华商报社	华商报社	否
273	《汽车纵横》	CN11-6024/TH	中国机械工业联合会	中国机械工业联合会、中国汽车工业协会	否
274	《汽车族》	CN11-4420/TH	人民日报报业集团	中国汽车报社	否
275	《青春期健康》	CN11-5125/R	国家人口和计划生育委员会	国家人口计生委人口文化发展中心、中国人口宣传教育中心	否
276	《青年科学》	CN21-1202/N	沈阳日报报业集团	沈阳日报报业集团	否
277	《青少年科技博览》	CN12-1243/N	天津市教育委员会	天津师范大学	否
278	《青少年科学探索》	CN61-1389/N	陕西旅游出版社	陕西旅游出版社	否
279	《青少年科苑》	CN21-1510/N	共青团大连市委员会	大连市青少年科普学会	否
280	《轻兵器》	CN11-1907/TJ	中国兵器装备集团公司	中国兵器工业第二〇八研究所	否
281	《清洗世界》	CN11-4834/TQ	中国石油和化学工业协会	中国化工信息中心	否
282	《求医问药》	CN22-1350/R	吉林医药学院	求医问药杂志社	否
283	《人人健康》	CN14-1033/R	山西省卫生厅	山西省健康教育中心	否
284	《人与生物圈》	CN11-4408/Q	中国科学院	中华人民共和国人与生物圈国家委员会	是
285	《人之初》	CN44-1608/R	广东省人口和计划生育委员会	人之初杂志社	是
286	《森林与人类》	CN11-1224/S	国家林业局	中国绿色时报、中国林学会	否

续表

序号	期刊名称	国内统一连续出版物号	主管单位	主办单位	是否为抽样选取的科普期刊名录
287	《山东农机化》	CN37-1123/S	山东省农机管理局	山东省农业工程学会	否
288	《陕西林业》	CN61-1055/S	陕西省林业厅	陕西省林业工作站	否
289	《商用汽车》	CN11-4390/TH	中国机械工业联合会	北京卓众出版有限公司	否
290	《上海服饰》	CN31-1064/TS	上海世纪出版股份有限公司	上海世纪出版股份有限公司科学技术出版社	否
291	《上海蔬菜》	CN31-1588/S	上海市农业委员会	上海市农业科学院、上海蔬菜经济研究会	否
292	《少儿科技》	CN34-1245/N	安徽省科学技术协会	安徽省老科技工作者协会	是
293	《少儿科学周刊》	CN13-1412/N	河北出版传媒集团有限责任公司	河北阅读传媒有限责任公司	否
294	《少年电脑世界》	CN37-1275/TP	青岛出版集团	青岛出版集团	是
295	《少年发明与创造》	CN54-1034/G	西藏自治区新闻出版局	西藏人民出版社	否
296	《少年科普世界》	CN53-1186/N	云南出版集团有限责任公司	云南科技出版社有限责任公司	否
297	《少年科学》	CN65-1077/Z	新疆青少年出版社	新疆青少年出版社	否
298	《少年科学》	CN31-1088/N	上海世纪出版股份有限公司	上海世纪出版股份有限公司少年儿童出版社	是
299	《少年科学画报》	CN11-2298/N	北京出版集团有限责任公司	北京出版集团有限责任公司	是
300	《设计》	CN11-5127/TB	中国科学技术协会	中国工业设计协会	否
301	《摄影世界》	CN11-1272/J	新华通讯社	中国图片社	否
302	《摄影与摄像》	CN11-3625/TB	中国科学技术协会	中国科教电影电视协会	否
303	《生儿育女》	CN44-1569/R	广州市卫生局	广州优生优育协会	否
304	《生活与健康》	CN11-4435/R	卫生部	人民卫生出版社	是
305	《生命世界》	CN11-5272/Q	中国科学院	中国科学院植物研究所、中国植物学会、高等教育出版社	是
306	《石油知识》	CN11-4725/TE	中国科学技术协会	中国石油学会	是
307	《时尚健康》	CN11-4457/Z	国家旅游局	时尚杂志社	是

附录 我国科普期刊名录（共 455 种）

续表

序号	期刊名称	国内统一连续出版物号	主管单位	主办单位	是否为抽样选取的科普期刊名录
308	《时尚时间》	CN11-5680/TH	北京市科学技术协会	北京未来科学技术研究所有限责任公司、北京民营科技实业家协会	否
309	《食经》	CN44-1646/TS	广东省经济和信息化委员会	广东省食品行业协会	否
310	《食品与健康》	CN12-1188/R	天津市科学技术学会	天津市科技期刊学会	否
311	《食品与生活》	CN31-1616/TS	上海市国有资产监督管理委员会	上海市食品研究所	是
312	《世界汽车》	CN12-1234/U	中国汽车技术研究中心	中国汽车技术研究中心	否
313	《数理化解题研究》	CN23-1413/G4	哈尔滨学院	哈尔滨学院	否
314	《数理化学习》	CN23-1575/G4	哈尔滨师范大学	哈尔滨师范大学	否
315	《数理天地（初中版）》	CN11-3091/O1	中国科学技术协会	中国优选法统筹法与经济数学研究会	否
316	《数理天地（高中版）》	CN11-3095/O1	中国科学技术协会	中国优选法统筹法与经济数学研究会	否
317	《数码精品世界》	CN11-5980/TP	中国科学院	北京《电脑爱好者》杂志社	否
318	《数码摄影》	CN11-5522/TP	中国机械工业联合会	北京卓众出版有限公司、北京科学技术期刊学会	是
319	《数码时代》	CN12-1364/TP	天津市科学技术委员会	天津市科学技术信息研究所	否
320	《数码世界》	CN12-1344/TP	天津市经济和信息化委员会	天津电子信息应用教育中心、天津市科学技术信息研究所	否
321	《数码-移动生活》	CN11-5261/TN	中国科学院	北京《电脑爱好者》杂志社	否
322	《数学大世界》	CN22-1253	吉林出版集团有限责任公司	北方妇女儿童出版社	否
323	《数学大王》	CN45-1346/O1	广西师范大学	广西师范大学出版社有限责任公司	否
324	《数学通信》	CN42-1152/O1	教育部	华中师范大学湖北省数学学会武汉数学学会	否

续表

序号	期刊名称	国内统一连续出版物号	主管单位	主办单位	是否为抽样选取的科普期刊名录
325	《数学小灵通》	CN21-1329/G4	辽宁北方报刊出版中心	辽宁北方报刊出版中心	否
326	《数学学习》	CN46-1023/01	海南省科学技术协会	海南省数学学会	否
327	《数学之友》	CN32-1707/O1	江苏省教育厅	南京师范大学、南京数学学会	否
328	《数字化用户》	CN51-1567/TN	四川省科学技术协会	四川省科学技术协会	否
329	《双足与保健》	CN11-3086/R	卫生部	中国足部反射区健康法研究会	否
330	《四川烹饪》	CN51-1197/TS	四川省商业集团有限公司	四川省蔬菜饮食服务有限责任公司	是
331	《太空探索》	CN11-4492/V	中国科学技术协会	中国宇航学会	是
332	《太阳能》	CN11-1660/TK	中国科学技术协会	中国可再生能源学会	否
333	《糖尿病天地》	CN11-5210/R	中国科学技术协会	中华中医药学会	是
334	《糖尿病新世界》	CN11-5019/R	中国科学技术协会	中国病理生理学会	否
335	《天府数学》	CN51-1428/O1	四川省科学技术协会	四川省数学学会、四川大学数学学院	否
336	《天文爱好者》	CN11-1390/P	中国科学技术协会	中国天文学会、北京天文馆	是
337	《铁道知识》	CN11-1372/U	中国科学技术协会	中国铁道学会	是
338	《玩具世界》	CN31-1287/TS	中国轻工业联合会	中国工艺美术学会玩具专业委员会	否
339	《万家科学画报》	CN44-1320/N	广东省出版集团有限公司	广东经济出版社	否
340	《网友世界》	CN11-4852/TP	中国科学技术协会	中国电子学会、北京思得易咨询中心	否
341	《微电脑世界》	CN11-3642/TP	工业和信息化部	中国计算机世界出版服务公司	否
342	《微型电脑应用》	CN31-1634/TP	上海市科学技术协会	上海市微型电脑应用学会	否
343	《微型计算机》	CN50-1074/TP	重庆西南信息有限公司	重庆西南信息有限公司	否

附录　我国科普期刊名录（共455种）

续表

序号	期刊名称	国内统一连续出版物号	主管单位	主办单位	是否为抽样选取的科普期刊名录
344	《未来科学家》	CN32-1660/N	江苏省教育厅	江苏教育电视台	是
345	《我们爱科学》	CN11-1067/C	共青团中央	中国少年儿童新闻出版总社	是
346	《无线电》	CN11-1639/TN	工业和信息化部	人民邮电出版社	是
347	《物理之友》	CN32-1307/O4	江苏省教育厅	南京师范大学、南京物理学会	否
348	《现代兵器》	CN11-1761/TJ	中国兵器工业集团公司	中国兵器工业第210研究所	是
349	《现代家电》	CN11-4455/TS	中国商业联合会	全国交电商品科技经济情报中心站	否
350	《现代农业》	CN15-1098/Z	内蒙古农牧业厅	内蒙古农牧业科学院	否
351	《现代农业科技》	CN34-1278/S	安徽省农业科学院	安徽省农业科学院	否
352	《现代物理知识》	CN11-2441/O3	中国科学院	中国科学院高能物理研究所	是
353	《现代养生》	CN13-1305/R	河北省卫生厅	河北省医疗气功医院	是
354	《现代种业》	CN61-1409/S	陕西省农业厅	陕西省种业集团有限责任公司、陕西省工商联种子商会	否
355	《小爱迪生》	CN33-1250/G0	浙江出版联合集团	浙江出版联合集团	否
356	《小百科》	CN11-3220/Z	中国出版集团公司	中国大百科全书出版社有限公司	否
357	《小哥白尼》	CN61-1286/N	陕西省出版总社	陕西省出版总社	是
358	《小学科技》	CN31-1355/N	上海世纪出版股份有限公司	上海世纪出版股份有限公司科技教育出版社	否
359	《小学科学》	CN22-1388/G4	长春出版社	长春出版社	否
360	《小学生时空》	CN65-1246/G	新疆教育出版社	新疆教育出版社	否
361	《小学生时空》	CN65-1247/G	新疆教育出版社	新疆教育出版社	否
362	《校园心理》	CN14-1326/R	山西省卫生厅	山西省医学会	否
363	《心理医生》	CN46-1047/R	海南省卫生厅	海南省医学会	否
364	《心理与健康》	CN11-3387/R	中国科学技术协会	中国心理卫生协会	是
365	《心理月刊》	CN11-5488/R	国家体育总局	中国体育报业总社	否

续表

序号	期刊名称	国内统一连续出版物号	主管单位	主办单位	是否为抽样选取的科普期刊名录
366	《心血管病防治知识》	CN44-1581/R	广东省科学技术协会	广东省介入性心脏病学会、广东省岭南心血管病研究所	否
367	《新潮电子》	CN50-1077/TN	重庆西南信息有限公司	重庆西南信息有限公司	否
368	《新发现》	CN31-1963/Z	上海文艺出版总社	上海文艺出版总社	是
369	《新疆农村机械化》	CN65-1126/TH	新疆维吾尔自治区农牧机械管理局	新疆维吾尔自治区农牧机械管理局资料编译室	否
370	《新疆农机化》	CN65-1150/S	新疆农业科学院	新疆农业科学院农业机械化研究所	否
371	《新疆农业科技》	CN65-1131/S	新疆维吾尔自治区农业厅	新疆维吾尔自治区农业厅农业信息中心	否
372	《新科幻》	CN14-1363/N	山西省科学技术协会	山西省新世纪专家学者协会	否
373	《新浪潮》	CN37-1126/GO	山东省商业集团有限公司	山东商报社	否
374	《新农村》	CN33-1064/S	浙江大学	浙江大学	是
375	《新农业杂志社》	CN21-1091/S	辽宁省农村经济委员会	辽宁省农委沈阳农业大学	是
376	《新探索》	CN14-1338/TB	山西省测绘局	山西省测绘行业协会、山西省测绘学会	否
377	《学习与科普》	CN65-1236/N	昌吉日报社	昌吉日报社	否
378	《养禽与禽病防治》	CN44-1202/S	华南农业大学	广州市华南农业大学兽医科技研究中心	否
379	《养生大世界》	CN11-4709/Z	中国老年保健协会	中国老年保健协会	否
380	《养生月刊》	CN33-1265/R	浙江省中医药管理局	浙江省中医药研究院	否
381	《药物与人》	CN11-2233/R	北京市药品监督管理局	北京药学会	否
382	《野生动物》	CN23-1271/S	国家林业局	东北林业大学	否
383	《医食参考》	CN21-1538/R	辽宁省微生物科学研究院	辽微医食研究所	否
384	《医学美学美容》	CN61-1231/R	陕西文博生物信息工程研究所	陕西东方美容科技文化研究所	否

附录 我国科普期刊名录（共 455 种）

续表

序号	期刊名称	国内统一连续出版物号	主管单位	主办单位	是否为抽样选取的科普期刊名录
385	《医药与保健》	CN61-1246/R	教育部	西安交通大学	否
386	《移动信息》	CN50-1136/TN	重庆西南信息有限公司	重庆西南信息有限公司	否
387	《音响改装技术》	CN44-1626/TN	工业和信息化部	广东省计算机用户协会	否
388	《饮食科学》	CN21-1158/TS	辽宁省国有资产监督管理委员会	辽宁省食品工业协会	否
389	《游戏基地》	CN12-1362/TP	天津市科学技术委员会	天津市科学技术信息研究所	否
390	《园林》	CN31-1118/S	上海市绿化和市容管理局	上海市园林科学研究所、中国风景园林学会	是
391	《越玩越野》	CN11-5563/U	中国机械工业联合会	北京卓众出版有限公司、北京科学技术期刊学会	否
392	《云南农业科技》	CN53-1042/S	云南省农业科学院	云南省农业科学院	否
393	《长寿》	CN12-1040/N	天津出版传媒集团有限公司	天津科学技术出版社有限公司	否
394	《知识窗》	CN36-1072/GO	江西省出版集团公司	江西科学技术出版社有限责任公司	否
395	《知识就是力量》	CN11-1647/N	中国科学技术协会	中国科学技术协会、共青团中央、中华全国总工会	是
396	《知识—力量》	CN65-1085/N	新疆维吾尔自治区科学技术协会	新疆维吾尔自治区科学技术协会	否
397	《职业卫生与应急救援》	CN31-1719/R	上海市安全生产监督管理局	上海市化工职业病防治院	否
398	《纸和造纸》	CN11-2709/TS	中国科学技术协会	中国造纸学会	否
399	《智慧少年》	CN22-1278/C	共青团吉林省委	共青团吉林省委	是
400	《智力》	CN12-1038/G	今晚传媒集团	今晚传媒集团、天津市科学技术协会	否
401	《智能计算机与应用》	CN23-1573/TN	工业和信息化部	哈尔滨工业大学	否
402	《中等数学》	CN12-1121/O1	天津市教育委员会	天津师范大学	否
403	《中国保健食品》	CN11-4517/R	国家中医药管理局	中国中医药科技开发交流中心	否

续表

序号	期刊名称	国内统一连续出版物号	主管单位	主办单位	是否为抽样选取的科普期刊名录
404	《中国保健营养》	CN14-1172/R	卫生部	全国卫生产业企业管理协会	否
405	《中国城乡企业卫生》	CN12-1170/R	卫生部	中华预防医学会、天津市职业病防治院	否
406	《中国初级卫生保健》	CN23-1040/R	卫生部	中国初级卫生保健基金会	否
407	《中国工作犬业》	CN32-1734/Q	公安部	中国工作犬管理协会、公安部南京警犬研究所	否
408	《中国国家地理》	CN11-4542/P	中国科学院	中国科学院地理科学与资源研究所、中国地理学会	是
409	《中国国家天文》	CN11-5468/P	中国科学院	中国科学院国家天文台	否
410	《环境与生活》	CN11—5582/X	中国科学技术协会	中国环境科学学会	是
411	《中国科技教育》	CN11-4765/N	中国科学技术协会	中国青少年科技辅导员协会	是
412	《中国科技纵横》	CN11-4650/N	科技部	中国民营科技促进会	否
413	《中国科学探险》	CN11-5048/N	中国科学技术协会	中国科学探险协会、北京《电脑爱好者》杂志社	否
414	《中国绿色画报》	CN11-4973/S	国家林业局	中国林业科学研究院林业科技信息研究所	否
415	《中国葡萄酒》	CN11-5567/TS	中国科学技术协会	中国园艺学会、中国农业大学	否
416	《中国汽车画报》	CN11-3717/U	中国汽车工业总公司	中国汽车工业经济技术信息研究所	否
417	《中国消防》	CN11-1566/TU	公安部	中国消防协会	否
418	《中国医药指南》	CN11-4856/R	卫生部	中国保健协会	否
419	《中华奇石》	CN64-1060/N	宁夏回族自治区文史馆	《中华奇石》杂志社	否
420	《中华养生保健》	CN11-4536/R	国家中医药管理局	中华中医药学会	是
421	《中华遗产》	CN11-5247/G2	中国出版集团	中华书局	否
422	《中老年保健》	CN11-1015/R	卫生部	中日友好医院	是

附录 我国科普期刊名录（共 455 种）

续表

序号	期刊名称	国内统一连续出版物号	主管单位	主办单位	是否为抽样选取的科普期刊名录
423	《中外管理》	CN11-2812/C	中国科学技术协会	中国管理现代化研究会、中国中小企业国际合作协会、北京中外企业管理培训中心	否
424	《中外建筑》	CN43-1255/TU	住房和城乡建设部	长沙市建设信息中心	否
425	《中外食品》	CN11-4823/TS	中国轻工业联合会	中国食品工业（集团）公司中国食品科学技术学会	否
426	《中学化学》	CN23-1187/O6	哈尔滨师范大学	哈尔滨师范大学	否
427	《中学科技》	CN31-1354/N	上海世纪出版股份有限公司	上海世纪出版股份有限公司科技教育出版社	是
428	《中学理科园地》	CN35-1282/o4	福建省科学技术学会	福建省物理学会	否
429	《中学生百科》	CN43-1275/C	中南出版传媒集团股份有限公司	中南出版传媒集团股份有限公司	否
430	《中学生理科应试》	CN23-1351/G4	哈尔滨师范大学	哈尔滨师范大学	否
431	《中学生数理化（初）》	CN41-1098/O	河南教育报刊社	河南教育报刊社	是
432	《中学生数理化（高）》	CN41-1099/O	河南教育报刊社	河南教育报刊社	是
433	《中学生数学》	CN11-1531/O1	中国科学技术协会	中国数学会、北京数学会、首都师范大学	是
434	《中学生物教学》	CN61-1256/G4	教育部	陕西师范大学	否
435	《中学生物学》	CN32-1232/Q	江苏省教育厅	南京师范大学	否
436	《中学数学》	CN42-1167/01	湖北省教育厅	湖北大学	否
437	《中学数学杂志》	CN37-1116/O1	山东省教育厅	曲阜师范大学	否
438	《中学物理》	CN23-1189/O4	哈尔滨师范大学	哈尔滨师范大学	否
439	《中医药文化》	CN31-1971/R	上海市教育委员会	上海中医药大学	否
440	《祝您健康》	CN32-1051/R	江苏省出版总社	江苏科学技术出版社	否
441	《自然与科技》	CN31-1979/N	上海市科学技术委员会	上海科技馆	是

续表

序号	期刊名称	国内统一连续出版物号	主管单位	主办单位	是否为抽样选取的科普期刊名录
442	《自然杂志》	CN31-1418/N	上海市教育委员会	上海大学	是
443	《自我保健》	CN31-1753/R	上海市卫生局	上海市医学会	是
444	《自我药疗》	CN42-1802/R	湖北长江出版传媒集团有限公司	湖北大家报刊传媒有限责任公司	
445	《走近科学》	CN11-4437/N	中国科学院	科学出版社、中央新闻纪录电影制片厂	否
446	《座驾》	CN11-5250/TH	中国机械工业联合会	机械工业信息研究院	否
447	《父母必读》	CN11-1113/G4	北京出版集团有限责任公司	北京出版集团有限责任公司	是
448	《黑龙江科学》	CN23-1560/G3	黑龙江省科学院	黑龙江省科学院	是
449	《环球少年地理》	CN37-1483/K	青岛出版集团	青岛出版社	是
450	《现代军事》	CN11-2525/E	中国国防科技信息中心	中国国防科技信息中心	是
451	健康人生》	CN33-1257/R	浙江大学	浙江大学医学院	否
452	《快乐科学》	CN12-1425/N	天津出版传媒集团有限公司	天津科技出版社有限公司、天津北洋音像出版社有限公司	否
453	《哈博士》	CN34-1315/G4	安徽出版集团有限责任公司	安徽少年儿童出版社	否
454	《乡村科技》	CN41-1412/S	河南省科学技术厅	河南省科学技术信息研究院	否
455	《少年心世界》	CN12-1406/B	天津市教育委员会	天津师范大学	否

后　　记

万事开头难。书稿已经完成，尽管感慨万千，却仍不知从何落笔。

关于大众传媒科技传播的研究，起始已久，虽只是星星点点，但随着媒介发展的一日千里，研究之火也日益旺盛。2013年，随着中国科普研究所科学媒介研究室的成立，大众传媒科技传播的研究也全面展开。在研究过程中，我们始终着眼于媒介的发展和变化，拓宽研究视野，强化研究深度，提升研究质量。而历经四年才完成的本书，只是我们研究的一个基础，一个起点。虽然问题和不足在所难免，但这也将成为我们今后更好地前行的动力。不积跬步无以至千里，不积小流无以成江海。这本书的写作与出版就是我们迈出的第一步。

当然，能成功迈出这个第一步，要感谢很多人的帮助和支持。

首先，要感谢王擎、张洪忠、周红英和苏婧等在研究过程中对我们的鼎力协助。其次，要感谢周星、夏晓晔、阎安、王庆福、孙丽艳、陈虎、谢九如、李艳、金帆、何宝宏、杨柳、覃晓玲、胡黎红、许航等众多专家，不仅为本研究出谋划策，还多次提供宝贵意见。最后，还要感谢我们的项目助理王婷在成书过程中做了许多辅助性工作。除此之外，还有许多对我们的研究予以帮助的人，在此深表谢意。

特别需要说明的是本书中的数据问题。由于媒介的变化和更迭不断地发生，本书中的研究数据有一些已和现在有所不同，如第三章"网络科技传播"中选取的63家网站，现在或许有些网站已经更名，或许有些网站已经不存在。当然，书中涉及电视、报纸、期刊的某些数据也存在上述时间节点问题。所以，阅读时请以每章中数据的获取时间为准，以免产生困惑。

朱熹说，为学正如撑上船，一篙不可放缓。虽然本书即将出版，但研究还在路上，我们将一如既往地脚踏实地，为做好更具系统性、深入性、开拓性、前瞻性的研究而不懈努力！

武 丹

2017 年 5 月